神をまつる神社建築

玉殿の起源と発展

山田岳晴

弘文堂

目次

序章　神社建築の概要

一　はじめに

神社玉殿《ぎょくでん》（以下、玉殿という）とは、神社の本殿に安置された本殿形をした小建築である。(1)神社建築は、中学・高校の歴史で文化史としても登場する。しかし、修学旅行などの様子を見ても、神社の建築としての面白さ、奥深さは理解されていないように思われる。筆者の専門である日本建築史は、理工学系の建築学だけでなく、文学系の歴史学、民俗学、考古学、社会学、美術芸術、文化財学など多くの専門分野と関わる文理融合分野である。研究対象となる建築は、それに関わる文化を表象するものであり、日本文化の理解に日本建築史が果たす役割は大きい。また、神社建築には多様性や持続性といった現代社会が求める要素も秘めている。

本書は、神を祀る神社建築の核心であり、本殿内にあって原則公開されることのない玉殿について、その本質を究明していくものであるが、本題に入る前に、まずは神社の目に触れる部分から、神社建築の概要を見ていくことにしよう。

二　神社建築の構成

1　神社の建物

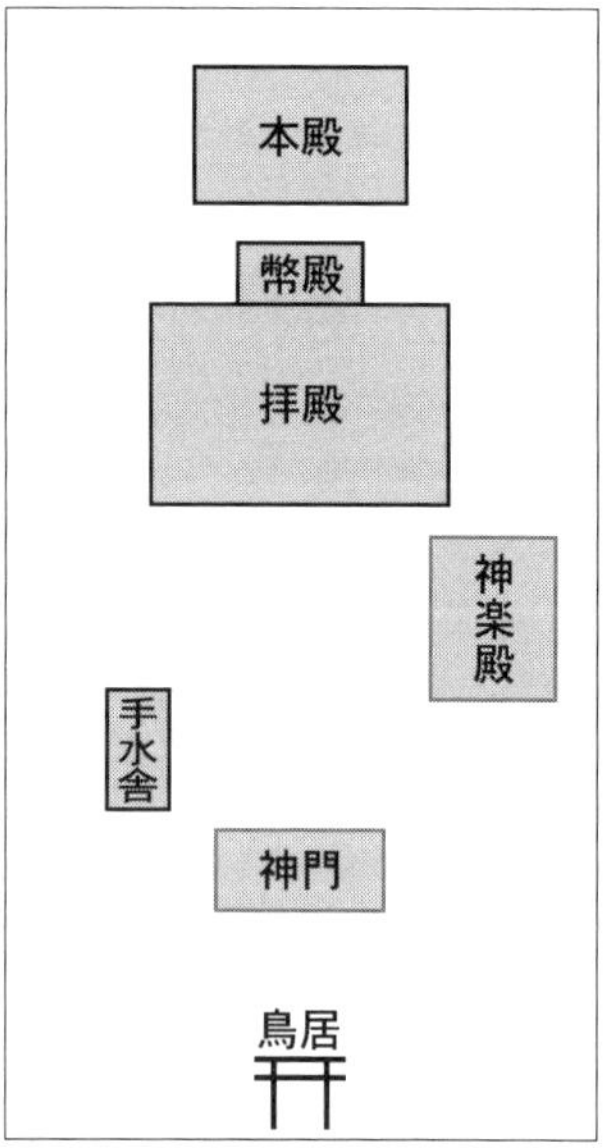

図1　社殿配置の例

現在、神社に行くと境内には色々な建物が建っている（図1）。初詣の時など、多くの参拝者が賽銭を入れ、鈴を鳴らして、拍手《かしわで》を打ってお参りするのは、拝殿《はいでん》という建物の前である。今日では、厄払いや七五三など特別な祈願等をする時に限り、拝殿の内部に入れる神社が少なくないが、拝殿は本来、参拝者が内部に着座して、その奥にある本殿に向かって拝礼を行うための建物である。また、例祭などでは主にこの拝殿内で神主により祭祀が行われる。拝殿の種類は大まかに四つある。一には厳島神社（広島県廿日市市）拝殿のような左右に延びる横長拝殿（写真1）、二には愛知県や山口県など一部の地方に特有の奥行き方向に延びる縦長拝殿、三には石上《いそのかみ》神宮摂社出雲建雄《いずもたけお》神社（奈良県天理市）拝殿のような中央に土間の通路がある割《わり》拝殿（写真2）、四には賀茂御祖《みおや》神社（下鴨神社・京都府京都市）舞殿のような舞台となっている舞殿拝殿（写真3）である。一般的な氏神社（鎮守社）級の神社では、地域の氏神として祀った庶民の経済的な余裕がなかったため、拝殿が建立されるようになるのは江戸時代中期以降である。

次に本殿について見ていく。本殿は神社の建物のうち、最も重要な建築で、神が常在する住居《すまい》であり、神の専有する空間のある建築である。本来は神専有の一室空間であった。古くは、正殿、宝殿、御殿、神殿などと呼ばれていた。伊勢神宮（三重県伊勢市）では正殿と呼んでいる。通常は拝殿の奥に別棟で建つ[2]。玉殿はこうした本殿のなかに安置される。

本殿をはじめとする、神社の向きは、集落の方（ひらけた方）に向かって配置される。結果的に南や東に向いて配置されることが多い。山が南側にある厳島神社の場合のように北西に向かって配置されることもある。また、古社では、あえて参道の最後を折り曲げて、遠くから直接本殿等の様子がうかがえないようにする場合もある。

写真１　横長拝殿（厳島神社）

写真２　割拝殿（石上神宮摂社出雲建雄神社）

その他の社殿についても確認しておこう。

幣殿《へいでん》は幣《ぬさ》を安置する建築である。本殿と拝殿の間に設けられ、祝詞《のりと》を奏上するための祝詞殿の場合もある。拝殿と本殿を繋ぐ渡廊下状に造るものも少なくなく、権現造《ごんげんづくり》（詳しくは後述）では古くは石《いし》の間《ま》となる。神楽殿《かぐらでん》は舞《まい》殿《どの》ともよばれ、四方吹《ふき》放《はな》ちが本来の形である。拝殿の用途に使われる

写真３　舞殿（賀茂御祖神社）

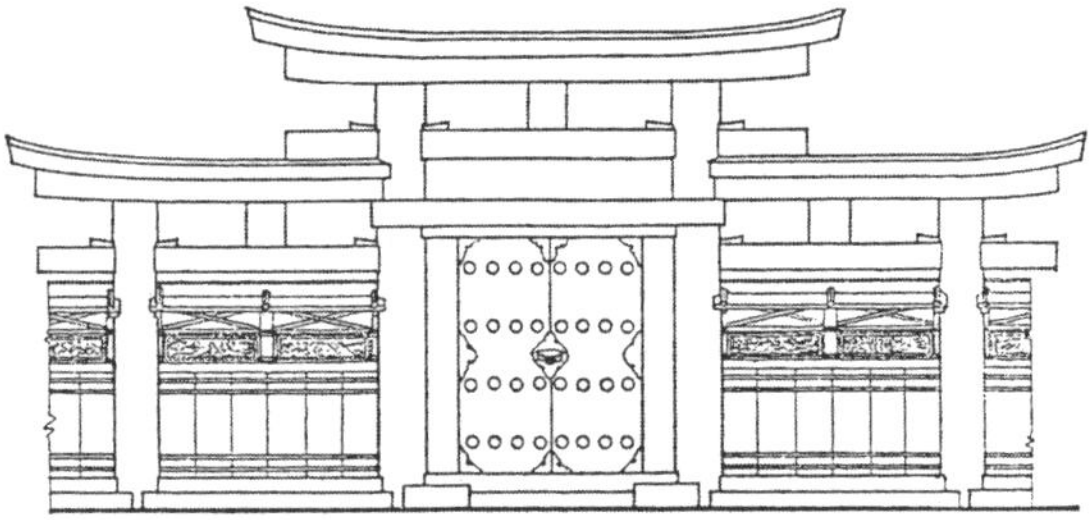

図２　三輪鳥居（大神神社）

場合もある。神輿舎《しんよしゃ》は神輿《みこし》を納める建築である。神門には楼門《ろうもん》や随神門《ずいしんもん》（随身門）があるが、有力神社にみられる程度である。また、日光東照宮などにみられる唐門《からもん》もあるが例は少ない。御供所《ごくうしょ》は明治時代の『神職宝鑑』の制限図に神饌所《しんせんじょ》として推奨されたので、拝殿とは別に新たに建てることが多くなった。手水舎《てみずしゃ》は手水鉢《ばち》の覆屋である。四本柱（四脚）のものが基本形であり、内転《うちころ》びにしたり、柱を添えたりして安定させる。絵馬殿《えまでん》は奉納絵馬が多く、既存の社殿に掛けきれない場合に建てることがある。

また、神社の象徴的なものとして鳥居《とりい》がある。鳥居は区域の境に立てられた神聖な場所の入口を示すもので、成立は本殿の建築より古く、古墳時代から飛鳥時代と考えられる。鳥居の分類は多々あるが、本殿の形式以上に偏りが大きく、明神《みょうじん》鳥居が九割以上を占める。反りや部材の有無など明神鳥居とのわずかな違いで多くの分類名が与えられている。厳島神社で有名な両《りょう》部《ぶ》鳥居や神明《しんめい》鳥居などは違いがわかりやすく、特異な例としては三輪《みわ》鳥居（図２）がある。真ん中の鳥居の左右に少し小さい鳥居を連結したような形状の鳥居で中央に板扉を建てており、禁足地の境を示した鳥居である。

2　神社建築の始まり

三輪鳥居のある大神《おおみわ》神社（奈良県桜井市）には本殿がなく、山を背負って拝殿が建っている。三輪山が神の住む場所とされ、さらに古くは拝殿もなかった。こうした創建時からの古式を守る本殿のない例には、諏訪大社上社（長野県諏訪市）、金鑽《かなさな》神社（埼玉県神川町・写真4）などがある。遙か昔の日本の神祇信仰では、神の住む場所として建築を必要とせず、神籬《ひもろぎ》（榊《さかき》などの依代《よりしろ》）や磐座《いわくら》（写真5）に降臨した神に向けて祭祀を行っていた。その場所は、磐境《いわさか》や垣で表され、注連縄《しめなわ》を張って神域を示した。記紀や万葉集に「もり（杜、社、神社）」とある禁足地が該当する。六世紀後半、仏教伝来に伴い、建築の形態をもつ寺院（飛鳥寺など）が日本に登場した。

写真4　金鑽神社

写真5　元宮磐座（岡山県岡山市）

建築を必要としなかった日本の神祇信仰は刺激を受けた。仏教（寺院）建築と対照的な造形（詳しくは後述）として高床であった古《いにしえ》の日本の宮殿形式を復元的に採用し、仏教（寺院）建築の伝来から一世紀ほど経過した七世紀後半頃、本殿は成立していったと考えられる[3]。

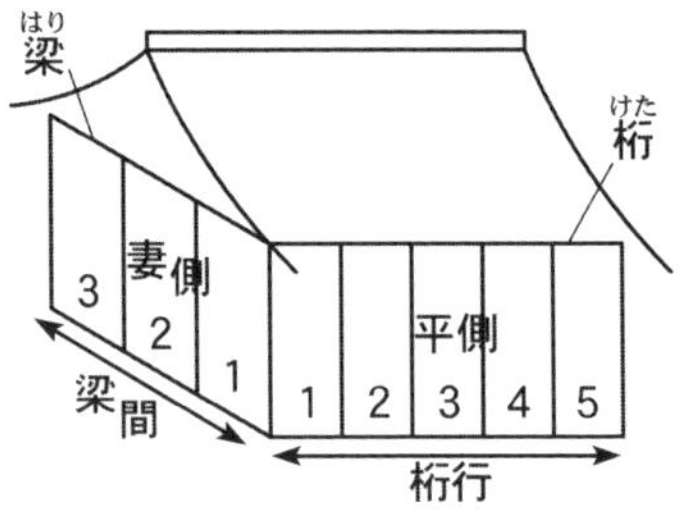

図3　建物の規模

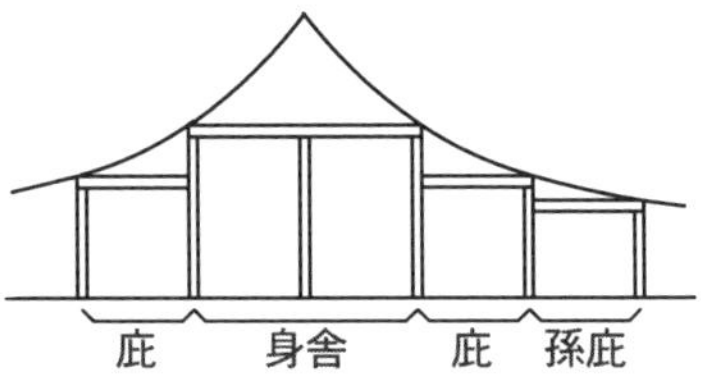

図4　身舎と庇

三　本殿の規模形式

1　本殿の規模

本殿をはじめ、日本建築は柱と梁・桁を組み上げて構成するのが原則であり、建物の規模は、桁が載る方向である桁行と、梁が架かる方向である梁間で表し、それぞれの間数《けんすう》（柱間の数）を使って表す（図3の例では、桁行五間、梁間三間）。このときの一間は、実寸法ではなく、単純に柱の間の数で表す。出雲《いずも》大社（島根県出雲市）本殿や東大寺（奈良県奈良市）大仏殿のような大きな建物でも、町中の祠のような小さな建物でも、実際の寸法に関係なく、柱の間一つが一間である。一方で現在では「間」には実寸法を表す長さの単位の用法もある。これは十四世紀後期に柱間一間を六尺五寸（一・九七m）として住宅に一般的に使われたため実寸法として定着し、明治時代に東京地方の慣行に従って一間を六尺（一・八二m）と法律で定められて今日に至ったものである[4]。

本殿の規模は、正面間口《まぐち》の間数を用い、一間社、三間社のように表す[5]。正面間口は中央に柱が立たない奇数が好まれて一間社、三間社が全国的に多い。三間社は神の住まう空間としてちょうどよい広さと認識されたらしく、伊勢神宮正殿も三間社であり、本殿の基本的な規模となっている。全国には五間社以上の大規模本殿もいくつか

あるが、内部を仕切るなどしており、基本構成を三間社とするものが多い。(6)

2　形式の基本要素

日本建築では、屋根の傾斜した平面が見える側を平側《ひらがわ》といい、柱の上に桁が載る（図3）。神明造《しんめいづくり》（詳しくは後述）など平側に正面（入口）があるものを平入《ひらいり》という。一方、直交する三角形状の屋根が見える側を妻側《つまがわ》といい、柱の上に梁が架かる。大社造《たいしゃ》（詳しくは後述）など妻側に正面があるものを妻入《つまいり》といって、大きく二つに分けられる。また、建築はその構造から、本体部分である身舎《もや》と、付随部分である庇《ひさし》の部分に区分できる（図4）。前後に柱を立てて、柱の上に梁を掛けた建物の本体部分が身舎であり、その外側に別に柱を立てて繋《つなぎ》梁などで繋いだ付随部分が庇である。伊勢神宮正殿の例では、身舎のみで構成される桁行（正面）三間、梁間（側面）二間の平入の平面ということになる。

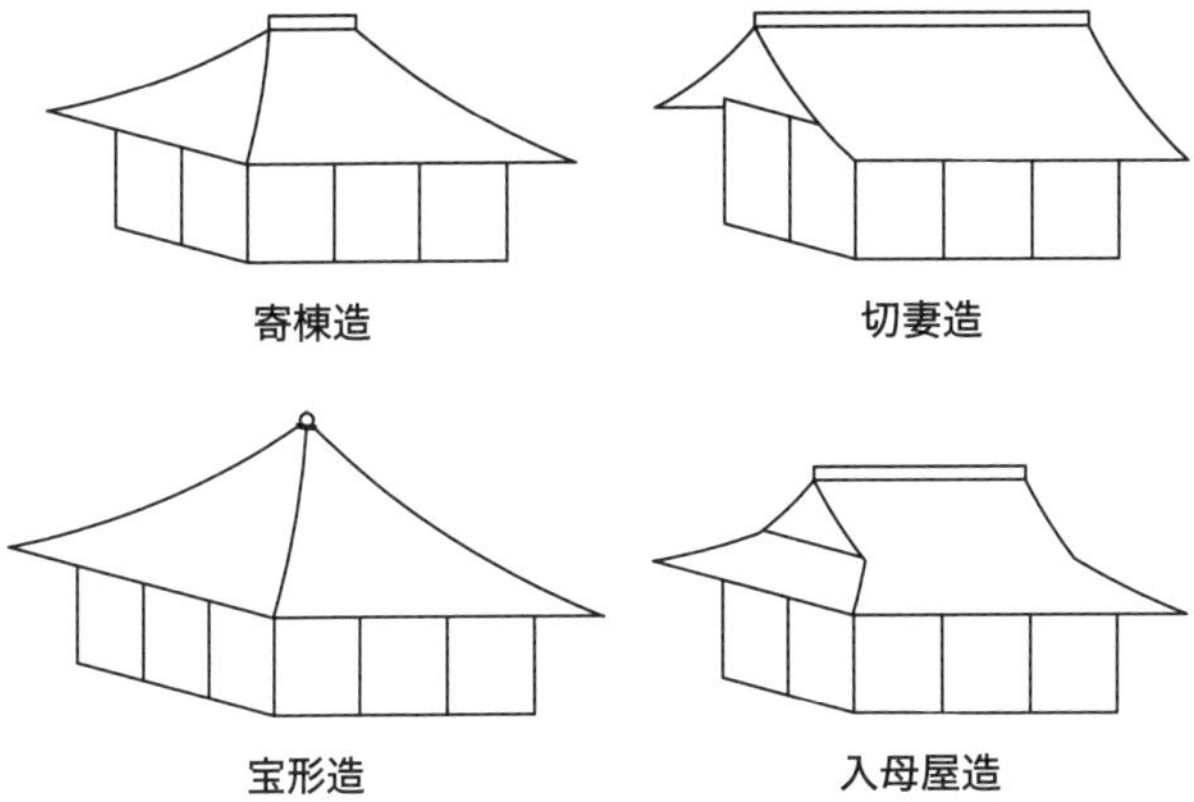

図5　屋根形式

　また、屋根の形状に基づく屋根形式がある。一般的に四種類がある（図5）。切妻造《きりづま》は、垂直に両端を切り落としたような形の屋根である。最も単純な屋根形式であるが、神社本殿の基本形である。入母屋造《いりもや》は、切妻造の両端部の下方にも傾斜した屋根面を設けたもので、屋根上に三角形状の妻壁ができる。本来は寺院建築のものであったが、平安時代末期には神社本殿にも使われるようになる。寄《よせ》棟《むね》造は、隅から棟を寄せ上げて、それらを水平の棟でつないだ形の屋根である。正方形平面に寄棟とした場合は宝形《ほうぎょう》造（方形造）となり、隅から中心の一点に棟を寄せ上げた形の屋根となる。いずれも寺院建築のものであり、神社には基本的に用いない。よって、後述する神明造は屋根形式としては切妻造である。

3　本殿の形式

本殿形式は屋根形式を含め、平入・妻入や庇の有無などの要素や、その他の建築構造よって多様に分類される。本殿形式は祭神と本来的には無関係である。しかし、古くからの有力な神社は個性的な本殿を持つものが少なくない。そのため、伊勢の神と神明造、住吉の神と住吉造、春日の神と春日造などの結びつきがある。

基本的な本殿形式として神明造、大社造、流《ながれ》造、春日《かすが》造（図６～９）の四つがある。しかしその比率にはかなりの偏りがあり、流造は全国に分布し、神社本殿の五割強を占める。次いで一割弱が春日造である。それに、屋根形状による分類である入母屋造、切妻造が続く。神明造は数としては多くない。古くはほぼ伊勢神宮の社領地の数百社に限定されていた。明治維新以降、伊勢神宮の崇敬が高まり、全国の神社に取り入れられて増加した。大社造は出雲大社のある出雲国（島根県）に限定的に数十社が分布する。

先に挙げた基本的な本殿形式のうち、飛鳥時代に遡る最古の形式として神明造と大社造がある。神明造は、切妻造平入で身舎だけからなる。大棟《おおむね》を直接支える棟持《むなもち》柱が最大の特徴で、柱はすべて掘立《ほったて》柱としている。屋根は茅葺《かやぶき》とし、反りがなく直線的で、両端部の破風板《はふいた》が屋根を突き抜いて交差させて千木《ちぎ》とし、大棟の上には複数の膨らんだ円筒状の堅魚木《かつおぎ》を載せる。破風板の上部には鞭掛《むちかけ》とよばれる棒状部材を四本ずつ突き出す。また神明造のうち、伊勢神宮正殿については本殿中央の床下に独立して立てた短柱である心御柱《しんのみはしら》など、各部の差異を加味して唯一神明造として他と区別する場合がある。大社造は、切妻造妻入で身舎だけからなり、現存最古のものは神魂《かもす》神社（島根県松江市）本殿である。大社造の棟持柱は、宇豆《うず》柱（珍柱）と呼ばれ、梁を避けて壁面中央より外側に出る。出雲大社本殿も鎌倉時代までは古式の千木としていたが、現在は大棟の上に置かれた置《おき》千木となっている。大社造の中央柱も江戸時代以降は心御柱と呼ばれるが、本殿を構成する構造材であり異にする。

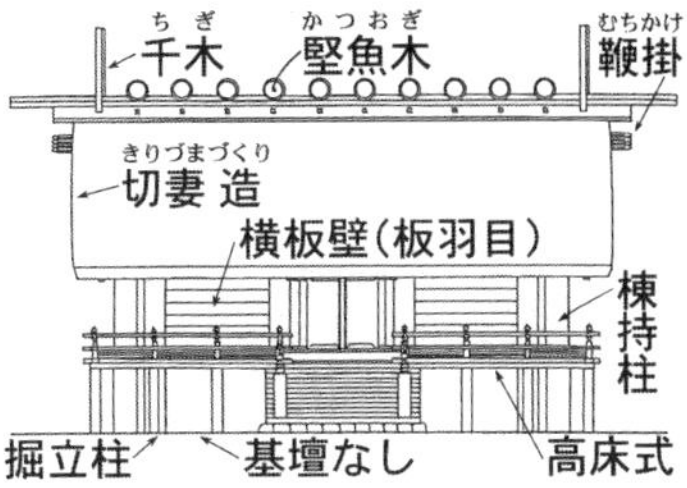

図6　神明造（伊勢神宮外宮正殿）

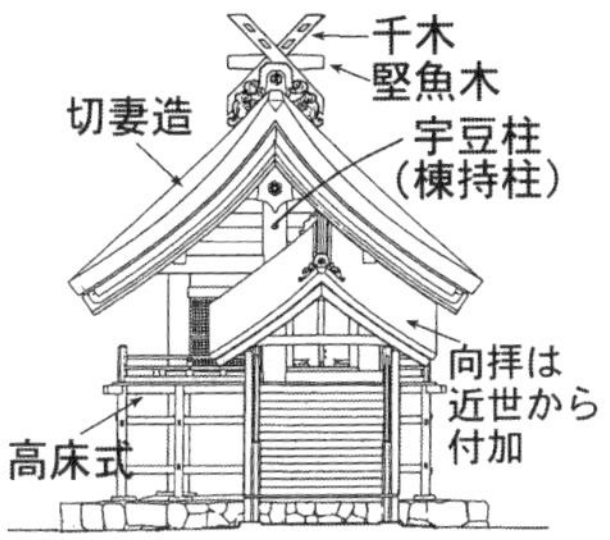

図7　大社造（神魂神社本殿）

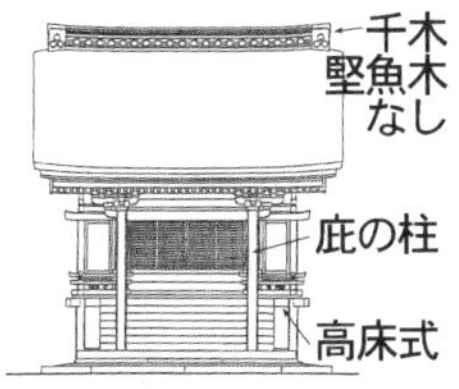

図8　流造（小槻大社本殿）

図9　春日造（春日大社本殿）

奈良時代から平安時代初期にかけて身舎の正面に庇を付けて成立した形式が流造と春日造である。流造は、平入の身舎の正面に庇を設けた形式で、上下賀茂神社（京都府京都市）本殿など多数の例がある。破風板が曲線を描き、古いものでは身舎・庇の境で強く折れ曲がる。檜皮葺を正式とした屋根には、古例では大棟に瓦積みが使われ、千木・堅魚木は載せにくかったらしく、ないものも少なくない。春日造は、妻入の身舎の正面に庇を設けた形式で、春日大社（奈良県奈良市）本殿など奈良を中心とした近畿を中心に全国に分布する。小規模本殿では、流造や春日造を小型化し、正面の階段である木階《きざはし》を省略して庇を供物台（見世棚《みせだな》）とする見世棚造もある。また細い柱での掘立柱はすぐに腐朽し都合が悪い。そのため、井桁に組んで柱の下を繋ぐ土居桁《どいげた》（土台）が流造や春日造に採用され、本殿安定

写真６　吉備津神社（岡山県岡山市）

写真７　富士山本宮浅間大社（静岡県富士宮市）

的に保ち、転倒を防ぐのに役に立った。

　そのほか多くの本殿形式がある。住吉《すみよし》造は、切妻造妻入で前後二室の構成。神明造、大社造と並んで最古の形式であり、住吉大社（大阪府大阪市）本殿が代表例である。八幡《はちまん》造は、切妻造平入を前後二棟連結した形式で平安時代初期までに成立した。宇佐神宮（大分県宇佐市）本殿がよく古式を伝える。両流《りょうながれ》造は、平入の身舎の前後に庇を設け、屋根が両側に流れた形で、平安時代中期に成立した。厳島神社（広島県廿日市市）本殿本殿は床面積で全国一を誇る。両流造は気比《けひ》神宮（福井県敦賀市）本殿や、宗像《むなかた》大社辺津《へつ》宮（福岡県宗像市）本殿などに見られる。日吉《ひえ》造は、平入の身舎の正面と両側面に庇を設けた、日吉大社（滋賀県大津市）本殿の形式である。入母屋造の背面を切除したような特殊形となる。本殿形式はこれらのほかにも、妻入では大鳥《おおとり》造（大阪府・大鳥神社）、隠岐《おき》造（島根県・水若酢《みずわかす》神社）、平入では四方に庇を設けた祇園《ぎおん》造（京都府・八坂神社）、比翼入母屋造とした吉備津《きびつ》造（岡山県・吉備津神社・写真６）などがあり、そのほか、二階建（二重）の流造とした浅間《せんげん》造（静岡県・富士山本宮浅間大社・写真７）もある。こうした本殿形式名は数十種類あるが、十数社、少ない場合は一社のための命名が多くを占める。[7] そのため、建築類型上は同等の区分名とは言い難い。しかし、有力な神社は独自性を重視するため、各部の差異まで加味した独自の形を持つ。そうした名称の多さに反映された多様な形を許容していることが神社建築の奥深さでもある。

写真８　舟肘木（宇治上神社本殿）

写真９　平三斗（宇治上神社本殿）

なお、日光東照宮（栃木県日光市）で有名な権現《ごんげん》造（八棟《やつむね》造）は、複合社殿の形式名でまた別である。権現造は北野天満宮（京都府京都市）を初例とし、本殿と拝殿の間を石の間や幣殿で繋ぐ。

４　神社建築の意匠

本殿の柱には基本的に円柱が使われる。柱には円柱と角柱があるが、円柱は本来、材木から切り出した角

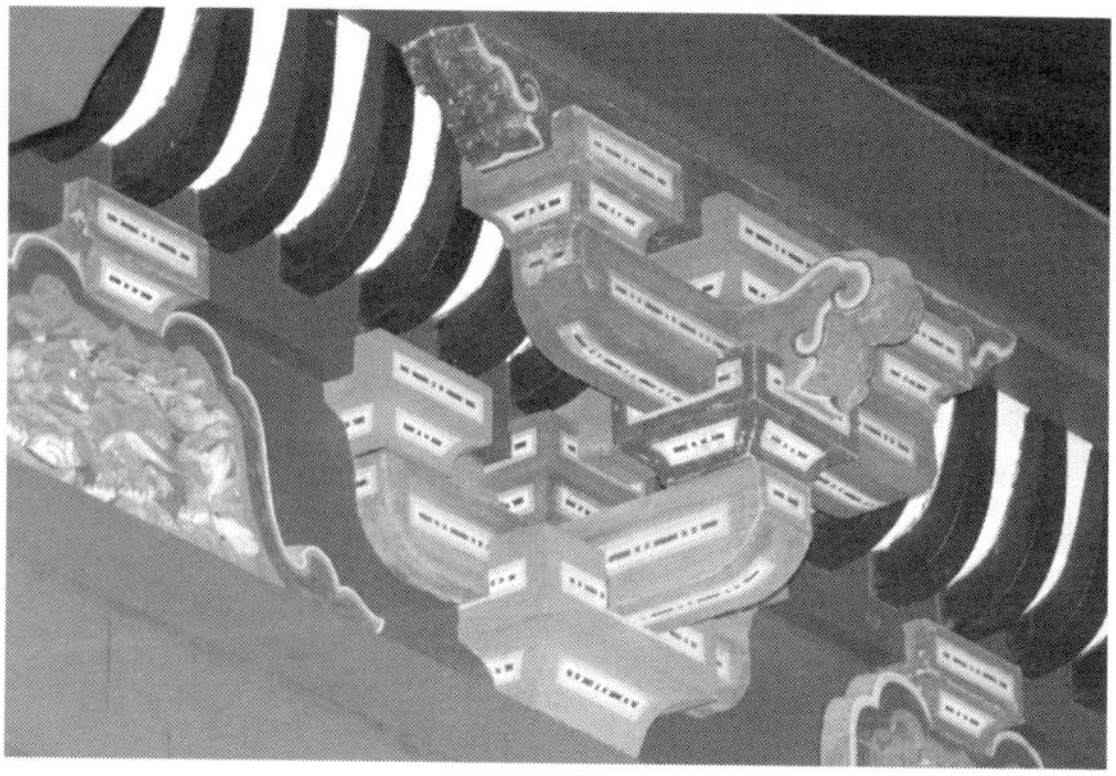

写真10　出組（富士御室浅間神社本殿）

写真11　三手先（日光東照宮本殿）

柱の角を落として製材するため、材料や手間が多く必要である。よって日本建築では、円柱は正式な柱、角柱は略式な柱であり、格式が意識される。一般的に本殿では身舎（内陣《ないじん》）は円柱、庇（外陣《げじん》）や向拝《こうはい》は角柱とするなど使い分けがあり、身舎のみからなる伊勢神宮正殿は正式の柱である円柱のみが使われている。

　また日本建築では、見えないところには手をかけないのが基本である。本殿もその例にもれず、たとえ神が居ようと人目に触れない内部は簡素である。一方、外部は充実を図られ、装飾などを取り入れるようになる。組物《くみもの》（写真8～11）は寺院建築の要素であったが、奈良時代には舟肘木《ふなひじき》が用いられる。平安後期になると組物は立派な建物の象徴と捉えられ、平三斗《ひらみつど》が導入される。桃山時代には出組《でぐみ》（一手先《ひとてさき》）が全国的に流行し、江戸時代には二手先《ふたてさき》、江戸中後期には最も複雑な三手先《みてさき》まで使われた。明治時代になると神仏分離令により、組物は避けるよう指導されたが、立派な組物を持つ本殿も建てられて

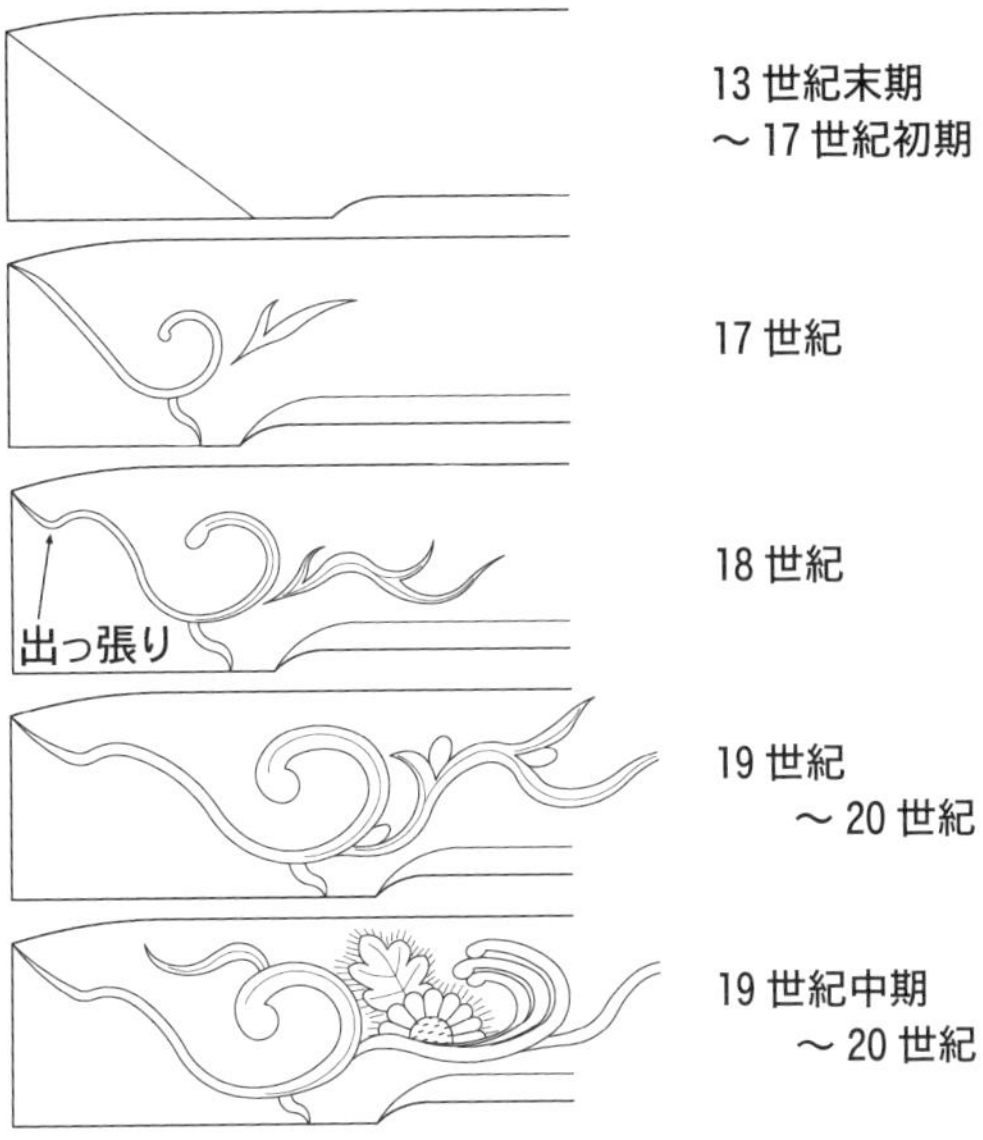

図10　虹梁の彫刻の年代

いる。

また、江戸時代以降、蟇股《かえるまた》、木鼻《きばな》などの彫刻、妻飾などが複雑化する。飾り屋根の千鳥破風《ちどりはふ》、軒唐破風《のきからはふ》も見られる。特に、虹梁《こうりょう》などの渦巻きの彫刻（図10）は年代をよく示しており、年代が降るほど大きく、太く、深く、複雑になる。

5　神社本殿と寺院本堂

本殿建築の創始期の神社本殿と寺院本堂は、円柱の使用、梁《はり》と桁《けた》と垂木《たるき》で構成する点が共通する程度で、そのほかの要素はことごとく異なっていた（表1）。奈良時代以降、互いに歩み寄り、長所を取り込んで少しずつ変化し、神社本殿は礎石建《そせきだ》て、組物、彩色などの要素を取り込み洗練された。しかし、高床式は日本伝統の建築の基本要素として守り続けられ、一部の例外を除き[8]、土間式《どましき》を受け入れることはなかった。

屋根においては、切妻造を最高とし、次いで入母屋造、最下位に寄棟造とする古来の日本の格式と、寄棟造を最高とし、次いで入母屋造、最下位に切妻造とする中国の格式の違いがある（表2）。神社本殿は日本の格式に従って切妻造を基本とする。後に入母屋造の本殿も現れるが、切妻造の特徴である垂直面である破風を持つ屋根形式が守り続けられ、原則、破風のない寄棟造の神社本殿はない。

表1　神社建築・寺院建築の要素

神社（本殿）	寺院（本堂）
基壇なし	基壇あり
掘立柱	礎石建て
高床式	土間式
横板壁（板羽目）	土壁
千木・堅魚木（高貴の象徴）	組物（高貴の象徴）
扉外開き	扉内開き
白木	彩色
切妻造	寄棟造・入母屋造
茅葺・檜皮葺・杮葺	瓦葺

表2　屋根の格式

日本の格式（奈良時代）	中国の格式（中国宮殿建築）
切妻造（真屋）＞入母屋造＞寄棟造（東屋）	寄棟造＞入母屋造＞切妻造

四　本殿の内部

1　本殿内空間と間仕切り

さて、本殿の内部に目を転じてみると、本殿内部は、人目に触れない簡素な一室の神の専有空間であったが、平安時代になると、本殿の周囲に庇を外陣として付加して大規模な本殿とし、祭礼の空間を確保するようになる。これは、本殿全体で見れば、本殿の一部が神の専有空間でなくなり、人の参入空間が形成されたとも言える。神の専有空間である身舎の内陣と祭礼空間である庇の外陣の間は、板扉で人目を遮り、本殿の外壁には、本殿内祭礼時用の窓が設けられて、蔀《しとみ》や格子が嵌められた。その後、中世に入ると、地方では荘園ごとに鎮守社が創祀され、室町時代以降には、在地領主の守護社が創祀された。こうした神社では、本殿を複数建てることや拝殿を建てる経済的な余裕はなかった。特に多い八幡宮の例では、一つの本殿に三柱の祭神を祀る必要が生じた。その対処法として都合が良かったのが、三間社の内陣後半を板壁で三つに内々陣として仕切り、それぞれに板扉を設けて、内々陣のそれぞれに神体を奉安する方式である。神の専有空間は内々陣の中だけとなり、本殿の内陣・外陣を使った祭礼が可能となる。これを一間社に適用した例もある。

2 内々陣と玉殿

神の専有空間を確保した形で区切るにはもう一つ方法があり、本書が究明する内陣に複数の玉殿を安置して神をそれぞれに祀る方式である。この場合も神の専有空間が玉殿内となるため、本殿内での祭礼が可能となる(9)。

こうした本殿内の空間の差異には、有力神社の本殿の形の影響がうかがわれ、地域的な傾向が見られる。例を挙げると、安芸《あき》国では本殿の内陣に祭壇を設け、その上に玉殿を安置する形態を採る神社が大変多い。一方、備《びん》後《ご》国では内陣を仕切って内々陣を形成し、玉殿を設けない。厳島神社（安芸国一宮）本殿は内陣に玉殿を複数安置し、吉備津《きびつ》神社（備後国一宮、広島県福山市）本殿は内陣の奥に内々陣を設け、内々陣を一間ごとに区画する。この一宮の本殿空間の差異が旧国内の神社にも拡散した。結果、安芸国には玉殿を内陣祭壇に並べる形式が一般化し、備後国には内陣の奥に内々陣を区画する形式が普及したのである。本殿の一部を開放する形式は、中世の経済力が大きくない地方神社の祭祀や拝礼の場所の確保に有効であり、室町時代後期から江戸時代に多く見られる吹放ちの外陣を有する本殿などの成立にも大きく寄与している。

神像の小型化との関係も見られるが、形のある神体の有無に関わらず、神社祭祀において信仰の根元である神の存在を示す神座をどのように形成するかは重要である。神が常住している本殿内部空間の使い方だけでなく、神に対する祀る側の意識を反映している。明治維新以降、厳重に非公開とされた玉殿は、神をどのように考えてきたか、日本文化の理解に貢献できる貴重な建築なのである。

五　本殿内の玉殿

1　神社玉殿の定義

玉殿は神社の本殿内に安置された本殿形をした小建築である。柱と梁・桁を組み上げる日本建築の構成を備えた建築的造形で、本格的な屋根を持った神社建築の形をしているのが玉殿（写真12）である。玉殿は中に神体を奉安している。神体を奉安するものには滋賀県を中心とした近畿地方の古社で見られる春日厨子《ずし》もあるが、[10] 建築的造形にない箱形の神座であるため、本書で対象とする玉殿には該当しない。[11] また、覆屋を架けるなど、土間等に直に建つ形式の本殿は、あくまで本殿であるので含まない。[12] 当然、寺院の本堂内の須弥壇上等に安置された厨子（写真13）は含まない。[13]

写真12　玉殿（佐々井厳島神社・広島県安芸高田市）

玉殿の成立は平安時代後期であり、玉殿の現存例は鎌倉時代後期以降となる。玉殿は成立以来、その安置は本殿内の平面構成と密接な関係があり、本殿の形式、本殿内での祭祀形態など、本殿の変化発展に対しても大きな影響を与えている。さらに玉殿は、神を祀る神社建築の特質と深く結びついており、神社建築史上、重要な建築であるといえる。[14] 本書では、こうした玉殿が神社に広まっていく中世を中心に、玉殿の特質の解明を進めることにする。

2　寺院厨子との違い

ここで、寺院厨子（以下、厨子という）との違いを述べておく。寺院本堂内の須弥壇上などに安置された厨子は、建物内に安置することや小建築であることなどから、神社本殿内の玉殿と混同されがちであるが、当然、厨子は玉殿ではない。玉殿は切妻造を基調とするなど、形からして神社建築であり、仏堂の形式を用いる厨子とは、建築学的に全く異なるものである。また、複数部材を一木から造り出す一木造出が見られるなど、厨子にはない玉殿特有の技法も散見される（詳しくは後述）。

それ以外にも違いを挙げておくと、玉殿は神体を奉安し、厨子は仏像を安置するものである。神体を奉安するため、玉殿は積極的に見せるものではなく、参拝者の目に触れない場所で進化することとなる。[15]玉殿は、神主でさえ中に入れない初源的な神社本殿の扱いを踏襲するものであり、玉殿内は神の専有空間である。逆に内部の仏像を見せることが前提である厨子は、参拝者に積極的に見せるものであり、対照的な考え方である。大きさも異なり、玉殿は厨子と比較してかなり小型である。また、厨子は本堂の来迎壁などに取り付けるものが少なくないが、玉殿は造り付けにならない。

つまり、両者は、神社建築と寺院建築が違うように、性格上も形態上も特徴の異なる建築なのである。

写真13　厨子（養康寺薬師堂・広島県安芸高田市）

3　一神殿一祭神の原則

小規模本殿を並び建て、一つの本殿に一基ずつの玉殿を安置する丹生都比売《にうつひめ》神社（和歌山県かつらぎ町）玉殿のような例もあるが、大規模な一つの本殿内に、玉殿を複数奉安する例が少なくない。これは、祭神の数に合わせて、それぞれ玉殿を設けるからであり、祭神と同数の神殿を建立する上代古代の形式である一神殿一祭神の考えを残すものである。

また、今田八幡神社（広島県北広島町）など数例の三間社の玉殿では、八幡三神を奉安するために、各柱間を割り当てて三間としている。そのため、玉殿は中世の地方神社において、標準的な大きさの本殿でも一神殿一祭神の形式を簡略化して適える機能も備える。

4　造立年代と地域分布

玉殿は、平安時代後期から末期にかけて登場し、現代まで造立されている。嘉元四年（一三〇六）の丹生都比売神社玉殿、元亨四年（一三二四）の今田八幡神社玉殿は年代が明確な古い現存例である。佐々井厳島神社玉殿第一殿も、建築様式上、鎌倉末期の玉殿である。いずれも本格的な本殿の形態をしている。

玉殿（その要素を含む春日厨子などを含む）の分布する地域は、愛知県（三河国）、滋賀県（近江国）、和歌山県（紀伊国）、島根県（出雲国）、広島県（安芸国）、山口県（長門国）などであり、[16] 旧国名の範囲で地域的に集中する傾向がある。

神社においては建築の特徴が一度定まると、各神社の個性として、その特徴は原則的に踏襲される。分布に地域的な集中が生じるのは、有力な神社の本殿の形との関係が指摘できる。[17] 安芸国には、特に中世の玉殿が集中して遺存している。厳島神社から始まった玉殿が、中世後期において安芸国の村落の中心的神社、いわゆる村の鎮守社級の規模の神社まで広く普及したことを物語っている（後章で詳述）。

近世の玉殿の例として特徴的なのは、全国に分布する、徳川家康を神として祀った東照宮である。徳川幕府が創祀した久能山や日光の東照宮には「高御倉《たかみくら》」を安置している。また、全国の大名が勧請した東照宮は、祭神及び徳川氏との関係への配慮から、社殿はいわゆる権現造とはされないが、(18)本殿内には玉殿が安置されている。

5　玉殿の呼称

中世までの文献に見られる玉殿を表す呼称は、「玉殿」、「内殿」、「小内殿」である。「宝殿」もあるが、立派な殿舎を指し、本殿にも用いられる呼称である。

「内殿」という呼称は、出雲大社（島根県出雲市）で確認でき、久安元年（一一四五）の「出雲国在庁官人解」にある。「小内殿」の呼称は、『秋上家文書』の天正十一年（一五八三）の記述に見られ、神魂《かもす》神社において使用されている。なお、神魂神社では「内殿」は本殿内陣を指す。

「玉殿」については、厳島神社において仁治二年（一二四一）の「伊都岐島社神官等申状案」に、「御躰玉殿」とある。厳島神社の玉殿安置は平安後期の仁安三年（一一六八）までは遡るため、極めて早い時期から玉殿という呼称を使用していたことがわかる。また、元亨四年（一三二四）の今田八幡神社玉殿や文和二年（一三五三）佐々井厳島神社玉殿第五殿にも「玉殿」の墨書銘がある。「玉殿」は多くの神社で古くから使われ、現在に至るまで呼称されており、最も広く用いられている。

また、近世に創祀された東照宮に安置される玉殿には、「高御倉」とした史料の記述がある。

なお、現在、神社の玉殿に対して「宮殿」、読みを「くうでん」と呼ぶ例があるが、神社の玉殿に対して宮殿の呼称を使う確実な資料的裏付けはない。また、「くうでん」と呼ぶのは、寺院の厨子に「口伝」の墨書銘があったことによる。

6 従来の研究と課題

神社建築を考える上で、玉殿は重要な意味を持つが、本殿内の神座であるため特に非公開とされる場合がほとんどであった。そのために、従来はおよそ調査ができず、これまでに玉殿に関する研究はわずかしかない。玉殿に関する研究について、特定の玉殿の一部については、触れられることはあったが、体系的に述べられているものは見られない。以下に、玉殿に対する筆者以外の従来の研究について年代順に挙げ、その玉殿に関する部分についてまとめておく。

①『嚴島神社国寶並びに重要文化財建造物昭和修理綜合報告書』(国宝厳島神社建造物修理委員会、昭和三十三年(一九五八)) 厳島神社各社殿の修理工事報告書である。その中に末社左門客《ひだりかどまろうど》神社及び右門客神社、摂社天神社、摂社大元神社の玉殿の修理の記載がある。

②福山敏男「厳島神社の社殿」(『仏教芸術』五十二号、昭和三十八年(一九六三)、『日本建築史研究』墨水書房、昭和四十三年(一九六八)に修正再掲) 厳島神社の成立の考察を行った論文である。厳島神社には、玉殿が本社本殿内に六基、摂社客社本殿内に五基存在することを記す。

③三浦正幸「厳島神社の本殿」(『建築史学』第四号、昭和六十年(一九八五)、初掲は「厳島神社外宮地御前神社の建築」、日本建築学会中国支部研究報告集第一〇巻一号、昭和五十七年(一九八二)及び「厳島神社の玉殿」日本建築学会大会学術講演梗概集計画系、昭和五十八年(一九八三)、前者は『廿日市の文化』第一九集、廿日市市郷土文化研究会、平成三年(一九九一)に再掲、『四面庇系平面の神社本殿の研究』私家版、昭和六十一年(一九八六)に修正再掲、『厳島信仰事典』戎光祥出版、平成十四年(二〇〇二)に再々掲) 厳島神社における四面庇系の本殿の形式について、厳

島神社内宮及び外宮（地御前《じごぜん》神社）の玉殿安置の面から検証し、厳島神社の本殿は玉殿を安置するために成立したと指摘する。加えて、宝暦十年（一七六〇）に造替の外宮玉殿が現存することを確認し、その規模形式を記述する。また文献を併用し、内宮の玉殿の規模形式及び成立年代を示す。

④村岡浅夫「社寺信仰」（『吉和村誌』第二集、吉和村誌編纂委員会、昭和六十年（一九八五））広島県旧吉和村（廿日市市）内の社寺について報告したものである。その中に速田神社の玉殿の写真が掲載される。

⑤三浦正幸「神社本殿内の中世の玉殿―広島県高田郡八千代町の佐々井厳島神社と常磐神社―」（『建築史学』第一一号、昭和六十三年（一九八八））広島県旧八千代町（安芸高田市）の佐々井厳島神社と常磐神社の玉殿の調査研究である。それら二社八基の玉殿に対して、規模形式、細部意匠の記述がある。また、それらに用いられた屋根葺や一木造出（第三章で詳述）の技法にも簡単に触れる。

⑥三浦正幸『東広島市社寺建築調査報告書』（東広島市教育委員会、平成二年（一九九〇））広島県東広島市内に現存する社寺建築の調査報告書である。この中に、東広島市高屋の新宮神社玉殿の報告がある。

⑦三浦正幸「安芸国の中世建築の意匠」（日本建築学会大会学術講演梗概集計画系、平成三年（一九九一））広島県西部の安芸国の中世建築における意匠の特色を示し、厳島大工との関係を論じる。佐々井厳島神社、常磐神社、堀八幡神社、速田神社の各玉殿を中世建築の遺構として挙げる。

⑧來本雅之「宮崎神社本殿内の玉殿―広島県高田郡吉田町相合―」（日本建築学会大会学術講演梗概集、平成五年（一九九三））広島県旧吉田町（安芸高田市）の宮崎神社本殿内に安置されている玉殿について報告したものである。それら玉殿の規模形式、細部意匠が示され、細部意匠及び大工の簡単な考察を加える。

⑨三浦正幸監修「厳島神社の本殿」（『広島県神社誌』広島県神社庁、平成六年（一九九四））広島県内に現存する神社二八五〇社それぞれの鎮座地、祭神名、各社殿の規模形式、由緒、特殊神事などをまとめたものである。

その中の佐々井厳島神社と常磐神社については、中世玉殿の存在を指摘する。

⑩三浦正幸「厳島神社の本殿」（『芸備地方史研究』第二〇七・二〇八号、平成九年（一九九七））　論文③の厳島神社本殿に関する部分を論文⑤の内容の一部を踏まえて、一般向けに解説したものである。

⑪岡田貞次郎「神社建築」（『宮島町史』特論編・建築、宮島町、平成九年（一九九七））　広島県旧宮島町（廿日市市）内の神社建築について述べたものである。その中に厳島神社の左右門客神社、天神社、大元神社の玉殿の史料等の記載がある。

⑫三浦正幸編『総覧日本の建築』第八巻／中国・四国（新建築社、日本建築学会編、平成十年（一九九八））　中国・四国地方の建築を一般向けに紹介した本である。この中で今田八幡神社、佐々井厳島神社、常磐神社、宮崎神社の各玉殿を紹介する。

⑬三浦正幸「高田郡の中世の社寺建築」（『広島県文化財ニュース』第一六七号、広島県文化財協会、平成十二年（二〇〇〇））　広島県旧高田郡（安芸高田市）内の中世社寺建築を一般向けに解説したものである。この中に、佐々井厳島神社、常磐神社、亀山神社、宮崎神社、新宮神社［吉田］、中山神社の玉殿を挙げ、まとめて解説し、厳島神社との関連性に触れる。

⑭三浦正幸「中世の寺社建築」（『千代田町史』通史編（上）、平成十四年（二〇〇二））　広島県旧千代田町（安芸太田町）に現存する中世建築について報告したものである。その中に今田八幡神社、額田部《ぬかたべ》八幡神社の玉殿の記述がある。また、今田八幡神社については、地方色（第四章で詳述）の解説がある。

⑮三浦正幸『吉田町の社寺建築』（吉田町教育委員会、平成十四年（二〇〇二））　広島県旧吉田町（安芸高田市）に現存する社寺建築の悉皆調査を行い、それらの報告したものである。その中には玉殿の報告が多数あり、中世のものでは、新宮神社［吉田］、宮崎神社、清《すが》神社、中山神社、市場黄幡社の玉殿の報告がある。

⑯三浦正幸監修『広島県の神社建築』（広島県青年神職会、平成十四年（二〇〇二））広島県に現存する神社建築に関して、歴史、規模形式、特色を解説したものである。その中に、宮崎神社、常磐神社、佐々井厳島神社の各玉殿が収録、紹介される。

⑰三浦正幸『神社の本殿―建築にみる神の空間―』（吉川弘文館、平成二十五年（二〇一三））神社本殿の多様な本殿形式、神社本殿の起源や変遷などを解説し、神社本殿の建築的特質に迫ろうとした本である。その中で、両流造の厳島神社内宮の玉殿の安置と本殿の関係を解説する。また、玉殿を安置する本殿形態が一般化している安芸国の本殿を紹介し、非参入式本殿（遷宮の時以外は人が本殿内に参入しない本殿）の形式から生まれた新型の参入式本殿（祭祀の時など人が本殿内に参入する本殿）と指摘する。

その他、玉殿に近接した研究もある。それらは玉殿にわずかに触れるが神社建築として検討がなされないもの[19]や、玉殿の範疇にない土間に直接建つ本殿や移入された寺院の厨子を扱ったものである。[20]

7 研究の目的と内容

玉殿に関連した従来の研究は、単体の玉殿に対しての調査であったり、玉殿を安置する本殿などの建築の考察過程で玉殿に簡単に触れた程度であって、玉殿の実体はあまりわかっていない。このような状況にある神社建築の玉殿を主体に系統的に考察し、形式分類、年代変化、分布過程、安置の意義など起源や発展について、体系的に玉殿の建築的特質を明らかにするのが本書である。本書の研究は、建築物調査と古文書調査、そしてそれらの成果と古文書による復元的考察による。建築物調査の内容は、実測図面の作成、造立年代の検討、造立技法や建築様式の把握、後世の改造箇所の究明などである。[21] 近世玉殿については、筆者も参加した安芸国の過半の地域における主要な神社の悉皆的実地調査の成果も利用する。[22] 古文書による復元的考察については、玉殿の語の文献上の初見であり、その安置が全国的にみて、極めて早い厳島神社玉殿と、玉殿を安置する形態が当初から想定される本殿形式である出雲大社内殿を扱う。

註

（1）玉殿は、研究者によっては宮殿《くうでん》と呼ぶこともあるが、神社本殿内に安置される小建築に対して明確に宮殿と称していた例はない（詳しくは後述）。中世玉殿の過半が存在する広島県域では平安時代末期以来、神社内のものは玉殿《ぎょくでん》と称されており、北広島町の今田八幡神社玉殿（山田岳晴・三浦正幸「今田八幡神社玉殿に見られる地方色」日本建築学会計画系論文報告集五六六号、平成十五年（二〇〇三）、第四章を参照）や、安芸高田市の佐々井厳島神社玉殿（三浦正幸「神社本殿内の中世の玉殿」『建築史学』第一一号、昭和六十三年（一九八八）を参照）など、墨書銘によって玉殿の呼称が確認されるものは少なくない（詳しくは第一章を参照）。

（2）現在、拝殿の奥に連結された本殿が少なくないのは、明治政府が全国一律に拝殿から本殿へと座った状態で進む作法（膝進《しっしん》）を定めた影響が大きい。

（3）本殿建築について、祠《ほこら》は「ほくら（穂倉）」が転訛し、弥生時代の高床倉庫が起源であるとする説があるが、人が近寄りがたい禁足地と人に使用される倉庫とは性格がかけ離れており、神の常在する本殿をわざわざ倉庫とする必要はない。

（4）本書では、柱間等の実寸法は実測を現行曲尺で行ったので、寸法については尺寸で表記する。また適宜、mまたは㎜の丸めた換算値を示した。造立当初の製作誤差、経年変化による変形収縮、腐食欠損などにより、部位によって一㎜以上の違いが常に生じるので、㎜単位での計測は学術的に意義があるとは言い難く、造立当時と同等の精度で計測を行った方が有意義であると判断した。なお、現行曲尺とこれらの玉殿の造営尺とは若干の差異があるかもしれないが、有意義な差異を検出することができなかった。

（5）奥行は、後述する身舎の梁間が通常は二間（一間社の場合は一間）とほぼ決まっている。

(6)春日造など複数棟を建て並べる場合や玉殿を安置する場合は、規模の制約や祭礼の関係から三間社とならない場合もある。

(7)現在の文化財指定による本殿形式は、屋根形式（形状）と建築構造の二つの基準が整理されずに混用されており、煩雑となっている。

(8)日前國懸神宮《ひのくまくにかかすじんぐう》（和歌山県和歌山市）や生島足島《いくしまたるしま》神社（長野県上田市）など一部の有力な神社では古くから本殿の土間式を守っている。本殿内の土間に神の専有空間となる内殿が建つため、その他の本殿内とは根本的に異なる思想に基づく空間を持つ本殿形式である。

(9)本書の神社本殿に対する考え方が形成されたのは、三浦正幸に師事した影響が大きい。本殿内への人の参入・非参入を軸にした本殿の詳しい建築的特質については、三浦正幸『神社の本殿―建築にみる神の空間―』（吉川弘文館、平成二十五年（二〇一三））を参照されたい。

(10)例として、松尾大社（京都府京都市）本殿内厨子など。

(11)こうした神座の例として、神輿の葱花を載せたような園城寺（滋賀県大津市）新羅善神堂内陣厨子もある。また墨書銘により弘安四年（一二八一）の造立と知られる小槻大社（滋賀県栗東市）玉殿は、柱や長押などを備えるものの、その他の細部は略され、本殿形の建築的形態としては、まだ完全なものとはいえない。したがって、ここでは除外した。

(12)生島足島神社（長野県上田市）内殿などがある。また、神輿も神体を奉じることができる点で共通するが、神の移動を明示する機能を持つ輿、つまり乗り物であり、社殿ではないため当然外れる。

(13)寺院の本堂内に安置された厨子のうち、屋根を架けた建築的形式の宮殿についても同様に含まない。

(14)本書では玉殿の集中地域である安芸国の歴史的特色を考慮して、慶長五年（一六〇〇）以前を中世とした。中世と近世の境は一般的に、天正元年（一五七三）の室町幕府の滅亡とする場合が多い。しかし、安芸国では、毛利氏が慶長五年の関ケ原の戦いの戦後処理で防長（山口県）へ退去したことにより、中世の在地領主制が完全に消滅し、近世の幕藩体制へ急激に移行した。社寺造営においても、施主が在地領主から地元民に変わっており、近世への移行がはっきりと見られる慶長五年を中世と近世の境とするのが適切であると考えられる。なお、後章で述べるように、その時期を境にして玉殿の形式にも大きな変化が生じている。

(15)伊勢神宮正殿など、本殿自体が神の住まいとしての広義の神座であり内部は見せない。

(16)本書の玉殿の範疇からは外れるが、東北地方(奥羽)には神仏習合の濃い仏堂形式による大型の宮殿が分布する。

(17)分布の事例については、前節を参照。

(18)諸大名が勧請した東照宮においては、本殿は単独で建ち、瑞垣《みずがき》(透塀)を廻らせて正面に唐門を建てて囲み、拝殿は幣殿を伴って唐門の手前に別棟で建てるという構成がほとんどを占める。東照宮の社殿及び権現造に関しては、山田岳晴「複合的社殿の構成と祭祀者認識の相関―「権現造」及び八幡宮の形態と日光東照宮の意義―」(『文部科学省私立大学学術研究高度化推進事業オープン・リサーチ・センター整備事業成果論集「モノと心に学ぶ伝統の知恵と実践」』平成二十四年(二〇一二))を参照。

(19)福山敏男「出雲大社の金輪造営図に就いて」(『出雲』第六号、昭和十五年(一九四〇)、『出雲大社の本殿』出雲大社、昭和三十年(一九五五)再掲、『神社建築の研究』福山敏男著作集四、中央公論美術出版、昭和五十九年(一九八四)に修正再々掲)、福山敏男「山陰の神社建築」(『仏教芸術』六十号、昭和四十一年(一九六六)、『神社建築の研究』福山敏男著作集四、中央公論美術出版、昭和五十九年(一九八四)に修正再掲)、福山敏男「神社建築について―大社造復原試論―」(『悠久』第七号、鶴岡八幡宮、昭和五十六年(一九八一)、『神社建築の研究』福山敏男著作集四、中央公論美術出版、昭和五十九年(一九八四)に修正再掲)、三浦正幸「平安期の厳島神社の祭神と楽音寺蔵「安芸国神名帳」」(日本建築学会中国支部研究報告集、平成二年(一九九〇))、大野敏「飛鳥・奈良時代の厨子―厨子の建築的研究古代編―」(『建築史学』第二十九号、平成九年(一九九七))、大野敏「中世厨子の形式分類について」(日本建築学会計画系論文報告集五〇五号、平成十年(一九九八))、「室町中期~後期における宮殿系厨子の建築様式に関する研究」、平成十一年度~十三年度科学研究費補助金(基盤研究(C)(2))研究成果報告書、平成十四年(二〇〇二)に修正再掲)、大野敏「宮殿系厨子における六枝掛の成立時期について」(日本建築学会大会学術講演梗概集、平成十一年(一九九九))、伊東史朗「厳島神社の獅子・狛犬」(『学叢』第二十号、平成十年（一九九八））など。

(20)狩野勝重「郡山市田村町田村神社本殿内厨子について」（日本建築学会大会学術講演梗概集Vol.五四、昭和五十四年（一九七九））、大河直躬「生島足島神社の旧本殿（現本殿内殿）について」（日本建築学会大会学術講演梗概集、平成四年（一九九二））、高井昭「中世日前・國懸神宮の本殿」（日本建築学会計画系論文報告集第四四八号、平成五年（一九九三）六月）、大野敏「興玉神社内神殿の建築について—組物構成の特徴を中心として—」（日本建築学会大会学術講演梗概集、平成十二年（二〇〇〇））など。

(21)江戸時代の旧村の鎮守社（現在では氏神社と呼ばれる）級以上の神社。安芸国では約三百社が存し、その多くが三間社以上の規模の本殿を有する。

(22)調査は広島大学大学院文学研究科旧三浦正幸研究室によるもので、調査した本殿は、広島市、呉市（旧川尻町、倉橋町）、東広島市（旧東広島市、黒瀬町、豊栄町）、廿日市市（旧廿日市市、宮島町）、安芸高田市（旧吉田町、八千代町、高宮町）、海田町、熊野町、安芸太田町（旧加計町）、北広島町（旧大朝町、千代田町、豊平町）、三原市（旧大和町）のものである。このうち、旧川尻町、旧東広島市、旧黒瀬町、旧吉田町、旧八千代町、海田町、熊野町、旧倉橋町、旧加計町、旧千代田町については悉皆調査を行っている。筆者は広島市、旧川尻町、旧廿日市市、旧吉田町、旧八千代町、旧高宮町、旧加計町、旧大朝町、旧千代田町の調査に参加した。

第一章　現存する中世玉殿の事例調査

一　はじめに

安芸国には十四世紀から十六世紀までに造立された中世玉殿が現存していることが複数報告されている[1]。筆者らによる主要な神社本殿内の調査によって判明したものを含めると、三十四基にものぼる中世玉殿が確認できた[2]。安芸国に現存する中世玉殿は、造立当初の部材をほぼ完存しており、すべて本殿形の建築的形態を採る[3]。安芸国は、現存最古級の例をはじめ、全国的にみて中世玉殿が集中して遺存する地域であり、その数は全国に現存する中世玉殿の半数に迫る。こうした玉殿の中心地である安芸国の玉殿を主体に考察を進め、その特質を明らかにすることによって、全国における玉殿の特質についても多くのことが解明に至るであろう。そこでまず、本章では安芸国に現存する中世玉殿について、神社ごとに基本データとなる沿革や規模形式・細部手法などを見ていく[4]（安芸国の中世玉殿の概略は章末の一覧表、表1―1を参照）。

なお、特に断りがない限り、部材は当初材である。

二　今田八幡神社

1　規模形式・建築年代

今田八幡神社玉殿　一基　　所在地：広島県山県郡北広島町今田五二〇

桁行三間、梁間二間（現状一間）、切妻造（現状片流造）、平入、本柿葺《ほんこけらぶき》、元亨四年（一三二四）造立〔建築様式、墨書銘から判断〕

本殿内に安置されていた玉殿は、鎌倉時代末期の元亨四年の造立である。この玉殿は造立年が判明する現存最古級の玉殿で(5)、地方色が見られる(6)。

2　今田八幡神社の沿革

今田八幡神社の創祀の年代は不詳であるが、品陀和気《ほんだわけ》命、息長帯姫《おきながたらしひめ》命、中津日売《なかつひめ》命を主祭神とする八幡神社である。以下、棟札によると(7)、本殿は天正二年（一五七四）に吉川（今田）経高及び子の経忠が本殿を再建している。天正度本殿は「正面三間之宝閣」とあり、三間社の本殿で、現本殿と同規模であったとわかる。『芸藩通志』にも、同年に今田経忠が再造したとある。また、周防に所在する経忠の裔から、毎年、供物があるとあり、慶長五年（一六〇〇）の毛利氏の防長（山口県）移封に伴う今田氏の周防国への退去後も、今田氏の氏神社として祀られた(8)。その後、棟札によると、宝暦八年（一七五八）に屋根を葺き替えた。現在の本殿は、文化十四年（一八一七）の再建である。文化度本殿は三間社流造で、身舎《もや》の前方一間を内陣《ないじん》とし、畳を敷いて神主が祭礼を行う空間とした。身舎後方一間は、床を高く張って祭壇《さいだん》とした。祭壇と内陣の境には柱を立てるが、柱間を開放し、祭壇上に玉殿を安置した。現状の本殿は、大正時代（一九一二―二六）に祭壇と内陣の境の柱を半間後退させて、内陣の奥行を一間半に広げ、祭壇の奥行を半間に縮小している。(9) それに伴い玉殿は、後半を切除された。玉殿は建築様式上、鎌倉時代末期のもので、墨書銘により元亨四年（一三二四）の造立と判明した。(10) 墨書銘にある神名である「八幡大菩薩」と現在の祭神が一致するため、前身の本殿内の玉殿が伝来したと考えられる。

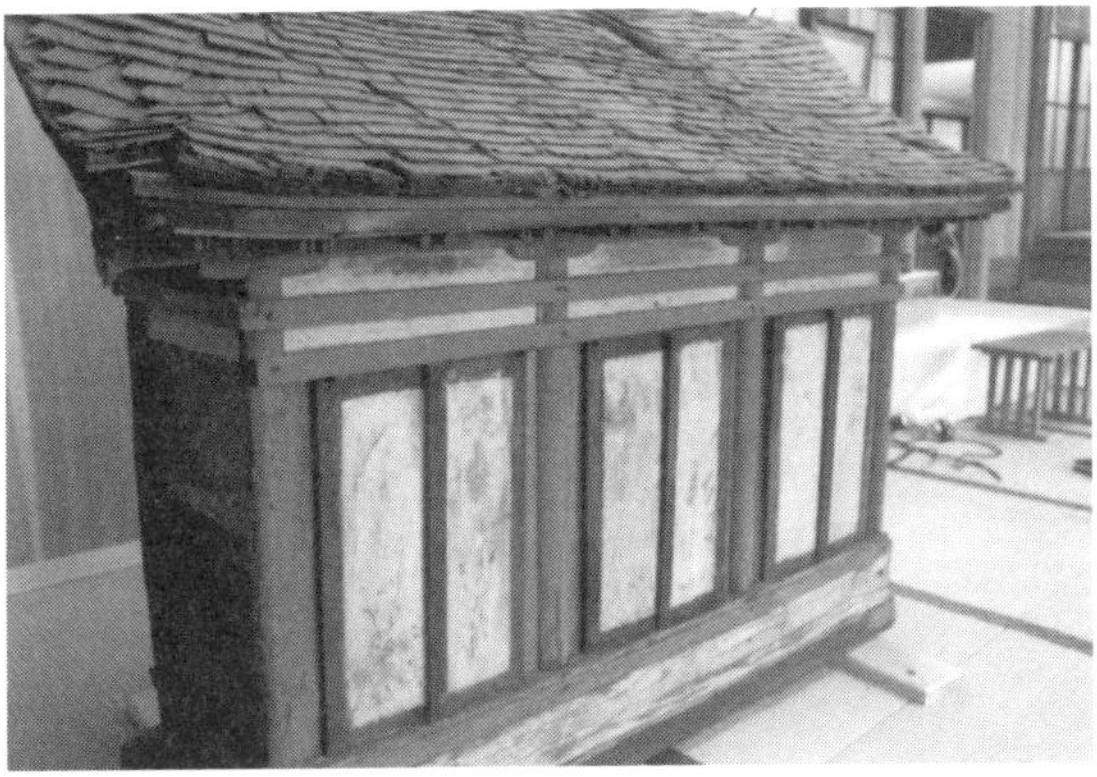

写真1-1　今田八幡神社玉殿

3　玉殿の規模形式と細部手法

玉殿は（図4―1～5、写真1―1～3）、桁行《けたゆき》三間（側柱《がわばしら》真々三尺九寸（一一八二㎜））、梁間《はりま》二間（現状では一間、当初は二間分で側柱真々二尺三寸四分（七〇九㎜））の横長平面で、屋根形式は切妻《きりづま》造平入《ひらいり》（現状では片流造）の本柿葺である。(11) 大棟《おおむね》は失われ、総高は三尺五寸三分（一〇〇九㎜）である。桁行は三間に等分割し、各柱間一尺三寸（三九四㎜）として、円柱を立て並べる。ただし、当初の側面中央の柱（現状では側面後方の柱）は、板壁より外側だけの半円形断面とする。

土居桁《どいげた》は桁行方向を先に置き、梁間方向を桁行の成（部材の高さ）の半分ほどの土居桁を上木として井桁に組み、浮き上がった格好になる。すべての土井桁の先端は、大正時代の本殿改修の際に切除された。切目《きれめ》長押《なげし》は正面と側面に打ち、内部に板敷きの床を張る。土居桁と切目長押の間は正面、側面ともに幕《まく》板を張って柱間を塞ぐ。正面には切目長押上に半長押を設ける。内法《うちのり》長押は扉上の位置で正面だけに釘打

写真 1-2　今田八幡神社玉殿 桁・舟肘木

写真 1-3　今田八幡神社玉殿 懸魚・破風板

ちし、正面の各柱間は方立《ほうだて》のない脇板壁を立て、一枚板の扉を両開きに建てる。扉から軸を出して半長押と内法長押に吊る。さらに内法長押上方には、上長押を打ち、上長押は正面だけでなく側面にも回る。

組物は桁から彫り残した一木造出[12]の舟肘木《ふなひじき》とし、下角に大面取《だいめんとり》を施す。大面取の棟木《むなぎ》にも、妻《つま》面では同様に下面に舟肘木を一木造出とする。玉殿内部には大面取の陸《ろく》梁を架ける。

玉殿側面は横板壁とし、妻面に大面取で陸梁状の虹梁《こうりょう》を渡す。虹梁成が桁《けた》成より大きく、虹梁は桁と上端を同高に揃え、虹梁下端は桁と一木造出とした舟肘木の中程に納まる。虹梁中央に面を取った棟束《むなづか》を立てる。棟束を欠き込んで左右から扠首竿《さすざお》を拝み合わせに入れて、変形豕《いのこ》扠首の妻飾《つまかざり》とする。[13]化粧垂木《けしょうだるき》は一軒《ひとのき》の吹寄《ふきよせ》垂木とする。強い反りと鼻《はな》こきがあり、上下に大面取を施す。その化粧垂木は玉殿内部まで引き込まれ、緩い勾配の化粧屋根裏を形成する。破風《はふ》板には大きな欠眉《かきまゆ》を取り、拝《おが》みと降《くだ》りには蕪懸魚《かぶらげぎょ》の下端の人字形の繰形《くりがた》を引き延ばしたような特徴的な懸魚で飾る。

軒の正面は垂木の上に茅負《かやおい》、布裏甲《ぬのうらごう》を載せる。布裏甲は側面の破風板上に回り、登《のぼり》裏甲となる。茅負両端は反り上がり、軒反りが付く。屋根は野垂木を入れて野地板を打つ。その上に比較的小さい柿板を用いて、端部が廻し葺きの本柿葺とする。箕甲《みのこう》は小さい。現在は欠損するが屋根頂部には一木造の大棟(14)が載っていたと考えられる。現状では、棟より背面側が大正時代の本殿改修の際に切除され、雑に横板張りの大壁で塞がれる。

今田八幡神社玉殿には、元亨四年（一三二四）という造立年代の古さ、大型玉殿、床高が低いこと、切妻造で見世棚《みせだな》造としないこと、一木造出、各部の地方色などの様々な特徴が認められる。

三　佐々井厳島神社

1　規模形式・建築年代

佐々井厳島神社玉殿　五基（県指定文化財）　所在地：広島県安芸高田市八千代町佐々井四一一

第一殿　桁行一間、梁間一間、切妻見世棚造、平入、本柿葺、十四世紀前期造立（建築様式から判断）

第二殿　桁行一間、梁間二間、切妻見世棚造、平入、本柿葺、十四世紀後期造立（建築様式から判断）

第三殿　桁行一間、梁間二間、切妻見世棚造、平入、本柿葺、文安二年（一四四五）造立（建築様式、墨書銘から判断）

第四殿　桁行一間、梁間二間、切妻見世棚造、平入、本柿葺、十五世紀前期造立（建築様式から判断）

第五殿　桁行三間、梁間二間、切妻見世棚造、平入、本柿葺、文和二年（一三五三）造立（建築様式、

写真 1-4　佐々井厳島神社玉殿

墨書銘から判断〕

本殿内に鎌倉時代末期の十四世紀前期から文安二年（一四四五）の造立の玉殿五基（第一殿から第五殿）が現存することが知られる。(15)この玉殿は造立年代が古く、安芸国に現存する中世玉殿の中で、最も一木造出を多用する例である。(16)

2　佐々井厳島神社の沿革

佐々井厳島神社のある佐々井は、正治元年（一一九九）の「伊都岐島社政所解」に朔幣田《さくへいでん》として佐々井村七反と記す地に比定されており、古くから厳島神社（広島県廿日市市）と関係があった。また、平安時代後期から鎌倉時代初期と考えられる楽音寺蔵「安芸国神名帳」(17)に、吉田郡（当地方の古郡名）四位八前の神のなかの「佐々比明神」とあるのは当社と考えられている。中世に降り、棟札によると、天正二年（一五七四）に毛利輝元が社殿を造営した。(18)その後、寛延元年（一七四八）に本殿（現在は拝殿に転用）を再建した。寛延度本殿は、桁行五間、梁間三間、入母屋《いりもや》造平入、向拝《こうはい》一間の茅葺《かや》であり、内陣後方一間を祭壇とした。現在の本殿は、桁行三間、梁間二間、切妻造平入の本殿で、寛延度本殿の背後に大正十一年（一九二二）に建立された。玉殿は、寛延度本殿では祭壇各柱間に一基ずつ安置したとされ、『芸藩通志』においても五基の存在が確認できる。(19)玉殿は現在、大正度本殿の逆凹字平面の祭壇上に安置する（写真1―4）。第一殿は建築様式上、鎌倉時代末期の十四世紀前期のものである。第五殿には文和二年（一三五三)、第三殿には文安二年(一四四五)の墨書銘がある。(20)残りの二基は建築様式上、十四世紀後期から十五世紀前期のものであり、第二殿の方が若干古めの傾向があり、第二殿は十四世紀後期、第四殿は十五世紀前期造立と考えられる。

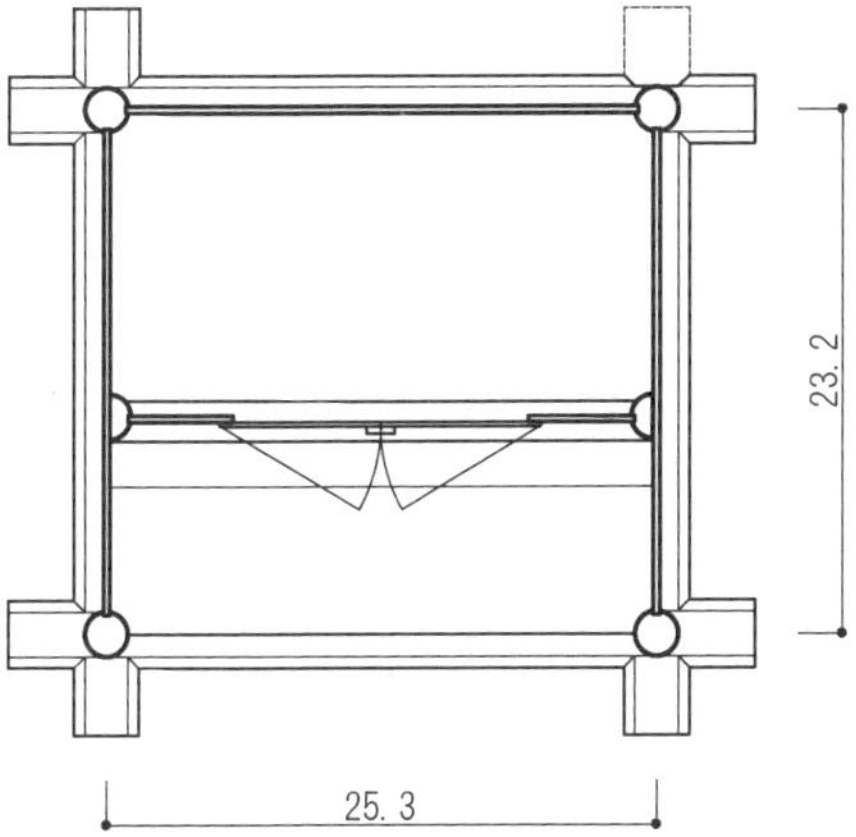

図1-1　佐々井厳島神社玉殿第一殿平面図 縮尺1/20 単位:寸

写真1-5　佐々井厳島神社玉殿第一殿

3　玉殿の規模形式と細部手法

①第一殿(図1―1〜3、写真1―5〜7)　桁行一間(側柱真々二尺五寸三分(七六七㎜))、梁間一間(側柱真々二尺三寸二分(七〇三㎜))の横長平面で、屋根形式は切妻造平入の本柿葺(第二章で詳述)である。身舎の前方を見世棚造とする。身舎総高は五尺九寸(一七八八㎜)である。柱は円柱とし、身舎の中程前寄り

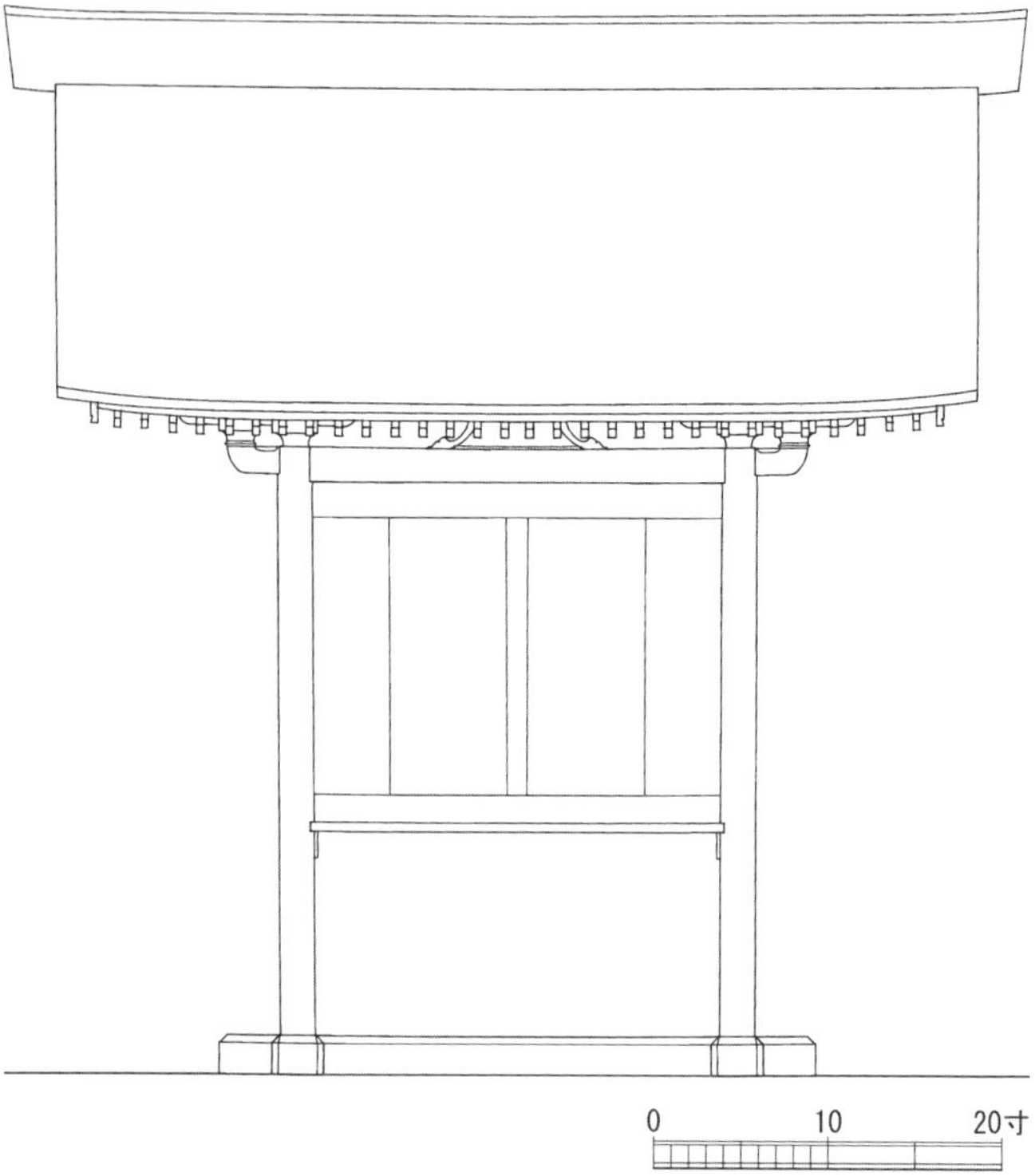

図1-2　佐々井厳島神社玉殿第一殿正面立面図 縮尺1/20

写真1-6　佐々井厳島神社玉殿第一殿 組物

内側に半円形断面の柱（下端は床上までとする）を設けて、梁間一間を前方九寸五分（二八八㎜）の見世棚、後方一尺三寸七分（四一五㎜）の内陣に分割する。

土居桁は梁間方向を先に置き、桁行方向を上木として井桁に組む。土居桁の上角と前方の木口《こぐち》に大面取を施す。

切目長押や内法長押はなく、取り付けの仕口《しぐち》のみで打たれた痕跡はない。梁間方向に床を支える材を渡して、見世棚、内陣ともに板敷きの床を張る。見世棚と内陣の境には、上下の半長押に相当する位置に横材を渡して、方立のない脇板壁を立て、一枚板の扉を両開きに建てる。扉から軸を出して上下の横材に吊る。柱は頭貫《かしらぬき》で繋ぐ。柱頭の位置に天井を張る。

組物は梁間方向の肘木のない連三斗《つれみつど》とし、肘木《ひじき》と斗《ます》を一木造出とする。中備《なかぞなえ》には壁板から一木造出の本蟇股《ほんかえるまた》

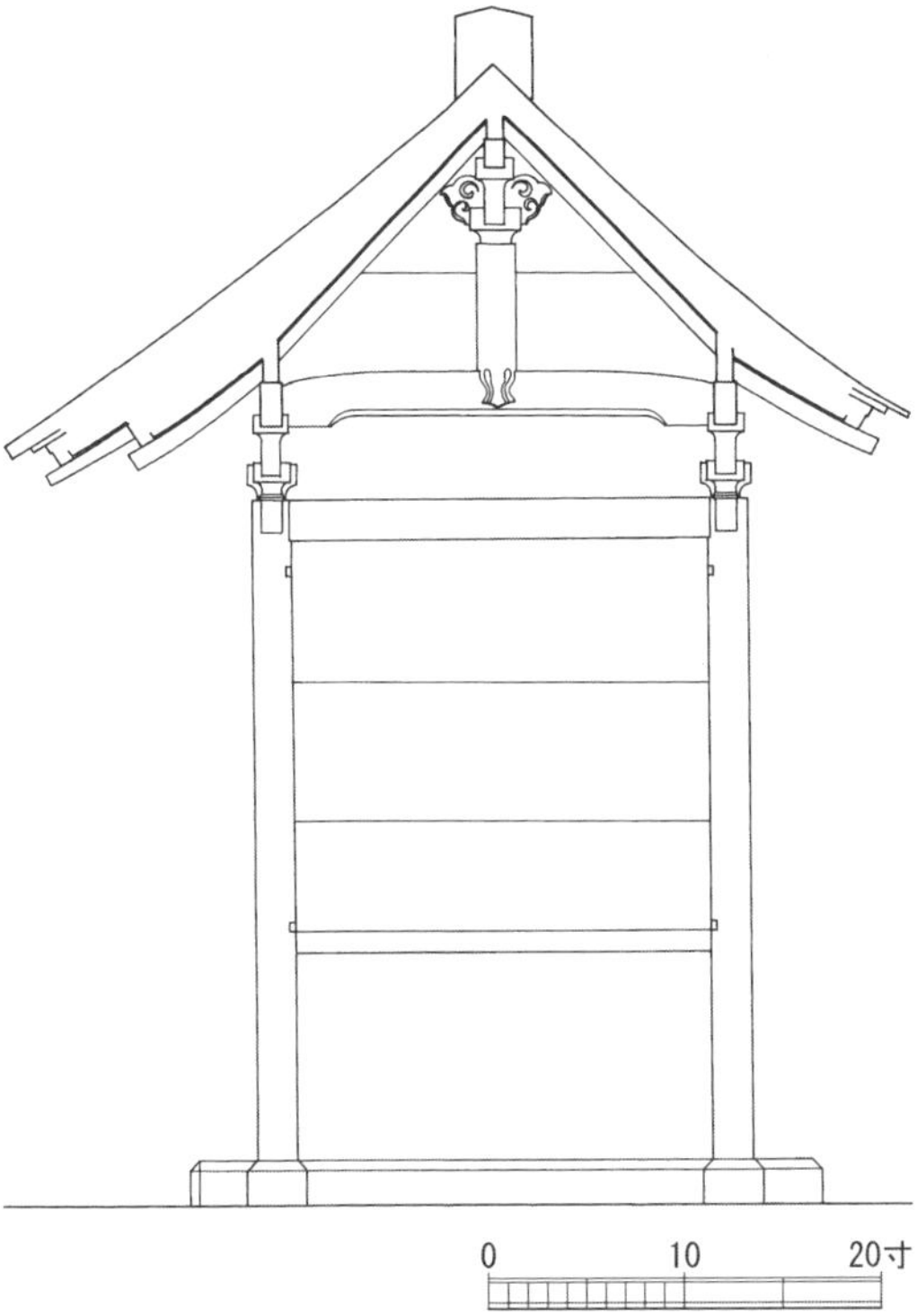

図 1-3　佐々井厳島神社玉殿第一殿側面図 縮尺 1/20

写真 1-7　佐々井厳島神社玉殿第一殿 妻面

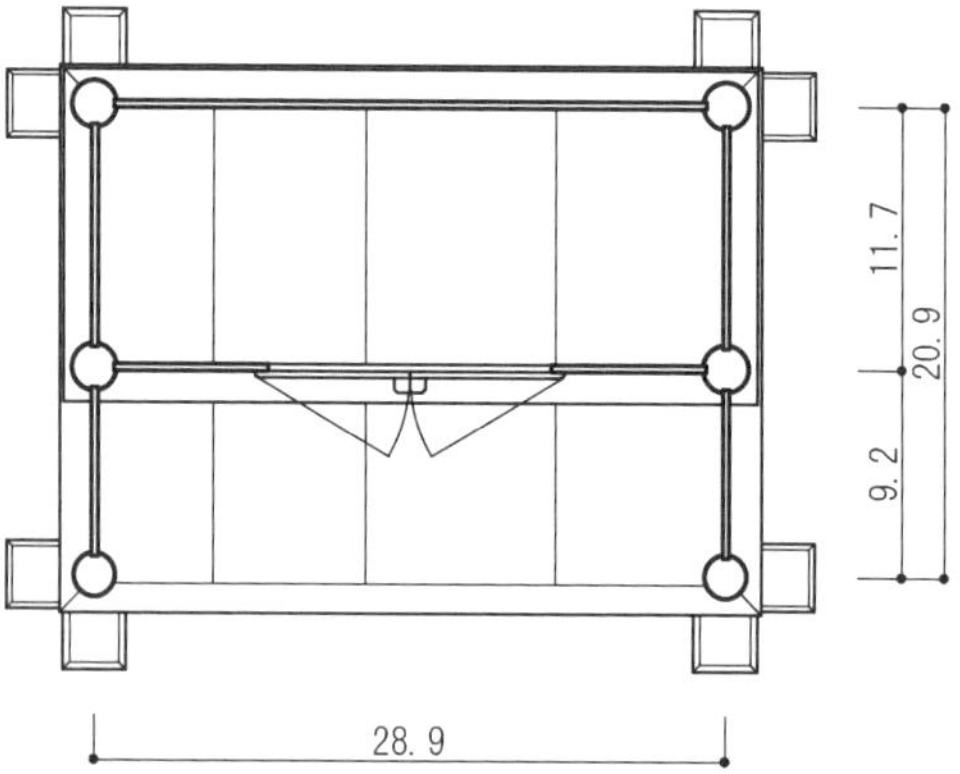

図1-4　佐々井厳島神社玉殿第二殿平面図 縮尺1/20 単位：寸

写真1-8　佐々井厳島神社玉殿第二殿

を入れる。桁には螻羽《けらば》で反り増しがある。

玉殿側面は床板より上を横板壁とする。妻面に虹梁を渡し、虹梁は桁と下端を同高に揃えて納める。虹梁中央に大瓶束《たいへいづか》を立てて虹梁大瓶束式の妻飾とする。棟木を支える妻の拝みの組物の間には、梁間方向に拳鼻《こぶしばな》を入れる。化粧垂木は正面を二軒《ふたのき》の繁《しげ》垂木、背面を一軒の繁垂木とする。化粧垂木には強い反りがあり、地《じ》垂木に反り増し、飛檐《ひえん》垂木に鼻こきがある。破風板には欠眉、鯖尾《さばのお》を施し、拝みには懸魚の取り付け仕口のみがあり、実際に懸魚が付いた痕跡はない。

軒の正面は地垂木に木負《きおい》を載せ、飛檐垂木を出して、茅負、布裏甲を載せる。布裏甲は側面の破風板上に回り、登裏甲となる。茅負両端は反り上がり、軒反りが付く。屋根は比較的小さい柿板を用い、端部が廻し葺きの箕甲を付けた本柿葺とする。大棟は一木造で屋根の幅より突き出す。

②**第二殿**（図1―4～6、写真1―8～10）桁行一間（側柱真々二尺八寸九分（八七六㎜））、梁間二間（側柱真々二尺九分（六三三㎜））の横長平面で、屋根形式は切妻造平入の本柿葺である。梁間の前方一間を見世棚造とする。

総高は五尺八寸（一七五八㎜）である。

梁間は前方一間を九寸二分（二七九㎜）、後方一間を一尺一寸七分（三五五㎜）と

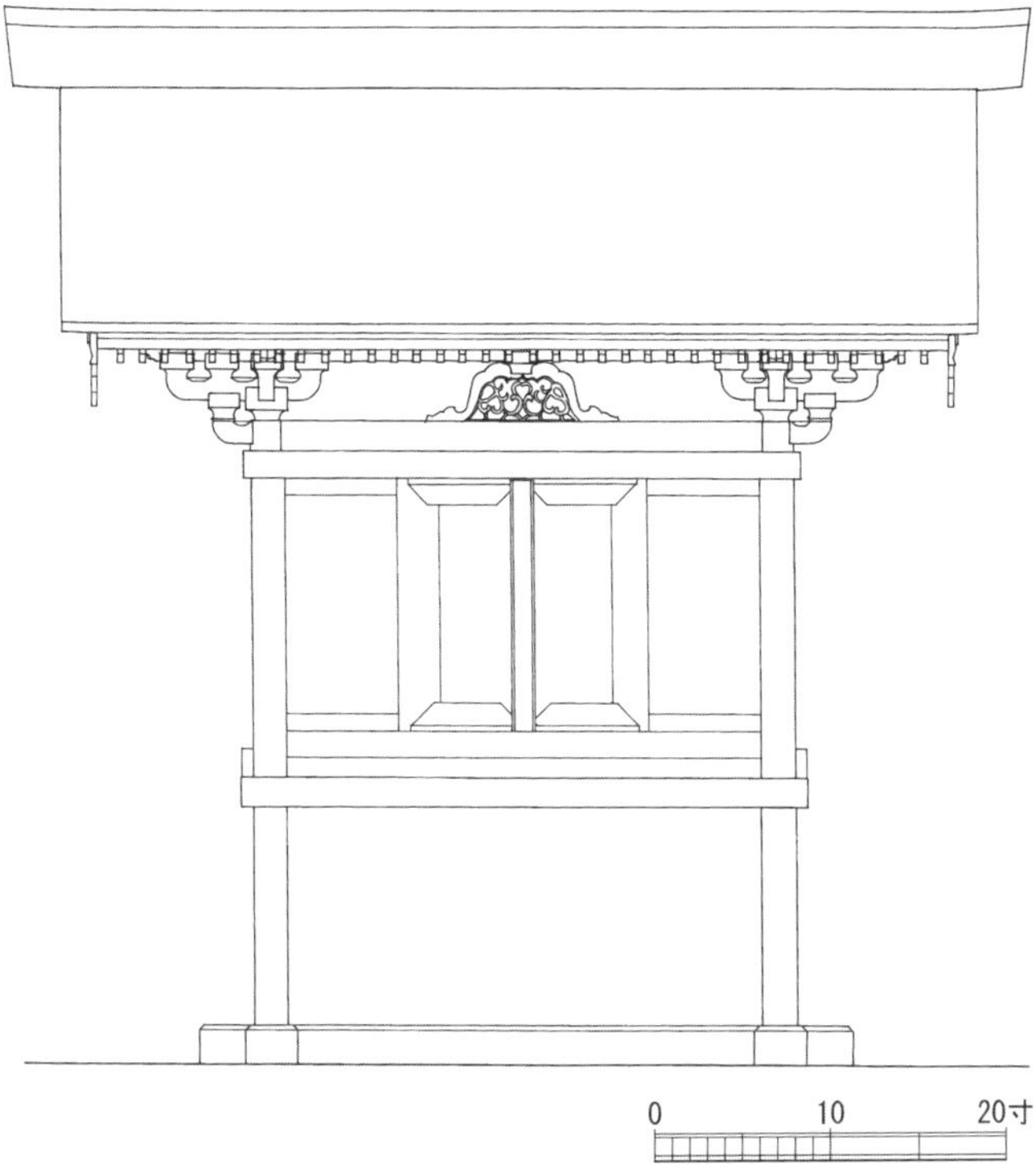

図1-5　佐々井厳島神社玉殿第二殿正面立面図 縮尺1/20

写真1-9　佐々井厳島神社玉殿第二殿 組物

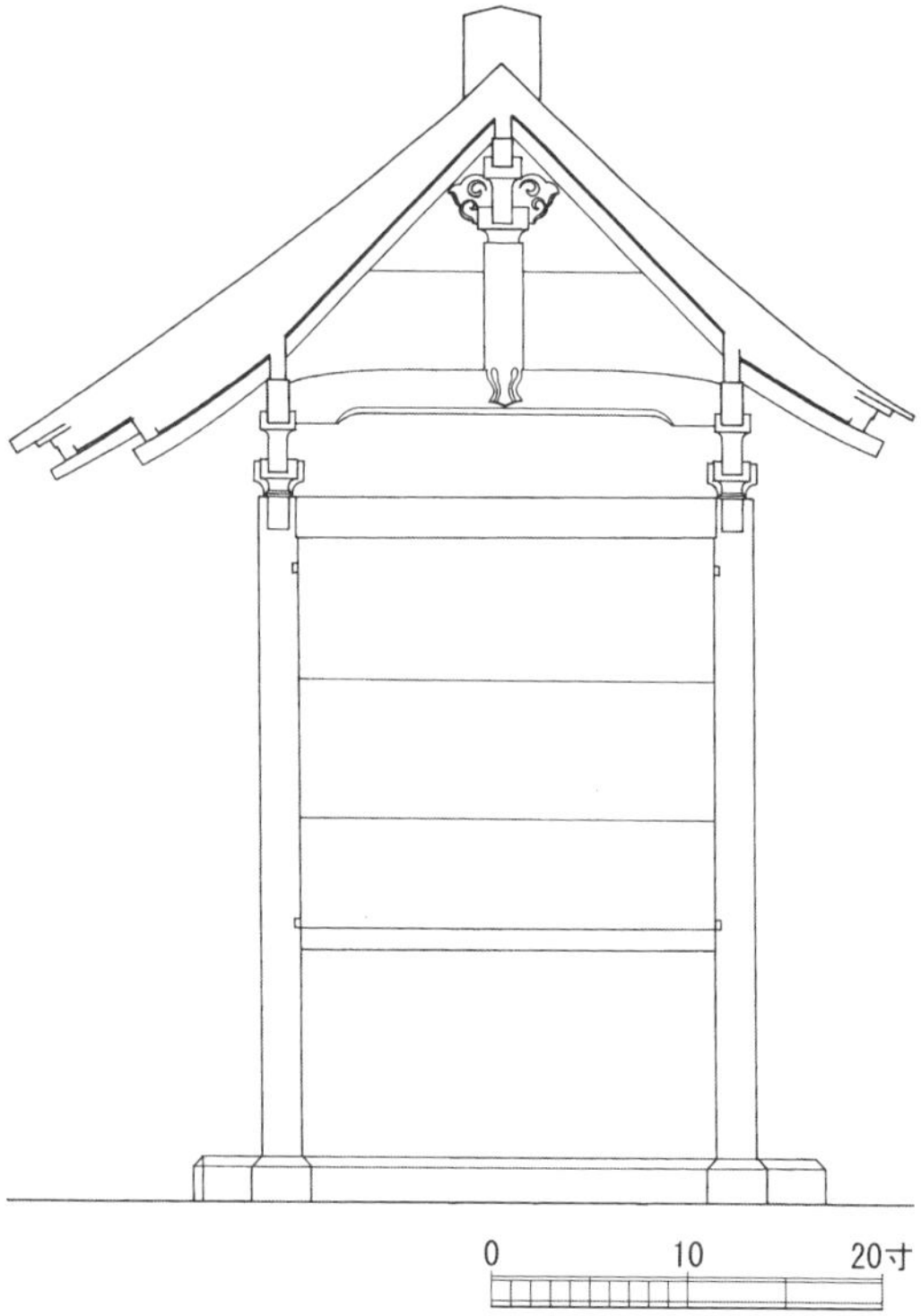

図 1-6　佐々井厳島神社玉殿第二殿側面図 縮尺 1/20

写真 1-10　佐々井厳島神社玉殿第二殿 妻面

する。柱は円柱とする。

土居桁は梁間方向を先に置き、桁行方向を上木として井桁に組む。土居桁の上角に大面取を施す。切目長押は四面に打ち、さらに後方一間にはその上に接して長押を四面に釘打ちする。前方一間、後方一間ともに板敷きの床を張り、前方一間は見世棚とする。土居桁と切目長押の間は前方一間の前面と側面に幕板を張って柱間を塞ぐ。内法長押は扉上の位置で身舎の四面に釘打ちする。前方一間と後方一間の境には、方立のない脇板壁を立て、端《はし》喰《ばみ》を付けた一枚板の扉を両開きに建てる。扉から軸を出して半長押と内法長押に吊る。前方一間、後方一間ともに柱頭の位置に天井を張る。

組物は通実肘木《とおしさねひじき》を載せた連三斗とし、中備には本蟇股を入れる。これらは頭貫と桁の間の壁板とともに一木造出とする。梁間中央柱上には組物を置かない。

玉殿側面は前方一間、後方一間ともに横板壁とする。妻面に虹梁を渡し、虹梁は桁と下端を同高に揃えて納める。虹梁中央に大瓶束を立てて虹梁大瓶束式の妻飾とする。棟木を支える妻の拝みの組物の間には、梁間方向に拳鼻状の繰形を入れる。化粧垂木は正面を二軒の繁垂木、背面を一軒の繁垂木とする。化粧垂木には強い反りがあり、地垂木に反り増し、飛檐垂木に鼻こきがある。破風板には欠眉、鯖尾を施し、拝みには蕪懸魚を飾る。

軒の正面は地垂木上に木負を載せ、飛檐垂木を出して、茅負、布裏甲は一木造出として載せる。布裏甲は側面の破風板上に回り、登裏甲となる。軒反りはなく、屋根は比較的小さい柿板を用い、端部が廻し葺きの箕甲を付けた本柿葺とする。大棟は一木造で屋根の幅より突き出す。

③第三殿（図1―7～9、写真1―11～13）桁行一間（側柱真々二尺八寸二分（八五五㎜））、梁間二間（側柱真々一尺九寸二分（五八二㎜））の横長平面で、屋根形式は切妻造平入の本柿葺である。梁間の前方一間を見世棚造とする。総高は五尺九分（一五四二㎜）である。梁間は前方一間を八寸一分（二四五㎜）、後方一間を一尺一寸一分（三三六㎜）とする。柱は円柱とする。

土居桁は梁間方向を先に置き、桁行方向は上木として井桁に組む。土居桁の上角に小面取を施す。切目長押は前方一間と後方一間で段違いとし四面に打つ。前方一間、後方一間ともに板敷きの床を張って、前方一間は見世棚とする。切目長押の下に接して貫を通す。内法長押は、後方一間の四面に釘打ちする。前方一間と後方一間の境には、方立のない脇板壁を立て、端喰を付けた一枚板の扉を両開きに建てる。扉から軸を出して切目長押と内

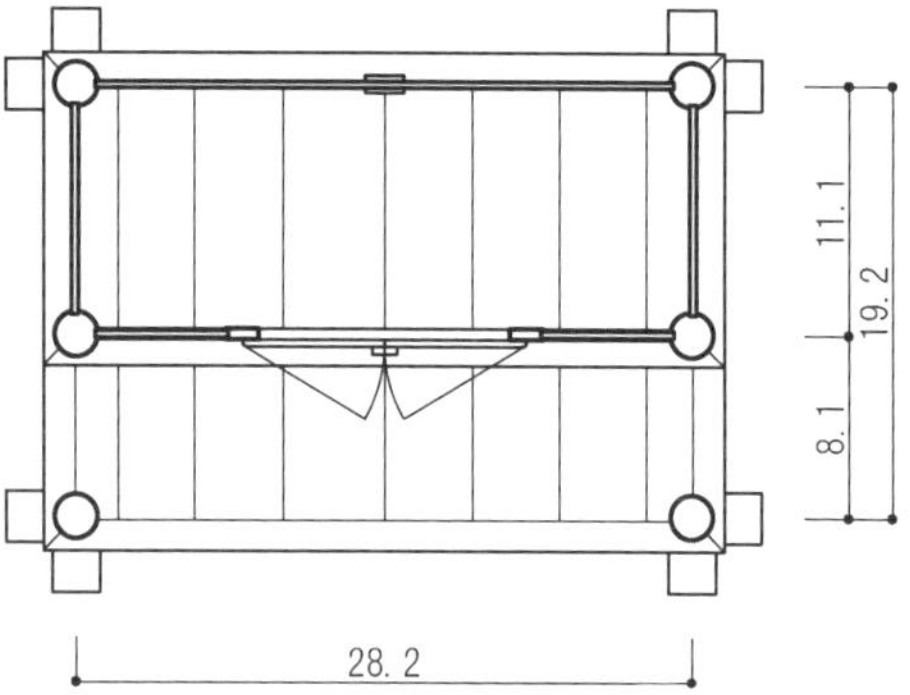

図1-7　佐々井厳島神社玉殿第三殿平面図 縮尺1/20 単位：寸

写真1-11　佐々井厳島神社玉殿第三殿

法長押に吊る。頭貫は前方一間で下端に捨眉《すてまゆ》を取り、欠眉を施して虹梁形とする。前方一間、後方一間ともに桁上端の位置に天井を張る。

組物は連三斗とし、大斗《だいと》は下の頭貫と一木造出、連三斗は支える桁とともに一木造出とする。中備には本蟇股を入れる。桁は螻羽に反り増しがある。梁間中央柱上には組物を置かない。

玉殿側面は、前方一間を開放し、後方一間を横板壁とする。妻面には壁板と一木造出にした虹梁を渡す。虹梁は桁と下端を同高に揃えて納める。虹梁中央に大瓶束を立てて虹梁大瓶束式の妻飾とする。棟木を支える妻の拝みの組物の間には、梁間方向に拳鼻を入れる。化粧垂木は正面を二軒の繁垂木、背面を一軒の繁垂木とする。化粧垂木には反りがあり、地垂木に反り増し、飛檐垂木に鼻こきがある。破風板には欠眉、鰭尾を施し、拝みには懸魚の取り付け仕口のみがあり、実際に懸魚が付いた痕跡はない。

軒の正面は地垂木上に木負を載せ、飛檐垂木を出して、茅負、布裏甲を一木造出として載せる。布裏甲は側面の破風板上に回り、登裏甲となる。茅負両端は反り上がり、軒反りが付く。屋根は比較的小さい柿板を用い、端部が廻し葺きの箕甲を付けた本柿葺とする。大棟は一木造で屋根の幅より突き出す。

図1-8　佐々井厳島神社玉殿第三殿正面立面図 縮尺1/20

写真1-12　佐々井厳島神社玉殿第三殿 組物

④**第四殿**（図1―10〜12、写真1―14〜16）桁行一間（側柱真々二尺八寸七分（八七〇㎜））、梁間二間（側柱真々二尺七分（六二七㎜））の横長平面で、屋根形式は切妻造平入の本柿葺である。梁間の前方一間を見世棚造とする。総高は五尺六寸五分（一七一二㎜）である。梁間は前方一間を九寸七分（二九四㎜）、後方一間を一尺一寸（三三三㎜）とする。柱は円柱とする。

土居桁は桁行方向を先に置き、梁間方向は上木として井桁に組む。土居桁の上角と木口に大面取を施す。切目

図 1-9　佐々井厳島神社玉殿第三殿側面図 縮尺 1/20

写真 1-13　佐々井厳島神社玉殿第三殿 見世棚上部

長押は四面に打ち、さらに後方一間にはその上に接して長押を四面に釘打ちする。前方一間、後方一間ともに板敷きの床を張って、前方一間は見世棚とする。土居桁と切目長押の間は前面のみ幕板を張って柱間を塞ぐ。内法長押は扉上の位置で後方一間の四面に打ち、さらにその上に接して身舎の四面に釘打ちする。前方一間と後方一間の境には、切目長押上に半長押を設ける。方立のない脇板壁を立て、一枚板の扉を両開きに建てる。扉から軸を出して半長押と内法長押に吊る。前方一間、後方一間ともに柱頭の位置に天井を張る。

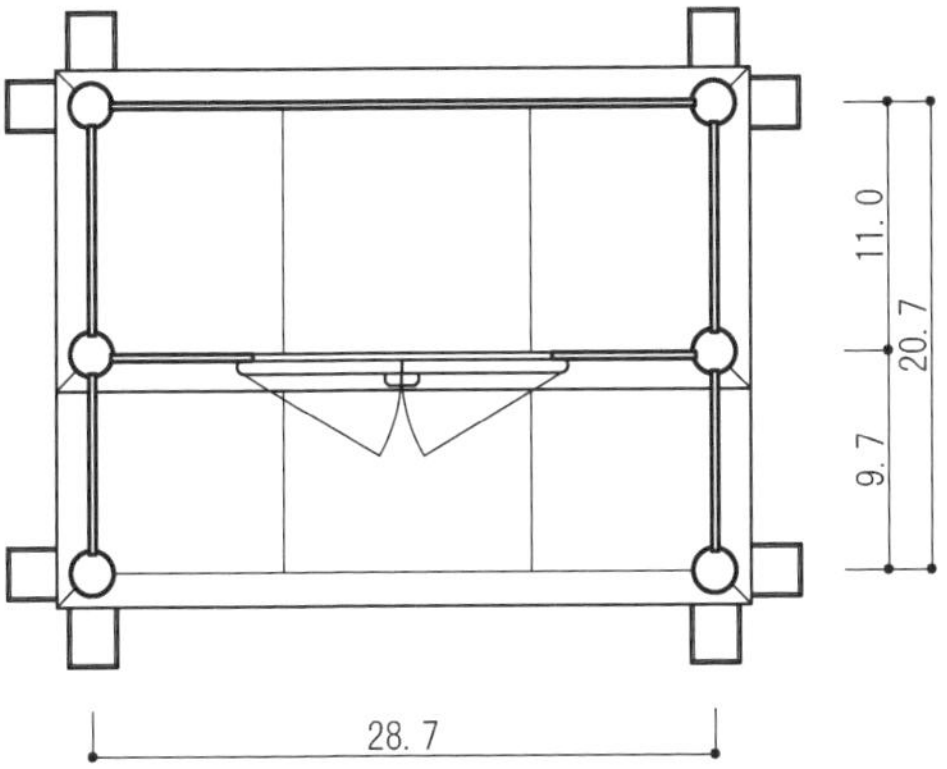

図 1-10　佐々井厳島神社玉殿第四殿平面図 縮尺 1/20 単位：寸

写真 1-14　佐々井厳島神社玉殿第四殿

組物は通実肘木を載せた連三斗とし、中備には本蟇股を入れる。これらは頭貫と桁の間の壁板とともに一木造出とする（通実肘木を除く）。桁は通実肘木と一木造出とする。梁間中央柱上には組物を置かない。

玉殿側面は、前方一間、後方一間ともに横板壁とする。妻面には通実肘木と一木造出にした虹梁を渡し、虹梁は桁と下端を同高に揃えて納める。虹梁中央に大瓶束を立てて虹梁大瓶束式の妻飾とする。棟木は大瓶束に大斗と実肘木を載せて支える。化粧垂木は正面を二軒の繁垂木、背面を一軒の繁垂木とする。化粧垂木には反りがあり、地垂木に反り増し、飛檐垂木に鼻こきがある。破風板には欠眉、鯖尾を施し、拝みと降りには猪目《いのめ》懸魚を変形させた後に

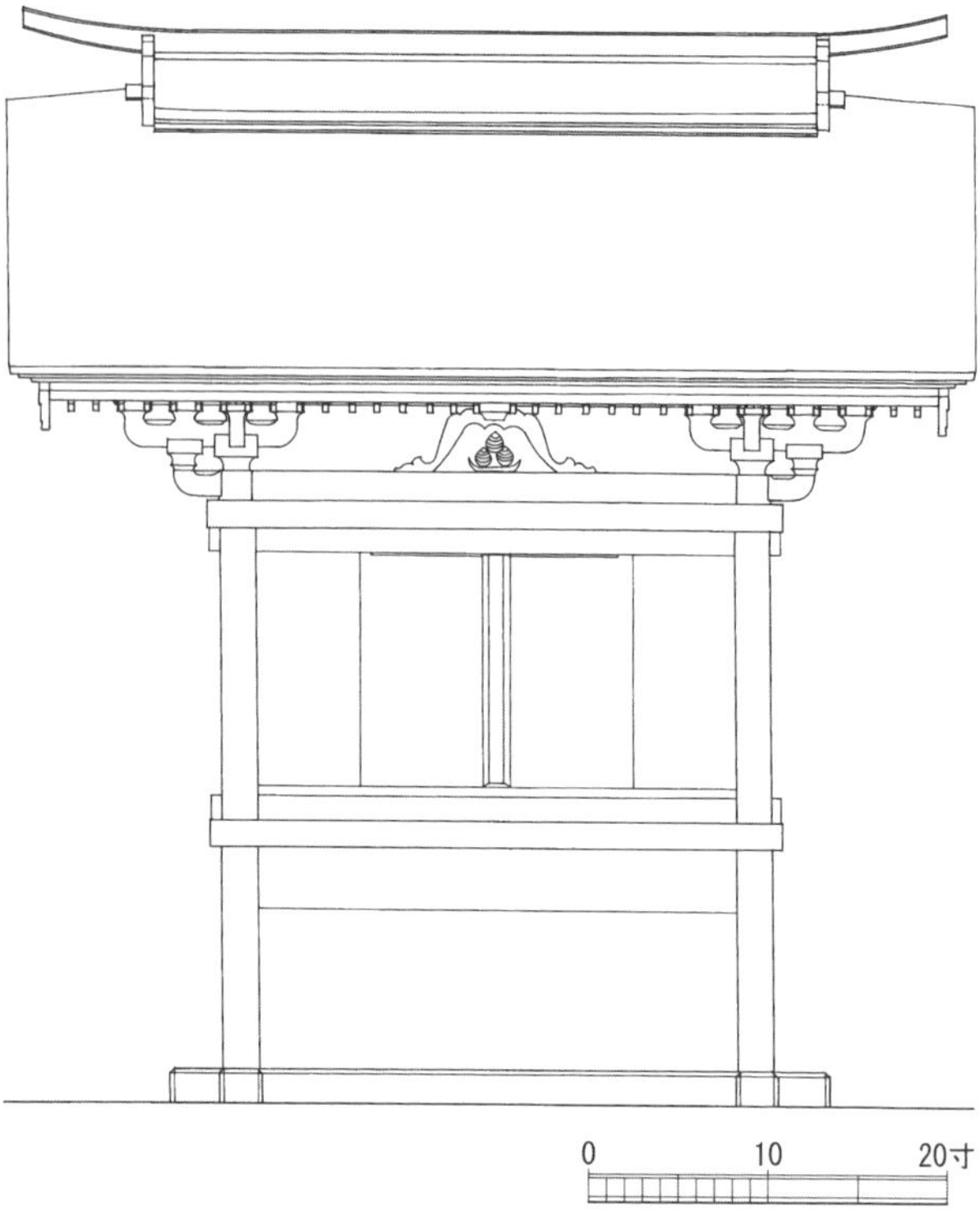

図 1-11　佐々井厳島神社玉殿第四殿正面立面図 縮尺 1/20

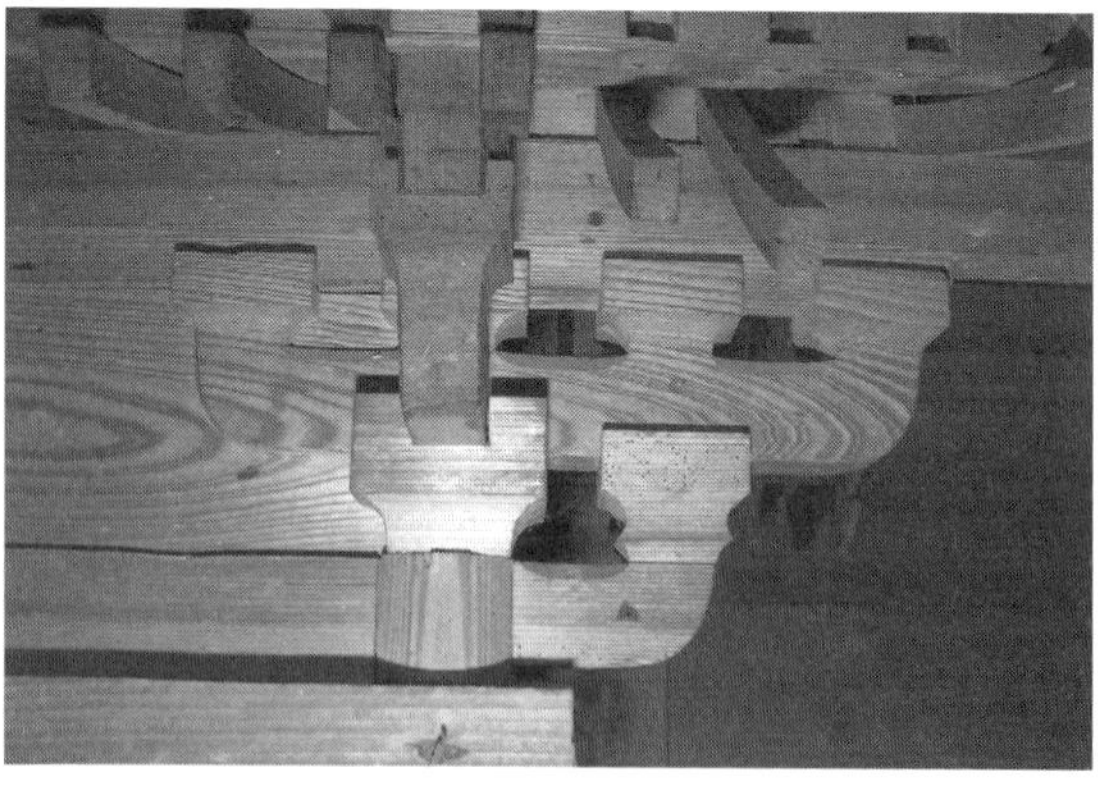

写真 1-15　佐々井厳島神社玉殿第四殿 組物

猪目を除いた懸魚で飾る。

軒の正面は地垂木上に木負を載せ、飛檐垂木を出して、茅負、布裏甲を一木造出として載せる。布裏甲は側面の破風板上に回り、登裏甲となる。軒反りはなく、屋根は比較的小さい柿板を用い、端部が廻し葺きの箕甲を付けた本柿葺とする。品軒《しなのき》を用いて、一木造の大棟を載せ、端部に鬼板《おにいた》を付け、その上に大棟上を通した棒状の鳥《とり》衾《ぶすま》(21)を載せる。

図 1-12　佐々井厳島神社玉殿第四殿側面図 縮尺 1/20

写真 1-16　佐々井厳島神社玉殿第四殿 妻面

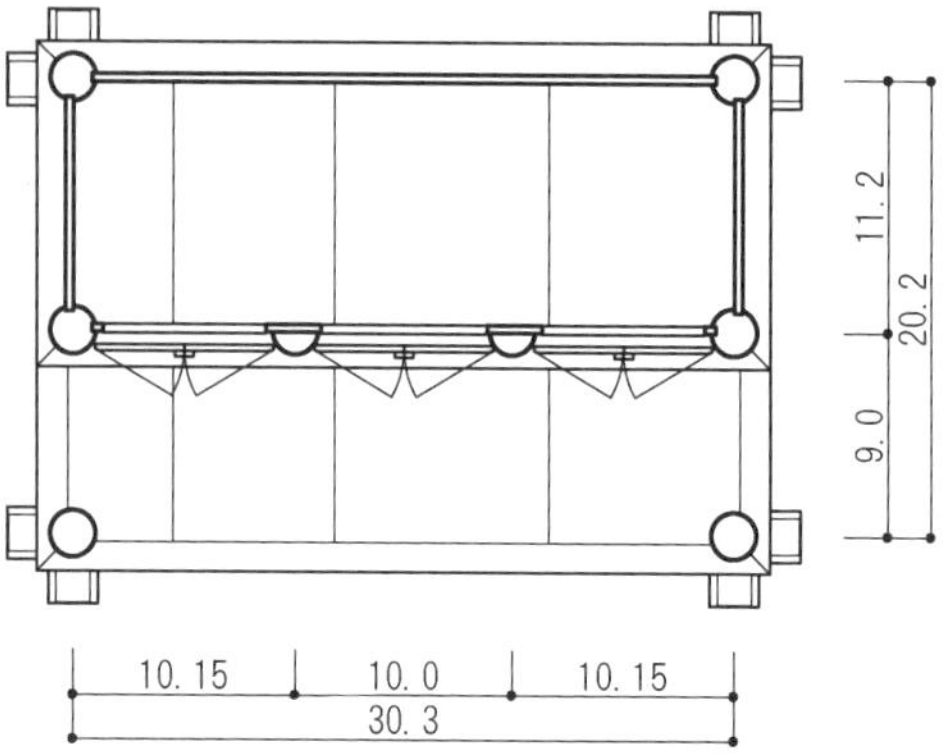

図1-13　佐々井厳島神社玉殿第五殿平面図 縮尺1/20 単位：寸

写真1-17　佐々井厳島神社玉殿第五殿

⑤第五殿（図1―13～15、写真1―17～19）桁行三間（側柱真々三尺三分（九一八㎜））、梁間二間（側柱真々二尺二分（六一二㎜））の横長平面で、屋根形式は切妻造平入の本柿葺である。梁間の前方一間を見世棚造とする。総高は五尺四寸八分（一六六一㎜）である。桁行は三間に等分割し、各柱間一尺一分（三〇六㎜）とし、梁間は前方一間を九寸（二七三㎜）、後方一間を一尺一寸二分（三三九㎜）とする。柱はいずれも円柱とする。正面は、桁行中央二本の柱を省略して頭貫を通し一間とする。

土居桁を梁間方向に置き、桁行方向は上木として井桁に組む。土居桁の上角に大面取を施す。切目長押は前方一間と後方一間で段違いとし四面に打つ。前方一間、後方一間ともに板敷きの床を張って、前方一間は見世棚とする。内法長押は後方一間の四面に釘打ちする。前方一間と後方一間の境の各柱間には、方立のない脇板壁を立て、一枚板の扉を両開きに建てる。扉から軸を出して切目長押と内法長押に吊る。梁間方向の頭貫は後方一間を繋ぐ。前方一間、後方一間ともに桁上端の位置に天井を張る。

組物は通実肘木を載せた連三斗とし、桁行中央の柱に相当する位置に出《で》三斗を置く。大斗は下の頭貫と一木造出とし、三斗組は上の桁と一木造出とする。組物間が狭いので中備は載せない。梁間中央柱上に平《ひら》三斗を置く。桁には螻羽で反り増しがある。

図1-14　佐々井厳島神社玉殿第五殿正面立面図 縮尺1/20

写真1-18　佐々井厳島神社玉殿第五殿 組物

玉殿側面は、前方一間を開放し、後方一間を横板壁とする。妻面には下の組物と一木造出にした虹梁を渡す。虹梁は桁と下端を同高に揃えて納める。虹梁中央に妻壁から一木造出の本蟇股を彫り出して虹梁本蟇股式の妻飾とする。棟木は本蟇股と同じく彫り出された斗に実肘木を載せて支える。化粧垂木は正面を二軒の繁垂木、背面を一軒の繁垂木とする。化粧垂木には強い反りがあり、地垂木に反り増し、飛檐垂木に鼻こきがある。破風板には欠眉、鰭尾を施し、拝みには懸魚の取り付け仕口のみがあり、実際に懸魚が付いた痕跡はない。

図 1-15　佐々井厳島神社玉殿第五殿側面立面図 縮尺 1/20

写真 1-19　佐々井厳島神社玉殿第五殿 扉墨書銘

軒の正面は地垂木上に木負を載せ、飛檐垂木を出して、茅負、布裏甲を一木造出として載せる。布裏甲は側面の破風板上に回り、登裏甲となる。茅負両端は反り上がり、軒反りが付く。屋根は比較的小さい柿板を用い、端部が廻し葺きの箕甲を付けた本柿葺とする。品軒の上に載せた大棟は一木造で、屋根の幅より短く、箕甲部分より内側に納まる。

佐々井厳島神社玉殿には、五基ともに造立年代の古さ（第一殿が十四世紀前期と特に古い）、屋根の切妻造、正面二軒、背面一軒とすること、一木造出の技法の多用、大面取の土居桁、連三斗、本蟇股の使用などの様々な特色が認められる。

四　堀八幡神社

1　規模形式・建築年代

堀八幡神社玉殿　一基（町指定文化財）　所在地：広島県山県郡安芸太田町下殿河内一二

桁行三間、梁間二間、流《ながれ》見世棚造、流《ながし》柿葺、永享十一年（一四三九）造立（建築様式、『芸藩通志』から判断）

本殿内に中世玉殿が存在することが知られており、(22) 室町時代中期の十五世紀中期の玉殿であることを確認した。(23) この玉殿は造立年代が古く、安芸国に現存する中世玉殿の中では、桁行三間と規模が大きい。

2　堀八幡神社の沿革

堀八幡神社は長和四年（一〇一五）に豊前国宇佐八幡宮より勧請されたと伝わる。主祭神は誉田別命《ほむたわけ》で、相殿

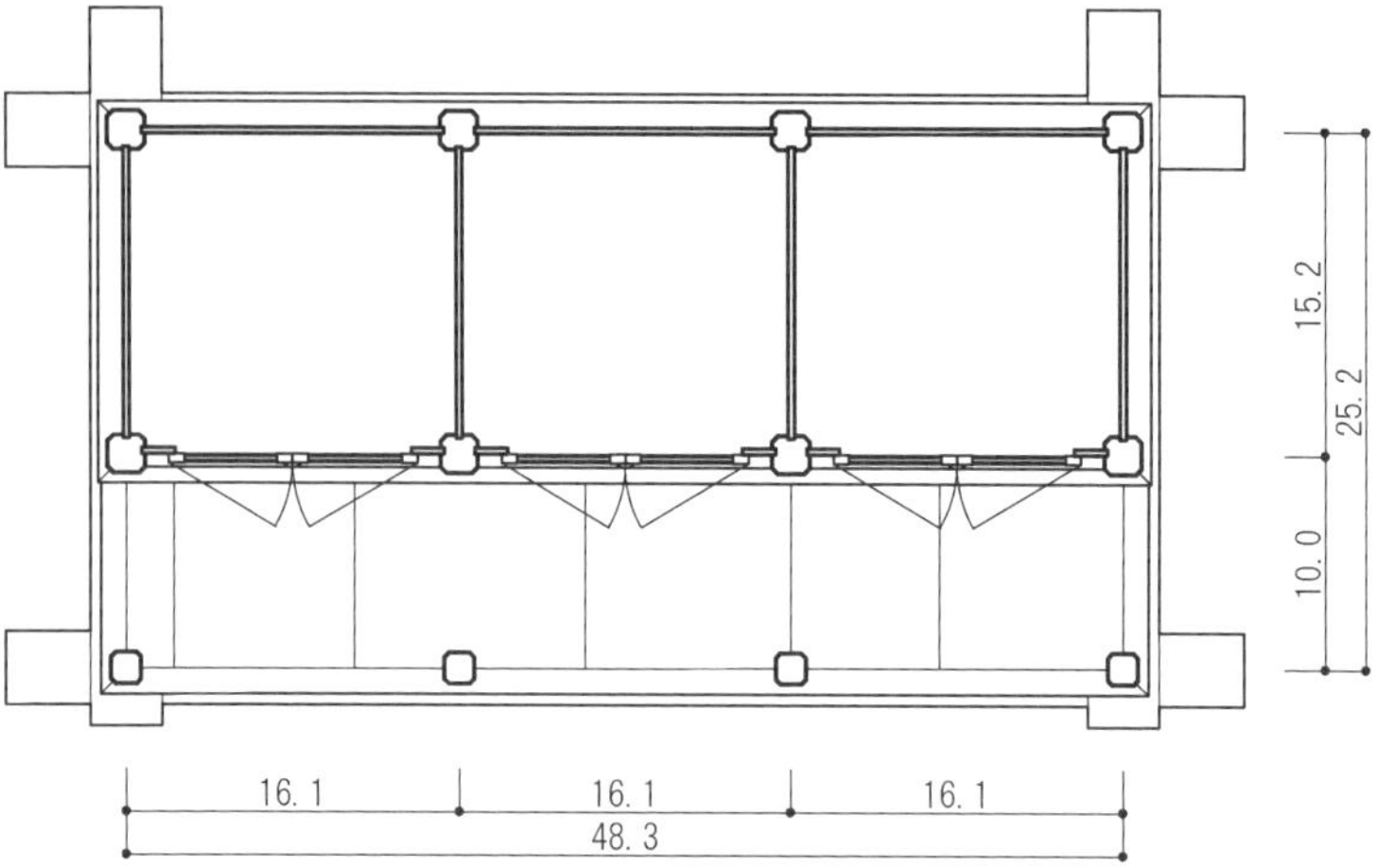

図1-16　堀八幡神社玉殿平面図 縮尺1/20 単位：寸

写真1-20　堀八幡神社神社玉殿

神は面足神《おもだるのかみ》、惶根《かしこねの》神《かみ》、市杵島姫命《いちきしまひめ》、田《た》心姫《ごりひめ》命、湍津姫《たぎつひめ》命である。古くから太田川流域地区（山県郡安芸太田町）の有力な神社で、社領三十六石を有したが、大内義隆により十八石に減ぜられ、さらに福島正則により社領のすべてを没収されたと伝わる。『芸藩通志』[24]によると、本殿は永亨十一年（一四三九）に紀親高が再建し、また、慶長期、元和期にも修理があったとする。永享度本殿の本蟇股や蓑束《みのづか》などは現在の本殿正面に転用されている。棟札によると、正徳五年（一七一五）に本殿を再建しており、現在の三間社流造、銅板葺の本殿はこの正徳度本殿である。身舎を内陣とし、その後半部中

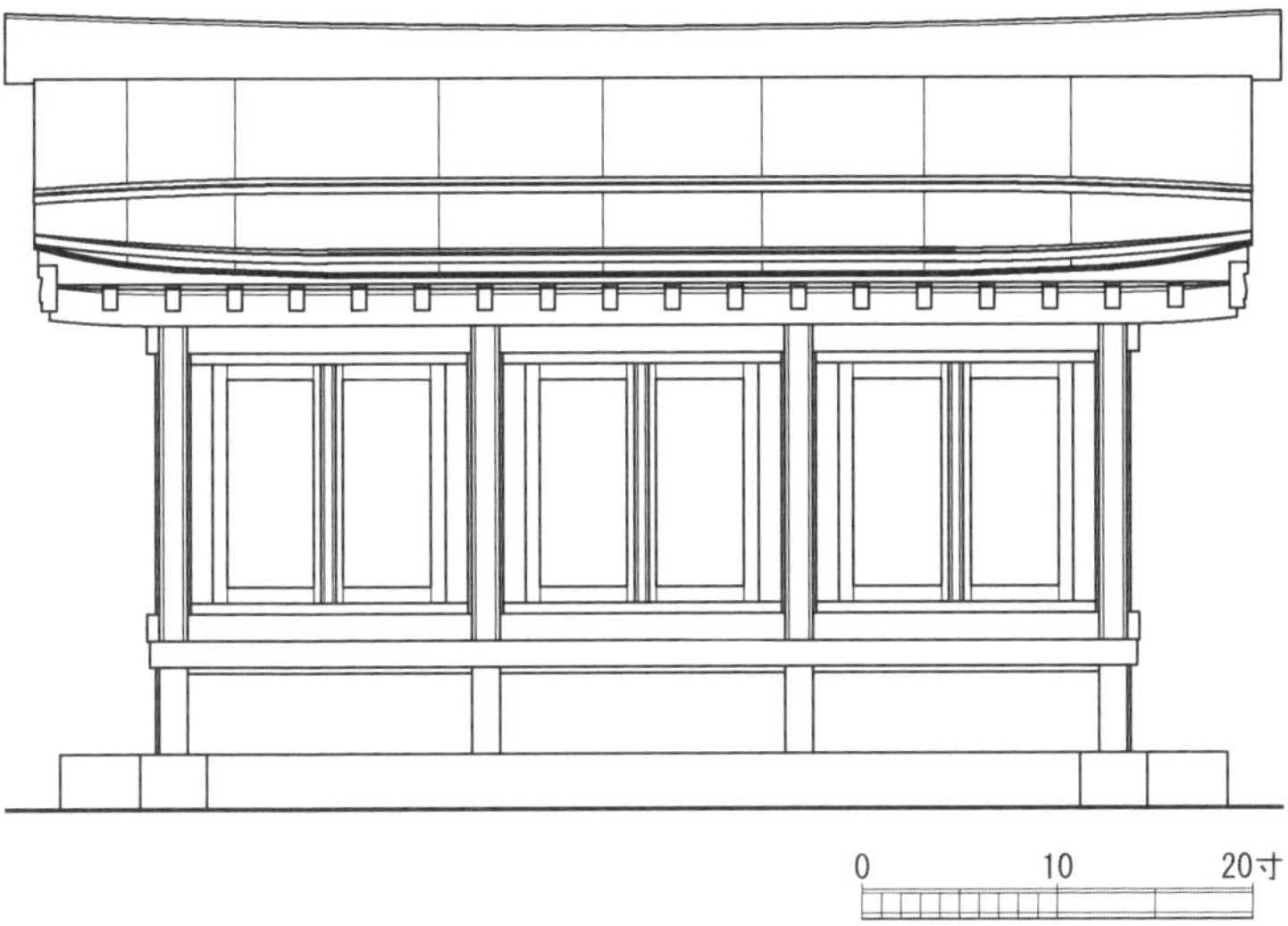

図1-17　堀八幡神社玉殿正面立面図 縮尺1/20

央に低い祭壇を置く。祭壇には近代の簡易的な台座を置き、玉殿を安置する。内陣と祭壇の間に柱はなく一室とする。玉殿は建築様式上、十五世紀中期のものであり、永享十一年の本殿再建時に同時に造立され、旧本殿内の玉殿が伝来したと考えられる。

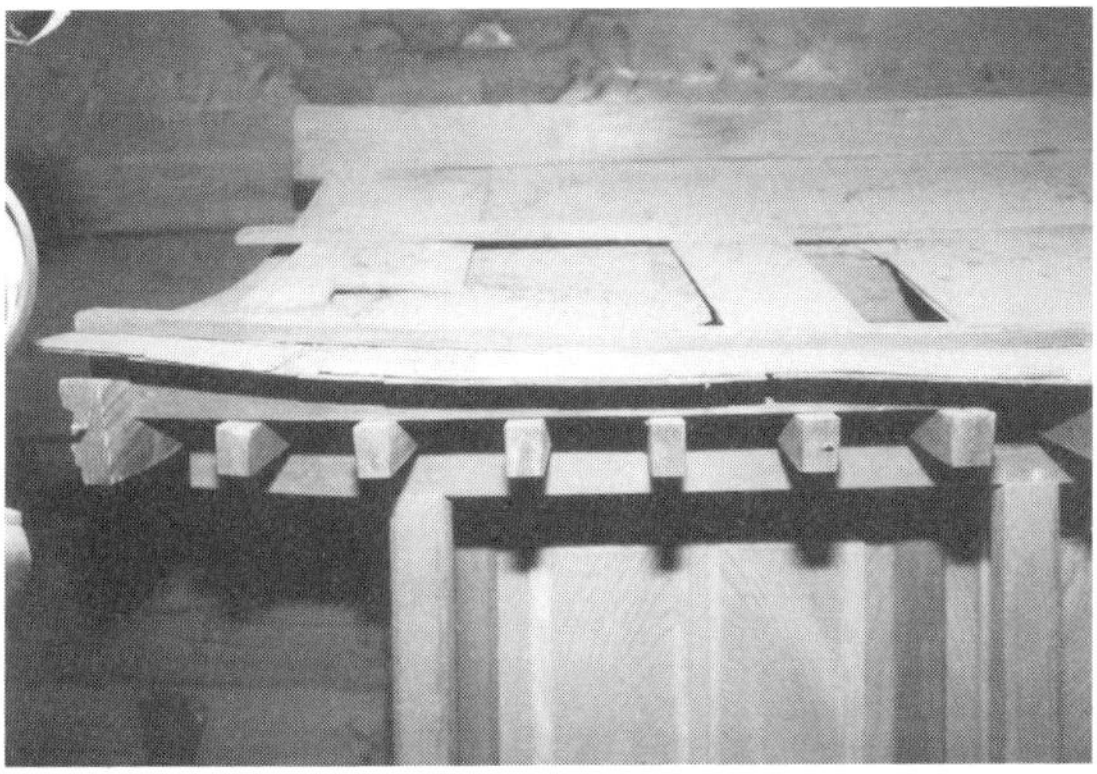

写真1-21　堀八幡神社神社玉殿 庇柱頭・軒

3　玉殿の規模形式と細部手法

玉殿（図1—16～18、写真1—20～22）は、桁行三間（側柱真々四尺八寸三分（一四六四㎜））、梁間二間（側柱真々二尺五寸二分（七六四㎜））の横長平面で、屋根形式は流造[25]の流柿葺で、庇

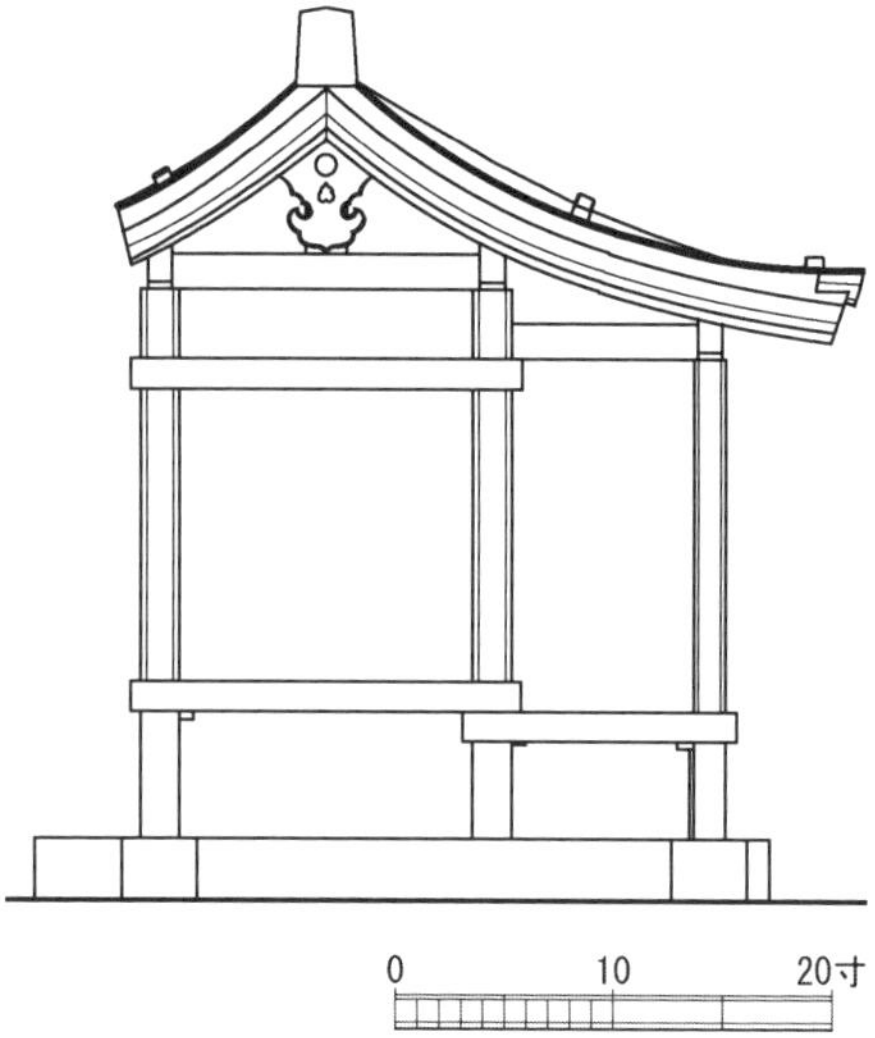

図 1-18　堀八幡神社玉殿側面立面図 縮尺 1/20

写真 1-22　堀八幡神社神社玉殿 側面

を見世棚とする。総高は三尺九寸五分（一一九七㎜）である。桁行は三間に等分割し、各柱間一尺六寸一分（四八八㎜）とし、梁間は庇《ひさし》一間を一尺（三〇三㎜）、身舎一間を一尺五寸二分（四六一㎜）とする。柱は身舎、庇ともに大面取の角柱とする。

土居桁は桁行方向を先に置き、梁間方向は上木として井桁に組む。前方に突き出した土居桁の先端は、近年の新たな台座の上への安置時に切除された。切目長押は身舎と庇で段違いとし四面に打つ。身舎、庇ともに板敷きの床を張って、庇は見世棚とする。土居桁と切目長押の間は前面のみ幕板を張って柱間を塞ぐ。内法長押は扉上の位置に釘打ちし身舎を一周する。身舎正面の半長押、扉、方立、脇板壁は近年の取り替え材である。

庇の柱頭に頭貫や組物はなく、柱で庇の桁を直接支える。庇と身舎の繋ぎは角の陸梁を内法長押上に架ける。身舎には組物、中備がなく、柱で桁を直接受ける。桁は螻羽で反り上がる。

玉殿側面は、庇を開放し、身舎を横板壁とする。妻面には角の陸梁を渡す。梁成が桁成よりも小さく、梁は桁と下端を同高に揃えて納める。陸梁中央に角の束を立てる。化粧垂木は正面、背面ともに一軒で、垂木に反りがある。背面の軒は桁からわずかに残して近年に切除されている。破風板には欠眉、鯖尾を施す。後端部にも鯖尾があったと考えられるが、破風板も軒と同じ位置で切除されて不明である。破風板の拝みは猪目懸魚を変形させた後に猪目を除いた懸魚で飾る。

軒の正面は垂木上に茅負を載せ、屋根材の長柿板を直に打つ。茅負両端は反り増して、軒反りが付く。長い柿板を二枚重ねて流柿葺とする。押桟《おしざん》は軒先と屋根中程に打つ。押桟は箕甲の反りに沿って曲がる。野垂木は用いず野屋根はない。大棟は一木造で屋根の幅より突き出す。

堀八幡神社玉殿には、永享十一年（一四三九）という造立年代の古さ、大型玉殿、床高が低いこと、身舎と庇の角柱の使用、屋根の流柿葺などの様々な特色が認められる。

五　厳島神社摂社大元神社

1　規模形式・建築年代

厳島神社摂社大元神社玉殿　三基〔重要文化財附指定〕　所在地：広島県廿日市市宮島町一〇

中央殿　桁行一間、梁間二間、流見世棚造、本柿葺、嘉吉三年（一四四三）造立〔建築様式、左殿右殿墨書銘から判断〕

左　殿　桁行一間、梁間二間、流見世棚造、本柿葺、嘉吉三年造立〔建築様式、墨書銘から判断〕

右　殿　桁行一間、梁間二間、流見世棚造、本柿葺、嘉吉三年造立〔建築様式、墨書銘から判断〕

本殿内に嘉吉三年造立の玉殿が三基現存することが知られる(26)。この玉殿は、安芸国に現存する中世玉殿の中では、比較的古く、流《ながれ》造の初期のものである。

写真1-23　厳島神社摂社大元神社玉殿

2　大元神社の沿革

大元神社の祭神は国常立尊《くにとこたち》、大山祇神《おおやまづみ》、相殿佐伯鞍職《さえきのくらもと》と伝わる。もと厳島の地主神とされ、その創祀は厳島神社より古いとも伝わる。明治十一年（一八七八）に厳島神社の摂社とされた。現在の本殿は、嘉吉三年に俊高によって建立されたもので(27)、大永三年（一五二三）に小屋の改修を受けたと考えられる。その後、棟札により、寛保三年（一七四三）に屋根を葺き替えたことがわかる。『芸藩通志』によって、幣殿、拝殿、鳥居が確認される(28)。嘉吉建立本殿は三間社流造であり、内陣後方一間を祭壇とし、祭壇上に玉殿を三基並べて安置する(29)（写真1―23）。玉殿は、いずれも建築様式上、十五世紀中期のものであり、左殿と右殿背面の墨書銘による嘉吉三年に造立されたと考えられる。

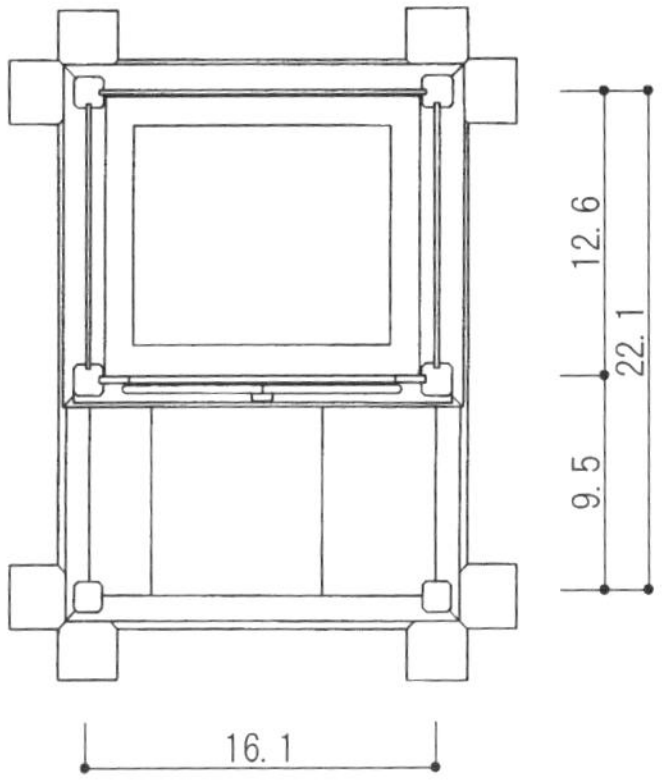

図 1-19　厳島神社摂社大元神社玉殿中央殿平面図 縮尺 1/20 単位：寸

写真 1-24　厳島神社摂社大元神社玉殿中央殿

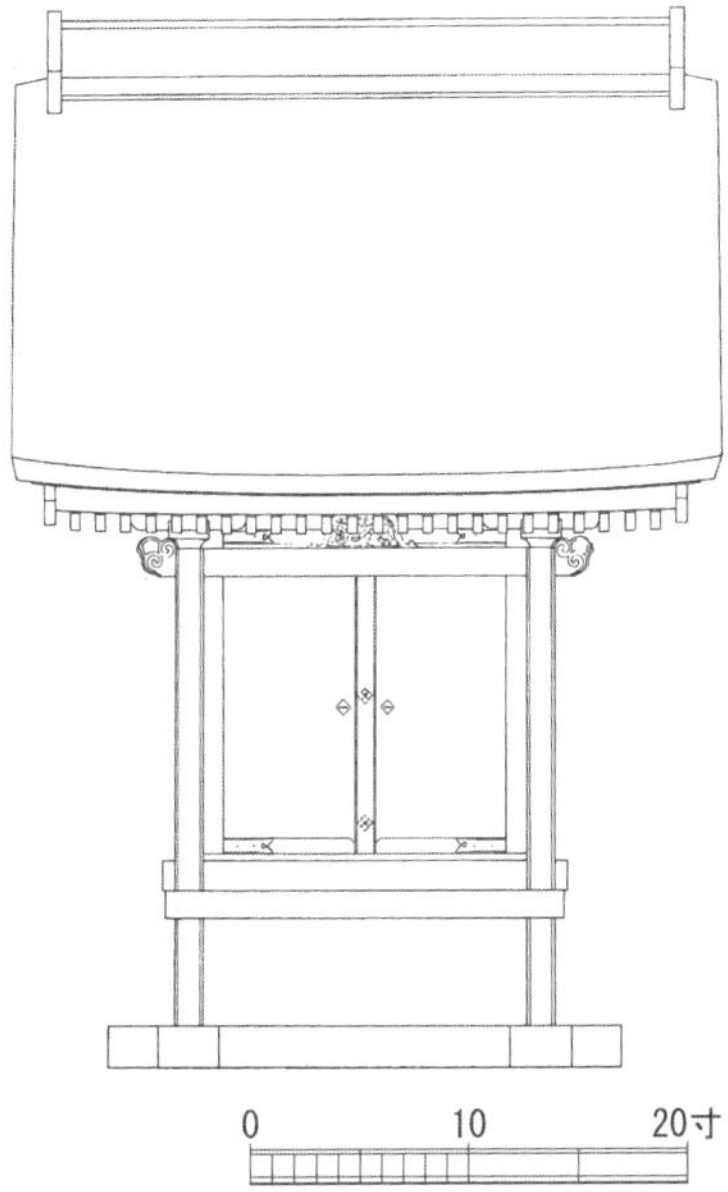

図 1-20　厳島神社摂社大元神社玉殿中央殿正面立面図 縮尺 1/20

3　玉殿の規模形式と細部手法

①中央殿（図1―19～21、写真1―24・25）　桁行一間（側柱真々一尺六寸一分（四八八㎜））、梁間二間（側柱真々二尺二寸一分（六七〇㎜））の縦長平面で、庇を見世棚とする。屋根形式は流造の本柿葺（第二章で詳述）である。総高は四尺六寸一分（一三九七㎜）である。梁間は庇一間を九寸五分（二八八㎜）、身舎一間を一尺二寸六分（三八二㎜）とする。柱は身舎、庇ともに大面取とする。

土居桁は桁行方向を先に置き、梁間方向は上木として井桁に組む。切目長押は身舎と庇で段違いとし四面に打つ。身舎、庇とも

図 1-21　厳島神社摂社大元神社玉殿中央殿正面立面図
縮尺 1/20

写真 1-25　厳島神社摂社大元神社玉殿中央殿 蟇股

に板敷きの床を張って、庇は見世棚とする。土居桁と切目長押の間は身舎の四面に幕板を張って柱間を塞ぐ。内法長押は扉の上の位置で身舎の四面に打つ。身舎正面には切目長押上に半長押を設ける。方立のない脇板壁を立て、端喰を付けた一枚板の扉を両開きに建てる。扉から軸を出して半長押と内法長押に吊る。

組物は、庇に通実肘木を載せた出三斗、身舎に平三斗とする。庇の中備には本蟇股を入れて桁を支える。庇の頭貫の両端は突き抜けて木鼻《きばな》とする。庇と身舎の繋ぎは捨眉、欠眉を施した虹梁を内法長押上に架ける。

玉殿側面は、庇を開放し、身舎を横板壁とする。妻面には虹梁を渡し、桁行方向の平三斗を支える大斗上に載

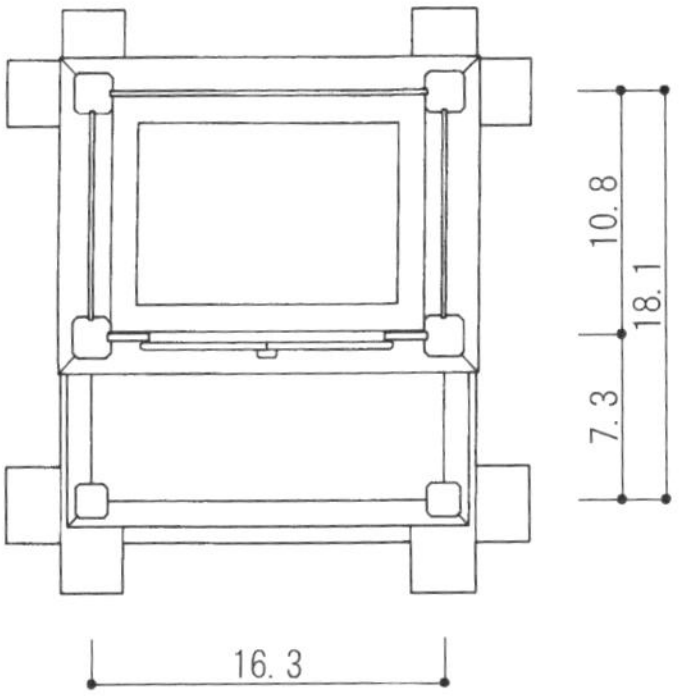

図1-22　厳島神社摂社大元神社玉殿左右殿平面図 縮尺1/20 単位：寸

写真1-26　厳島神社摂社大元神社玉殿右殿

図1-23　厳島神社摂社大元神社玉殿左右殿正面立面図 縮尺1/20

る。端部は突き抜けて鯖尾とする。化粧垂木は正面、背面ともに一軒の繁垂木で、垂木に反りがある。破風板には欠眉、鯖尾を施し、拝みと降りは猪目懸魚で飾り、庇の桁先は鰭《ひれ》を一体化した蕪懸魚で飾る。

軒の正面は垂木上に茅負、布裏甲を載せる。布裏甲は側面の破風板上に回り、登裏甲となる。茅負両端に反り増しがあり、軒反りが付く。屋根は比較的小さい柿板を用い、端部が廻し葺きの箕甲を付けた本柿葺とする。品軒を用いて一木造の大棟を載せ、端部に鬼板を付ける。

②左殿及び右殿（図1—22～24、写真1—26・27）桁行一間（側柱真々一尺六寸三分（四九四㎜））、梁間二間（側柱真々一尺八寸一分（五四八㎜））の縦長平面で、屋根形式は流造の本柿葺で、庇を見世棚造とする。総高は四尺九分（一二三九㎜）で

図 1-24　厳島神社摂社大元神社玉殿左右殿正面立面図
縮尺 1/20

写真 1-27　厳島神社摂社大元神社玉殿右殿 妻面

ある。梁間は庇一間を七寸三分（二二一㎜）、身舎一間を一尺八分（三二七㎜）とする。柱は身舎、庇ともに大面取とする。

　土居桁は桁行方向を先に置き、梁間方向は上木として井桁に組む。切目長押は身舎と庇で段違いとし四面に打つ。身舎、庇ともに板敷きの床を張って、庇は見世棚とする。内法長押は扉の上の位置で身舎の四面に打つ。身舎と庇の境には、方立のない脇板壁を立て、端喰を付けた一枚板の扉を両開きに建てる。扉から軸を出して切目長押と内法長押に吊る。

　組物は身舎、庇ともに桁から一木造出の舟肘木とする。棟木も同様に、妻面で下面に舟肘木を一木造出とする。庇と身舎の繋ぎは捨眉を施した虹梁とする。虹梁は庇の桁と下端と同高に揃えて、内法長押上に架ける。

玉殿側面は、庇を開放し、身舎を横板壁とする。妻面には捨眉を施した虹梁を渡す。虹梁は桁と下端を同高に揃えて納める。虹梁中央にわずかに開いた撥束《ばちづか》を立てて棟木を支える。化粧垂木は正面、背面ともに一軒で、垂木に反りがある。破風板には欠眉、鰭尾を施し、懸魚は付けない。

軒の正面は垂木上に茅負、布裏甲を載せる。布裏甲は側面の破風板上に回り、登裏甲となる。茅負両端は反り上がり、軒反りが付く。屋根は比較的小さい柿板を用い、端部が廻し葺きの箕甲を付けた本柿葺とする。品軒を用いて一木造の大棟を載せ、端部に鬼板を付ける。

厳島神社摂社大元神社玉殿には、嘉吉三年（一四四三）という造立年代の古さ、流造とすること、身舎と庇の角柱の使用、中央殿が三斗組、左右殿が舟肘木で異なることなどの様々な特色が認められる。

六　桂浜神社

1　規模形式・建築年代

桂浜神社玉殿　三基（重要文化財附指定）　所在地：広島県呉市倉橋町四二三

中央殿　桁行一間、梁間二間、流見世棚造、直柿葺、明応九年（一五〇〇）造立（建築様式、棟札から判断）

左　殿　中央殿に同じ

右　殿　中央殿に同じ

本殿内に玉殿が三基現存することが知られる(30)。この玉殿は本殿と同時に造られたと考えられ、室町時代中期の明応九年造立である。この玉殿は、安芸国に現存する中世玉殿の中では、屋根を直柿葺《じか》(31)とした初例である。

写真1-28　桂浜神社玉殿中央殿

写真1-29　桂浜神社玉殿中央殿 側面

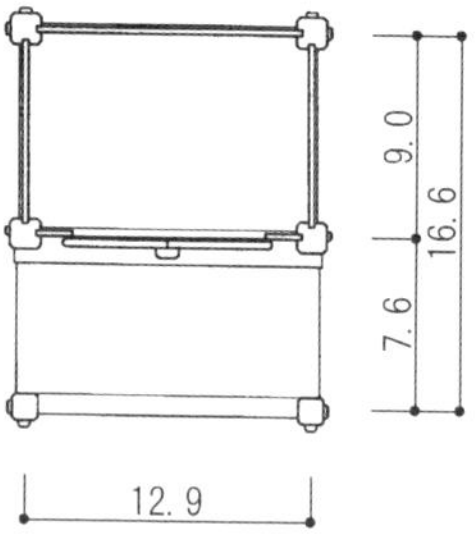

図1-25　桂浜神社玉殿中央殿
平面図 縮尺1/20 単位：寸

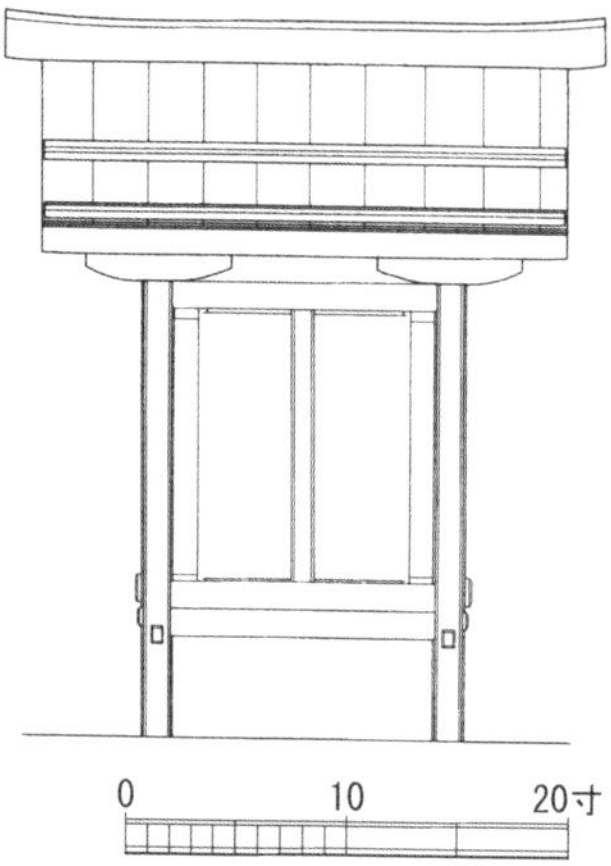

図1-26　桂浜神社玉殿中央殿
正面立面図 縮尺1/20

2　桂浜神社の沿革

桂浜神社は旧称を八幡宮とする。古来からの主祭神は多紀《たぎ》理《り》毘《ひ》売《め》命、市寸島毘《いちきしまひ》売《め》命、多岐都《たぎつ》毘《ひ》売《め》命の宗像《むなかた》神であり、後に応神天皇、仲哀天皇、神功皇后の八幡神を勧請したと考えられる。天喜年間（一〇五三―五八）に塩竈左衛門佐勝信が崇敬し、社領を寄進したと伝え、また平家追討の源氏方の軍勢が帰途に立ち寄り参詣したとする。中世には、明応九年と永正十一年（一五一四）の棟札写があり、[32]『芸藩通志』にも同様の記述がある。[33]本殿内陣の柱には、権大僧都の増順が七日間参籠したという永正八年（一五一一）の墨書銘がある。明応九年に屋根を茅葺として暫定的に再建し、[34]永正十一年に屋根を柿葺に改修して完成したとされる。現在の本殿は、この明応九年の再建である。玉殿はいずれも建築様式上、十五世紀のもので、明応九年の本殿再建と同時に造立されたと考えられる。

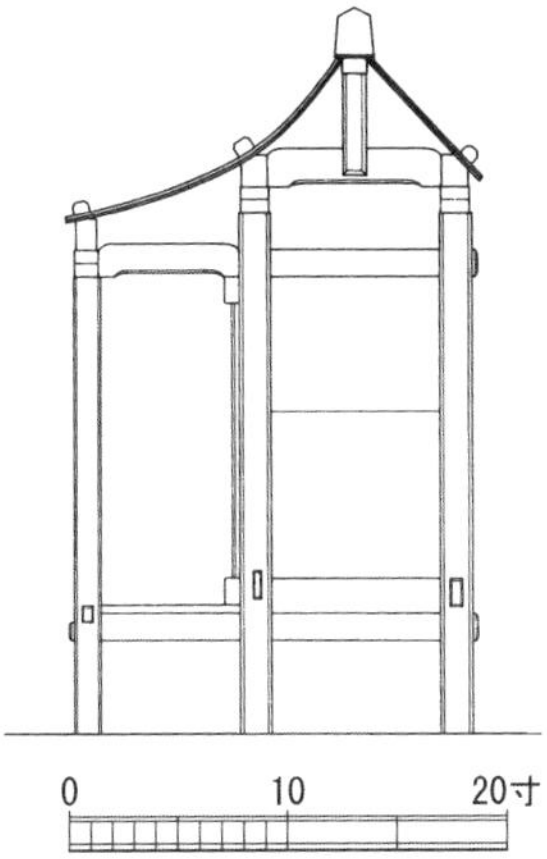

図1-27　桂浜神社玉殿中央殿
側面立面図 縮尺1/20

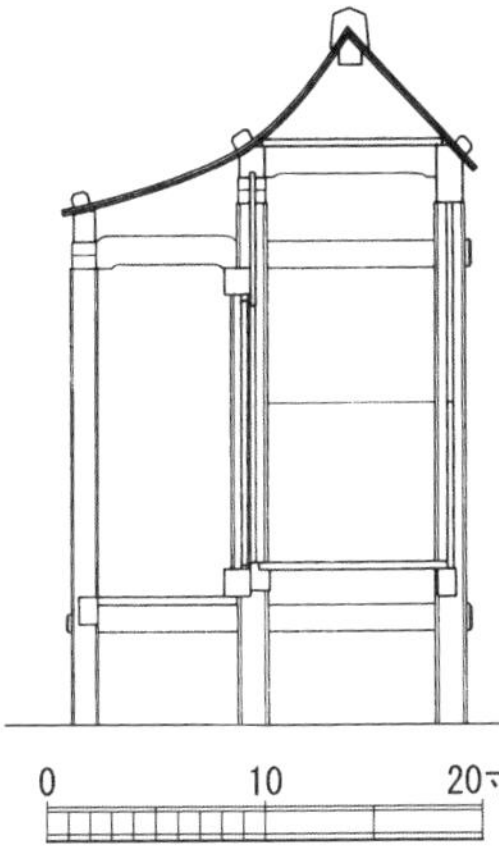

図1-28　桂浜神社玉殿中央殿
梁間断面図 縮尺1/20

写真1-30　桂浜神社玉殿中央殿 上部

3　玉殿の規模形式と細部手法

①中央殿（図1―25～28、写真1―28～30）　桁行一間（側柱真々一尺二寸九分（三九一㎜））、梁間二間（側柱真々一尺六寸六分（五〇三㎜））の縦長平面で、屋根形式は流造の直柿葺で、庇を見世棚とする。総高は三尺一寸一分（九四二㎜）である。梁間は庇一間を七寸六分

（二三〇㎜）、身舎一間を九寸（二七三㎜）とする。柱は身舎、庇ともに大面取とする。

土居桁は用いず、直接柱を立てる。切目長押の位置に梁間方向の貫を通し、その上に桁行方向の貫を通す。切目長押は身舎正面だけに打ち、身舎、庇ともに板敷きの床を張って、庇は見世棚とする。内法長押は扉上の位置で身舎正面だけに打ち、方立のない脇板壁を立て、一枚板の扉を両開きに建てる。扉から軸を出して切目長押と内法長押に吊る。身舎柱は内法長押上の位置で梁間方向に貫を通して固める。

組物は身舎、庇ともに舟肘木とする。背面の舟肘木は、螻羽のみ桁から一木造出の肘木を彫り出す。庇と身舎

写真 1-31　桂浜神社玉殿左殿

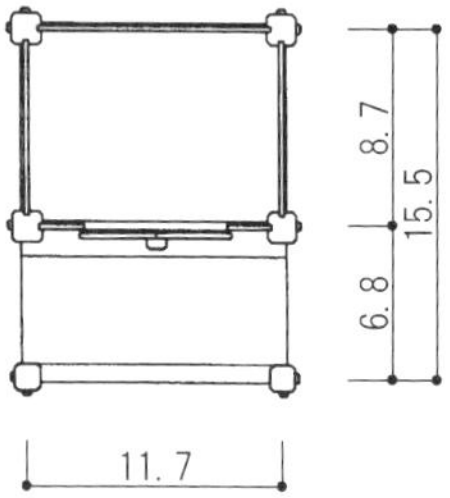

図 1-29　桂浜神社玉殿左右殿
平面図 縮尺 1/20 単位：寸

写真 1-32　桂浜神社玉殿左殿 側面

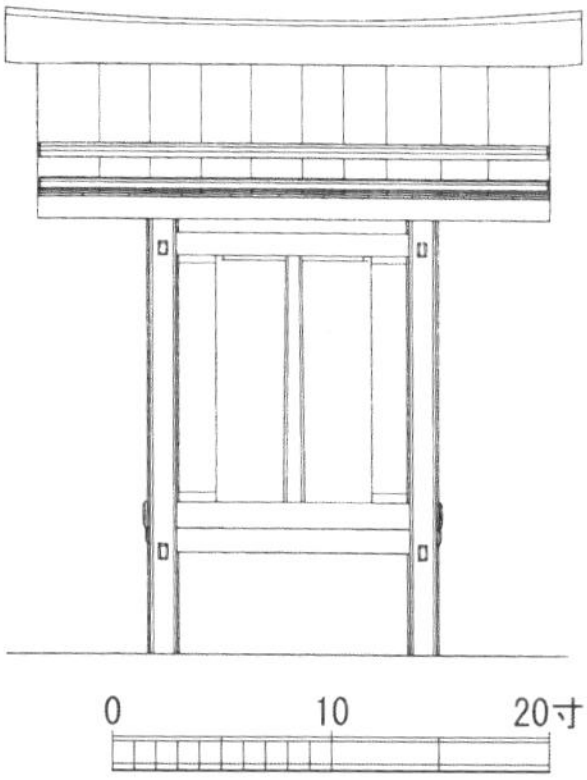

図 1-30　桂浜神社玉殿左右殿
正面立面図 縮尺 1/20

の繋ぎは捨眉と欠眉を施した虹梁とする。虹梁は庇の舟肘木と下端と同高に揃えて、内法長押上に架ける。

玉殿側面は、庇を開放し、身舎を横板壁とする。妻面には虹梁を渡し、虹梁は桁と下端を同高に揃えて納める。虹梁中央に面を取った角の束を立て、棟木を支える。正面、背面ともに垂木を用いず、屋根材である長柿板を直接桁に打つ。破風板はない。

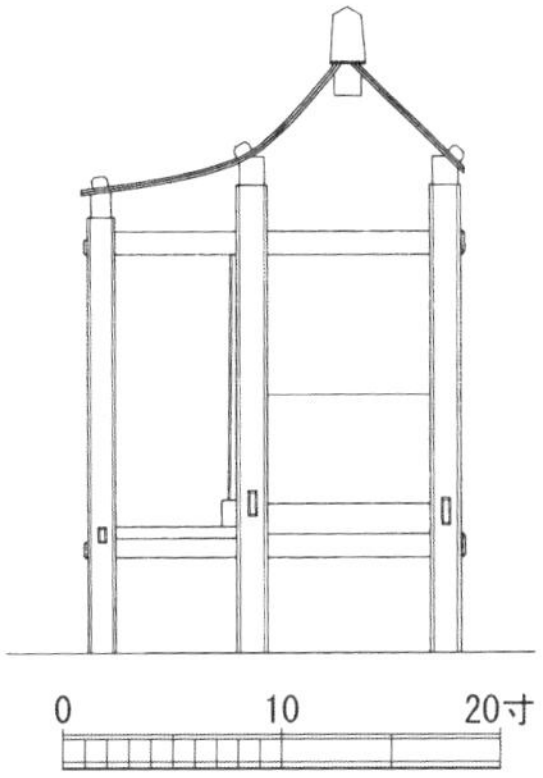

図1–31　桂浜神社玉殿左右殿
側面立面図 縮尺1/20

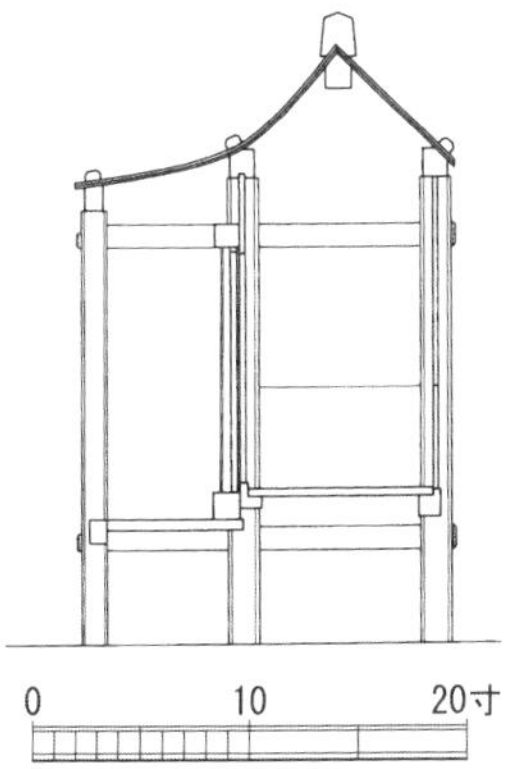

図1–32　桂浜神社玉殿左右殿
梁間断面図 縮尺1/20

軒の正面に茅負はなく、二枚重ねた長柿板上に押桟を置き、直桁に留め直柿葺とする。箕甲はない。大棟は一木造で屋根の幅より突き出す。

②左殿及び右殿（図1―29～32、写真1―31～33）同形同大であり、中央殿よりやや小さい桁行一間（側柱真々一尺一寸七分（三五五㎜））、梁間二間（側柱真々一尺五寸五分（四六五㎜））の縦長平面で、

写真1–33　桂浜神社玉殿左殿 背面

屋根形式は流造の直柿葺で、庇を見世棚とする。総高は二尺七寸五分（八三三㎜）である。梁間は庇一間を六寸八分（二〇六㎜）、身舎一間を八寸七分（二六四㎜）と

する。柱は身舎、庇ともに大面取とする。

柱、長押、貫、床、扉などは中央殿と同様とする。組物は身舎、庇ともになく、柱は桁を直接支える。庇と身舎の繋ぎは扉上の位置の貫が身舎から続く。玉殿の側面は、庇を開放し、身舎を横板壁とする。妻面には虹梁がなく妻壁で塞ぐ。屋根葺の技法などに関しては、中央殿と同様とする。

桂浜神社玉殿には、小型玉殿、身舎と庇の角柱の使用、舟肘木、屋根を直柿葺とするなどの特色が認められる。

七　常磐神社

1　規模形式・建築年代

常磐神社玉殿　三基（県指定文化財）　所在地：広島県広島県安芸高田市八千代町勝田五一七

第一殿　桁行一間、梁間二間、流見世棚造、段柿葺、天文年間（一五三二―五五）造立（建築様式、伝承から判断）

第三殿　桁行一間、梁間二間、流見世棚造、流柿葺、天文年間造立（建築様式、伝承から判断）

第四殿　第三殿に同じ

本殿内に天文年間造立の玉殿が三基現存していることが知られる。[35] この玉殿は、安芸国に現存する中世玉殿の中では、屋根を段《だん》柿葺[36]とした初例である。

2　常磐神社の沿革

常磐神社は、明治十六年（一八八三）に旧勝田村内の八幡神社と新宮神社の二社を合祀して常磐神社に改称した。この二社は『芸藩通志』でも確認でき[37]、現在の本殿は旧八幡神社の本殿であったと考えられる。『高田郡史』には、八幡神社本殿は天文年間に桂城城主、桂元澄再建の所伝があるとする。現在の本殿は、棟札によると、元文三年（一七三八）の再建である。この本殿は三間社流造であり、内陣後方一間を祭壇とする。祭壇上には、現在は四基の玉殿を並べて安置する。そのうち第二殿は江戸時代のもので、形式や意匠が第一、三、四殿の三基とは異なる。この三基は互いに意匠や造立年代が整合するので、一組の玉殿であったと考えられる。また、三基の玉殿は八幡三神の配祀に相応するので、旧八幡神社の玉殿三基であったと考えられる[38]。三基の玉殿は、建築様式上、十六世紀中期のもので、天文年間の本殿と同時に造立され、旧八幡神社本殿内の玉殿が伝来したと考えられる。

写真1-34　常磐神社玉殿第一殿

3　玉殿の規模形式と細部手法

①第一殿（中央殿）（図1―33〜36、写真1―34〜36）

桁行一間（側柱真々一尺二寸六分（三八二㎜））、梁間二間（側柱真々一尺四寸三分（四三三㎜））の縦長平面で、屋根形式は流造の段柿葺で、庇を見世棚とする。総高は三尺五寸九分（一〇八八㎜）である。梁間は庇一間を六寸三分（一九一㎜）、身舎一間を八寸（二四二㎜）とする。柱は庇に大面取の角柱、身舎に円柱とする。

土居桁は梁間方向の材の中程にほぞ穴を開けて、桁行方向の材を挟み込んで工字形に組む。土居桁の上角

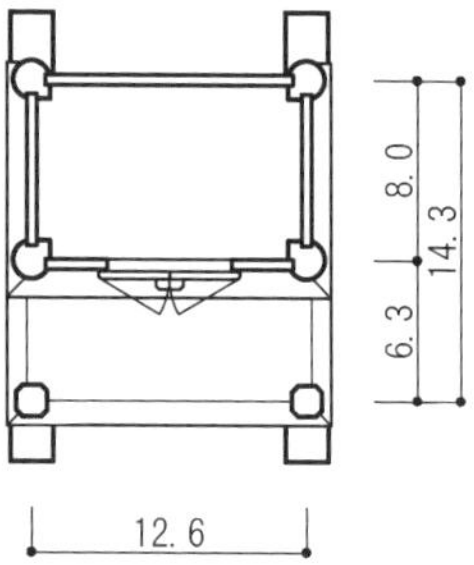

図 1-33　常磐神社玉殿第一殿平面図
縮尺 1/20 単位：寸

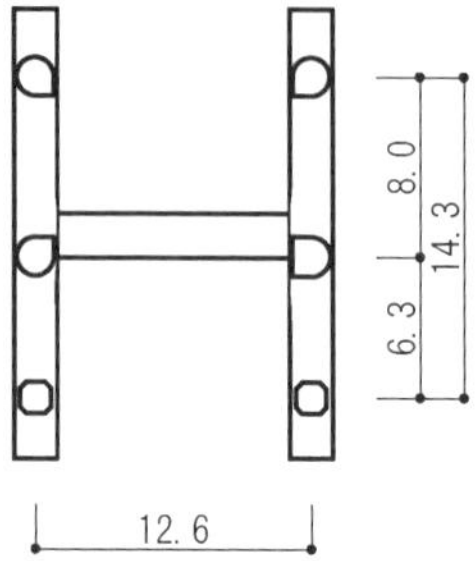

図 1-34　常磐神社玉殿第一殿床下平面図
縮尺 1/20 単位：寸

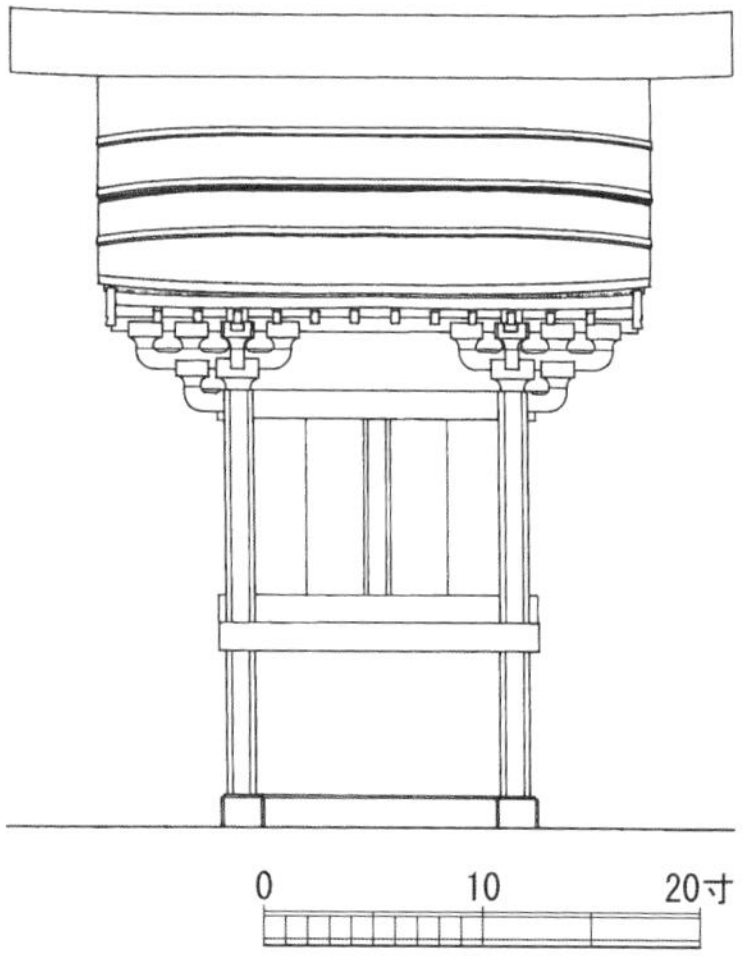

図 1-35　常磐神社玉殿第一殿正面立面図
縮尺 1/20

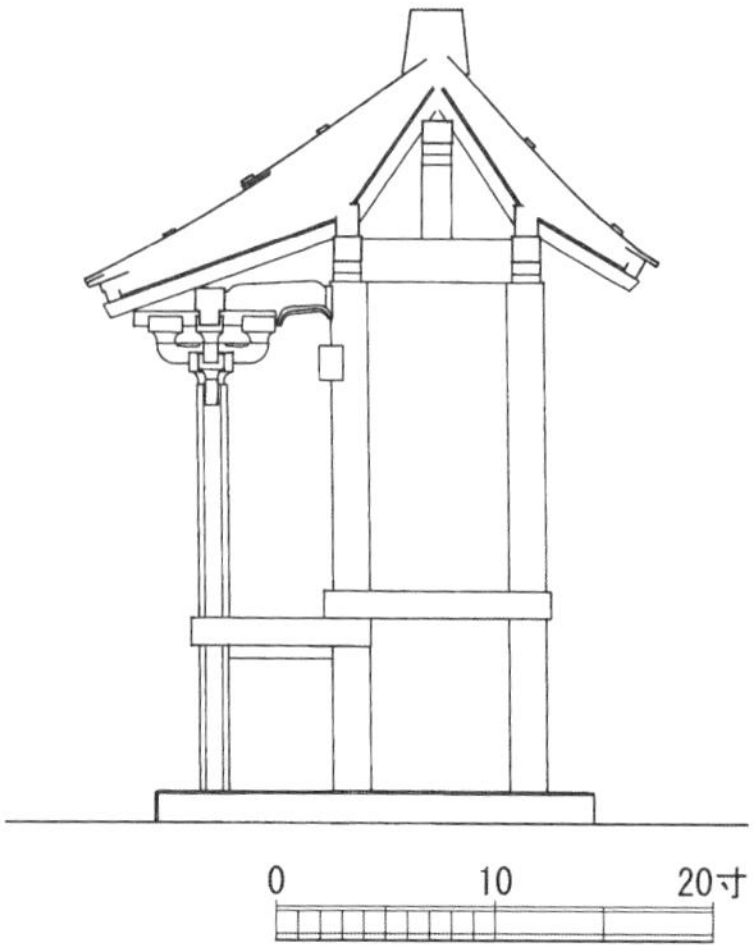

図 1-36　常磐神社玉殿第一殿側面立面図
縮尺 1/20

には面を取る。切目長押は身舎と庇で段違いとし四面に打つ。身舎、庇ともに板敷きの床を張って、庇は見世棚とする。内法長押は、扉上の位置で身舎正面だけに打ち、方立のない脇板壁を立て、一枚板の扉を両開きに建てる。扉から軸を出して切目長押と内法長押に吊る。

　組物は、庇に通実肘木を載せた連三斗とし、斗及び通実肘木と一木造出の桁を支える。桁は螻羽で反り増す。中備は入れない。庇の頭貫の両端は突き抜けて斗を載せ、連三斗を支える。身舎は舟肘木を桁下に一木造出とする。庇と身舎の繋ぎは捨眉と欠眉を施した虹梁とする。虹梁は庇の桁と下端を揃えて内法長押上に架ける。

玉殿側面は、庇を開放し、身舎を横板壁とする。妻面には角の陸梁を渡す。梁成が桁成よりも大きく、梁は舟肘木と下端を揃えて納める。陸梁中央に角の束を立て、舟肘木を載せて棟木を支える。化粧垂木は正面、背面ともに一軒とする。破風板には欠眉、鯖尾を施し、懸魚は付けない。

写真 1-35　常磐神社玉殿第一殿 組物

写真 1-36　常磐神社玉殿第一殿 側面

軒の正面は垂木上に茅負を載せ、屋根材の長い柿板を直に載せる。茅負上部は側面に回り破風板と一木造出とした登裏甲となる。その上に茅負両端は反り増して、軒反りが付く。野垂木を入れ小舞《こまい》を渡して、野屋根を形成する。その上に長い柿板を二枚重ねて、屋根の中程で段を付けて重ね継いだ段柿葺とする。押桟は重ね継いだ所と葺き足の中程に打つ。押桟は箕甲の反

写真1-37　常磐神社玉殿第三殿

写真1-38　常磐神社玉殿第四殿

りに沿って曲がる。大棟は一木造で屋根の幅より突き出す。

②第三殿及び第四殿（左殿及び右殿）（図1—37〜40、写真1—37〜40）桁行一間（側柱真々一尺一寸八分（三五八㎜））、梁間二間（側柱真々一尺二寸八分（三八八㎜））のわずかに縦長平面で、屋根形式は流造の直柿葺で、庇を見世棚とする。総高は二尺八寸（八四八㎜）である。梁間は庇一間を五寸七分（一七三㎜）、身舎一間を七寸一分（二一五㎜）とする。柱は身舎、庇ともに大面取の角柱とする。

土居桁は梁間方向の材を置き、その庇柱と後方身舎柱から少し内側の二箇所ずつにほぞ穴を開けて、桁行方向の材を挟み込んで、井桁組から桁行方向の出をなくした形に組む。土居桁の木口を小面取とする。切目長押は身舎と庇で段違いとし、正面と側面に打つ。身舎、庇ともに板敷きの床を張って、庇は見世棚とする。内法長押は、扉の上の位置で身舎正面と側面に釘打ちする。身舎正面は、方立のない脇板壁を立て、一枚板の扉を両開きに建てる。扉から軸を出して切目長押と内法長押に吊る。

組物は、庇に梁間方向の肘木を入れない連三斗とし、通実肘木と桁を一木造出として載せる。桁は螻羽で反り増す。中備は入れない。庇の頭貫は下端に捨眉と欠眉を施して虹梁形とする。頭貫の両端は突き抜けて斗を載せ、連三斗を支える。庇と身舎の繋ぎは板状の簡易的な海老《えび》虹梁とする。海老虹梁は庇の実肘木と下端を揃えて、内法長押上方に架ける。身舎には桁下に舟肘木を一木造出とする。

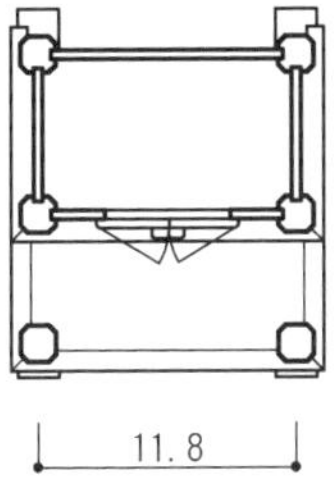

図 1-37　常磐神社玉殿第三・四殿平面図 縮尺 1/20 単位：寸

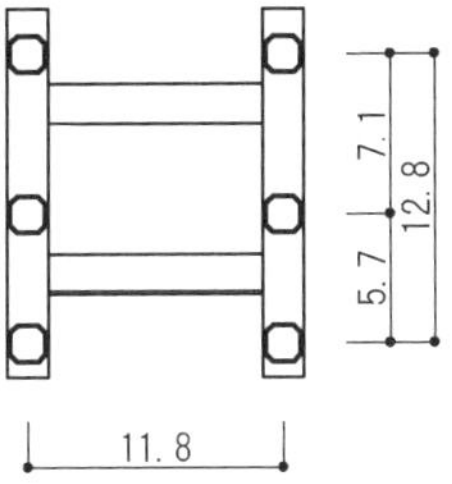

図 1-38　常磐神社玉殿第三・四殿床下平面図 縮尺 1/20 単位：寸

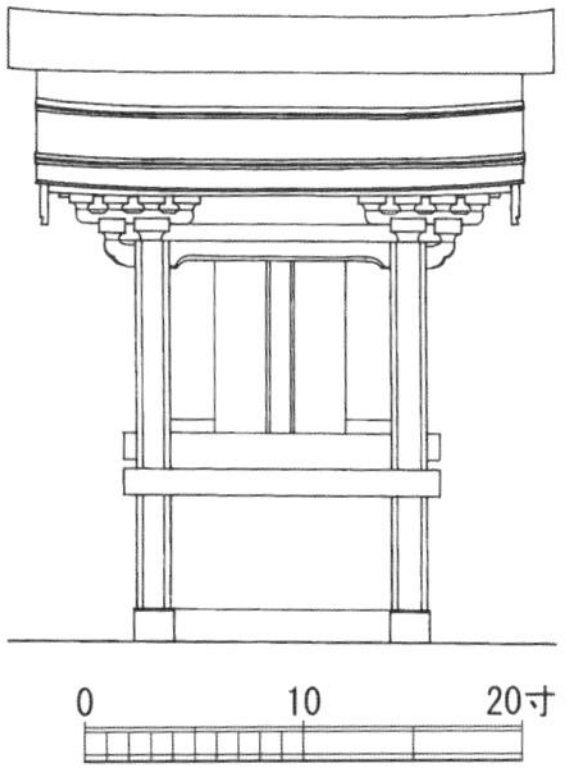

図 1-39　常磐神社玉殿第三・四殿正面立面図 縮尺 1/20

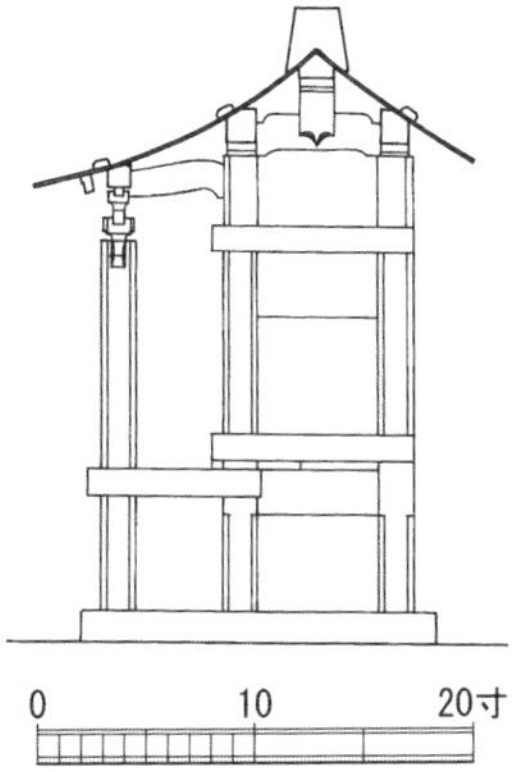

図 1-40　常磐神社玉殿第三・四殿側面立面図 縮尺 1/20

玉殿の側面は、庇を開放し、身舎を横板壁とする。妻面には捨眉を施した虹梁を渡す。梁成が桁成よりも大きく、虹梁は舟肘木と下端を揃えて納める。虹梁の中央に下部に繰形を付けた角の束を立て、舟肘木を載せて棟木を支える。軒には正面、背面ともに垂木がなく、屋根材である長い杮板を直接桁に打つ。破風板には欠眉を施すが、

写真 1-39　常磐神社玉殿第三殿 組物

写真 1-40　常磐神社玉殿第三殿 側面

方や段柿葺、直柿葺の違いがあることなどの特色が認められる。

鯖尾はなく、懸魚は付けない。

軒の正面は、茅負の両端を破風板に止め、屋根材である長い柿板に茅負がぶら下がった格好となる。茅負は中央が若干下がって軒反りが付く。二枚重ねた長い柿板上に押桟を置き、直に桁に留めて直柿葺とする。箕甲はない。大棟は一木造で屋根の幅より突き出す。

常磐神社玉殿には、第一殿と第三・四殿に柱の使い

八　新宮神社［高屋］

1　規模形式・建築年代

新宮神社玉殿　一基　　所在地：広島県東広島市高屋町宮領四七〇

桁行一間、梁間二間、流見世棚造、横板葺、天文年間（一五三二―五五）造立〔建築様式、伝承から判断〕

本殿内に、中世の流造の玉殿の存在することが知られており[39]、室町時代中期の玉殿であることを確認した[40]。この玉殿は、安芸国に現存する中世玉殿の中では、屋根を横板葺[41]とした初例である。

2　新宮神社［高屋］の沿革

新宮神社［高屋］の創祀の年代は不詳であるが、古くは熊野新宮と称した。現在の本殿の蟇股及びその実肘木、手挟《たばさみ》、海老虹梁は古材の転用であり、それらの部材から、旧本殿が天文年間に再建されたことがわかる。転用材の状況から天文度本殿は、現在の本殿と同規模の三間社流造であったと考えられる。その後、文政八年（一八二五）編纂の『芸藩通志』によっても当社の存在が確認されている[42]。現在の本殿は、三間社流造、桟瓦《さんがわら》葺であり、流造の身舎を内陣とし、そのうち後方一間に祭壇を設け、祭壇上に玉殿を安置する。玉殿は、建築様式上、十六世紀中期のものであるので、本殿再建時の天文年間に同時に造立され、旧本殿内の玉殿が伝来したと考えられる。

3　玉殿の規模形式と細部手法

玉殿（図1―41、写真1―41～43）は、桁行一間（柱真々一尺三寸五分（四〇九㎜））、梁間二間（柱真々一尺七寸五

分（五三〇㎜））の縦長平面で、屋根形式は流造の横板葺で、庇を見世棚とする。総高は三尺四寸（一〇三一㎜）である。梁間は庇一間を七寸（二一二㎜）、身舎一間を一尺五分（三一八㎜）とする。柱は身舎、庇ともに面を取った角柱とする。庇の柱頭は面取を徐々に増し粽《ちまき》状にする。

写真 1-41　新宮神社［高屋］玉殿

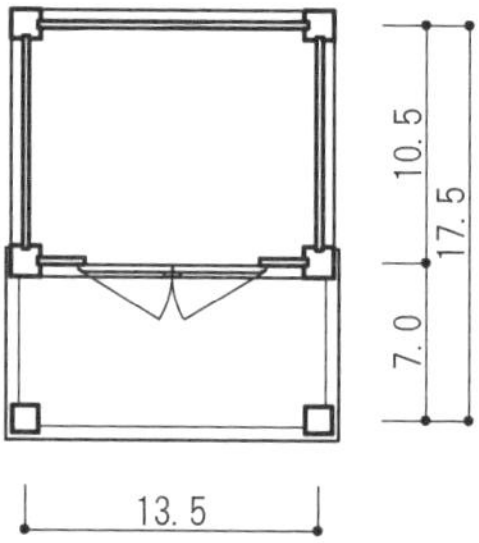

図 1-41　新宮神社［高屋］玉殿
平面図 縮尺 1/20 単位：寸

土居桁は桁行方向の材に、柱下の位置で梁間方向の材を挟み込んで、井桁組から前後の出をなくした形に組む。切目長押は庇の前面と側面に打つ。身舎はその上の段違いの位置に設けた柱のほぞ穴に貫を通して固める。身舎、庇ともに板敷きの床を張って、庇は見世棚とする。内法長押は、扉の上の位置で身舎の正面と側面に釘打ちする。身舎正面には、方立のない脇板壁を立て、一枚板の扉を両開きに建てる。扉から軸を出して貫と内法長押に吊る。

組物は、庇に実肘木を載せた出三斗とし桁を支える。中備は入れない。庇の頭貫の両端は突き抜けて木鼻となる。庇と身舎の繋ぎは角の陸梁とする。梁は庇の桁と下端を揃えて、内法長押上方に架ける。身舎は組物を用いず、柱で直接桁を支える。

玉殿の側面は、庇を開放し、身舎を横板壁とする。妻面には角の陸梁を渡す。梁成と桁成がほぼ同じで、梁は桁下端を揃えて納める。梁の中央に角の束を立て棟木を支える。化粧垂木は正面、背面ともに一軒とする。破風板には欠眉、鰭尾をともに施さず、懸魚は付けない。

軒の正面は垂木上に成の低い茅負を載せ、その上に薄い布裏甲を載せる。布裏甲は側面の破風板上に回り、薄い登裏甲となる。屋根は比較的薄い板を軒先と平行に葺いた横板葺とする。野垂木を入れて野屋根を形成し、箕甲が付く。大棟は一木造で屋根の幅より突き出す。

新宮神社［高屋］玉殿には、庇、身舎ともに角柱とし、屋根を薄い横板葺とすることなどの特色が認められる。

写真 1-42　新宮神社［高屋］玉殿 組物

写真 1-43　新宮神社［高屋］玉殿 側面

九　厳島神社末社左門客《かどまろうど》神社及び右門客神社

1　規模形式・建築年代

厳島神社末社左門客神社及び右門客神社玉殿　二基（国宝附指定）　所在地：広島県廿日市市宮島町一の一

左門客神社玉殿　桁行一間、梁間二間、流見世棚造、流板葺、天文年間（一五三二―五五）造立〔建築様式から判断〕

右門客神社玉殿　左門客神社玉殿に同じ

厳島神社の本社の前に突き出した平舞台には、天文年間の再造の玉殿（本殿）二基があることが知られる[43]。この玉殿は、覆屋を架けた小型本殿の形式の建築と言えるが、覆屋の床上に置かれ、厳島神社の他の本殿内の玉殿と類似点がある。

2　左門客神社及び右門客神社の沿革

左右の門客神社の創祀は定かではないが、仁安三年（一一六八）の佐伯景弘の解文にある「江比須」と称した祓殿間の小社一宇が門客神社とされる[44]。仁治二年（一二四一）の「伊都岐島社神官等申状案」では、一間二面の戎《えびす》宝殿一宇、三間の同拝殿一宇と記された神社がこの門客神社とされる。その後、江戸中期には沖恵比須と呼ばれ、平舞台に左右に分かれて鎮座した。『芸藩通志』によっても存在が確認されている[45]。現在の玉殿の覆屋（拝殿）は、桁行二間（正面通し一間）、梁間二間、切妻造の平入であり、海上に建ち、手前に繋がる平舞台と同じ高さで床を張り、玉殿を安置する。玉殿はいずれも建築様式上、天文年間のものである。

3　玉殿の規模形式と細部手法

玉殿（図1―42～45、写真1―44～47）はともに、桁行一間（側柱真々五尺六寸五分（一七一二㎜））、梁間二間（側柱真々五尺三寸三分（一六一五㎜））のわずかに横長平面で、屋根形式は流造の板葺で、庇を見世棚とする。総高は八尺三寸（二五一五㎜）である。梁間は庇一間を二尺三寸一分（七〇〇㎜）、身舎一間を三尺二分（九一五㎜）とする。柱は身舎、庇ともに円柱とする。

土居桁は井桁状で、後方桁行方向を先に置き、梁間

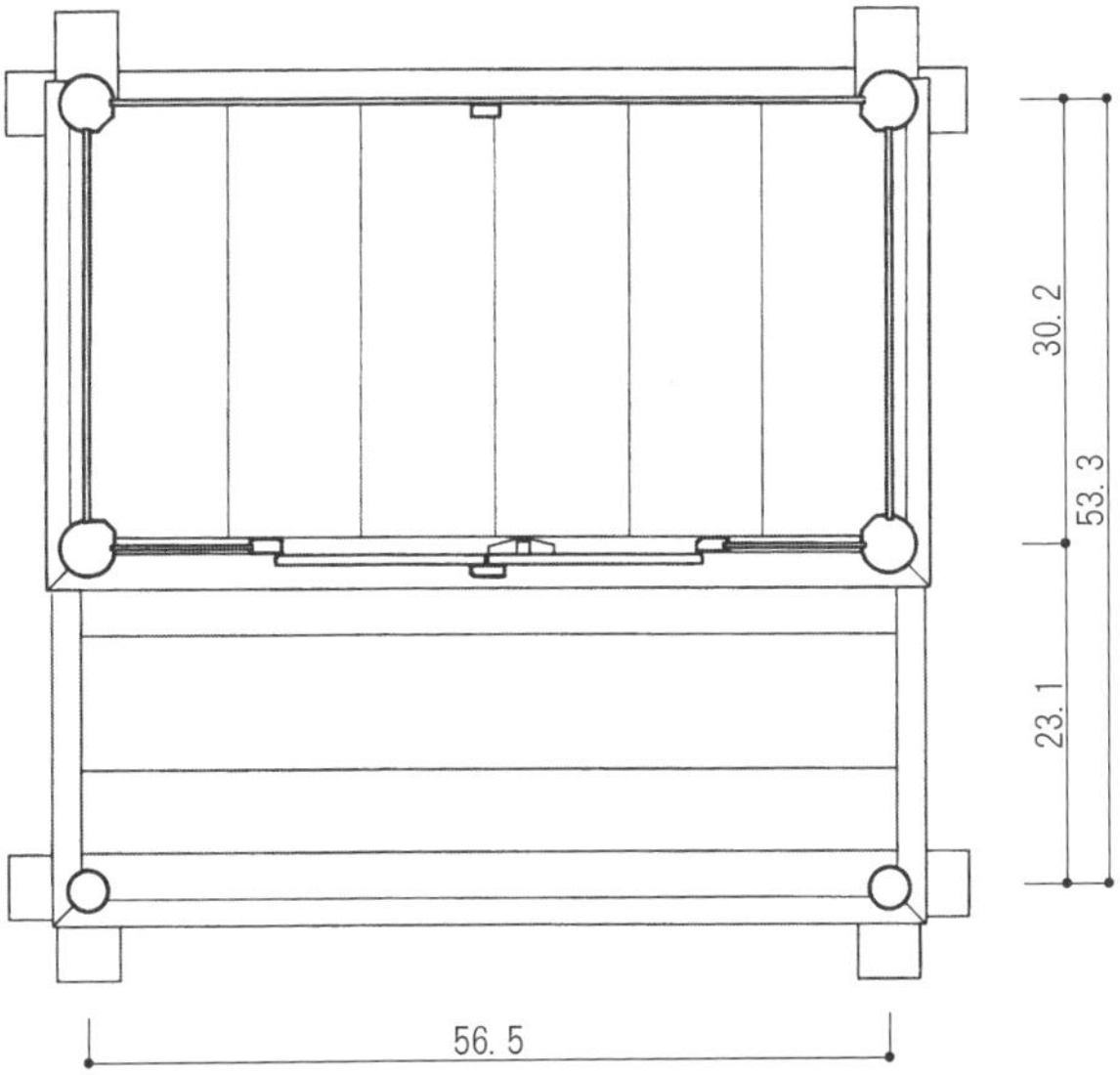

図1-42　厳島神社末社左門客神社玉殿平面図 縮尺1/30 単位：寸

写真1-44　厳島神社末社左門客神社玉殿

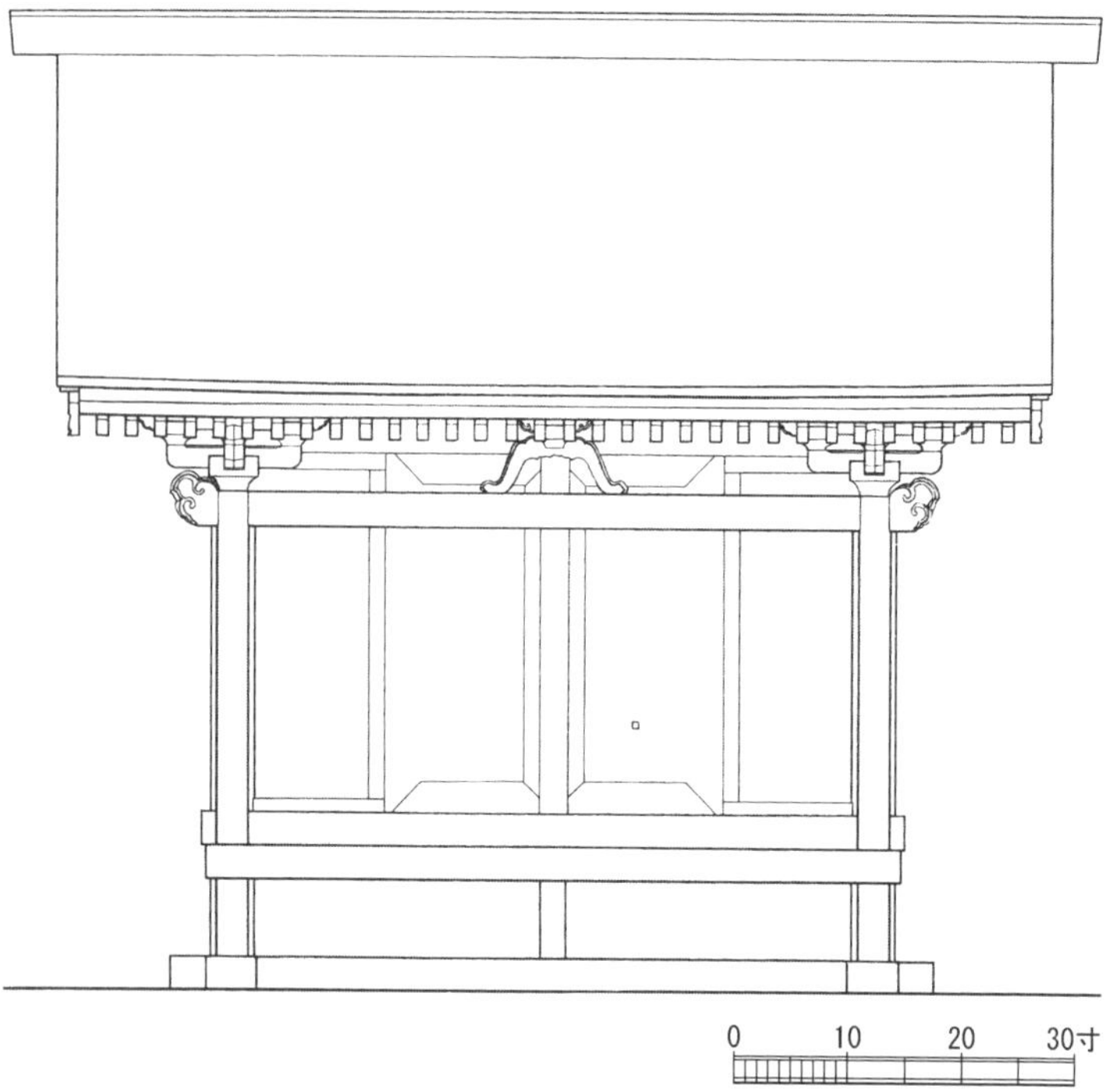

図1-43　厳島神社末社左門客神社玉殿正面立面図 縮尺1/30

方向を上木に組み、さらに前方桁行方向の材をその上木に組む。切目長押は身舎と庇で段違いとし、四面に打つ。身舎、庇ともに板敷きの床を張って、庇は見世棚とする。内法長押は、扉の上の位置で

写真1-45　厳島神社末社右門客神社玉殿

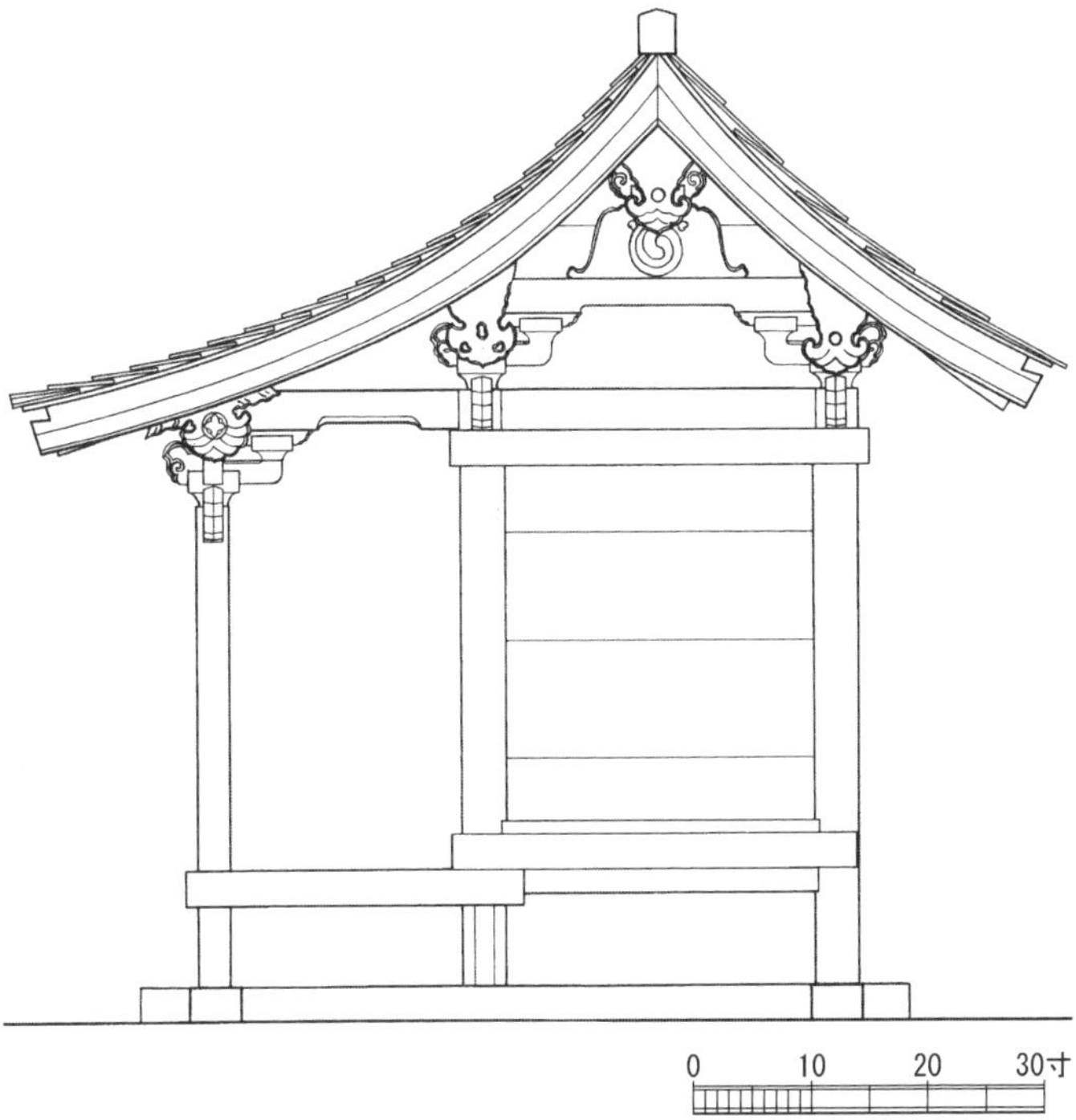

図 1-44　厳島神社末社左門客神社玉殿側面立面図 縮尺 1/30

身舎の四面に釘打ちする。身舎正面には、方立のある脇板壁を立て、一枚板の扉を両開きに建てる。扉から軸を出して切目長押と内法長押に吊る。

組物は、庇、身舎ともに実肘木を載せ

写真 1-46　厳島神社末社左門客神社玉殿 側面

た平三斗として桁を支える。庇と身舎正面の中備には本蟇股を入れる。庇の頭貫の両端は突き抜けて木鼻となる。庇と身舎の繋ぎは捨眉、欠眉を施した虹梁とする。虹梁は庇の桁と下端を揃えて内法長押上に架ける。庇と身舎の枠肘《わくひじ》木《き》組《ぐみ》の外へ出した肘木は拳鼻とする。

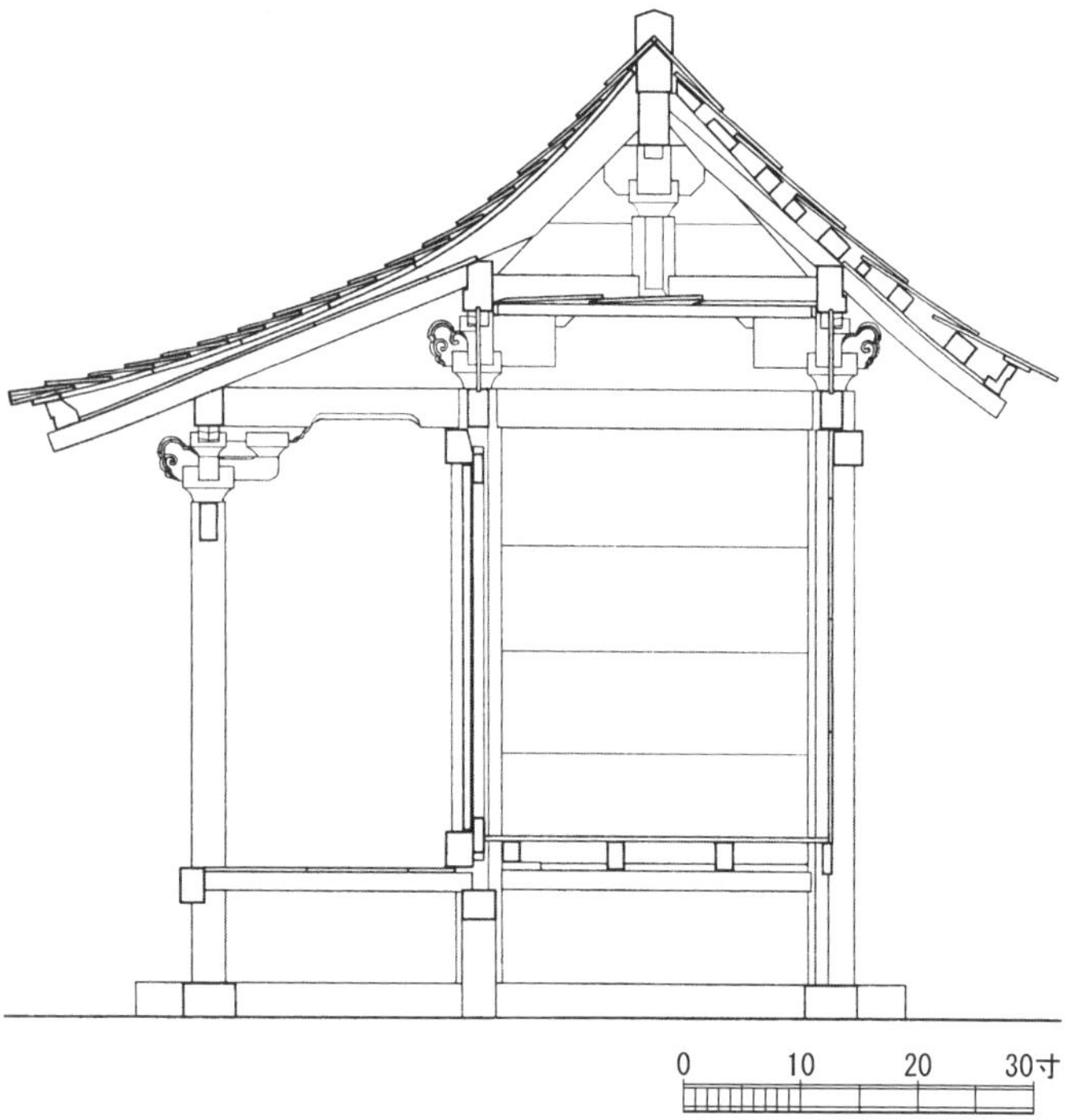

図 1-45　厳島神社末社左門客神社玉殿梁間断面図 縮尺 1/30

写真 1-47　厳島神社末社左門客神社及び右門客神社 古写真

玉殿の側面は、庇を開放し、身舎を横板壁とする。妻面には虹梁を渡し、虹梁は桁と下端を揃えて納める。虹梁中央に、左門客神社は板《いた》蟇股を載せて虹梁板蟇股式、右門客神社は大瓶束を立てて虹梁大瓶束式の妻飾とする。化粧垂木は正面、背面ともに一軒の繁垂木とする。破風板には欠眉、鯖尾を施す。現状では、破風板の拝みと後方の降りに蕪懸魚を飾り、前方の降りに猪目懸魚を飾る。庇の桁先は鰭を一体化した蕪懸魚を飾る。

軒の正面は垂木上に茅負、布裏甲を載せる。布裏甲は側面の破風板上に回り、登裏甲となる。茅負両端はわずかに反り上がり、軒反りがある。屋根は薄い挽《ひき》板材を流れの方向に重ねて葺いた板葺であるが、屋根材は平成期の取り替え材であり、それ以前のものも昭和期の葺き替え材である。また、『厳島図会』によると、屋根は本柿葺または檜皮《ひわだ》葺状に描かれ、当初の形式は定かでない。大棟は一木造で屋根の幅より突き出す。左右の門客神社の部材には当初材が残るものの、波や風などの被害を頻繁に受けており、多くの取り替え材が含まれる。

左門客神社及び右門客神社玉殿には、大きいこと、床上に直に安置する形態、庇まで円柱とすることなどの特色が認められる。

十　厳島神社摂社天神社

1　規模形式・建築年代

厳島神社摂社天神社玉殿　一基（重要文化財附指定）　所在地：広島県廿日市市宮島町一の一

桁行一間、梁間二間、流見世棚造、檜皮葺、弘治二年（一五五六）造立（建築様式、棟札から判断）

本来は連歌堂として建てられた本殿の後方に突き出した下屋の中に、弘治二年造立の玉殿が現存することが知られる。(46) この玉殿は、安芸国に現存する中世玉殿の中では、唯一、檜皮葺とする。

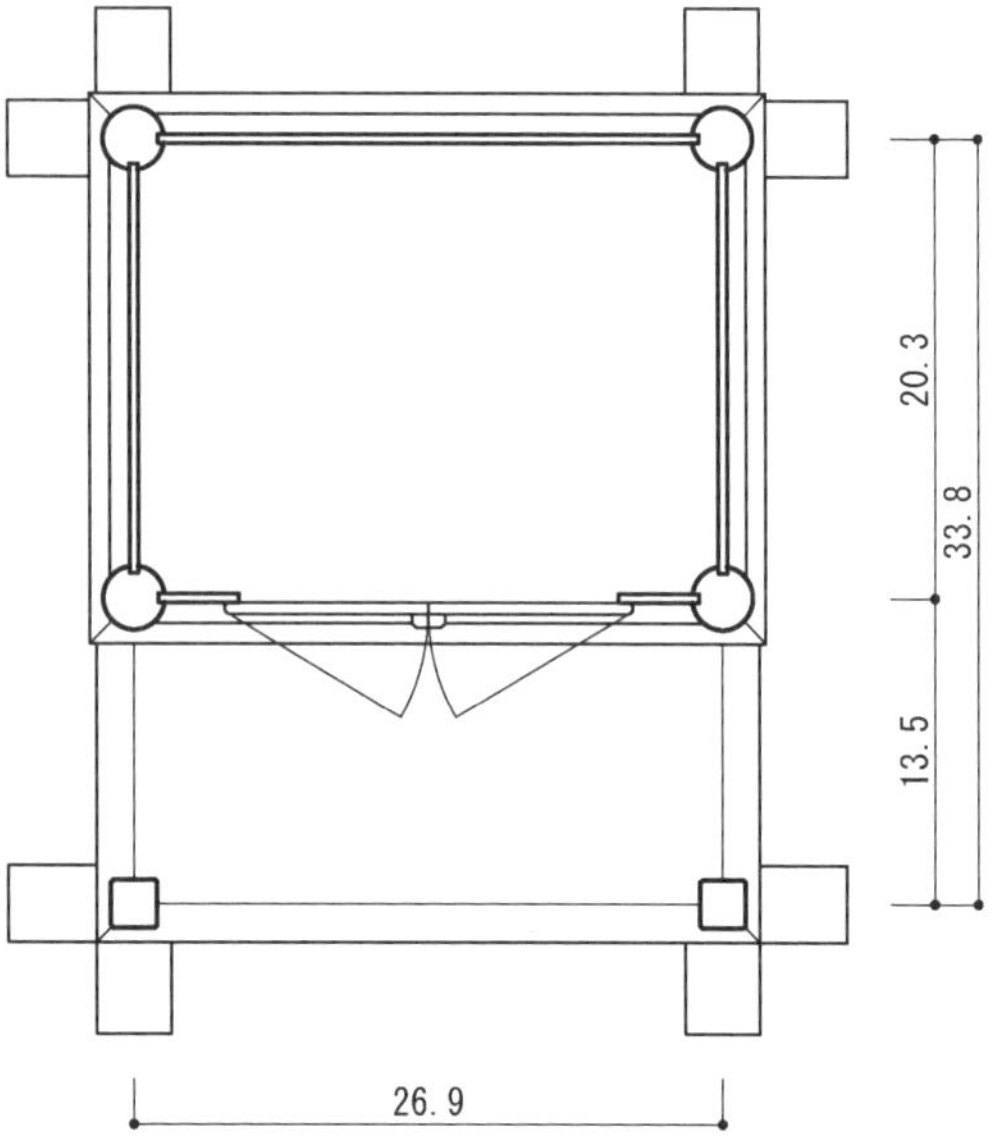

図1-46　厳島神社摂社天神社玉殿平面図 縮尺1/20 単位：寸

写真1-48　厳島神社摂社天神社玉殿

2　天神社の沿革

天神社の祭神は、菅原霊神、すなわち菅原道真である。厳島神社本社と同様に海上に建つ。天神堂、連歌堂とも呼ばれ、連歌の催された記録は、元禄十五年（一七〇二）の『厳島道芝記』に見られ、それ以降、連歌は明治期（一八六八―一二）頃まで催された。現在の本殿は、弘治二年に毛利隆元によって建立された[47]。桁行三間、梁間三間、入母屋造の妻入で、後方に桁行一間、梁間二間の下屋《げや》を付ける。下屋の中央に低い置き祭壇を設け、その上に玉殿を安置する。実質的には、開放的な空間の本殿は拝殿的役割（連歌堂）、その奥の玉殿は本殿的役割（連歌堂の鎮守社）を持つと考えられる。玉殿は、建築様式上、十六世紀中期のものであり、棟札にある弘治二年に造立されたと考えられる。

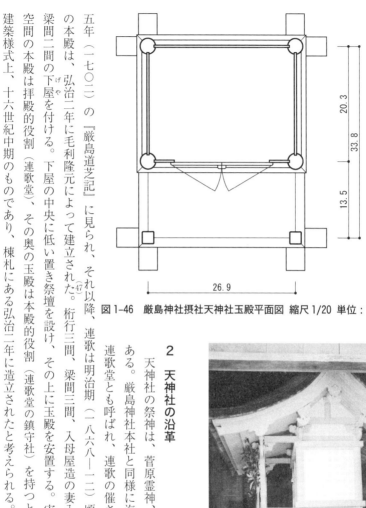

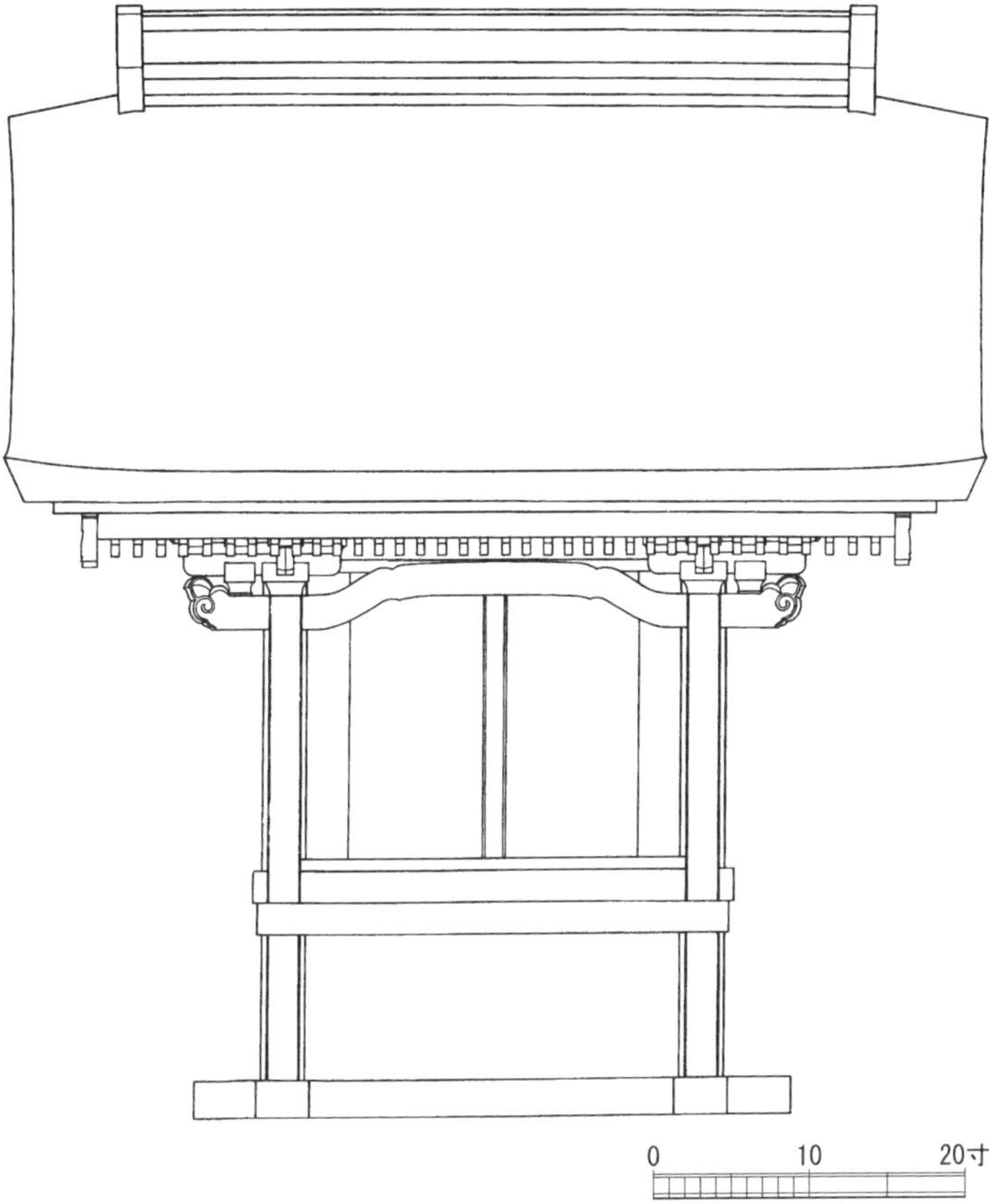

図1-47　厳島神社摂社天神社玉殿正面立面図 縮尺1/20

3　玉殿の規模形式と細部手法

玉殿（図1―46〜48、写真1―48・49）は、桁行一間（側柱真々二尺六寸九分（八一五㎜））、梁間二間（側柱真々三尺三寸八分（一〇二四㎜））で縦長平面で、屋根形式は流造の檜皮葺で[48]、庇を見世棚とする。総高は六尺八寸二分（二〇六七㎜）である。梁間は庇一間を一尺三寸五分（四〇九㎜）、身舎一間を二尺三分（六一五㎜）とする。柱は庇に面を取った角柱、身舎に円柱とする。

土居桁は桁行方向を先に置き、梁間方向は上木とし

図 1-48　厳島神社摂社天神社玉殿側面立面図 縮尺 1/20

て井桁に組む。切目長押は身舎と庇で段違いとし、四面に打つ。身舎、庇ともに板敷きの床を張って、庇は見世棚とする。内法長押は扉の上の位置で身舎の四面に打つ。切目長押上と内法長押下に半長押を設ける。身舎正面には、方立のない脇板壁を立て、一枚板の扉を両開きに建てる。扉から軸を出して半長押に吊る。

　組物は、庇、身舎ともに通実肘木を載せた連三斗として桁を支える。中備は入れない。庇の頭貫は花頭窓《かとうまど》状に折上げる。両端は突き抜けて木鼻となる。庇と身舎の繋ぎは捨眉、欠眉を施した虹梁とする。虹梁は庇の桁と下端を揃えて内法長押上に架ける。庇と身舎正面の枠肘木組の前方への肘木は拳鼻とし、身舎背面の後方への肘木は鯖尾状とする。

玉殿の側面は、庇を開放し、身舎を横板壁とする。妻面には虹梁を渡し、虹梁は桁と下端を揃えて納める。虹梁中央には大瓶束を立てて虹梁大瓶束式の妻飾とする。化粧垂木は正面、背面ともに二軒の繁垂木とする。破風板には欠眉、鯖尾を施す。破風板の拝みと降りは蕪懸魚を飾り、庇の桁先は鰭を一体化した蕪懸魚を飾る。

写真1-49　厳島神社摂社天神社玉殿 組物

軒の正面は地垂木上に木負を載せ、飛檐垂木を出して、茅負、布裏甲を載せる。布裏甲は側面の破風板上に回り、登裏甲となる。屋根は軒反りと箕甲を付けた檜皮葺とする。品軒を用いて、箱棟《はこむね》の大棟を載せ、端部に鬼板を付ける。以上の部材には当初材が多く残るものの、取り替え材が含まれる。

厳島神社摂社天神社玉殿には、安置形態、檜皮葺の屋根、庇の頭貫の形状などの特色が認められる。

十一　速田神社

1　規模形式・建築年代

速田神社玉殿　一基　所在地：広島県廿日市市吉和三八九三

桁行一間、梁間二間、流見世棚造、本柿葺、十六世紀中期造立

〔建築様式から判断〕

写真1-50　速田神社玉殿

本殿内に玉殿が存在し[49]、一間社流造で中世のものであるらしいとの指摘があり[50]、十六世紀中期の玉殿であることを確認した[51]。この玉殿は、安芸国に現存する中世玉殿の中では、一木造出を多用する例である。

2　速田神社の沿革

速田神社の創祀年代は不詳であるが、社伝によると、佐伯郡平良村の速田神社（現、廿日市市平良の速谷神社）を勧請したと伝わる。また、文明十八年（一四八六）の修理棟札を存したという。天正十九年（一五九一）には、三浦兵庫元忠が願主となり本殿を再建した[52]。その後、棟札によると安政六年（一八五九）に屋根を葺き替えた。現在の本殿は三間社流造、銅板葺で近代の再建である。流造の身舎を内陣とし、内陣の後方一間に祭壇を設け、祭壇上に玉殿を安置する。玉殿は、建築様式上、十六世紀中期のものであり、旧本殿内の玉殿が伝来したと考えられる。

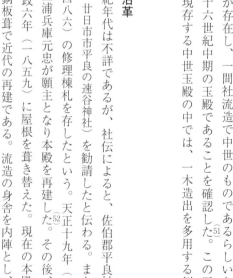

3　玉殿の規模形式と細部手法

玉殿（図1―49・50、写真1―50～52）は、桁行一間（側柱真々一尺五寸六分（四七三㎜））、梁間二間（側柱真々二尺七分（六二七㎜））の縦長平面で、屋根形式は流造の本柿葺で、庇を見世棚とする。総高は四尺二寸六分（一二九一㎜）である。梁間は庇一間を九寸四分（二八五㎜）、身舎一間を一尺一寸三分（三四二㎜）とする。柱は身舎、庇ともに円柱とする。

土居桁は梁間方向を先に置き、桁行方向は上木として井桁に組む。土居桁の上角は大面取とする。切目長押は身舎と庇で段違いとし四面に打つ。身舎、庇ともに板敷きの床を張って、庇は見世棚とする。内法長押は扉の上の位置で身舎の四面に打つ。身舎正面には、切目長押上に半長押を設ける。方立のない脇板壁を立て、端喰を付けた一枚板の扉を両開きに建てる。扉から軸を出して半長押と内法長押に吊る。

組物は、庇に一木造出の出三斗とし通実肘木を載せる。通実肘木は上に載る桁と一木造出とする。庇の頭貫は花頭窓状に折上げて、中備に大斗を載せる。頭貫の両端は突き抜けて木鼻となる。身舎は舟肘木とし、桁下に一

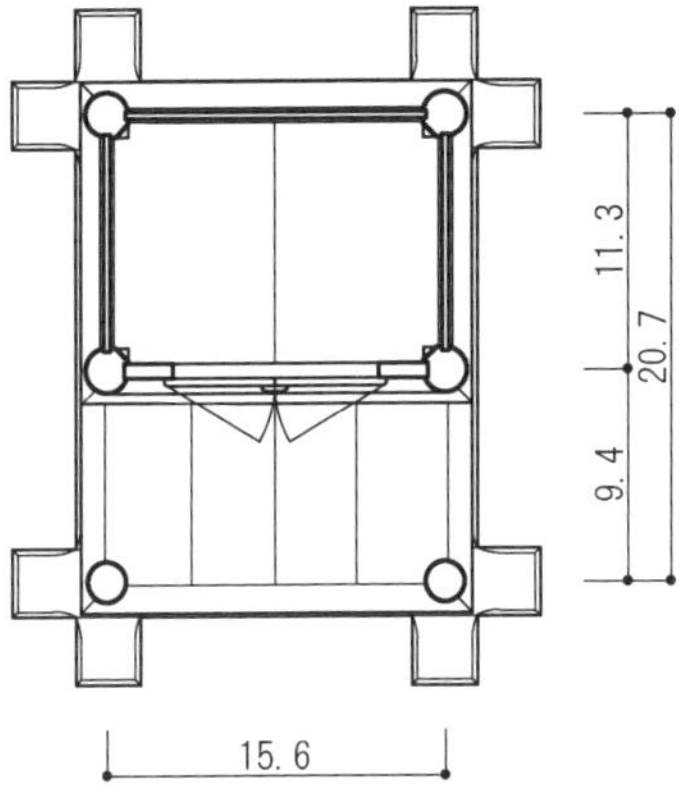

図 1-49　速田神社玉殿平面図 縮尺 1/20 単位：寸

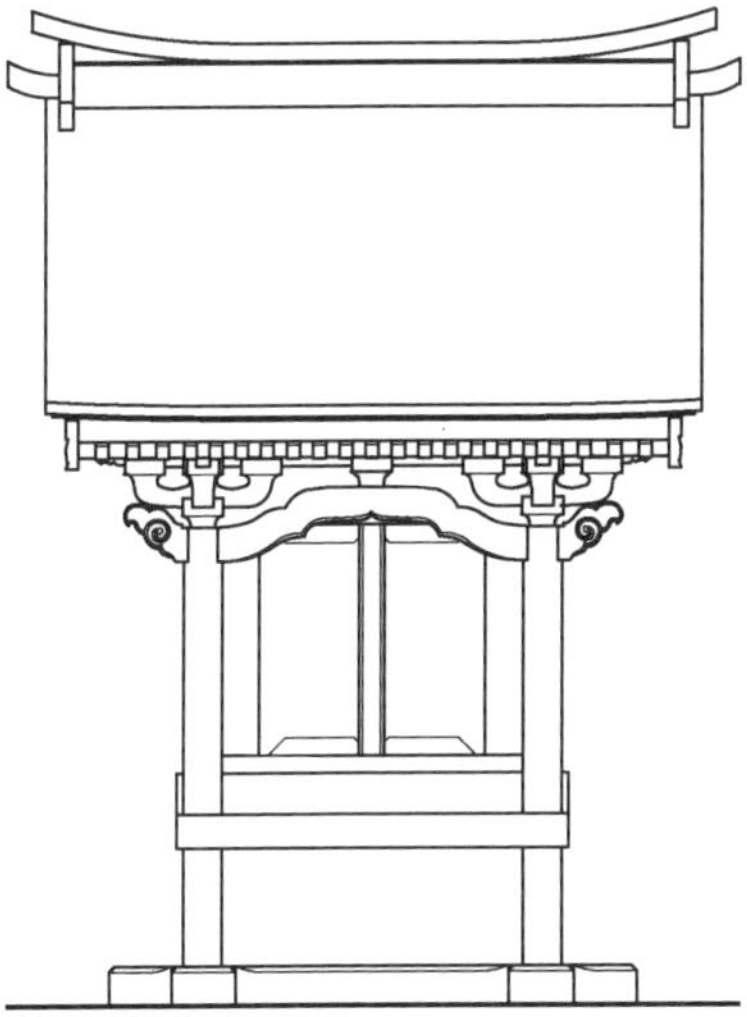

図 1-50　速田神社玉殿正面立面図 縮尺 1/20

写真 1-51　速田神社玉殿 組物

写真 1-52　速田神社玉殿 頭貫

木造出とする。庇と身舎の繋ぎは捨眉、欠眉を施した虹梁とする。虹梁は下端に実肘木を彫り出して、庇の通実肘木と下端を揃えて内法長押上に架ける。

　玉殿の側面は、庇を開放し、身舎を横板壁とする。妻面には虹梁を渡し、虹梁はすぼめた虹梁尻の上端と桁上端を揃える。一木造出の舟肘木を含めた桁成が梁成とほぼ同じであるため、舟肘木の中程に虹梁の下端が納まる。虹梁中央には妻壁から本蟇股を一木造出とし、虹梁本蟇股式の妻飾とする。化粧垂木は正面を二軒の繁垂木とし、背面は一軒の繁垂木とする。化粧垂木は地垂木に反り増し、飛檐垂木に鼻こきがある。破風板には欠眉、鯖尾を施す。破風板の拝みと降りは、蕪懸魚を変形させた後に人字形の繰形を取り去った懸魚を飾り、庇の桁先は鰭を一体化した蕪懸魚を飾る。

　軒の正面は地垂木上に木負を載せ、飛檐垂木を出して、茅負、布裏甲を載せる。布裏甲は側面の破風板上に回り、登裏甲となる。茅負両端はわずかに反り上がり、軒反りが付く。屋根は比較的大きい柿板を用いて、端部は廻し葺き形に柿板を切り、箕甲を付けた本柿葺とする。品軒を用いず一木造の大棟を載せ、端部に鬼板を付け、その上に大棟上を通した棒状の鳥衾を載せる。

速田神社玉殿には、庇の円柱の使用、頭貫の形状、正面二軒、背面一軒とすること、一木造出の使用などの様々な特色が認められる。

写真1-53　宮崎神社玉殿

十二　宮崎神社

1　規模形式・建築年代

宮崎神社玉殿　三基

所在地：広島県安芸高田市吉田町相合二六一

中央殿　桁行一間、梁間二間、流見世棚造、本柿葺、永禄十一年（一五六八）造立〔建築様式、棟札から判断〕

左　殿　中央殿に同じ

右　殿　中央殿に同じ

本殿内に永禄十一年造立の玉殿が現存していることが知られる。(53) この玉殿は、安芸国に現存する中世玉殿の中でも、本殿の形式をよく取り込んだ玉殿の典型例である。

写真 1-54　宮崎神社玉殿右殿

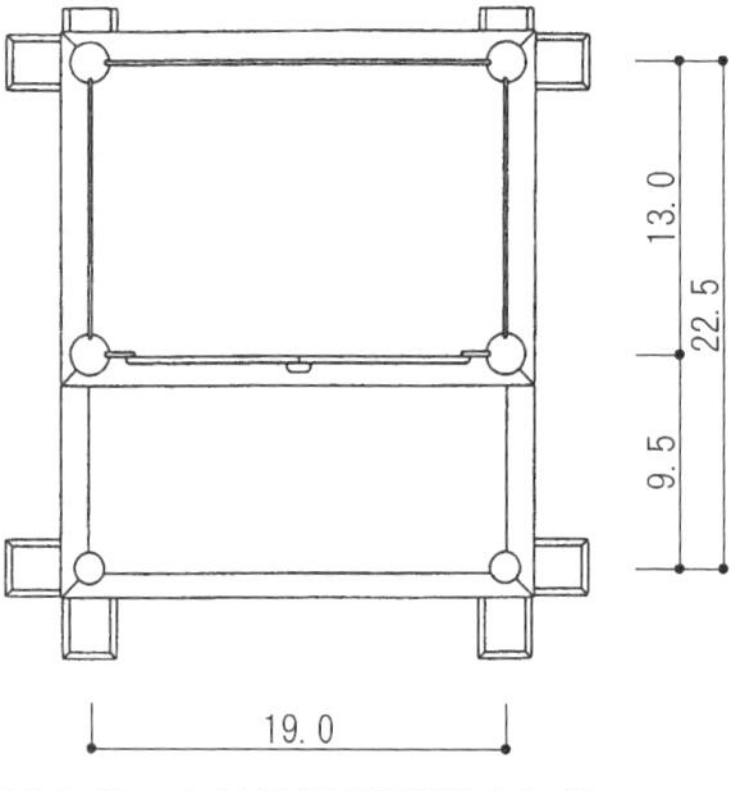

図 1-51　宮崎神社玉殿平面図　縮尺 1/20
単位：寸

2　宮崎神社の沿革

宮崎神社は、もと宮崎八幡宮と称した。観応元年（一三五〇）に大江（毛利）師親が相模国（神奈川県）宮崎庄の八幡宮に武運長久を祈願し、抜群の功績をあげることができたため、八幡宮の加護として勧請し、現在の場所に創祀したと伝わる。主祭神は品陀和気命《ほんだわけ》、市寸島比売命《いちきしまひめ》、多岐《たぎ》理比売命《りひめ》、多岐都比売命《たぎつひめ》である。毛利氏の崇敬は篤く、家臣によって流鏑馬《やぶさめ》が奉納されたという。大永三年（一五二三）に兵火で社殿を焼失した(54)。棟札によると、本殿は毛利元就、輝元によって永禄十一年（一五六八）に再建され、また、毛利氏によって慶長五年（一六〇〇）、寛永元年（一六二四）に修理が行われた。そのほか寛文六年（一六六六）、元禄十二年（一六九九）など多くの棟札がある。現在の本殿は、三間社流造、向拝《こうはい》一間、栈瓦葺で、建築様式上、十八世紀中期の再建と考えられる。流造の身舎を内陣とし、内陣の後方一間を祭壇とし、祭壇上に玉殿を並べて安置する。並ぶ七基のうち、意匠が異なる四基は明治以降の合祀による他社の玉殿であり、それ以外の三基が本来の宮崎神社の玉殿である（写真1―53）。三基の玉殿はいずれも建築様式上、十六世紀後期のものであり、永禄十一年の本殿再建時に同時に造立され、旧本殿内の玉殿が伝来したと考えられる。

3　玉殿の規模形式と細部手法

玉殿（図1―51～53、写真1―54～56）は三基とも同形同大で、桁行一間（側柱真々一尺九寸（五七六㎜））、梁間二間（側柱真々二尺二寸五分（六八二㎜））の縦長平面で、屋根形式は流造の本柿葺で、庇を見世棚としている。総高は三尺七寸六分（一一三九㎜）である。梁間は庇一間を九寸五分（二八八㎜）、身舎一間を一尺三寸（三九四㎜）とする。柱は身舎、庇ともに円柱とする。

写真1-55　宮崎神社玉殿中央殿 組物

図1-52　宮崎神社玉殿正面立面図 縮尺1/20

土居桁は梁間方向を先に置き、桁行方向は上木として井桁に組む。土居桁の上角は大面取とする。切目長押は身舎と庇で段違いとし四面に打つ。身舎、庇ともに板敷きの床を張って、庇は見世棚とする。内法長押は扉の上の位置で身舎の四面に打つ。身舎正面には、方立のない脇板壁を立て、端喰を付けた一枚板の扉を両開きに建てる。扉から軸を出して切目長押と内法長押に吊る。

組物は、庇に実肘木を載せた一木造出の平三斗とする。庇の頭貫は花頭窓状に折上げて、中備に実肘木を載せた斗を置く。頭貫の両端は突き抜けて木鼻となる。身舎は舟肘木とし、桁下に一木造出とする。庇と身舎の繋ぎは欠眉を施した虹梁とする。虹梁は庇の桁と下端を揃えて内法長押上に架ける。庇の枠肘木組とした前方への肘木は拳鼻とし、後方への肘木には斗、実肘木を載せ繋《つなぎ》虹梁を支える。

玉殿の側面は、庇を開放し、身舎を横板壁とする。妻面には虹梁を渡し、虹梁上端は桁上端より少し下げる。梁成が一木造出の舟肘木を含めた桁成より若干大きく、舟肘木の中程に虹梁の下端が納まる。虹梁中央には、中

写真 1-56　宮崎神社玉殿左殿 妻面

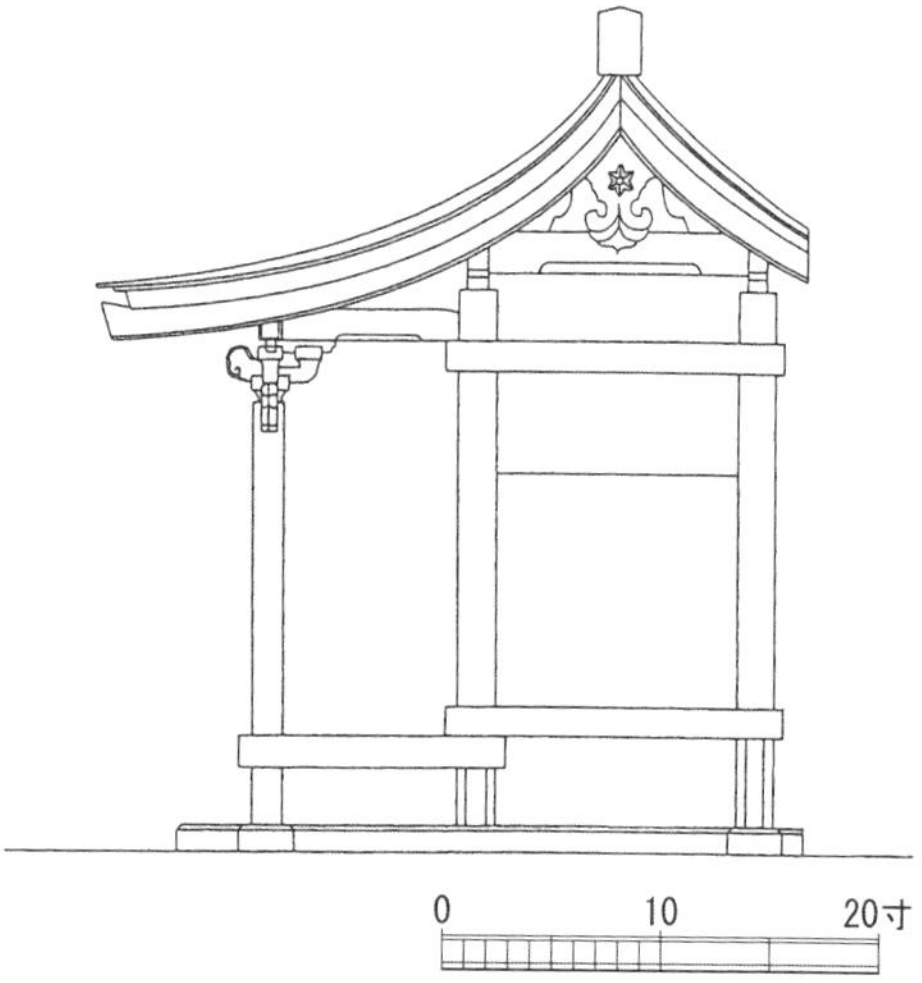

図 1-53　宮崎神社玉殿側面立面図 縮尺 1/20

央殿は妻壁から板蟇股を一木造出として虹梁板蟇股式、左殿、右殿は大瓶束を立てて虹梁大瓶束式の妻飾とする。化粧垂木は正面、背面ともに一軒の繁垂木とする。破風板には欠眉、鰭尾を施す。破風板の拝みは蕪懸魚を飾る。軒の正面は垂木上に茅負、布裏甲を載せる。布裏甲は側面の破風板上に回り、登裏甲となる。茅負両端は反り上がり、軒反りが付く。屋根は比較的大きい柿板を用いて、箕甲を付けた本柿葺とする。大棟は一木造で屋根の幅より突き出す。

宮崎神社玉殿には、庇の円柱の使用、頭貫の形状、一木造出の技法などの特色が認められる。

十三　新宮神社［吉田］

所在地：広島県安芸高田市吉田町高野五九一

1　規模形式・建築年代

新宮神社玉殿　一基

桁行一間、梁間二間、流見世棚造、流柿葺、十六世紀後期造立〔建築様式から判断〕

本殿内に、十六世紀後期造立の玉殿が現存することを確認した(55)。この玉殿は、安芸国に現存する典型的な中世玉殿である。

2　新宮神社［吉田］の沿革

新宮神社［吉田］の創祀年代は不詳であるが、もと熊野新宮と称し、長屋村〔現、安芸高田市吉田町長屋〕の槇ヶ城の城主長屋下野によって(56)、紀伊国の熊野大社から勧請されたと伝わる。元文五年〔一七四〇〕に新宮大明神の本尊〔神像〕を供養した祈祷札が残る。現在の拝殿に転用されている旧本殿は、建築様式上、十九世紀中期の

写真 1-57　新宮神社［吉田］玉殿

写真 1-58　新宮神社［吉田］玉殿 側面

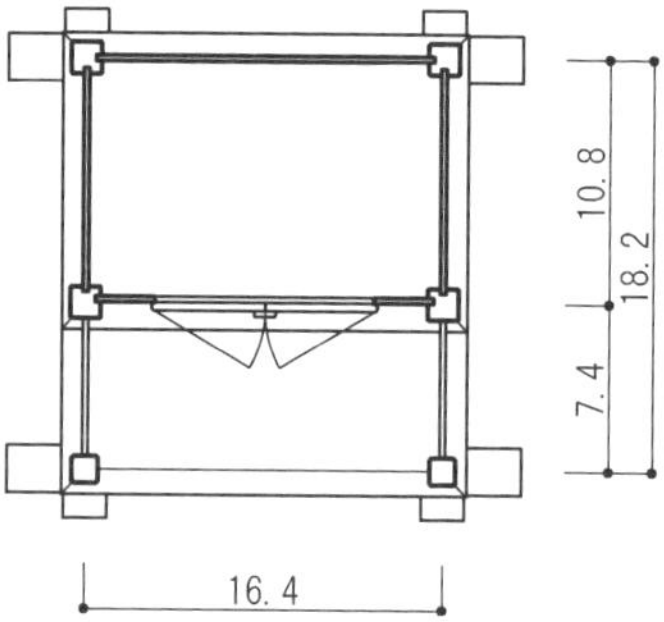

図 1-54　新宮神社［吉田］玉殿平面図
縮尺 1/20 単位：寸

再建と考えられる。旧本殿は、桁行三間、梁間二間、切妻造平入、向拝一間、軒唐《のきから》破風《はふ》付きであり、内陣の後方を祭壇とした痕跡がある。現在の本殿は、大正四年（一九一五）に旧本殿の背後に建立された桁行一間、梁間一間の切妻造平入の本殿である。玉殿は、建築様式上、十六世紀後期のもので旧本殿内の玉殿が伝来したと考えられる。

3　玉殿の規模形式と細部手法

玉殿（図1―54～56、写真1―57～59）は、桁行一間（側柱真々一尺六寸四分（四九七㎜））、梁間二間（側柱真々一尺八寸二分（五五二㎜））のわずかに縦長平面で、屋根形式は流造の流柿葺で、庇を見世棚とする。総高は三尺四寸二分

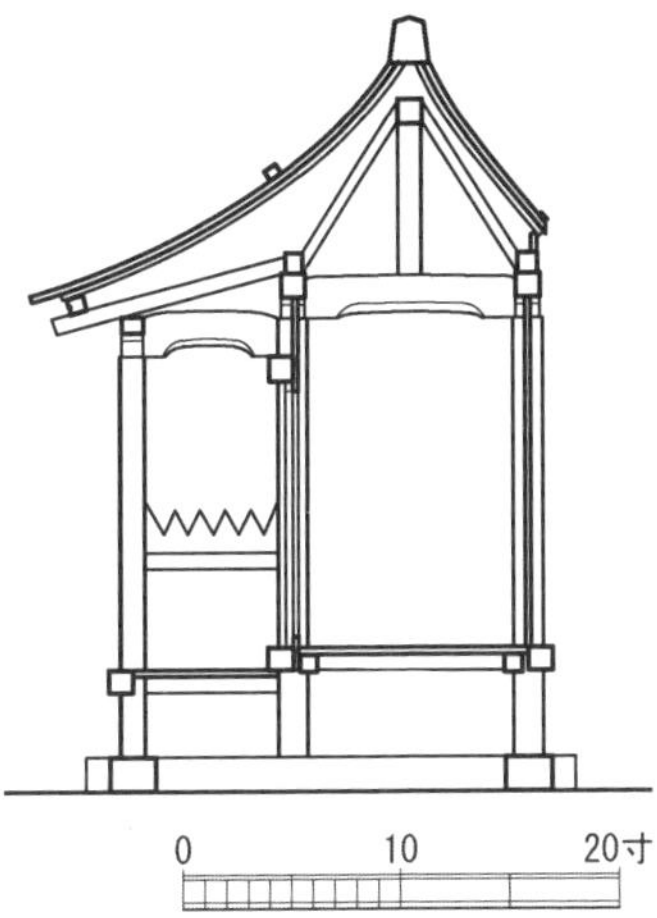

図 1-56　新宮神社［吉田］玉殿梁間断面図 縮尺 1/20

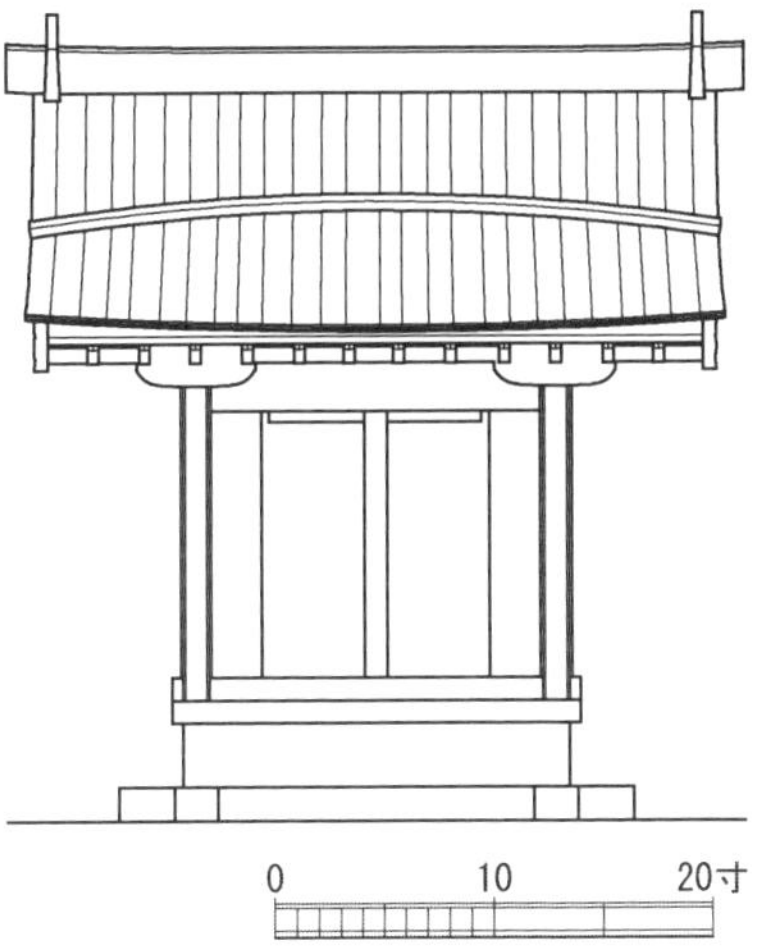

図 1-55　新宮神社［吉田］玉殿正面立面図 縮尺 1/20

写真 1-59　新宮神社［吉田］玉殿 舟肘木

（一〇三六㎜）である。梁間は庇一間を七寸四分（二二四㎜）、身舎一間を一尺八分（三二七㎜）とする。柱は身舎、庇ともに角柱とする。

土居桁は梁間方向を先に置き、桁行方向は上木として井桁に組む。切目長押は身舎と庇で段違いとし、四面に打つ。身舎、庇ともに板敷きの床を張って、庇は見世棚とする。土居桁と切目長押の間は、前面のみ幕板を張って柱間を塞ぐ。内法長押は扉の上の位置で身舎の正面と側面に打つ。身舎正面には、方立のない脇板壁を立て、一枚板の扉を両開きに建てる。扉から軸を出して切目長押と内法長押に吊る。

組物は、庇、身舎ともに舟肘木とし、桁と一木造出とする。庇と身舎の繋ぎは、捨眉、欠眉を施した虹梁とする。虹梁は虹梁尻を庇の桁と上端を揃えて内法長押上に架ける。虹梁尻の成が一木造出の舟肘木を含めた桁成と同じため、虹梁は舟肘木とも下端が揃う。

玉殿の側面は、身舎を横板壁とし、庇には剣頭柵《けんとうさく》を設ける。妻面には虹梁を渡す。虹梁成と一木造出の舟肘木を含んだ桁成が同じなので、虹梁は桁と上端、舟肘木と下端が揃って納まる。虹梁中央には、束を立てて棟木を支える。化粧垂木は正面、背面ともに一軒とする。破風板には欠眉を施すが、鯖尾はなく、懸魚も付けない。

軒の正面は垂木上に茅負、薄い布裏甲を載せる。布裏甲は側面に回り薄い登裏甲となる。茅負両端は反り増して、軒反りが付く。長い杮板を三枚程度重ねて流杮葺とする。押桟は葺き足の中程に打ち、軒先には押桟の痕跡のみ残る。押桟は箕甲の反りに沿って曲がる。大棟は一木造で、屋根の幅より突き出し、鬼板を屋根端部に大棟を跨ぐように付ける。

新宮神社〔吉田〕玉殿は、屋根の流杮葺、角柱の使用、一木造出などの特色が認められる。

十四　清神社

所在地：広島県安芸高田市吉田町吉田四七六

1　規模形式・建築年代

清神社玉殿　三基
中央殿　桁行一間、梁間一間、切妻造、平入、流杮葺、十六世紀後期造立〔建築様式から判断〕
左　殿　中央殿に同じ

右　殿　中央殿に同じ

本殿内に、十六世紀後期造立の玉殿が三基現存することを確認した(57)。この玉殿は、安芸国に現存する中世玉殿の中では、一木造出の技法を用いる最後の例で、切妻造とするが見世棚造としない特異な例である。

写真1-60　清神社玉殿

2　清神社の沿革

清神社は明治維新までは祇園社、または相殿の崇道社を加えた崇道祇園社と称された。主祭神は須佐之男《すさのお》命である。『日本書紀』にある八岐大蛇退治の地とも伝えられ、安芸国内陸部では随一の古社である(58)。鎌倉時代の正中二年（一三二五）の大工を平正重とする棟札がある。以下、棟札によると、康永三年（一三四四）、応永七年（一四〇〇）、文明十一年（一四七九）、明応三年（一四九四）の各本殿修理、明応九年（一五〇〇）の拝殿葺き替え、永正七年（一五一〇）の本殿葺き替え、大永二年（一五二二）の本殿再建または修理、天文二年（一五三三）、同十七年（一五四八）の本殿葺き替え、永禄十一年（一五六八）の本殿再建、天正十一年（一五八三）、文禄五年（一五九六）の本殿葺き替え、元和七年（一六二一）、寛永六年（一六二九）の本殿修理、寛文六年（一六六六）の本殿葺き替えが行われた。毛利氏の崇敬が厚く、代々大檀那となっており、『芸藩通志』にも一部記述がある(59)。現在の本殿は、元禄七年（一六九四）再建であり、桁行五間、梁間三間、入

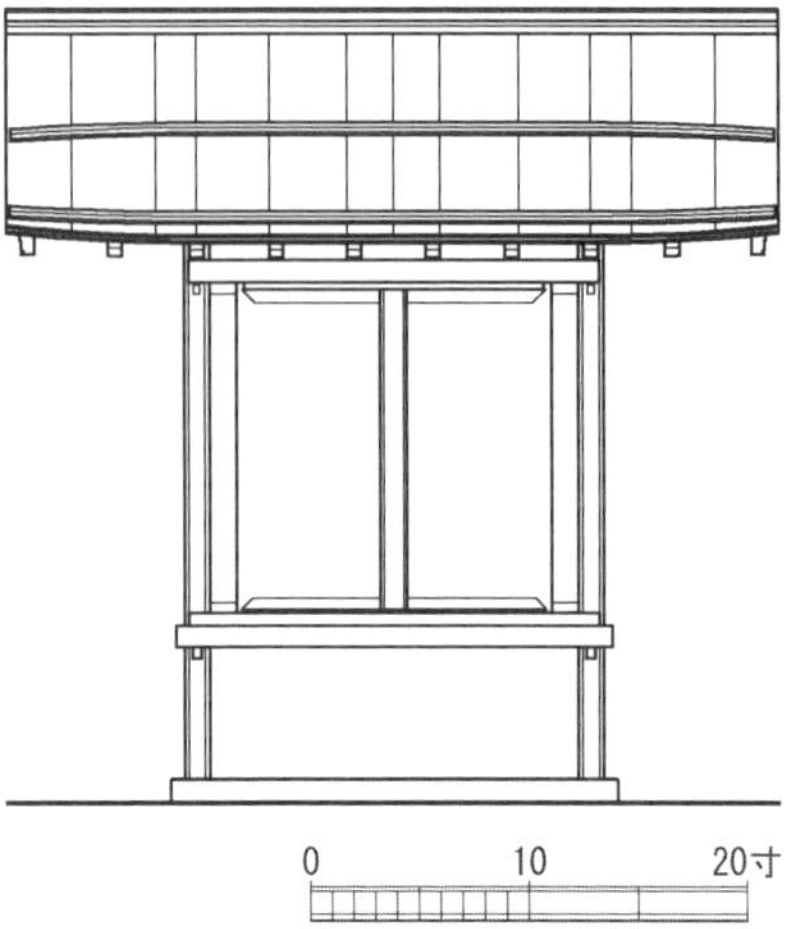

図1-58　清神社玉殿正面立面図 縮尺1/20

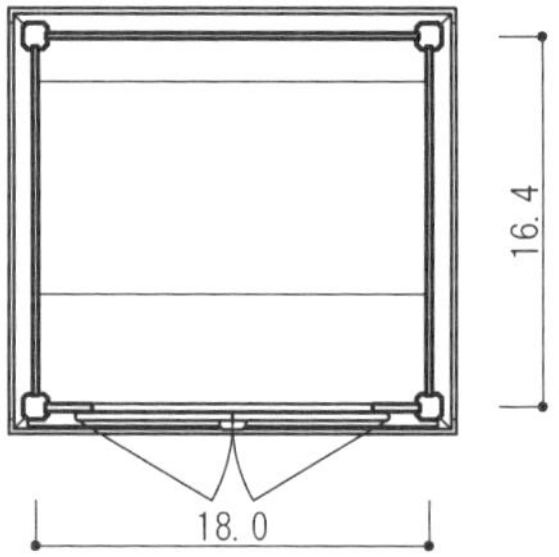

図1-57　清神社玉殿平面図 縮尺1/20　単位：寸

写真1-61　清神社玉殿中央殿

母屋造、平入、千鳥《ちどり》破風付き、向拝一間、軒唐破風付き、銅板葺であり、後方二間を内陣とし、内陣の後方を祭壇として玉殿を並べて安置する。並べられた十二基のうち、中央付近の須佐之男命を配した玉殿及びほぼ同形同大の玉殿の合わせて三基（写真1―60）は、いずれも建築様式上、十六世紀後期（末期）のもので旧本殿内の玉殿が伝来したと考えられる。

3　玉殿の規模形式と細部手法

中央殿と左殿（図1―57〜60、写真1―61〜63）は、桁行一間（側柱真々一尺八寸六分（五六四㎜））、梁間一間（側柱真々一尺六

図 1-59　清神社玉殿側面立面図
縮尺 1/20

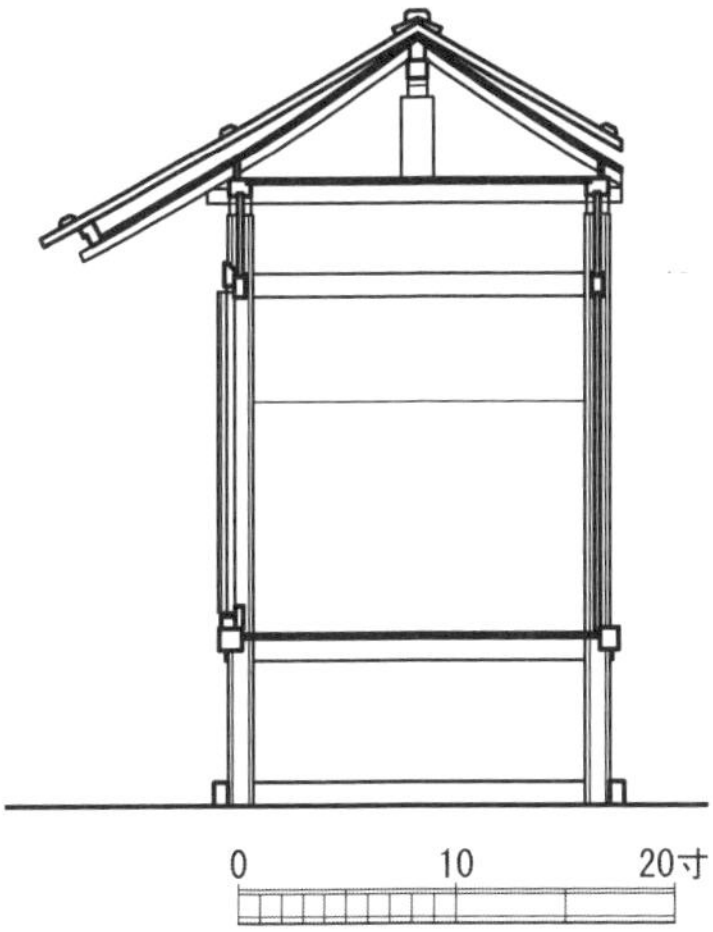

図 1-60　清神社玉殿梁間断面図
縮尺 1/20

寸四分（四九七㎜）の横長平面で、屋根形式は切妻造平入の流柿葺である。総高は三尺五寸一分（一〇六四㎜）である。柱は角柱とする。

　直接祭壇上に柱を立てて、土居桁の代わりに地長押を四面に打つ。切目長押は四面に打って、内部に板敷きの床を張る。梁間方向は切目長押の下の位置を貫で固める。内法長押は扉の上の位置で正面だけに打ち、方立がない脇板壁を立て、端喰を付けた一枚板の扉を両開きに建てる。扉から軸を出して切目長押と内法長押に吊る。

　組物は舟肘木とし、桁から一木造出とする。玉殿の側面は横板壁で、妻面には陸梁状の虹梁を渡す。虹梁は桁と上端を揃える。梁成が桁成より大きいため、一木造出の舟肘木の中程に梁の下端が納まる。虹梁中央に束を立てて棟木を支える。

　化粧垂木は正面、背面ともに一軒とする。化粧垂木には反りがある。破風板には欠眉を取る。懸魚は付けない。

　軒の正面は垂木の上に茅負が載る。茅負両端はわずかに反り上がり、軒反りが付く。長い柿板を二枚重ねて流柿葺とする。押桟は軒先からやや内側と屋根中程に打つ。押桟

写真 1-62　清神社玉殿左殿 舟肘木

写真 1-63　清神社玉殿左殿 妻面

は箕甲の反りに沿って曲がる。大棟は一木造で、屋根の幅より突き出す。右殿は後補による寸法の違いや土居桁の使用など、意匠に違いがあるが、ほかの二基に準じた、ほぼ同形同大とする。

　清神社玉殿三基には、切妻造で見世棚造としないこと、角柱の使用、一木造出、舟肘木の使用などの特色が認められる。

十五　中山神社

1　規模形式・建築年代

中山神社玉殿　一基

所在地：広島県安芸高田市吉田町桂九四

右　殿　桁行一間、梁間二間、流見世棚造、横板葺、十六世紀後期造立〔建築様式から判断〕

本殿内に、十六世紀後期造立の玉殿が現存することを確認した(60)。この玉殿は、安芸国に現存する中世玉殿の中では、簡略化の傾向が見られる例である。

写真 1-64　中山神社玉殿右殿

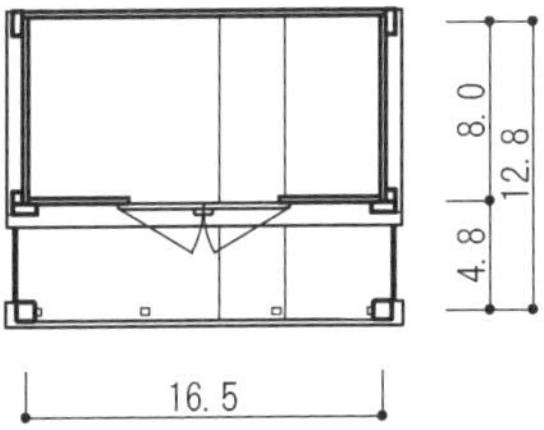

図 1-61　中山神社玉殿右殿平面図
縮尺 1/20 単位：寸

2　中山神社の沿革

中山神社は、もと八幡宮と称し、鶴岡八幡宮（神奈川県鎌倉市）より勧請した伝える。棟札写によると、天文十六年（一五四七）には、毛利家家臣の桂元澄が御正体鏡（懸仏）を納めた。近世では、慶安五年（一六五二）と宝永六年（一七〇九）に修理が行われた(61)。また、嘉永六年（一八五三）の社殿の火災が伝わる。嘉永七年の屋根葺き替えの棟札はその修理と考えられる。また棟札により、安政六年（一八五九）に上棟し、万延元年（一八六〇）に新本殿に神体を移したが、元治元年（一八六四）には本殿移転で遷宮をした。現在の本殿は、安政再建時のものであり、桁行三間、梁間二間、入母屋造、平入、向拝一間、軒唐破風付きである。梁間二間はすべて内陣で、内陣後方を祭壇

写真1-65　中山神社玉殿右殿 舟肘木

写真1-66　中山神社玉殿右殿 上部

とし、正面に柱を立てて玉殿を並べて安置する。並べられた三基の玉殿のうち、右殿は建築様式上、十六世紀後期（末期）のもので、明治の合祀により移入した玉殿である可能性が高い。

3　玉殿の規模形式と細部手法

右殿（図1―61～63、写真1―64～66）は、桁行一間（側柱真々一尺六寸五分（五〇〇㎜））、梁間二間（側柱真々一尺二寸八分（三八八㎜））の横長平面で、屋根形式は流造の横板葺で、庇を見世棚とする。総高は三尺一寸三分（九四八㎜）である。梁間は庇一間を四寸八分（一四五㎜）、身舎一間を八寸（二四二㎜）とする。柱は庇に角柱とし、身舎に長方形断面の板を組み合わせた柱を用いる。

土居桁は桁行方向を先に置き、柱下の位置にほぞ穴を開けて、梁間方向の材を挟み込んで、井桁組から四方の出をなくした形に組む。切目長押は身舎の正面と側面に打つ。桁行方向の各柱間に床板掛を渡し、身舎、庇ともに板敷きの床を張って、庇は見世棚とする。内法長押は扉の上の位置で身舎の正面と側面に打つ。身舎正面には、方立のない脇板壁を立て、一枚板の扉を両開きに建てる。扉から軸を出して切目長押と内法長押に吊る。

組物は、庇はあまり整形しない舟肘木を載せて桁を支える。身舎は通実肘木状の部材を正面のみに載せて桁を支える。庇と身舎の繋ぎはない。

玉殿の側面は、庇を開放し、身舎を横板壁とする。妻面には梁などは渡さず、桁より上の部分は開放する。軒は正面、背面ともに垂木がない。破風板には欠眉、鰭尾ともになく、懸魚は櫛《くし》形の懸魚を庇の桁先に付ける。軒の正面に茅負はなく、破風板間に渡るように軒先と平行に板を葺いた横板葺とする。箕甲はない。大棟は一木造で、屋根の幅より突き出す。

中山神社玉殿右殿には、角柱及び細長板を組み合わせた柱、屋根の横板葺などの特色が認められる。

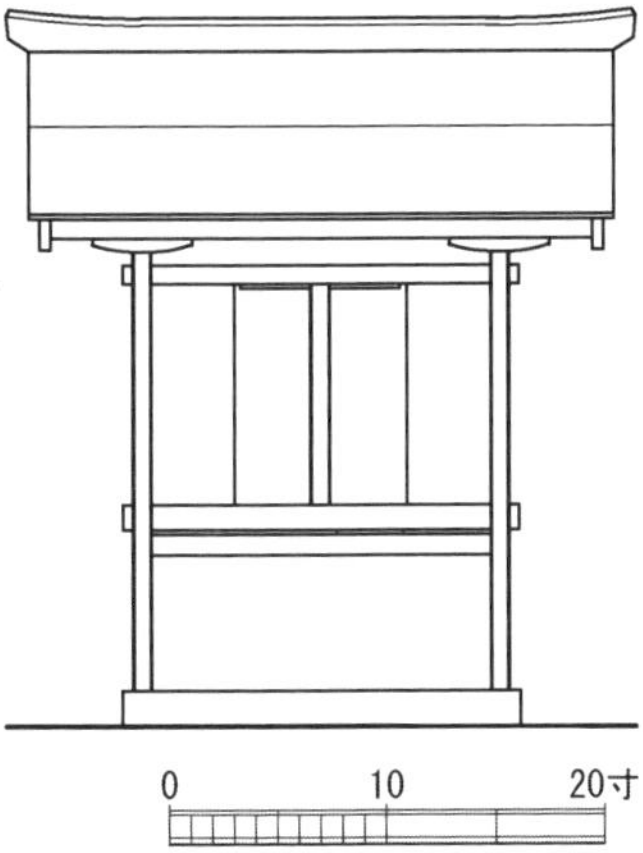

図 1-62　中山神社玉殿右殿正面立面図
縮尺 1/20

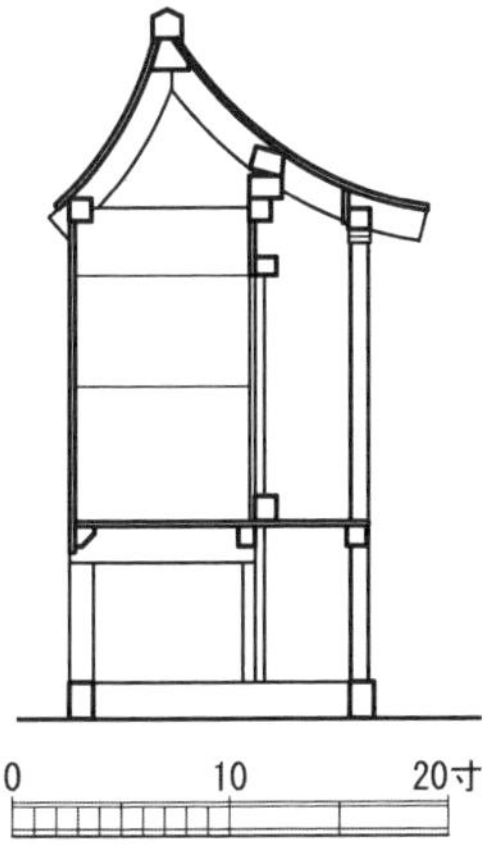

図 1-63　中山神社玉殿右殿正面立面図
縮尺 1/20

十六　額田部八幡神社

1　規模形式・建築年代

額田部八幡神社玉殿　一基

所在地：広島県山県郡北広島町南方六八六の二

桁行一間、梁間一間、切妻造、平入、横板葺、

十六世紀後期造立〔建築様式から判断〕

本殿内に、十六世紀後期造立の玉殿が現存することを確認した[62]。この玉殿は、安芸国に現存する中世玉殿の中では、廻縁《まわりえん》状の供物台を持つ特異な例である。

写真1-67　額田部八幡神社玉殿

2　額田部八幡神社の沿革

額田部八幡神社の創祀は、永禄五年（一五六二）に、南方村梅迫（現、北広島町南方梅迫）鎮座の八幡神社の分霊を勧請したと伝え、南方村内に祀られた五箇所の八幡宮の一つとする[63]。主祭神は品陀和気命《ほんだわけ》である。その後、明治四十三年（一九一〇）に、もとの本社である梅迫の八幡神社に合祀されたが、昭和二十七年（一九五二）に再び分祀して、額田部地域に再興した。現在の本殿は建築様式上、十六世紀後期（末期）の建立と考えられ、明治期の合祀は社殿を残したまま、神霊のみの合祀であったと考えられる。この本殿は、桁行一間、梁間二間の流造であり、身舎一間を内陣とし、後方半分を祭壇として玉殿を安置する。玉殿は建築様式上、十六世紀後期（末期）のもので本殿と同時に造立されたと考えられる。

3　玉殿の規模形式と細部手法

玉殿（図1―64・65、写真1―67〜69）は、桁行一間（側柱真々一尺五寸七分（四七六㎜））、梁間一間（側柱真々一尺五分（三一八㎜））の横長平面で、屋根形式は切妻造平入の横板葺である。総高は三尺九寸一分（一一八五㎜）である。柱は円柱とする。

写真1-68　額田部八幡神社玉殿 組物

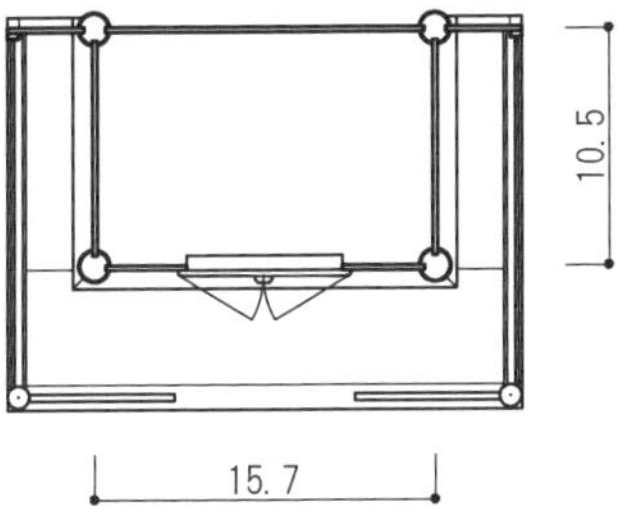

図1-64　額田部八幡神社玉殿平面図
縮尺1/20 単位：寸

土居桁は用いず、直接祭壇上に柱を立てる。切目長押は正面と側面に打つ。その下には桁行方向、梁間方向に腕木《うでぎ》を抜き通し、廻縁状に供物台を身舎の正面と側面に張り出す。供物台には擬宝珠《ぎぼし》高欄《こうらん》を設け、側面後方の端部には脇障子《わきしょうじ》を建てる。内部は板敷きの床を張る。内法長押は扉の上の位置で身舎の正面と側面に打つ。身舎正面には、方立のない脇板壁を立て、一枚板の扉を両開きに建てる。扉から軸を出して切目長押と内法長押に吊る。

組物は、出三斗の上にさらに巻《まき》斗《と》を五個並べた長い枠肘木組を重ねたものとし、桁を支える。社寺建築ではこの形は一般的ではない。中備は三斗組を載せた本蟇股とする。頭貫の両端は突き抜けて木鼻とする。

玉殿の側面は横板壁で、妻面には上端の中程を虹梁状に盛り上げた梁を渡す。梁尻成と桁成が同じであるので、梁尻と桁は上端、下端ともに揃う。虹梁中央には、半円形断面の大瓶束を立てて虹梁大瓶束式の妻飾とする。化粧垂木は正面、背面ともに一軒の繁垂木とする。破風板に欠眉を施し、拝みは蕪懸魚、降りは花を描いた懸魚で飾る。

軒の正面は垂木上に茅負、布裏甲を載せる。布裏甲は側面の破風板上に回り、登裏甲となる。屋根は細長い板を軒先と平行に葺いた横板葺とする。現在の屋根葺材は近代の取り替え材である。野垂木を入れて野屋根を形成しており、総起《むく》りの箕甲が付く。大棟は一木造で、屋根の幅より突き出す。

額田部八幡神社玉殿には、廻縁状の供物台、特殊な組物、屋根の横板葺などの特色が認められる。

写真 1-69　額田部八幡神社玉殿 妻面

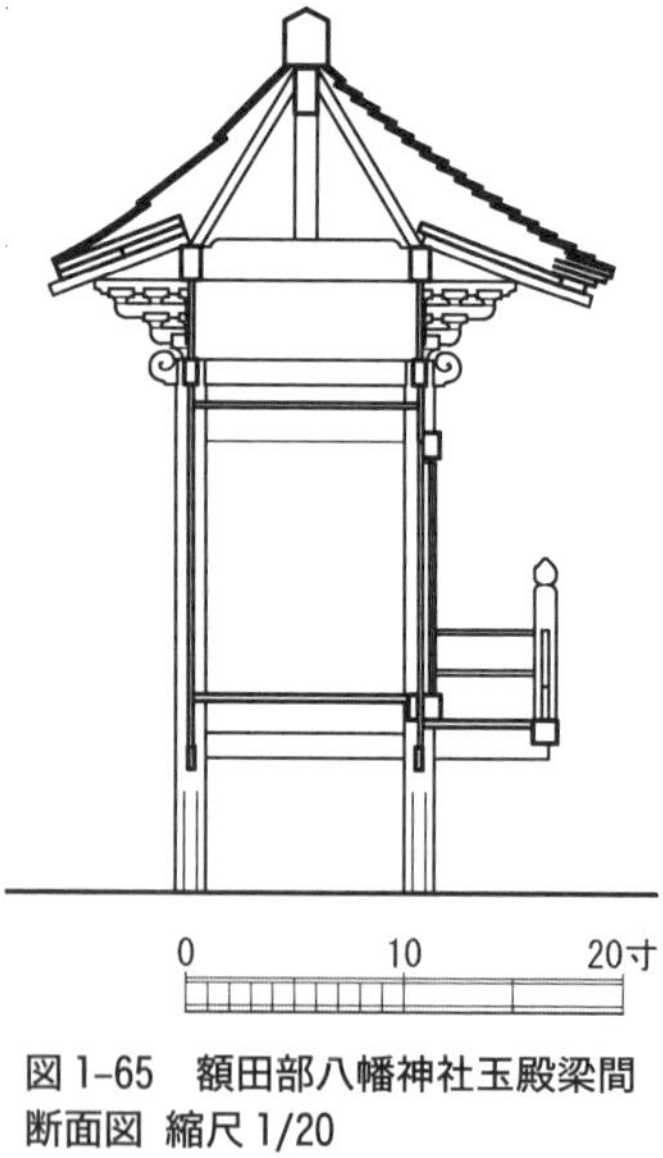

図 1-65　額田部八幡神社玉殿梁間断面図 縮尺 1/20

十七　市場黄幡《おうばん》社

1　規模形式・建築年代

市場黄幡社玉殿　一基

写真1-70　市場黄幡社玉殿

所在地：広島県安芸高田市吉田町多治比

桁行一間、梁間二間、流見世棚造、流板葺、十六世紀後期造立

〔建築様式から判断〕

社殿内に、十六世紀後期造立の玉殿が現存することを確認した(64)。この玉殿は、安芸国の小祠《しょうし》（神社の境内や辻などに祀られた小規模な神社）に安置された玉殿の中で、唯一の中世の現存例である。

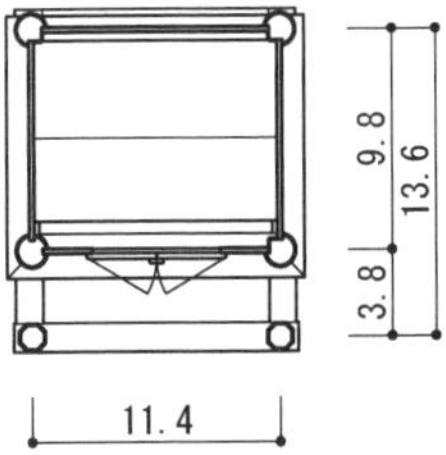

図1-66　市場黄幡社玉殿平面図
縮尺1/20 単位：寸

2　市場黄幡社の沿革

市場黄幡社の創祀やその年代は明らかではなく、『芸藩通志』にも認められない。黄幡社は一般的に小祠であり、仏法を守護する黄幡神を祀る神社で、明治維新の神仏分離令によって改称された神社も少なくない。市場黄幡社は改称はされなかったが、そうした小祠

写真1–71　市場黄幡社玉殿 組物

写真1–72　市場黄幡社玉殿 妻面

の一つである。現在の社殿は、大正頃（一九一二―二六）の社殿を近年再建したもので、桁行一間、梁間一間、切妻造妻入で吹放《ふきはな》ちである。その後方に狭い一間の祭壇を設けて、玉殿を安置する。玉殿は風食が少ないものの建築様式上、十六世紀後期（末期）のものである。

3　玉殿の規模形式と細部手法

玉殿（図1―66、写真1―70～72）は、桁行一間（側柱真々一尺一寸四分（三四五㎜））、梁間一間（側柱真々一尺三寸六分（四一二㎜））の縦長平面で、屋根形式は流造の流《ながし》板葺である。総高は二尺三寸（六九七㎜）である。梁間は庇一間を三寸八分（一一五㎜）、身舎一間を九寸八分（二九七㎜）とする。庇は八角柱に近い大面取の角柱とし、身舎は円柱とする。

土居桁は桁行方向を先に置き、柱下の位置で梁間方向の材を挟み込んで日の字に組む。切目長押は身舎の正面と側面に打つ。土居桁と切目長押の間は、身舎の四面に幕板を張って柱間を塞ぐ。身舎のみ床板を土居桁上に簡易的に置き、庇は床を張らない。内法長押は扉の上の位置で身舎の正面と側面に打つ。身舎正面には、方立のない脇板壁を立て、一枚板の扉を両開きに建てる。扉から軸を出して切目長押と内法長押に吊る。

組物は、庇、身舎ともに実肘木を入れた平三斗とする。身舎背面の組物は省略して大斗肘木として、その上の桁を支える。中備はない。庇の頭貫は上端を盛り上げて虹梁形とする。左の庇柱の柱頭にのみ木鼻の取り付け仕口があるが、実際に木鼻が付いた痕跡はない。庇と身舎の繋ぎは、庇と身舎の柱に取り付け仕口のみがあるが、海老虹梁などの繋ぎはない。

玉殿の側面は、庇を開放し、身舎を縦板壁とする。妻面には角のままの陸梁を渡す。梁成と桁成がほぼ同じで、上端、下端が揃って納まる。陸梁の中央に大瓶束を立てる。化粧垂木は垂木は、正面、背面ともに一軒とする。破風板には欠眉、鯖尾は施さない。破風の拝みは蕪懸魚を著しく変形した懸魚で飾る。

軒の正面は垂木上に茅負を載せ、屋根材の板を直に打つ。屋根は身舎桁の位置で折れ曲がった流板葺とする。野垂木を用いず、野屋根はない。大棟は一木造で、屋根の幅より突き出す。

市場黄幡社玉殿には、庇や屋根等の簡略的な意匠などの特色が認められる。

十八　亀山神社

1　規模形式・建築年代

亀山神社玉殿　三基（市指定文化財）　所在地：広島県安芸高田市八千代町下根一〇九二の一

第一殿　桁行一間、梁間一間、切妻造、平入、本柿葺、十六世紀後期造立

第二殿　第一殿に同じ

写真1-73　亀山神社玉殿

第三殿　第一殿に同じ

本殿内に、十六世紀後期造立の玉殿が現存することを確認した(65)。この玉殿は、安芸国に現存する中世玉殿の中では、神輿《みこし》の形の影響を受けた例である。

2　亀山神社の沿革

亀山神社は、もと八幡宮と称し、正平二年（一三四七）に周防国（山口県西部）より勧請し、以降、下根村の鎮守として祀られたと伝える(66)。天文元年（一五三二）には、井上左馬之助が社殿を再建した。棟札によると、天正十一年（一五八三）に毛利輝元が屋根を葺き替え、天和二年（一六八二）及び宝暦九年（一七五九）には修理が行われた。現在の本殿は桁行三間、梁間三間、入母屋造平入であり、後方二間を内陣とし、内陣後方の祭壇上に玉殿を並べて安置する。並べられた玉殿のうち、同型同大の三基の玉殿（写真1—73）は、建築様式上、十六世紀後期（末期）のもので、旧本殿内の玉殿が伝来したと考えられる。

3　玉殿の規模形式と細部手法

玉殿三基（図1—67、写真1—73～76）は、桁行一間（側柱真々一尺五寸五分（四七〇㎜））、梁間一間（側柱真々一尺二寸五分（三七九㎜））の横長平面で、屋根形式は切妻造平入の本柿葺である。総高は四尺二寸二分（一二七九㎜）である。柱は円柱とする。

土居桁は桁行方向を先に置き、梁間方向は上木として井桁に組む。土居桁の上角は面取とする。土居桁の交点には上端をやや尖らせた短角柱を立て、切目縁の位置に長押を打って、身舎の正面と側面に、神輿の台座状に張り出した供物台の板を支える。土居桁と長押の間は、四面に幕板を張って柱間を塞ぐ。供物台の上に出た四隅の短角柱の間に剣頭柵を立てる。正面と側面にはそのほぼ中央に台輪鳥居《だいわどりい》を立てる。身舎の切目長押は供物台の板の上の位置で四面に打つ。内部は板敷きの床を張る。内法長押、扉の上の位置で身舎の四面に打つ。身舎正面には、方立のない脇板壁を立て、一枚板の扉を両開きに建てる。扉は軸を出して切目長押と内法長押に吊る。辺付《へんづけ》は扉から独立しており、遣《や》り返しで扉の合わせが隠れるようにはまる。

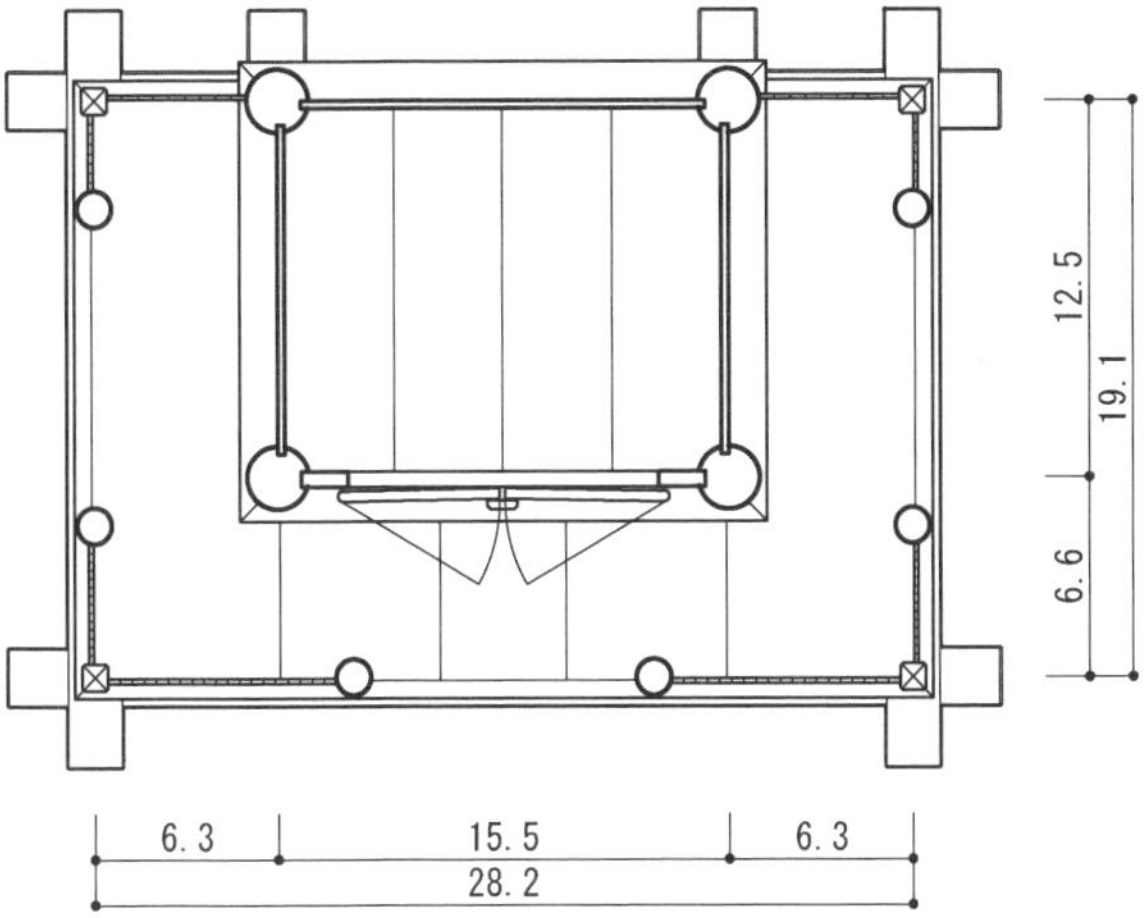

図 1-67　亀山神社玉殿平面図 縮尺 1/20 単位：寸

写真 1-74　亀山神社玉殿第三殿

　組物は、実肘木を載せた出三斗とし桁を支える。中備には、正面は桁を直接支

写真 1-75　亀山神社玉殿第三殿 組物

写真 1-76　亀山神社玉殿第三殿 妻面

える斗を載せた本蟇股を入れ、側面は通実肘木として平三斗を入れる。頭貫の両端は突き抜けて木鼻とする。

玉殿の側面は横板壁で、妻面には欠眉のみ施した虹梁を渡す。虹梁尻と桁は成が同じであるため、虹梁は桁と上端、下端ともに揃って納まる。桁の上には垂木間の面戸板が載る。虹梁中央には大瓶束を立て、虹梁大瓶束式の妻飾とする。妻の拝みの組物は出三斗とし、成の高い実肘木を載せて棟木を支える。化粧垂木は正面、背面ともに二軒の繁垂木とする。破風板には欠眉、鰭尾を施す。破風板の拝みと降りは鰭を一体化した蕪懸魚で飾る。

軒の正面は地垂木上に木負を載せ、飛檐垂木を出して、茅負、布裏甲を載せる。布裏甲は側面の破風板上に回り、登裏甲となる。茅負両端は反り上がり、軒反りが付く。屋根はは比較的大きい柿板を用いて、箕甲を付けた本柿葺とする。大棟は一木造で、屋根の幅より突き出す。

亀山神社玉殿は、切妻造とすること、台座、鳥居、剣頭柵等の神輿の影響などの特色が認められる。

十九　結語

以上の通り、安芸国に現存する三十四基の中世玉殿について、調査等で判明した基本的な事項を見てきた。実存する建築物のデータは日本建築の研究を進める上で貴重な基礎資料である。次章からは、それぞれの玉殿にみられる特色などを中心に考察を進め、玉殿の特質を明らかにしていく。

註

(1)詳しくは序章を参照。また、本書では安芸国の歴史的特色を考慮して慶長五年（一六〇〇）までを中世とした。

(2)建築物として詳細が不明な玉殿が少なくなく、確認できたすべての安芸国の中世玉殿のうち、調査を許された十三社二十五基に建築物の詳細調査を実施した。詳細調査が実施できなかった玉殿については、本殿等の修理工事報告書等を資料とし、玉殿に関する部分を抽出して建築物の詳細を検討した。

(3)日本建築における建築的とは、柱・梁によって構成される日本の伝統的木造構造のものである。序章を参照。板状の壁などによる面で構成される壁式構造は想定されておらず、非建築的ということになる。

(4)神社名は原則として現在の社号を用いた。東広島市高屋町の新宮神社と安芸高田市吉田の新宮神社については、区別のため、神社名の後に［高屋］または［吉田］と表記した。厳島神社末社左門客神社及び右門客神社の内殿は、それ自体が本殿で、小型本殿に覆屋を架ける形式のため、厳密には玉殿の範疇からは外れる。しかし、その小型本殿は海上に建つ特殊性により、覆屋の床上に直接置かれる。また、その小型本殿は厳島神社のほかの本殿内の玉殿と類似点があり、玉殿の特質を解明する上で無視することはできないため、本書では扱うことにする。

（5）小槻大社（滋賀県栗東市）本殿内の宮殿（玉殿）は、墨書銘により弘安四年（一二八一）の造立であることが知られる。この例では、柱や長押などを備えるものの、その他の細部は略されており、本殿形の建築形態としては、まだ完全なものとはいえない。したがって、とりあえずここでは除外した。

（6）地方色とは一般の社寺の建築形式とは大きく相違する特色を指す。詳しくは第四章を参照。以降、筆者による学術調査の結果を示し解説する。

（7）『千代田町史』古代中世資料編（昭和六十二年（一九八七））にも所収。

（8）『芸藩通志』は文政八年（一八二五）に広島藩が編纂した地誌である。その中に次の記事があり、文中の真光山の八幡宮が今田八幡神社に当たる。

八幡宮二所　今田村にあり、一は眞光山、一は平山にあり、眞光山にあるは、天正二年、今田中務少輔經忠再造、經忠の裔周防にあり、今に毎歳其家より奠物あり

（9）内陣部分の格天井が格間《ごうま》一間分だけ新たに造り足されており明らかである。

（10）玉殿内部の化粧垂木掛に墨書銘が存する。詳しくは第四章を参照。

（11）柿板を重ね拭いた柿葺で、社寺建築に現在一般的に見られる柿葺である。詳しくは第二章を参照。

（12）複数の部材を一木から造り出す技法である。詳しくは第三章を参照。

（13）豕扠首を誤解して作られた地方色と考えられる。詳しくは第四章を参照。

（14）頂部を山形にした一木造の大棟である。詳しくは第四章を参照。

（15）三浦正幸「神社本殿内の中世の玉殿―広島県高田郡八千代町の佐々井厳島神社と常磐神社―」（『建築史学』第十一号、昭和六十三年（一九八八））に玉殿の規模形式、細部意匠の記述がある。以降、筆者による学術調査の結果を加えて解説する。

（16）組物（大斗《だいと》を除く）から桁までの部材をすべて一木造出とした事例もある。詳しくは第三章を参照。

（17）安芸国の神名が位階とともに列挙される。『芸藩通志』に所収。

（18）「西浦村社記」には、毛利輝元が五村へ厳島神を勧請して五社明神と称したとするが、天正二年（一五七四）の

造営をもって、佐々井厳島神社を五社明神の一つに加えたと考えられている。註（15）論文を参照。

(19)『芸藩通志』巻六十六。

嚴島神社　佐々井村にあり、西浦村記にいふ、五社の一なり、此社に、神櫝《しんとく》五ある、故に五社明神と稱す、恐らくは非なり、櫝背に、文和二年といふ、四字あり、又樂音神名帳に、佐々比明神あり、然れば、西浦村にいふごとく、五社の一といふとも、此社は、古き明神社なるべし

(20)第五殿の扉内側の墨書銘。

文和二年

奉再建御玉殿

巳九月十六日

第三殿の扉内側の墨書銘。

奉造立御玉殿

右為天長地久國土泰平殊信心

施主心中所願如意滿足故也

文安貳年乙丑　九月廿六日　願主源二郎

敬白

(21)中世の厳島神社文書では「丸木」と記す。

(22)三浦正幸「安芸国の中世建築の意匠」（日本建築学会大会学術講演梗概集計画系、平成三年（一九九一））に、玉殿が三間社流造の中世遺構として挙げられるが、玉殿のそれ以外の詳細は不明であった。

(23)以降、筆者による学術調査の結果を示し解説する。また、筆者の調査後に町の文化財に指定された。

(24)『芸藩通志』巻六十。

八幡宮　下殿河内村にあり、永享十一年己未、紀親高再造、慶長元和にも修繕す、昔は神田あり、別に小板越中より、祭米を供ふ、今は並にこれなし

(25)長い杮板を大棟から軒先まで通して葺き、押桟で留めたものである。詳しくは第二章を参照。

(26)以降、修理工事報告書の内容を踏まえながら、筆者による考証を加えて解説する。

(27)本殿の建立年代は、墨書銘によって大永三年（一五二三）とされるが、木鼻《きばな》が十六世紀のものほど大きくないこと、また彫り込まれた絵様《えよう》の巻き込みが強く、明応九年（一五〇〇）の桂浜神社（呉市倉橋町）本殿より古式であることから、玉殿と同様の嘉吉三年（一四四三）の建立と考えるのが妥当である。

(28)『芸藩通志』巻十四。

大元神社　本社の西南、大元浦にあり、國常立尊《くにとこたちの》大山祇《おほやまつみの》神を祭り、佐伯鞍職《さへきくらもと》を配す、幣殿、拝殿、鳥居あり、又末社四宇あり、一は大國主神を祭り、一は八幡宮、その余二宇、祭神詳ならず、陰徳太平記、江就軍記などに、毛利氏、此島にて、和知《わち》隆實《たかさね》、弟湯谷《ゆたに》久豊《ひさとよ》二人を誅する後、その靈祟《たゝり》を爲ければ、大元社の邊に、小祠を建て、これを祭るとあり、是なるべし

(29)左殿の墨書銘。

嘉吉三年八月廿四日　　俊高敬白
ミのと　　八十一うとし
いとし

右殿の墨書銘。

嘉吉三年八月廿四日　　俊高敬白
みつのの《ママ》　　八十一うのとし
ゐのとし

(30)以降、修理工事報告書の内容を踏まえながら、筆者による考証を加えて解説する。

(31)垂木や野地板を用いず、長い杮板を大棟から軒先まで通して、桁や棟木に直に葺いたものである。詳しくは第二章を参照。

(32)いずれも社蔵棟札写による。前者は「奉建立八幡宮御社一宇（以下略）」、後者は「奉再興八幡宮神殿舞殿休殿

（以下略）」。

(33)『芸藩通志』巻二十九。

八幡宮　倉橋島宮濱にあり、明應九年庚申、造營、永正十一年甲戌、多賀谷興重、再造、末社に當八幡、松尾門客人《カドマラウド》、辨財天社あり、一説に、當八幡神社は永正の前、男山より勧請し、島中の民、同じくこれを祭りしが、今は却て末社たりといふ、社地海にさし出て、景勝の地なり

(34)修理工事報告書では、文明十二年（一四八〇）の再建とするが、この年代が記された棟札は、他の八幡宮の再建時のものと考えられ、桂浜神社とは無関係である。三浦正幸「桂浜神社本殿」（『倉橋の建築』倉橋町、昭和六十四年（一九八九））を参照。

(35)註（15）論文に玉殿の規模形式、細部意匠の記述がある。以降、平面や屋根など筆者による学術調査の結果を加えて解説する。

(36)長い柿板を大きな葺き足をとって重ね継いで葺き、押桟で留めたものである。詳しくは第二章を参照。

(37)『芸藩通志』巻六十六。

八幡宮　熊野新宮　並に勝田村にあり

(38)第二殿は明治時代の合祀の際に旧新宮神社から移入された玉殿と考えられる。註（15）論文を参照。

(39)三浦正幸『東広島市社寺建築調査報告書』（東広島市教育委員会、平成二年（一九九〇））に、中世の流造の玉殿が存在することが報告されているが、玉殿のそれ以外の詳細は不明であった。

(40)以降、筆者による学術調査の結果を示し解説する。

(41)挽《ひき》板を軒先と平行に葺いたものである。詳しくは第二章を参照。

(42)『芸藩通志』巻八十一。

熊野新宮　宮領村にあり

(43)以降、修理工事報告書の内容を踏まえながら、筆者による考証を加えて解説する。

(44)「伊都岐島社神主佐伯景弘解」。

祓殿間同小社一宇、号江比須

(45)『芸藩通志』巻十三。

門客人《かどまろうど》社二宇　左右に分れ、樂房とならびて、同く平舞臺に連る、豊磐間戸命《とよいはまどのみこと》、櫛磐間戸命《くしいはまどのみこと》を祭る、俗これを澳《おき》惠美須と稱す

(46)以降、修理工事報告書の内容を踏まえながら、筆者による考証を加えて解説する。

(47)社蔵棟札による。

奉建立天満社一宇檀那當國吉田住大江朝臣毛利備中守隆元、（中略）弘治貳暦夘月吉日（以下略）

なお、『芸藩通志』巻十三の元亀三年（一五七二）の造営は誤りとされる。

天満宮《てんまんぐう》　大黒堂の傍にありて、同く廻廊につゞく、菅丞相を祭る、元龜三年、毛利隆元剏建、拜殿にて、毎月連歌會をなす、故に一に連歌堂と呼ぶ、輝元已下、其時諸名流の連歌多し

(48)棟札により、造立当初からこの玉殿は檜皮葺であったことが確認できるが、現在の檜皮葺は、昭和二十九年（一九五四）の葺き替えである。また、明治二十四年（一八九一）の修理以前は、現在の本殿（連歌堂）は杮葺であった。

(49)村岡浅夫「社寺信仰」（『吉和村誌』第二集、吉和村誌編纂委員会、昭和六十年（一九八五））に玉殿の写真が掲載されている。

(50)註（22）に、一間社流造で中世玉殿であるらしいとの指摘があるが、玉殿のそれ以外の詳細は不明であった。

(51)以降、筆者による学術調査の結果を示し解説する。

(52)『芸藩通志』巻五十三。

速田神社　吉和村にあり、上平良村より勸請すといひ傳ふ、天正十九年辛卯造營、棟札に、三浦兵庫元忠、爲二祈念一、河野平左衛門代、山縣源右衛門尉忠道とあり、社に古き般若經を藏す

(53)來本雅之「宮崎神社本殿内の玉殿—広島県高田郡吉田町相合—」（日本建築学会大会学術講演梗概集、平成五年（一九九三））に玉殿の規模形式、細部意匠が示され、細部意匠及び大工の簡単な考察がある。以降、平面など筆者による学術調査の結果を加えて解説する。

(54)『芸藩通志』巻六十六。
八幡宮　相合村、宮崎山にあり、勧應年中、毛利氏、相模國宮崎より勸請せりといふ、大永三年、兵火に焼かれ永祿十一年、毛利氏再造、又慶長五年にも重造あり、作事奉行、井上元豊、献する繪馬あり、此社も、毛利家の時、神田を附なる、吉田村祇園社の條に詳なり毛利移封の後、寛永元年にも、彼家より、修營あり、今の社是なり、鳥居額は、山崎宗鑑書する所といふ
(55)以降、筆者らによる学術調査の結果を示し解説する。なお、三浦正幸「高田郡の中世の社寺建築」(『広島県文化財ニュース』第一六七号、広島県文化財協会、平成十二年(二〇〇〇))及び三浦正幸『吉田町の社寺建築』(吉田町教育委員会、平成十四年(二〇〇二))に調査結果の一部が公表されている。
(56)『芸藩通志』巻六十。
熊野新宮　高野村にあり、長屋村、槇城主、長屋下野、勸請し、長屋村、同じく、これを祭りしと云
(57)以降、筆者らによる学術調査の結果を示し解説する。なお、註(55)後掲に調査結果の一部が公表されている。
(58)社蔵棟札。
奉造工祇園崇道(中略)正中二天丑七月二日(以下略)
(59)『芸藩通志』巻六十六。
祇園社　吉田村、古城山の麓にあり、祭る所、素戔嗚尊の外に、足摩乳《あしなづち》、手摩乳稲田姫《てなづちいなだ》、三女五男あり、また早良親王、光仁天皇、伊豫親王を祭り、崇道社と稱し同殿にあり、崇道は、早良親王の追號なり、正中以上の棟札は、文字磨滅して、讀べからず、正中の棟札に、奉造祇園崇道社、正中二年乙丑七月三日、上御本家并信心施主とあり、上御本家考る所なし、毛利氏の時、世々相繼て、修營あり、神田を寄附せらる、元和年間の文書に、當郡に、祇園八幡領なりしといふ、今も歳入三石餘を、當社に附らる、末社五宇、稲荷社、劔社、靈劔を納と云九郎御前祭神許ならず杉《すぎ》若宮元就の母、杉大方の靈をまつる和知、柚谷　靈社和知彈正、柚谷又八郎、二人を祭るあり、昔は寶藏舞臺などもありしが、皆廢す、本社階下に神木あり、社林に神烏あり、歳首ごとに、烏喰祭といふを行ふ、社に藏する所、古假面、獅子頭などあり、舊戸帳は、毛利輝元、朝鮮より取歸て、奉納ありしといふ、天正間、九條植通朝臣、當社にて、源氏物語を講られし事あり、

聖護院道澄親王、卜部兼右朝臣も、止宿の事あり、鳥居の額は、親王の書る所といふ、此社相傳へて、素戔嗚尊の神蹟とす、困て當村に流るゝ川、（山縣郡より出る江の川なり、）即、日本紀に載る、安藝國可愛《エノ》川上これなりともいへり、此宮あるによれるか、されば當社も、古にありては、由緒ある社なるべし、或は神武天皇の行宮、埃宮《えのみや》とする諺あれど、更に信ずるに足らず

(60)以降、筆者らによる学術調査の結果を示し解説する。なお、註(55)後掲に調査結果の一部が公表されている。

(61)『芸藩通志』巻六十六にも同様の内容がある。

八幡宮（景政社附）桂村、宮谷にあり、天文十六年、毛利元澄、造立し、神鏡を納む、慶安、宝暦、重修す、景政社は、鎌倉権五郎を祭る、成説に、權五郎が兜を納むといふ、今は小き木像のみなり

(62)以降、筆者らによる学術調査の結果を示し解説する。なお、三浦正幸「中世の寺社建築」（『千代田町史』通史編(上)、平成十四年（二〇〇二））に調査結果の一部が公表されている。

(63)『芸藩通志』巻六十。

八幡宮 五所 南方村にあり、畑谷の社は、承應三年建立の棟札あり、本郷にあるは、永祿五年、藤原眞人元惠再造、其餘は傳る所なし、（按に、藤原の戸は、朝臣なれど、棟札に眞人とあり、不審）

(64)以降、筆者による学術調査の結果を示し解説する。なお、註(55)後掲に調査結果の一部が公表されている。

(65)以降、筆者による学術調査の結果を示し解説する。なお、註(55)前掲に調査結果の一部が公表されている。

(66)『芸藩通志』巻六十六。

八幡宮 下根村、龜山にあり、正平二年、周防國より勸請すといふ、天文元年壬辰、當村地頭井上左馬助、就在、以降天正、天和、寶曆、度々修理す

表1―1　安芸国の中世玉殿

名称	所在地	建築年代	桁行間数	梁間間数	形式	屋根	正面軒	背面軒	桁行（尺）	梁間（尺）	土居桁	身舎柱	庇柱	身舎組物	身舎中備	庇組物	庇中備	妻飾
今田八幡神社	山県郡北広島町今田五二〇	元亨四年（一三二四）	3	2	切妻造平入	本柿葺	一軒	欠失	3・90	2・34	井桁組	円柱	―	舟肘木	なし	―	―	変形豕扠首
佐々井厳島神社第一殿	安芸高田市八千代町佐々井四一一	十四世紀前期	1	1	切妻造平入	本柿葺	二軒	一軒	2・53	2・32	井桁組	円柱	―	連三斗	本蟇股	―	―	虹梁大瓶束
佐々井厳島神社第二殿	安芸高田市八千代町佐々井四一一	十四世紀後期	1	2	切妻造平入	本柿葺	二軒	一軒	2・89	2・09	井桁組	円柱	―	連三斗	本蟇股	―	―	虹梁大瓶束
佐々井厳島神社第三殿	安芸高田市八千代町佐々井四一一	文安二年（一四四五）	1	2	切妻造平入	本柿葺	二軒	一軒	2・82	1・92	井桁組	円柱	―	連三斗	本蟇股	―	―	虹梁大瓶束
佐々井厳島神社第四殿	安芸高田市八千代町佐々井四一一	十五世紀前期	1	2	切妻造平入	本柿葺	二軒	一軒	2・87	2・07	井桁組	円柱	―	連三斗	本蟇股	―	―	虹梁大瓶束
佐々井厳島神社第五殿	安芸高田市八千代町佐々井四一一	文和二年（一三五三）	3	2	切妻造平入	本柿葺	二軒	一軒	3・03	2・02	井桁組	円柱	―	連三斗	なし	―	―	虹梁本蟇股
堀八幡神社	山県郡安芸太田町下殿河内一一二	永享十一年（一四三九）	3	2	流造	流柿葺	一軒	一軒	4・83	2・52	井桁組	角柱	角柱	なし	なし	なし	なし	梁*2束立て
厳島神社摂社大元神社中央殿	廿日市市宮島町一〇	嘉吉三年（一四四三）	1	2	流造	本柿葺	一軒	一軒	1・61	2・21	井桁組	角柱	角柱	平三斗	なし	出三斗	本蟇股	虹梁板壁
厳島神社摂社大元神社左殿	廿日市市宮島町一〇	嘉吉三年（一四四三）	1	2	流造	本柿葺	一軒	一軒	1・63	1・81	井桁組	角柱	角柱	舟肘木	なし	舟肘木	なし	虹梁束立て
厳島神社摂社大元神社右殿	廿日市市宮島町一〇	嘉吉三年（一四四三）	1	2	流造	本柿葺	一軒	一軒	1・63	1・81	井桁組	角柱	角柱	舟肘木	なし	舟肘木	なし	虹梁束立て
桂浜神社中央殿	呉市倉橋町四二三	明応九年（一五〇〇）	1	2	流造	直柿葺	垂木なし	垂木なし	1・29	1・66	なし	角柱	角柱	舟肘木	なし	舟肘木	なし	虹梁束立て

桂浜神社左殿	呉市倉橋町四二三	明応九年（一五〇〇）	1	2	流造	直柿葺	垂木なし	垂木なし	1.17	1.55	なし	角柱	角柱	なし	なし	なし	なし	板壁
桂浜神社右殿	呉市倉橋町四二三	明応九年（一五〇〇）	1	2	流造	直柿葺	垂木なし	垂木なし	1.17	1.55	なし	角柱	角柱	なし	なし	なし	なし	板壁
常磐神社第一殿	安芸高田市八千代町勝田五一七	天文年間（一五三二―五五）	1	2	流造	段柿葺	一軒	一軒	1.26	1.43	工字組	円柱	角柱	舟肘木	なし	連三斗	なし	梁*2束立て
常磐神社第三殿	安芸高田市八千代町勝田五一七	天文年間（一五三二―五五）	1	2	流造	直柿葺	垂木なし	垂木なし	1.18	1.28	工字組系	角柱	角柱	舟肘木	なし	連三斗	なし	虹梁大瓶束系
常磐神社第四殿	安芸高田市八千代町勝田五一七	天文年間（一五三二―五五）	1	2	流造	直柿葺	垂木なし	垂木なし	1.18	1.28	工字組系	角柱	角柱	舟肘木	なし	連三斗	なし	虹梁大瓶束系
新宮神社	東広島市高屋町宮領四七〇	天文年間（一五三二―五五）	1	2	流造	横板葺	一軒	一軒	1.35	1.75	工字組系	角柱	角柱	なし	なし	出三斗	なし	梁*2束立て
厳島神社末社左門客神社	廿日市市宮島町一の一	天文年間（一五三二―五五）	1	2	流造	流板葺*	一軒	一軒	5.65	5.33	井桁組	円柱	円柱	平三斗	本蟇股	平三斗	本蟇股	虹梁板蟇股
厳島神社末社右門客神社	廿日市市宮島町一の一	天文年間（一五三二―五五）	1	2	流造	流板葺*	一軒	一軒	5.65	5.33	井桁組	円柱	円柱	平三斗	本蟇股	平三斗	本蟇股	虹梁大瓶束
厳島神社摂社天神社	廿日市市宮島町一の一	弘治二年（一五五六）	1	2	流造	檜皮葺*	二軒	二軒	2.69	3.38	井桁組	円柱	角柱	連三斗	なし	連三斗	なし	虹梁大瓶束
速田神社	廿日市市吉和三八九三	十六世紀中期	1	2	流造	本柿葺	二軒	一軒	1.56	2.07	井桁組	円柱	円柱	舟肘木	なし	出三斗	斗	虹梁本蟇股
宮崎神社中央殿	安芸高田市吉田町相合二六一	永禄十一年（一五六八）	1	2	流造	本柿葺	一軒	一軒	1.90	2.25	井桁組	円柱	円柱	舟肘木	平三斗	出三斗	斗	虹梁板蟇股
宮崎神社左殿	安芸高田市吉田町相合二六一	永禄十一年（一五六八）	1	2	流造	本柿葺	一軒	一軒	1.90	2.25	井桁組	円柱	円柱	舟肘木	平三斗	出三斗	斗	虹梁大瓶束
宮崎神社右殿	安芸高田市吉田町相合二六一	永禄十一年（一五六八）	1	2	流造	本柿葺	一軒	一軒	1.90	2.25	井桁組	円柱	円柱	舟肘木	平三斗	出三斗	斗	虹梁大瓶束

新宮神社	安芸高田市吉田町高野五九一	十六世紀後期	1	2	流造	流柿葺	一軒	一軒	1・64	1・82	井桁組	角柱	角柱	舟肘木	なし	舟肘木	なし	虹梁束立て
清神社中央殿	安芸高田市吉田町吉田四七六	十六世紀後期	1	1	切妻造平入	流柿葺	一軒	一軒	1・86	1・64	ロ字組	角柱	―	舟肘木	なし	―	―	梁*2束立て
清神社左殿	安芸高田市吉田町吉田四七六	十六世紀後期	1	1	切妻造平入	流柿葺	一軒	一軒	1・86	1・64	ロ字組	角柱	―	舟肘木	なし	―	―	梁*2束立て
清神社右殿	安芸高田市吉田町吉田四七六	十六世紀後期	1	1	切妻造平入	流柿葺	一軒	一軒	1・87	1・62	井桁組	角柱	―	舟肘木	なし	―	―	梁*2束立て系
中山神社右殿	安芸高田市吉田町桂九四	十六世紀後期	1	2	流造	横板葺	垂木なし	垂木なし	1・65	1・28	ロ字組	板組	角柱	舟肘木	なし	舟肘木	なし	なし*3
額田部八幡神社	山県郡北広島町南方六八六の二	十六世紀後期	1	1	切妻造平入	横板葺*	一軒	一軒	1・57	1・05	なし	円柱	―	変形連三斗	本蟇股	―	―	虹梁大瓶束
市場黄幡社	安芸高田市吉田町多治比	十六世紀後期	1	2	流造	流板葺	一軒	垂木なし	1・14	1・36	日字組	円柱	角柱	平三斗	なし	平三斗	なし	梁*2大瓶束
亀山神社第一殿	安芸高田市八千代町下根一〇九二の一	十六世紀後期	1	1	切妻造平入	本柿葺	二軒	二軒	1・55	1・25	井桁組系	円柱	―	出三斗	本蟇股	―	―	虹梁大瓶束
亀山神社第二殿	安芸高田市八千代町下根一〇九二の一	十六世紀後期	1	1	切妻造平入	本柿葺	二軒	二軒	1・55	1・25	井桁組系	円柱	―	出三斗	本蟇股	―	―	虹梁大瓶束
亀山神社第三殿	安芸高田市八千代町下根一〇九二の一	十六世紀後期	1	1	切妻造平入	本柿葺	二軒	二軒	1・55	1・25	井桁組系	円柱	―	出三斗	本蟇股	―	―	虹梁大瓶束

*後世の葺き替えであることを示す。 *2虹梁形としない陸梁を示す。 *3妻飾を作らず妻壁を開放する。

第二章　中世玉殿の屋根構造

一　はじめに

安芸国に現存する三十四基の中世玉殿は、すべて本殿形の建築的形態を採っており[1]、屋根を有している。その形式は切妻造または流造のいずれかである。通常の建築は屋外に建つため、風雨に曝され、中世に遡る建築で当初材が完存するものは少ない。特に、中世の屋根材は現存例が乏しく、なかでも檜皮葺《ひわだぶき》や杮葺《こけらぶき》といった耐用年限の短いものの現存例は皆無である。一方、玉殿は本殿内陣に安置されてきたため、造立当初の屋根材を残すものが多く、当初の屋根葺形式を伝えている。神社建築のみならず、日本建築史においても中世の建築技法などを知る上で、玉殿は貴重な資料となる。玉殿の調査で確認した中世玉殿の屋根葺形式では、杮葺のものが大半を占め、しかも、一般的な社寺建築の杮葺とは構造が異なるものが数種類見出された。そこで本章では、それら玉殿の杮葺の屋根葺形式を中心に報告し、考察を加えることにする。また、調査で判明した屋根葺形式のなかには、屋根材を支えている垂木《たるき》や小舞《こまい》などの有無と密接な関係があるものもあるので、それらの部材も加えて検討し、屋根構造として考察を進める。

二　屋根構造の分類

従来の屋根葺形式は、屋根材に基づき、本瓦葺、桟瓦葺、檜皮葺、柿葺、栃葺《とちぶき》、板葺、茅葺《かやぶき》等に分類されている。本章ではそれらに加え、屋根材の形状や、その葺き方及び屋根自体の構造の違いに着目して、安芸国に現存する中世玉殿の屋根の実態に基づき、新たな分類を提示したい。

中世玉殿に使われる屋根葺形式は、檜皮葺、柿葺、板葺の三種である。特に現存例が多く、かつ多種類に分かれる柿葺については名称を付け、大きく二つに分類した。そのうちの一つは一般的な社寺建築に見られる柿葺で、ほかと区別するために特に本柿葺《ほんこけらぶき》と称することにする。また、今日では一般的な社寺建築ではみられなくなったもう一つの柿葺を長柿葺《ながこけらぶき》（詳しくは後述）とした。長柿葺はさらに中世の玉殿の事例実態に基づき、段柿葺《だんこけらぶき》、流柿葺《ながしこけらぶき》、直柿葺《じかこけらぶき》の三つに細分類した。なお、本書では、厚一分（三㎜）程度の薄い削ぎ板材のことを柿板《こけらいた》ということにする。[2]

写真 2-1　厳島神社摂社天神社玉殿 檜皮葺

1　檜皮葺

ここでいう檜皮葺とは、社寺建築に一般的にみられる檜皮葺のことである。安芸国に現存する檜皮葺の中世玉殿は、弘治二年（一五五六）の厳島神社摂社天神社玉殿（写真2―1）だけである。その天神社の開放された着座空間が占める本殿と呼ばれる建物は、本来は連歌を催した連歌堂である。天神社の玉殿は、その本殿の着座空間とは格子で仕切られた、後方に突き出た下屋の中央に低い祭壇を設けて安置されている。したがって、実質的には現在の本殿が拝殿的役割、玉殿が本殿的役割を持っている。安置形態も小型本殿の覆屋付きの事例に近いため、厳島神社のほかの本殿と同様に、天神社玉殿の屋根は檜皮葺とされたと考えられる。(3)

写真 2-2　佐々井厳島神社玉殿第五殿 本柿葺

安芸国の中世玉殿で檜皮葺とするのは、この玉殿一基しかない。また近世に降るが、厳島神社外宮の地御前《じごぜん》神社（広島県廿日市市）の宝暦十年（一七六〇）再建時の玉殿（第五章で詳述）が柿葺となっている点などからして、安芸国では、玉殿は中世、近世を通じて一般的に檜皮葺とはしないとしても間違いではないと思われる。したがって、本章では檜皮葺については、以降、詳しくは扱わない。

2　本柿葺

前述したとおり、本柿葺とは社寺建築に一般的にみられる通常の柿葺を指す（写真2―2）。通常、この本柿葺を用いるような社寺建築の軒は、化粧垂木《けしょうだるき》と垂木裏板を配し、その化粧垂木の上方に野垂木《のだるき》を入れて野地板《のじいた》を張った二重構造の屋根である野屋根とする。軒先には茅負《かやおい》、裏甲《うらごう》を用いており、(4)軒付《のきづけ》上から柿板を一枚ごとに葺き足を持たせて葺き重ねた構造を持つ。葺き足は短く、柿板幅と同程度以下で、

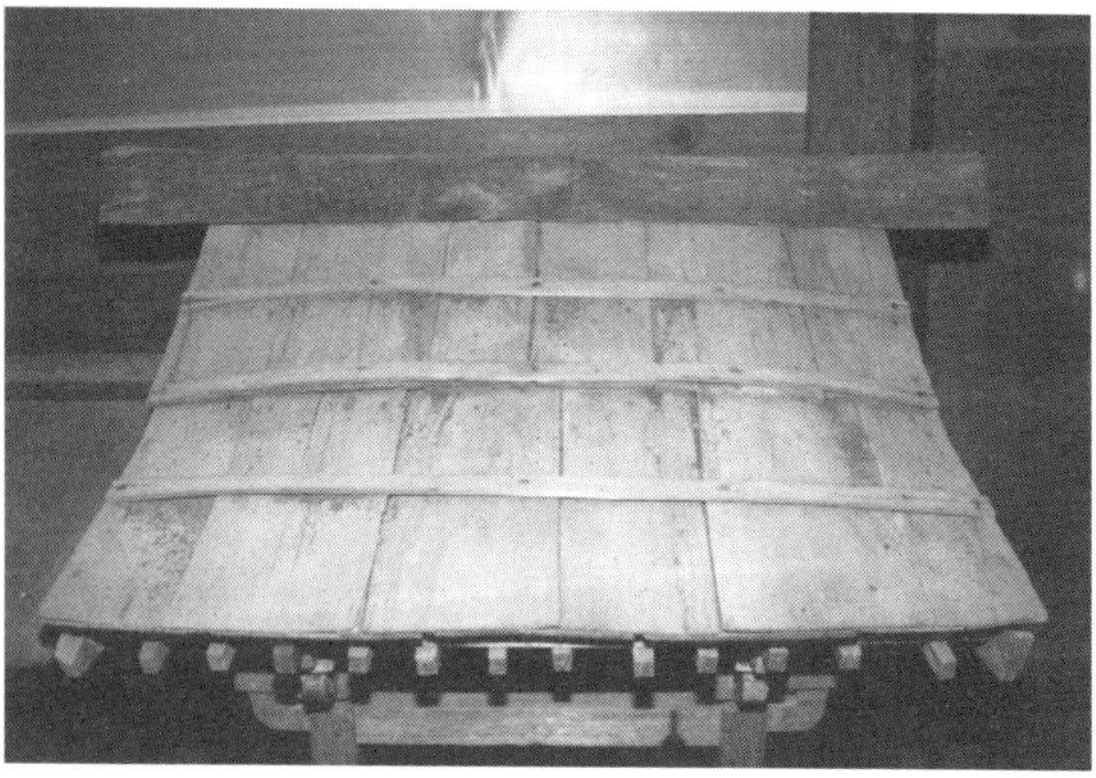

写真 2-3　常磐神社玉殿第一殿 長柿葺〔段柿葺〕

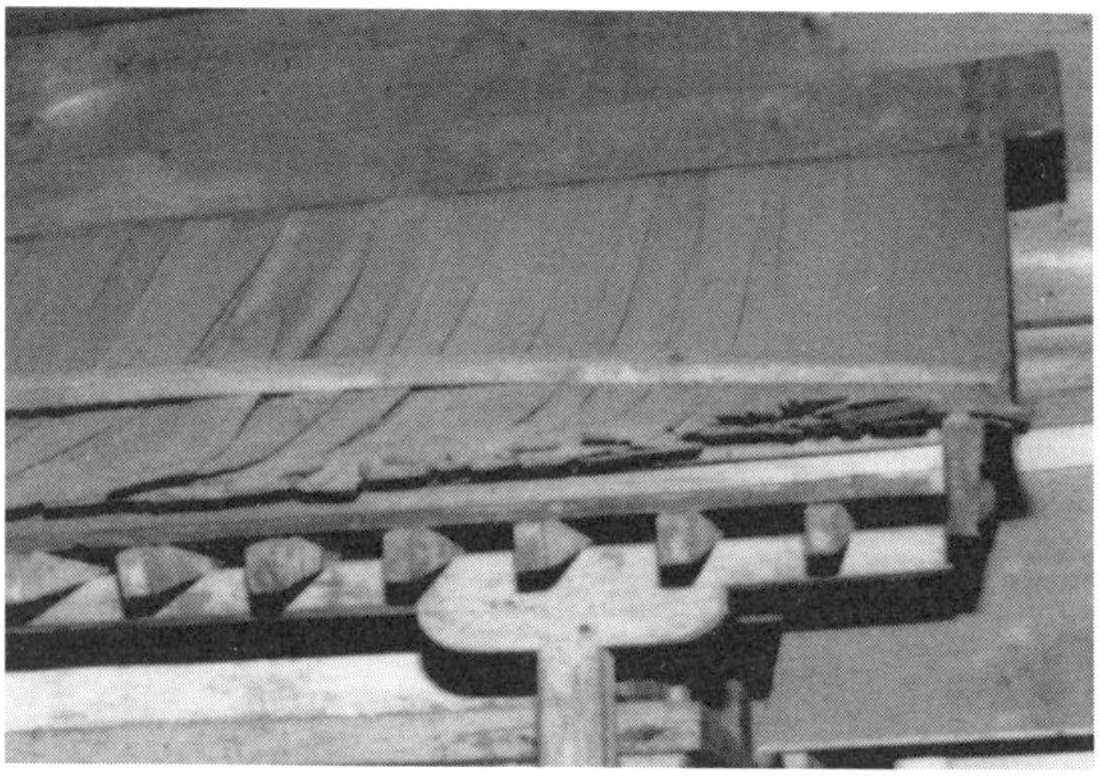

写真 2-4　新宮神社［吉田］玉殿 長柿葺〔流柿葺〕

柿板を竹釘等で野地に留め、長柿葺で用いる押桟《おしざん》（詳しくは後述）を用いない構造のものとする。

3　長柿葺

長柿葺は、本柿葺よりはるかに長い柿板（詳しくは後述）を用いて葺き、かつ葺き足が著しく長いもので、柿板の下方先端近くに軒先と平行に上から押桟を鉄釘で打ち付けて留めたものである。裏甲がないものが多く、軒付はないか、あっても薄いものとする。また、長柿葺はその葺き方や屋根構造の違いにより、段柿葺、流柿葺、直柿葺の三種に細分類できる。

①段柿葺　長柿葺のうち、長い柿板を大きな葺き足をとって重ね継いで葺き、柿板の継ぎ目近くで、柿板上から軒先と平行に押桟を打ち付けて留めたものを段柿葺とする（写真2―3）。柿板は一段につき二、三枚程度ずつ重ねて使っており、そのために継ぎ目で大きな段がつく。

②流柿葺　長柿葺のうち、長い柿板を大棟《おおむね》から軒先まで継がずに通して葺き、柿板上から軒先と平行に押桟を打ち付けて留めたものを流柿葺とする（写真２―４）。柿板は二、三枚程度重ねる。

③直柿葺　長柿葺のうち、長い柿板を大棟から軒先まで継がずに通して葺くもので、垂木や野地板を一切用いず、柿板上から軒先と平行に押桟を打ち付けて、直に桁や棟木に留めたものを直柿葺とする（写真２―５）。すなわち、流柿葺と屋根面は同じ構造で、垂木のないものである。

写真 2-5　常磐神社玉殿第四殿 長柿葺〔直柿葺〕

写真 2-6　新宮神社［高屋］玉殿 板葺〔横板葺〕

4　板葺

板葺は、軒先と平行に葺くもの（以下、横板葺という。写真２―６）と、軒先と直交方向に葺くものがある。安芸国においては、玉殿では前者が十六世紀中期、後者が十六世紀後期から登場する。近世になると板葺が多用され、十八世紀以降に登場する柿葺形板葺へ変化する（詳しくは後述）。

以上の筆者が提示する新しい分類にしたがって、安芸国の中世玉殿の屋根構造について表2―1に挙げる。

表2―1　安芸国の中世玉殿の屋根構造（年代順）

名称	建築年代	桁行間数	梁間間数	形式	屋根	正面軒	背面軒	桁行（尺）	梁間（尺）	身舎組物	身舎中備	庇組物	庇中備	妻飾
今田八幡神社	元亨四年（一三二四）	3	2	切妻造平入	本柿葺	一軒	欠失	3.90	2.34	舟肘木	なし	―	―	変形豕扠首
佐々井厳島神社第一殿	十四世紀前期	1	1	切妻造平入	本柿葺	二軒	一軒	2.54	2.32	連三斗	本蟇股	―	―	虹梁大瓶束
佐々井厳島神社第五殿	文和二年（一三五三）	3	2	切妻造平入	本柿葺	二軒	一軒	3.03	2.02	連三斗	なし	―	―	虹梁本蟇股
佐々井厳島神社第二殿	十四世紀後期	1	2	切妻造平入	本柿葺	二軒	一軒	2.89	2.09	連三斗	本蟇股	―	―	虹梁大瓶束
佐々井厳島神社第四殿	十五世紀前期	1	2	切妻造平入	本柿葺	二軒	一軒	2.87	2.07	連三斗	本蟇股	―	―	虹梁大瓶束
堀八幡神社	永享十一年（一四三九）	3	2	流造	流柿葺	一軒	一軒	4.83	2.52	なし	なし	なし	なし	梁*2束立て
厳島神社摂社大元神社中央殿	嘉吉三年（一四四三）	1	2	流造	本柿葺	一軒	一軒	1.61	2.21	平三斗	なし	出三斗	本蟇股	虹梁板壁
厳島神社摂社大元神社左殿	嘉吉三年（一四四三）	1	2	流造	本柿葺	一軒	一軒	1.63	1.81	舟肘木	なし	舟肘木	なし	虹梁束立て
厳島神社摂社大元神社右殿	嘉吉三年（一四四三）	1	2	流造	本柿葺	一軒	一軒	1.63	1.81	舟肘木	なし	舟肘木	なし	虹梁束立て
佐々井厳島神社第三殿	文安二年（一四四五）	1	2	切妻造平入	本柿葺	二軒	一軒	2.82	1.92	連三斗	本蟇股	―	―	虹梁大瓶束
桂浜神社中央殿	明応九年（一五〇〇）	1	2	流造	直柿葺	垂木なし	垂木なし	1.29	1.66	舟肘木	なし	舟肘木	なし	虹梁束立て
桂浜神社左殿	明応九年（一五〇〇）	1	2	流造	直柿葺	垂木なし	垂木なし	1.17	1.55	なし	なし	なし	なし	板壁
桂浜神社右殿	明応九年（一五〇〇）	1	2	流造	直柿葺	垂木なし	垂木なし	1.17	1.55	なし	なし	なし	なし	板壁

常磐神社第一殿	天文年間（一五三二―五五）	1	2	流造	段柿葺	一軒	一軒	1・26	1・43	舟肘木	なし	連三斗	なし	梁*2束立て
常磐神社第三殿	天文年間（一五三二―五五）	1	2	流造	直柿葺	垂木なし	垂木なし	1・17	1・28	舟肘木	なし	連三斗	なし	虹梁大瓶束系
常磐神社第四殿	天文年間（一五三二―五五）	1	2	流造	直柿葺	垂木なし	垂木なし	1・17	1・28	舟肘木	なし	連三斗	なし	虹梁大瓶束系
新宮神社	天文年間（一五三二―五五）	1	2	流造	横板葺	一軒	一軒	1・35	1・75	なし	なし	出三斗	なし	梁*2束立て
厳島神社末社左門客人神社	天文年間（一五三二―五五）	1	2	流造	*流板葺	一軒	一軒	5・65	5・33	平三斗	本蟇股	平三斗	本蟇股	虹梁板蟇股
厳島神社末社右門客人神社	天文年間（一五三二―五五）	1	2	流造	*流板葺	一軒	一軒	5・65	5・33	平三斗	本蟇股	平三斗	本蟇股	虹梁大瓶束
厳島神社摂社天神社	弘治二年（一五五六）	1	2	流造	*檜皮葺	二軒	二軒	2・69	3・38	連三斗	なし	連三斗	なし	虹梁大瓶束
速田神社	十六世紀中期	1	2	流造	本柿葺	二軒	一軒	1・56	2・07	舟肘木	なし	出三斗	斗	虹梁本蟇股
宮崎神社中央殿	永禄十一年（一五六八）	1	2	流造	本柿葺	一軒	一軒	1・90	2・25	舟肘木	平三斗	出三斗	斗	虹梁板蟇股
宮崎神社左殿	永禄十一年（一五六八）	1	2	流造	本柿葺	一軒	一軒	1・90	2・25	舟肘木	平三斗	出三斗	斗	虹梁大瓶束
宮崎神社右殿	永禄十一年（一五六八）	1	2	流造	本柿葺	一軒	一軒	1・90	2・25	舟肘木	平三斗	出三斗	斗	虹梁大瓶束
新宮神社	十六世紀後期	1	2	流造	流柿葺	一軒	一軒	1・64	1・82	舟肘木	なし	舟肘木	なし	虹梁大瓶束
清神社中央殿	十六世紀後期	1	1	切妻造平入	流柿葺	一軒	一軒	1・86	1・64	舟肘木	なし	―	―	梁*2束立て
清神社左殿	十六世紀後期	1	1	切妻造平入	流柿葺	一軒	一軒	1・86	1・64	舟肘木	なし	―	―	梁*2束立て
清神社右殿	十六世紀後期	1	1	切妻造平入	流柿葺	一軒	一軒	1・87	1・62	舟肘木	なし	―	―	梁*2束立て
中山神社右殿	十六世紀後期	1	2	流造	横板葺	垂木なし	垂木なし	1・65	1・28	舟肘木	なし	舟肘木	なし	なし*3
額田部八幡神社	十六世紀後期	1	1	切妻造平入	*横板葺	一軒	一軒	1・57	1・05	変形連三斗	本蟇股	―	―	虹梁大瓶束
市場黄幡社	十六世紀後期	1	2	流造	流板葺	一軒	垂木なし	1・13	1・35	平三斗	なし	平三斗	なし	梁*2束立て

亀山神社第一殿	十六世紀後期	1	1	切妻造平入	本柿葺	二軒	二軒	1・55	1・25	出三斗	本蟇股	―	―	虹梁大瓶束
亀山神社第二殿	十六世紀後期	1	1	切妻造平入	本柿葺	二軒	二軒	1・55	1・25	出三斗	本蟇股	―	―	虹梁大瓶束
亀山神社第三殿	十六世紀後期	1	1	切妻造平入	本柿葺	二軒	二軒	1・55	1・25	出三斗	本蟇股	―	―	虹梁大瓶束

＊後世の葺き替えを示す　＊2虹梁形としない陸梁を示す　＊3妻飾を作らず妻壁を開放する

三　中世の屋根構造の現存例

写真 2-7　今田八幡神社玉殿

1　本柿葺

本柿葺は社寺建築に一般的に現在みられる柿葺である。ここでは安芸国の玉殿の本柿葺の状況を簡単に示しておく。

元亨四年（一三二四）の今田八幡神社玉殿の屋根（写真2―7）は、部材の経年変化や納まり等からしてすべて当初材と考えられる。その屋根構造は、化粧垂木先端に茅負を載せ、その上に布《ぬの》裏甲を載せる。その裏甲は側面の破風板上に回り、登《のぼり》裏甲となる。布裏甲上には一重の軒付を加え、野垂木に野地板を打ち、その上に柿葺を施す。柿板は一枚ずつ葺き足を付けて重ねて竹釘で留め、端部を廻し葺きとした柿葺である。柿板は、幅三寸（九一㎜）前後、厚八厘（二・五㎜）で、長さは一尺（三〇三㎜）程度と推定され、葺き足を八分（二四㎜）とする。

軒付は、八枚の柿板を重ねて構成している。

そのほかに安芸国の玉殿で本柿葺の例は、鎌倉時代末期の十四世紀前期の佐々井厳島神社玉殿第一殿、文和二年（一三五三）の同第五殿（写真2―2）、十四世紀後期の同第二殿、十五世紀前期の同第四殿、文安二年（一四四五）の同第三殿、嘉吉三年（一四四三）の厳島神社摂社大元神社玉殿中央殿、左殿、右殿、十六世紀中期の速田神社玉殿、永禄十一年（一五六八）の宮崎神社玉殿中央殿、左殿、右殿がある。それらの例は、屋根材を含めてすべて当初材で構成されており、柿葺の手法は軒付の厚さを除けば今田八幡神社の玉殿とほとんど変わるところがない。

写真 2-8　常磐神社玉殿第一殿 長柿葺〔段柿葺〕

2　長柿葺

長柿葺は、社寺建築に一般的に現在みられる柿葺とは異なる。ここでは長柿葺の細分類である段柿葺、流柿葺、直柿葺の細部手法と特色についてそれぞれ実例を挙げておく。

(1)　段柿葺

段柿葺の玉殿の例としては、天文年間（一五三二―五五）の常磐神社玉殿第一殿（写真2―3・8）が挙げられる。(5) この玉殿の屋根材はすべて当初材である。その屋根構造は、化粧垂木上に茅負が載るが、裏甲はない。野垂木三枝（約六寸（一八二㎜）間隔）を入れ、その上に小舞《こまい》を打って、小舞上に長い柿板を置いて、屋根の中程で段を付けて

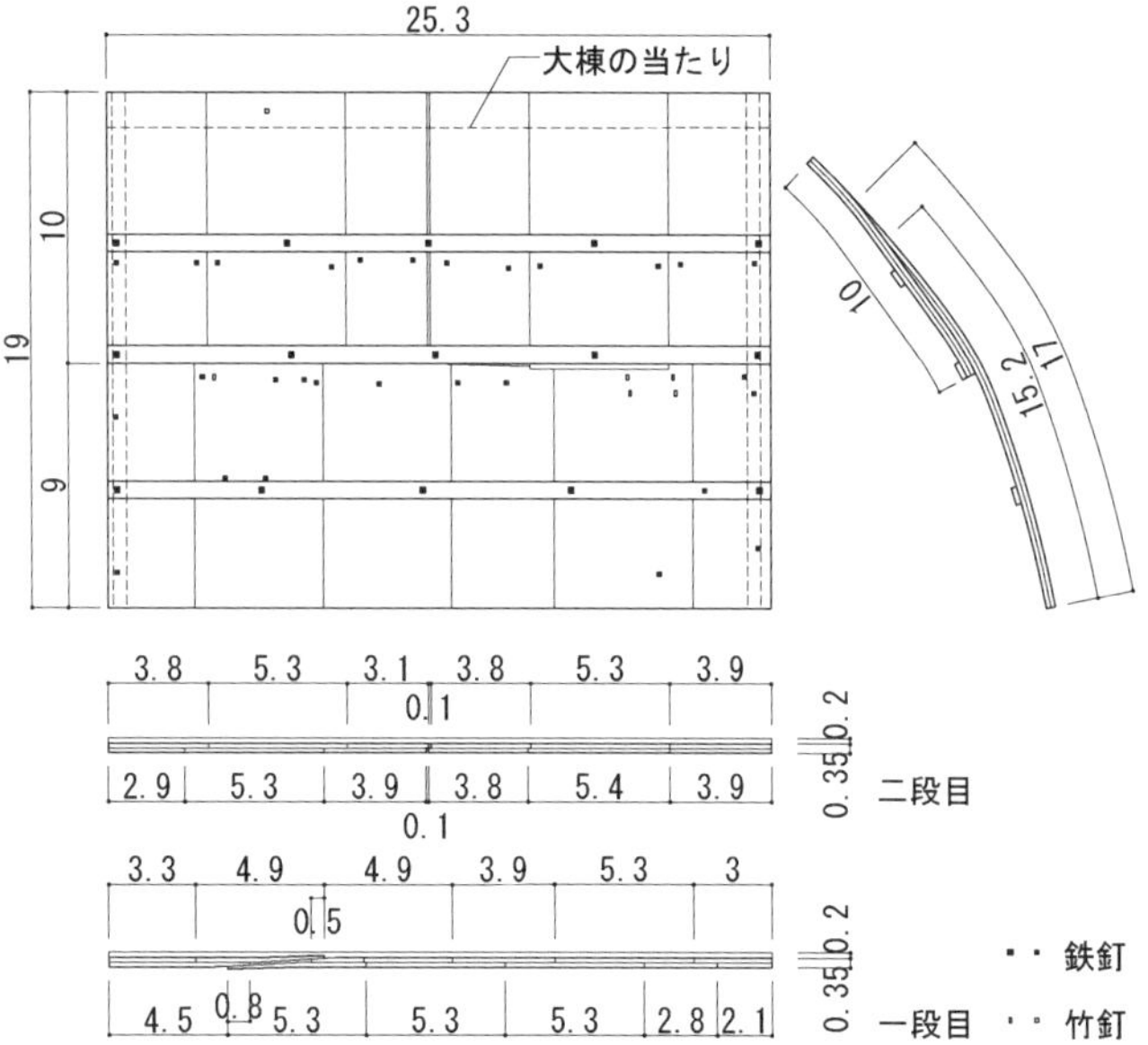

図2-1　常磐神社玉殿第一殿 段柿葺屋根釘打付図 単位：寸

重ね継ぎ、その上から押桟を打ち付ける。わずかに軒反り（茅負を反り増す）や箕甲《みのこう》を付けているが、妻端部を廻し葺きとしないため、本来必要な箕甲の曲面を形成することができず、屋根面すなわち柿板と破風板《はふいた》の間が大きくあいてしまい、その間を塞ぐための板（以下、便宜的に箕甲塞板と呼ぶ）を仮設的に入れたように見せかけ、実際は下の破風板から箕甲塞板を一木造出（第三章で詳述）とする。妻端部では、箕甲塞板の上に柿板を直に打ち付けている。

柿板は柾目の削ぎ板で、幅は二寸八分から五寸四分（八五―一六四㎜）[6]とばらつきがあり、長さは一尺（三〇三㎜）及び一尺七寸（五一五㎜）[7]、厚一分八厘（五・五㎜）であって、葺き足九寸（二七三㎜）である（図2―1）。柿板は二枚ずつ先端を揃えて重ねて葺くが、上下の柿板どうしの縦目地が同じところにならないようにしている。柿板を直に留める釘は、竹釘でなく鍛造の角の鉄釘を用い[8]、下方に位置する小舞に向けて打ち付けてある。上に重なる二段目の柿板には、一枚の柿板に対して、その長手の中央近くでそれぞれ両端から少し入ったところで打ち付けている。下の一段目の柿板では、重ね目より少し下方にほぼ一列に不規則に多数の釘を打っている。この辺りは屋根の垂るみの最大となるところであるので、柿板の跳ね上がりを留めるための措置であると考えられる。柿板の継ぎ目より上方に少しずらして押桟を置き、また、葺き足の中央にも押桟を置く。押桟の断面は幅六分五厘（二〇㎜）、成二分（六㎜）で、屋根面の反り（箕甲）に沿って曲がっている。押桟の釘は、太さ一分五厘（四・五㎜）ぐらいの鍛造鉄角釘である。押桟上に一列に六寸（一八二㎜）程度の間隔で打つ。押桟へ打ち付ける釘の位置は、柿板の縦目地の位置を考慮せず、野垂木や箕甲塞板にめがけて打ってある。箕甲塞板の部位では、これとは別に、柿板を釘で直に箕甲塞板に対して打ち付ける。なお、下に重なる柿板の上端部は、斜めに削いで薄くし、重なり部分の葺き厚を調整する。軒先は柿板を茅負前面から五分（一五㎜）出す。

段柿葺の現存例は、本例以外の玉殿にはみられないが、嘉吉三年（一四四三）建立、大永三年（一五二三）小屋改修の厳島神社摂社大元神社本殿(9)において、段柿葺が復元されている(10)。

(2) 流柿葺

流柿葺の玉殿の例としては、十六世紀後期の新宮神社［吉田］玉殿（写真2―4）が挙げられる。この玉殿の屋根材はすべて当初材である。その屋根構造は、化粧垂木上に茅負を載せ、裏甲を載せる。茅負の両端を反り増して、軒反りを付ける。野垂木の有無については、解体でもしない限り確認できないが、柿板の照《て》りが著しく、野垂木の反りとは思えないので、野屋根がない可能性が高い。長い柿板を上下に二、三枚ずつ重ねて大棟より軒先まで流して葺く。その上に一本の押桟を鉄釘で打ち付ける。わずかに軒反りや箕甲を付ける。

柿板の幅は一寸から一寸五分（三〇―四五㎜）でばらつきがある。大棟から軒先まで長さ二尺（六〇六㎜）ほどを一続きの柿板で引き通す。柿板は厚一分から一分五厘（三―四・五㎜）程度の削ぎ板である。柿板は重ねて葺

写真 2-9　常磐神社玉殿第三殿 長柿葺〔直柿葺〕

くが、柿板どうしの縦目地が上下同じところにならないようにしている。押桟は身舎《もや》の化粧桁上方の位置に打ち付ける。押桟の断面は幅六分（一八㎜）、成五分（一五㎜）で、屋根の両端の箕甲の反りに沿って曲がっている。柿板を屋根の照りに従って強く曲げていたので、現状では、その反発力によって押桟を止めていた釘が抜け、押桟の一方が跳ね上がっている。軒先は柿板を茅負から一寸五分（四五㎜）出す。なお、柿板を直に打つ釘の有無は不明である。

そのほかの流柿葺の玉殿の例は、永享十一年（一四三九）の堀八幡神社玉殿、十六世紀後期の清神社玉殿中央殿、左殿、右殿がある。

(3) 直柿葺

直柿葺の玉殿の例としては、天文年間の常磐神社玉殿第三殿（写真2―9）、第四殿（写真2―5）が挙げられる[11]。第三殿と第四殿はほぼ同形同大であって、その屋根材はすべて当初材である。野垂木、化粧垂木及び垂木裏板や野地板をまったく用いない。裏甲も用いず、軒付はまったくない。柿板は二枚ずつ重ねて葺き、縦目地は上下でずらしてある。大棟から軒先まで通した、長い柿板を直接に化粧桁や化粧棟木に載せ、押桟を上から当て、柿板を貫いて鉄釘を打ち込んで、桁に留める。破風板は桁と棟木の木口《こぐち》に釘打ちして留める。茅負は両端を破風板に止めるだけであり、柿板からまるでぶら下がったような格好となる。茅負の中央が下がって若干、軒反りが付く。茅負は成七分（二一㎜）、幅四分（一二㎜）（第三殿）、幅五分五厘（一六・五㎜）（第四殿）で、眉《まゆ》の決《しゃく》りを施す。茅負の位置は化粧桁に著しく近く、両者は五分（一五㎜）ほどしか離れていない。垂木がないので、箕甲はまったくない。

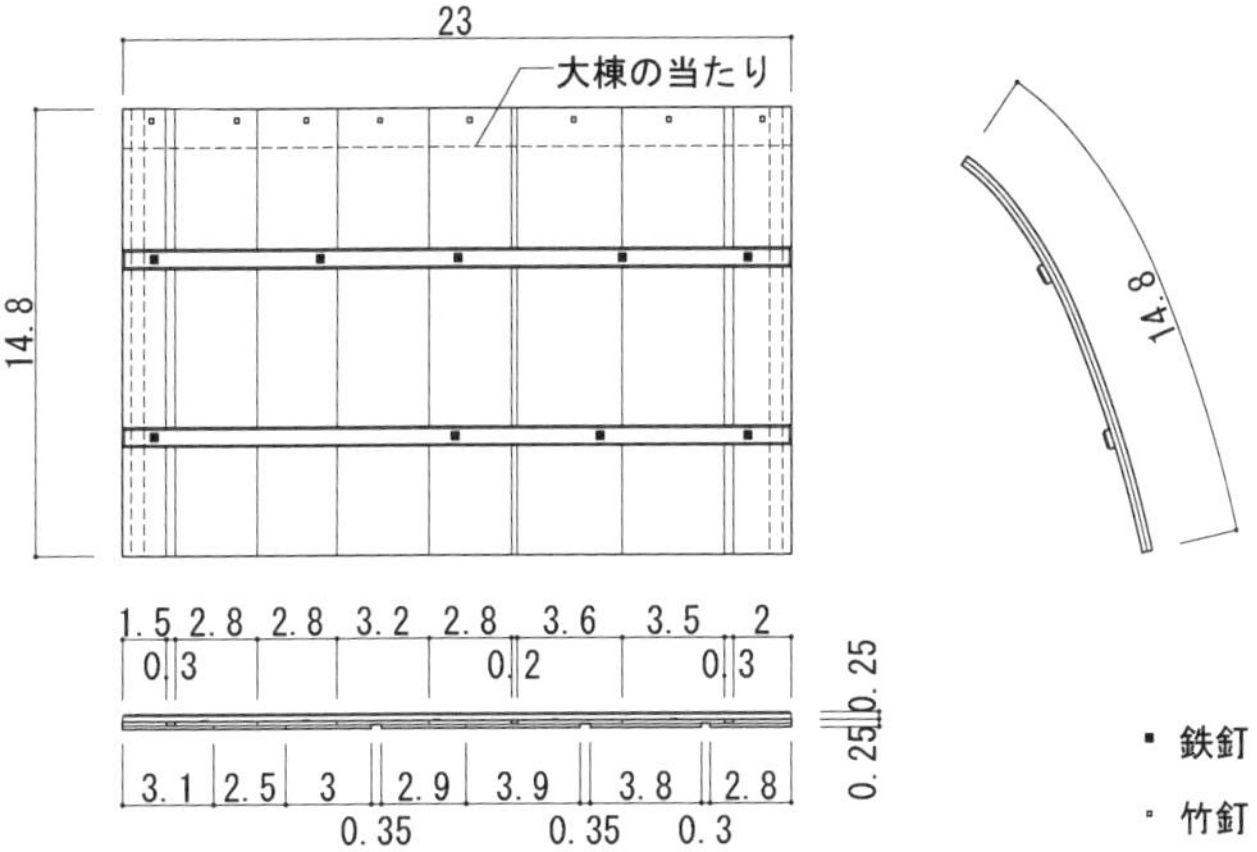

図2-2　常磐神社玉殿第三殿 直柿葺屋根釘打付図 単位：寸

柿板の幅は二寸五分から三寸九分（七六―一一八㎜）とばらつきがある(12)（図2―2）。大棟から軒先まで長さ一尺四寸八分（四四八㎜）を引き通す。柿板は厚一分三厘（四㎜）の板目の削ぎ板である。柿板を化粧棟木に直に留める釘は、竹釘を用い、大棟下の見え隠れ位置に打ち付ける。一枚の柿板に対して、それぞれ、幅の中央付近の一箇所に打ち付ける。身舎及び庇《ひさし》の化粧桁上の位置に押桟を置く。押桟の断面は幅六分（一八㎜）、成五分（一五㎜）で、上角に一分（三㎜）ほどの面を取る。下端に鑿《のみ》で欠き込みを施し(13)、屋根の両端の反り上がりに沿って曲がりやすくしている(14)。押桟の釘は、太さ二分（六㎜）ぐらいの鍛造鉄角釘である。押桟上にほぼ等間隔で五寸（一五一㎜）程度おきに打つ。押桟が化粧桁の上方に打たれているので、柿板を化粧桁に直に打ち付ける釘（竹釘）はないと思われるが、解体しない限り確認はできない。柿板の出は茅負から軒先まで二寸三分（七〇㎜）である。

そのほかの直柿葺の玉殿の例は、明応九年（一五〇〇）の桂浜神社玉殿中央殿、左殿、右殿がある。

3　板葺

年代が降ると、挽き板を横板葺とした例が見られる。最初期のものでは、十六世紀中期の新宮神社［高屋］玉殿（写真2―6）があり、比較的薄い横板葺となっている。継ぎ目では板をほとんど重ねていない。これは、雨に対する考慮が必要な本来の屋根の構造からは遊離した非実用的な屋根構造である。この屋根構造は板を曲げることによって、わずかながら箕甲を形成することができ、また、造形的に美しくない押桟を必要としない。その点においては長柿葺より利点がある。

十六世紀後期以降には、製材用の縦挽鋸《たてびきのこ》が普及し、板材が安価になり、それを使った横板葺が比較的多くみられるようになる。額田部八幡神社玉殿（写真2―10）は、葺き替えられてはいるが、痕跡により当初も同様であったと考えられ、細長い板を一枚ずつ段を付けて重ねた横板葺にするものである。箕甲を形成しようと板を曲げているが、結果的には屋根が軒先と平行方向に総起りとなっている。後述するように近世の柿葺形板葺への過渡期のものであると考えられる。十六世紀後期の中山神社玉殿右殿も、横板葺の例である。

写真 2-10　額田部八幡神社玉殿 板葺〔横板葺〕

もう一つの挽板を使った板葺の例に、板を縦、すなわち流れの方向に使った流板葺のものがある。十六世紀後期の市場黄幡社玉殿は、流板葺の例で、身舎桁の位置で板を継いで錣葺《しころぶき》状に屋根面が折れ曲がる。

これら横板葺や流板葺といった板葺の玉殿は、中世の玉殿から近世の玉殿への過渡期のものである（詳しくは後述）。

なお、十六世紀中期の厳島神社末社の左右門客神社玉殿は、いわば板葺であるが、その屋根材は平成の取り替え材である。また、それ以前の屋根材も昭和の葺き替え材であって、当初の形式が判明しないので、ここでは考慮しないことにする。

四　中世における屋根構造の差異

前述した安芸国の中世玉殿にみられる長柿葺は、一般的な社寺建築の屋根構造と異なるものである。また、長柿葺の三つの細分類形式である段柿葺、流柿葺、直柿葺は相違する特徴を持つ。これらの屋根構造の特徴について、詳しく検討していく。

1　年代的変化

屋根構造の年代分布については、明確な特色がある。十五世紀前期以前は、今田八幡神社や佐々井厳島神社の玉殿のような本柿葺しか現存していない。そして本柿葺は十六世紀後期に降る宮崎神社玉殿まで各時期を通じてみられる。十五世紀中期に入ると流柿葺が登場する。現在確認できる流柿葺の初例は、永享十一年（一四三九）の堀八幡神社玉殿である。十五世紀後期になると直柿葺が出てくる。初例は、明応九年（一五〇〇）の桂浜神社玉殿の中央殿、左殿、右殿である。そして、十六世紀中期になって段柿葺が現れ、その例は、天文年間（一五三二―一五五）の常磐神社玉殿第一殿（玉殿以外には大永三年（一五二三）の大元神社本殿がある）である。現存する最古例によると、本柿葺、流柿葺、直柿葺、段柿葺の順に登場したことになる。しかし、現在安芸国で確認できる段柿葺が玉殿の一例と本殿の一例しかなく、古い実例の多くが失われてしまったとすれば、段柿葺の出現期は、十六世紀前期より遡る可能性は否定できない。形状から判断すれば、社寺建築の軒に古来、不可欠な部材である垂木を、省略してしまった直柿葺よりは古い形式であり、少なくとも流柿葺と同等の古さと推定しても大過はないであろう。

以上により、本柿葺が最初にみられ、次いで十五世紀中期に流柿葺と段柿葺が現れて、十五世紀後期に直柿葺が登場したと推定することができる。

また、現存する玉殿の屋根構造の年代分布は、表2―2のようになる。この年代分布によれば、十五世紀中期までは、長柿葺は一基のみで、本柿葺が九基と主流である。十六世紀前期（正確には一五〇〇年）以降は、本柿葺が七基で、長柿葺が十基となり、その頃になると、玉殿の屋根構造の主流が本柿葺から長柿葺へ変化していったことが窺える。

表2―2　玉殿の屋根構造年代分布

屋根構造＼年代分布		十四世紀			十五世紀			十六世紀		
		前期	中期	後期	前期	中期	後期	前期	中期	後期
本柿葺		2	1	1	1	4			1	6
長柿葺	段柿葺								1	
	流柿葺					1				4
	直柿葺							3	2	
板葺									1	3

2　格式の相違

年代的変化については前項で述べたとおりであるが、異なる種別の屋根構造が同時同所に用いられることがあるため、柿葺の種別には年代的変化だけではない別の特徴があると言える。

常磐神社玉殿において、第一殿と第三、第四殿は建築様式上、いずれも天文年間（一五三二—五五）の同時期に造立されたものと判断できる。[15] しかし、中央殿である第一殿のみを段柿葺にし、左右殿である第三、第四殿は直柿葺にしているため、屋根構造が相異なる。また、屋根構造以外にも玉殿に相違がみられる。大きさは、中央殿が桁行一尺二寸六分（三八二㎜）、梁間一尺四寸三分（四三三㎜）、総高三尺五寸九分（一〇八八㎜）に対して、左右殿が桁行一尺一寸七分（三五五㎜）、梁間一尺二寸八分（三八八㎜）、総高二尺八寸（八四八㎜）と、やや小さい。[16] 細部意匠においては、中央殿は連三斗《つれみつど》に梁間の方向の手先肘木《てさきひじき》を加えるのに対し、左右殿は連三斗の手先肘木を加えずに簡略化している。また、中央殿は身舎と庇の間を欠眉を施した虹梁《こうりょう》で繋いでおり、左右殿では、そこに欠眉を施さない板状の略式の海老《えび》虹梁を架けている。八幡三神のうちの主祭神である応神天皇を祀る中央殿の格式を、相殿の神功皇后や姫神を祀る左右殿よりも相対的に高くするために、中央殿と左右殿の細部意匠等において意図的に差を付けたものと考えられる。また、使用されている柿板が、中央殿は柾目であり、左右殿では板目であって、中央殿を上位としていることは明らかで、この点でも屋根構造によって格の違いを表していることがわかる。したがって、中央殿に用いられている段柿葺は、左右殿の直柿葺より格式が上のものとして扱われていたとしてよい。

格式の差が現れている例はこのほかにもある。在地領主毛利氏の守護神の八幡宮であった宮崎神社玉殿は永禄十一年（一五六八）の造立で、三基ともに本柿葺としている。同時期の毛利氏被官の桂氏の守護神の八幡宮であった前述の常磐神社玉殿では、段柿葺や直柿葺の長柿葺としている。常磐神社と宮崎神社の両者の玉殿は、造立年代がともに十六世紀の中期から後期にかけてでほぼ一致しており、地理的にもわずか五㎞ほどしか離れていない。しかも、その玉殿造立の大檀那は、直接の主従関係にあった。この両者の玉殿は、頭貫《かしらぬき》に欠眉を施して虹梁形としていることや、庇の繋《つなぎ》虹梁に袖切《そできり》を施さないことが共通しており、同じ系統の工匠の作品である可能性もある。したがって、この両者は同時期の異なる在地領主の守護神の神社で、それぞれの領主の格式の差によって、屋根葺形式が異なったものを意図的に採用した可能性が指摘できる。

以上により、本杮葺、段杮葺、直杮葺の順に格式が降下するものと結論づけることができる。なお、この結論は、視覚的及び建築経費的にも妥当なものであって、それを認めるなら、流杮葺は段杮葺と直杮葺の中間に位置づけることができる。

五　中世玉殿の屋根構造の特質

一般的に建築の構造や意匠の違いは、時代差や工匠の技量や流派などの違いによる場合が考えられるが、安芸国の中世玉殿の屋根構造については、早い時期では本杮葺だけに限られるものの、年代が降ると、常磐神社や宮崎神社の玉殿の例によって、格式の相違が現れていることがわかる。そのほかの要因としては、地域差によるものが考えられる。しかし、本杮葺が広島県の旧高田郡域、山県郡域、旧佐伯郡域にあり、段杮葺が旧高田郡域、旧佐伯郡域（ただし本殿）にみられ、流杮葺が旧高田郡域、山県郡域に現存し、直杮葺が旧高田郡域、旧安芸郡域と、それぞれの屋根構造が郡域を越えて広くかつ重複して分布している。したがって、安芸国内の地域差による屋根構造の違いはないと思われる。

安芸国においては、現存例からすれば、十四世紀から十五世紀中期にかけての本殿は、入母屋造はなく、流造や両流造などの切妻造系統の非瓦葺である。玉殿においても、入母屋造はまったくなく、(17)切妻造平入か流造で、(18)また本瓦葺やそれを模した木瓦葺は存在せず、本殿にも使われた本柿葺にするのが一般的であった。(19)したがって早い時期においては玉殿は、本殿を縮小したものであって、屋根構造についても本殿と同様であったとしてよいであろう。

ところが前述したように、安芸国の玉殿の屋根構造は、年代が降り十五世紀最末期に、主流が長柿葺に移っている。また、本柿葺の玉殿のなかでも年代が降ったものでは、柿板の幅や葺き足が大きくなり、軒付が薄くなっている(20)（写真2―11）。したがって中世末期の十六世紀になると、神社本殿と同様の屋根構造から、簡易的な屋根構造へと玉殿が変化する傾向が強くなったとすることができる。

写真 2-11　宮﨑神社玉殿中央殿 本柿葺

　ところで、調査の結果、中世玉殿には見世棚《みせだな》周辺に灯明による焦げ痕があるものがみつかった。常磐神社や新宮神社［高屋］の玉殿では、見世棚上方に位置する頭貫に灯明によるものと思われる焼損がある。それは頭貫の中央部において下方から上方へ垂直方向に条状に焼けた痕で、下方の見世棚に灯明が置かれ、その火によって焦げたものと判断できる。そうした灯明の使用状況を考慮すると、玉殿を安置する祭壇の前には、今日のように御簾《みす》がなく、玉殿は内陣祭壇上に露呈した状態で安置され、本殿内に参入した神主あるいは祈願者によって、玉殿に対して直接に祭礼が行われていたと推定される。このことは、当時は本殿内に限定的に人が出入りし、玉殿はその際に人目に触れていたことを示している。よって、玉殿の細部は意匠上重要であり、(21)屋根も含めて本殿と同様に本格的に造る必要があったと考えられる。

年代が降り、在地領主層のなかでも地位の低い者が造営した神社になると、屋根構造に簡略的な手法が採用されるようになったが、それでもなお玉殿は人目に触れるため、当時の本殿の屋根からの極端な遊離は難しく、神社本殿以外にも使われたと思われる屋根構造である長柿葺等を採用したものと考えられる。

長柿葺の神社本殿以外への応用に関しては、広島県山県郡北広島町の吉川元春館跡の発掘調査において、十六世紀後期の遺構から柿板が発見されている。(22)その遺構ＳＤ１０５からの出土品37は柿板で、長二尺八寸五分（八六四㎜）、幅二寸四分（七三㎜）、厚二厘から二分（〇・五―六・五㎜、削ぎ板であるので特に薄いところも測定したものであって、厚二厘は標準板厚ではない）である。出土品38も柿板で、長三尺六寸八分（一一一四㎜）、幅二寸五分五厘から二寸九分（七七―八八㎜）、厚五厘から八厘（一・五―二・五㎜）である。また、出土品43は両端が欠損のため、当初の長さは判明しないが、現存長一尺三寸四分（四〇六・五㎜）、幅一寸五厘（三二㎜）、厚一分から二分三厘（三―七㎜）である。このほか、柿板の断片が多数出土している。これらの柿板は、本柿葺には長すぎるため、長柿葺の柿板である。出土場所からすると、居館の付属屋（湯殿や便所など）に使われた可能性が高い。

また、安芸国以外であるが長享元年（一四八七）の「星光寺縁起絵巻」(23)においても、直柿葺とみられる町家の屋根に長柿板を葺いている様子が描かれている。また、「洛中洛外図屏風」（歴博甲本や上杉本）(24)では、町家の屋根に長柿葺が多くを占め、長柿葺は中世において町家にも使われる一般的な屋根構造であったと考えられる。絵巻の描写中では省略されている可能性は否定できないが、垂木の描かれていないものが少なくなく、直柿葺が中世の町家において実在した可能性もある。したがって、長柿葺は玉殿特有の屋根構造ではなく、当時一般的に用いられていたものである可能性が高い。

六　中世から近世への屋根構造の変化

安芸国においては、近世になると、本柿葺は衰退し実例が激減する。厳島神社外宮といった極めて格式が高い地御前神社の宝暦十年（一七六〇）再造立の玉殿（第五章で詳述）や、嘉永六年（一八五三）に屋根を葺き替えた日高山神社（広島県安芸高田市）玉殿などの特異な例を除けば、本柿葺の近世玉殿の例は安芸国においては極めて少ない。また、長柿葺については十七世紀以降になると管見ではまったくなくなる。それらに代わって用いられるようになるのが、十六世紀中期に初例をみせる板葺である。

前述したように、玉殿には切妻造系統のものが一般的であるため、照りと箕甲は屋根の意匠の上で重要な位置を占めていた。本柿葺はその両者の屋根曲面を形成するのに都合がよかった。長柿葺においては、柿板が薄いので板を少し曲げることで照りを付けることはできたが、廻し葺きにできないため、箕甲を形成するには柿板の中程をねじ曲げなければならず不向きである。その後、実用的な屋根構造から玉殿の屋根が遊離することによって、十六世紀中期になって薄挽板を横板葺とするものが登場し、照りと箕甲を同時に形成することに成功した。しかしその形式も過渡的なもので、十八世紀以前に消滅した。

十八世紀以降、安芸国の玉殿は以下の二つの方向へ分化していった。いずれも実用的な屋根から離れる方向であるが、その方向は大きく異なる。一つは、幅が広く厚い挽板を使って、粗略な横板葺や流板葺を形成するもので、照りや箕甲はまったくなく、垂木もないことが多い。玉殿本体も組物を使わず、単なる箱形にする（箱形化）。玉殿が神体の単なる容れ物となり、建築的な玉殿ではなくなったことを意味する。これは、小規模神社にまで広く一般的に玉殿安置が普及したことによる、いわば玉殿の低廉化の現れと思われる。

もう一方は、意匠が微細化した、十九世紀以降にみられる仏壇のような華奢で繊細な玉殿である。屋根は柿葺形板葺で、頭貫の位置が柱頭より下がるなど、社寺建築の基本的な構造の決まりから外れるものである。これらは、厨子や仏壇専門のいわゆる仏壇職人やそれに類する職人が造ったものである可能性があって、建築的作品ではなく工芸品的作品である（工芸品化）と言える。十八世紀中期以降、広島県内の須弥壇や寺院の厨子に大坂や京都で製作されたものが少なくないことからして、仏壇同様に購入してくる方法を採ったものと判断される。(25)

柿葺から板葺へと変化した理由は以下のとおりと考えられる。まず技術面では、大鋸《おが》挽きの普及によって板材が安価に供給できるようになったことや、板葺は柿葺より製作上で手間が掛からず、簡単であることが挙げられる。次に耐久性の面では、柿葺は釘が緩んで柿板が脱落したり、柿板の乾燥変形などで、軒先が暴れて見苦しくなりやすいが、板葺はその心配がないことである。また歴史的に、安芸国では関ケ原の戦いの結果、社寺の造営主体が在地領主から領民に変わったため、十七世紀に社寺の造営はほとんどみられない。したがって、この間に中世の玉殿製作の技法が断絶した可能性も否定できない。さらに、造営主体が領民に移ったために、祭祀形態が変化し、本殿内での祭礼が行われなくなって、玉殿が人目に触れることがなくなった可能性もあり、(26)それが建築的な屋根構造から遊離を可能にする要因となったことも無視できない。

七　結語

安芸国において中世玉殿の屋根構造は、柿葺を基本としていた。その柿葺は本柿葺のほかに長柿葺とするものがみられ、長柿葺は段柿葺、流柿葺、直柿葺に細分類できることを示した。本柿葺は十四世紀前期の現存最古級の玉殿からすでに使われており、中世を通じてみられた。考察の結果、長柿葺は本柿葺より後れて現れたもので、十五世紀中期に出現するとした。そして年代が降るに連れて本柿葺から長柿葺へ主流が変化する状況がみられる。また、各神社建築に求められた格式の違いによって、柿葺の屋根構造の使い分けを行っていたことも判明した。そのほかに十六世紀中期に降ると横板葺とする玉殿があり、それは近世玉殿への変化の前触れであった。

安芸国では、中世玉殿の形式は、屋根構造も含めて実際の本殿と同等に造っていた。しかし、年代が下降すると屋根の構造が本殿と乖離し始め、非実用的になって、玉殿特有の横板葺などへ変化していったと考えられる[27]。中世玉殿は本殿の屋根構造や細部意匠などを忠実に応用し、大きさだけを縮小したものであって、いわば建築的な玉殿であった。それが近世になると、実際の本殿とは乖離して、いわば工芸品的な玉殿へと変化していったとすることができる。そうした点については、第三章においても別の特徴から考察を加える。

また、考古学資料や絵画によって、間接的にしか存在が確認できなかった長柿葺が、安芸国の中世玉殿には残っている。そうした屋根構造は、中世において広く使われた建築の屋根構造を詳細に伝える貴重な現存資料であると指摘できる。

註

(1)日本建築における建築的とは、柱・梁によって構成される日本の伝統的木造構造のものである。序章を参照。

(2)中世における安芸国での呼称は不明であるが、薄い削ぎ板は一般的に柿板と言う。柿板のほかにも、そぎ板、へぎ板等の呼称が近世棟札等によって確認できる。

(3)現在の檜皮葺は、昭和二十九年(一九五四)の葺き替えであるが、棟札により、造立当初からこの玉殿は檜皮葺であったことが確認できる。また、明治二十四年(一八九一)の修理以前は、現在の本殿(連歌堂)は柿葺であった。

(4)鎌倉時代の柿葺では、裏甲を持たない例もある。観福寺(愛知県東海市)本堂内宮殿など。

(5)常磐神社玉殿の屋根葺技法については先に一部指摘がある。三浦正幸「神社本殿内の中世の玉殿─広島県高田郡八千代町の佐々井厳島神社と常磐神社─」(『建築史学』第十一号、昭和六十三年(一九八八))を参照。
(6)幅の調整が行われている可能性が高い妻端部のものを除く。
(7)長さが二種類あるのは、一段目が長く、二段目(最上段)が短いためである。図2─1参照。
(8)見える限りでは六本が竹釘で、そのほかはすべて鉄釘であった。この竹釘も当初のものと考えられ、鉄釘の不足を補ったものと考えられる。
(9)厳島神社摂社大元神社本殿の建立年代は、玉殿と同様の嘉吉三年(一四四三)の建立であると考えるのが妥当である。第一章を参照。
(10)昭和三十年(一九五五)の修理工事によって復元された段柿葺は、小屋内で発見された大永の旧屋根材に基づく。『嚴島神社国寶並びに重要文化財建造物昭和修理綜合報告書』(昭和三十三年(一九五八))を参照。なお、他県のものでは、屋根が復元された天文十三年(一五四四)の天満神社(兵庫県たつの市)本殿の例がある。
(11)註(5)と同様。
(12)註(6)と同様。
(13)玉殿第一殿の段柿葺の押桟には欠き込みがないが、それは押桟が細いためであろう。
(14)洛中洛外図(舟木本、東京国立博物館所蔵)など、欠き込みのある押桟を描く例があり(詳しくは後述)、雨掛かりとなる建物では雨水の排水の意図も考えられる。
(15)第二殿は明治時代の神社合祀の際に、新宮神社から移入された近世の玉殿である。詳しくは第一章を参照。明治の合祀以前は、第一殿を中央殿、第三殿と第四殿を左右殿として、三基を一列に並べて安置していたことになる。
(16)安芸国の三十四基の中世玉殿の屋根には大小の差があるが、いずれも流柿葺や直柿葺で葺くことが可能な屋根の大きさである。しかし、本柿葺や段柿葺を用いるものも少なくないので、屋根構造は屋根の大きさとは関係がないものとしてよいであろう。
(17)小建築である寺院の厨子においては、入母屋造か、屋根を作らず如意頭飾《にょいとうかざり》を付けるものが圧倒的に多く、玉殿とは対照的である。

(18)安芸国では、玉殿は本殿身舎（内陣）後方の奥行一間未満の祭壇上に安置されるため、玉殿の前後の軒の出を考えると、玉殿の奥行（梁間）寸法を長くとることは難しい。そのため佐々井厳島神社や今田八幡神社のような、間口（桁行）二尺五寸（七五八㎜）を越える大型の玉殿では流造の庇を形成せず切妻造平入とする。また、考察により、古式な玉殿は流造としない傾向がある。詳しくは第五章・終章を参照。小型の玉殿では、庇を持つ流造でも納めることができるので、流造の庇を供物棚である見世棚とした流見世棚造とする例が多い。なお、大型の切妻造平入玉殿で見世棚を設ける場合は、身舎の前半を開放して見世棚としている（例として佐々井厳島神社玉殿）。

(19)檜皮葺は厳島神社などの有力な神社の本殿に限られた。

(20)永禄十一年（一五六八）の宮崎神社玉殿では、柿板の幅三寸五分（一〇六㎜）程度で、葺き足についてもほぼ同程度である。軒付は柿板三枚としている。

(21)元亨四年（一三二四）の今田八幡神社玉殿では、柱の隅延びを施すなど、同時代の本殿と同等の細部が用いられている。十四世紀前期から十五世紀中期にかけて順次造立された佐々井厳島神社玉殿では、連三斗の組物や中備本蟇股、妻飾の虹梁大瓶束など、同時代の本殿と変わるところがない。

(22)広島県教育委員会編『吉川元春館跡―第3次発掘調査概要―1996』（中世城館遺跡保存整備事業発掘調査報告8、平成十年（一九九八））による。本例により、玉殿以外の建物にも長柿葺が行われていたことがわかる。

(23)東京国立博物館所蔵。

(24)十六世紀中期の洛中洛外図屏風（歴博甲本（旧町田家本）、国立歴史民俗博物館所蔵）では、長柿板で葺いたと考えられる町家が多くを占める。それらは柿板より幅の広い流板葺の建物とは区別して描かれているので、そうした板葺でないことは明らかである。また、その柿板と推定される板は、川に渡した橋の板や人が持ち運んでいる板とも明らかに幅が異なる。十六世紀後期の洛中洛外図屏風（上杉本、米沢市上杉博物館所蔵）でも同様である。したがって、室町時代から桃山時代において長柿葺はかなり一般的に用いられていたものであることがわかる。なお、洛中洛外図屏風（舟木本）にも長柿葺と思われる屋根が用いられており、その押桟に欠き込みがあるものがある。

(25)小用神社摂社伊勢宮神社（広島県呉市）の明和元年（一七六四）の建立棟札によると、「社壇大工　川尻村政平、玉殿大工　大坂之住」となっており、社壇すなわち本殿の大工が地元川尻村の政平であり、玉殿の大工が大坂の住であることがわかる。なお、この玉殿大工には名が記されていないので、完成品を購入してきたものと解することができる。また、「玉殿大工」とは記してあるが、仏壇等の職人であったことも否定できない。

(26)佐々井厳島神社では、慶応三年（一八六七）に玉殿を二日間公開したことを記念する棟札が残っており、その頃になると、玉殿は人目にほとんど触れなかったといえる。

(27)安芸国では近世の寺院厨子の構造についても同様に非建築化しているが、本書の主旨から外れるので、その点については指摘にとどめておく。

第三章　中世玉殿における一木造出技法

一　はじめに

安芸国の現存する三十四基の中世玉殿は、造立当初の部材をほぼ完存している。調査で確認されたそれら中世玉殿のなかでは、複数の部材を一木から造り出す（以下、一木造出という）例が多く見出された。そうした建築手法は一般的な社寺建築とは異なり、後述するように、安芸国では中世玉殿だけに特有で特別な技法であることが判明した。そこで、本章では、中世玉殿の一木造出の詳細について報告し、その特色や意義、年代的変化などについて考察を加えることにする。

二　一木造出の分類

安芸国に現存する中世玉殿の一木造出については、一木造出とする部材の組み合わせの豊富さや特殊性に注目できる。そのうち玉殿に見られる主要な組み合わせを分類してみると、次のとおりとなる。

①桁《けた》・舟肘木《ふなひじき》　桁とその下の舟肘木（桁・舟肘木、以下、一木造出とする部材名を「・」を用いて列記することにする）を一木造出とするもの、その類例である棟木《むなぎ》と舟肘木（棟木・舟肘木）とするもの。

②桁・通実肘木《とおしさねひじき》　桁とその下の通実肘木（桁・通実肘木）を一木造出とするもの、その類例である棟木と通実肘木（棟木・通実肘木）とするもの。

③斗《ます》・肘木　巻斗《まきと》や方斗《ほうと》と肘木（斗・肘木）を一木造出とするもの、それに琵琶板《びわいた》を加えたもの（斗・肘木・壁板）。

④蟇股《かえるまた》・壁板　蟇股と琵琶板や妻板壁（蟇股・壁板）を一木造出とするもの、それに蟇股上の巻斗を加えたもの（蟇股・斗・壁板）。

⑤頭貫《かしらぬき》・大斗《だいと》　頭貫とその上に乗る組物の大斗（頭貫・大斗）を一木造出とするもの。

⑥破風板《はふいた》・登裏甲《のぼりうらごう》及び裏甲・茅負《かやおい》　破風板とその上の登裏甲（破風板・登裏甲）を一木造出とするもの、裏甲と茅負（裏甲・茅負）を一木造出とするもの。

そのほかにも虹梁《こうりょう》とそれを下から支える手先肘木及び巻斗（虹梁・斗・肘木）といった主要部材に上記の例を加えるものや、虹梁とその下の壁板（虹梁・壁板）といった主要部材に小部材を加えるものがある。[1] さらに上記の組み合わせどうしを複合化したものや、類例のない特殊なものがある。

以上の一木造出部材の状況については、表3―1にまとめて挙げておく。

表3―1　一木造出のある安芸国の中世玉殿

名称	所在地	建築年代	桁行間数	梁間間数	形式	桁行（尺）	梁間（尺）	一木造出部材組合せ
今田八幡神社	山県郡北広島町今田五二〇	元亨四年（一三二四）	3	2	切妻造平入	3・90	2・34	桁・舟肘木、棟木・舟肘木
佐々井厳島神社第一殿	安芸高田市八千代町佐々井四一一	十四世紀前期	1	1	切妻造平入	2・54	2・32	斗・肘木・杯面戸、本蟇股・壁板

佐々井厳島神社第五殿	安芸高田市八千代町佐々井四一一	文和二年（一三五三）	3	2	切妻造平入	3・03	2・02	桁・通実肘木・斗・肘木、頭貫・大斗・持送り肘木・巻斗（・壁板）、虹梁・斗・肘木・壁板、本蟇股・斗・壁板、棟木・実肘木、裏甲・茅負、破風板・登裏甲
佐々井厳島神社第二殿	安芸高田市八千代町佐々井四一一	十四世紀末期	1	2	切妻造平入	2・89	2・09	桁・通実肘木・斗・肘木・本蟇股・壁板、斗・肘木・実肘木・壁板、虹梁・壁板、裏甲・茅負、破風板・登裏甲
佐々井厳島神社第四殿	安芸高田市八千代町佐々井四一一	十五世紀前期	1	2	切妻造平入	2・87	2・07	桁・通実肘木、斗・肘木・本蟇股・壁板、斗・肘木・壁板、虹梁・通実肘木、大斗・壁板、棟木・実肘木、裏甲・茅負、破風板・登裏甲
厳島神社摂社大元神社中央殿	廿日市市宮島町一〇	嘉吉三年（一四四三）	1	2	流造	1・61	2・21	本蟇股・斗
厳島神社摂社大元神社右殿	廿日市市宮島町一〇	嘉吉三年（一四四三）	1	2	流造	1・63	1・81	桁・舟肘木
厳島神社摂社大元神社左殿	廿日市市宮島町一〇	嘉吉三年（一四四三）	1	2	流造	1・63	1・81	桁・舟肘木
佐々井厳島神社第三殿	安芸高田市八千代町佐々井四一一	文安二年（一四四五）	1	2	切妻造平入	2・82	1・92	斗・肘木・桁、頭貫・大斗・持送り肘木・巻斗、本蟇股・斗、虹梁・斗・肘木・壁板、斗・肘木、棟木・斗・肘木、裏甲・茅負、扉・辺付
桂浜神社中央殿	呉市倉橋町四二三	明応九年（一五〇〇）	1	2	流造	1・29	1・66	桁・舟肘木
常磐神社第一殿	安芸高田市八千代町勝田五一七	天文年間（一五三二―一五五五）	1	2	流造	1・26	1・43	桁・舟肘木、桁・通実肘木・斗、破風板・箕甲塞板
常磐神社第三殿	安芸高田市八千代町勝田五一七	天文年間（一五三二―一五五五）	1	2	流造	1・17	1・28	桁・舟肘木、桁・通実肘木
常磐神社第四殿	安芸高田市八千代町勝田五一七	天文年間（一五三二―一五五五）	1	2	流造	1・17	1・28	桁・舟肘木、桁・通実肘木
速田神社	廿日市市吉和三八九三	十六世紀中期	1	2	流造	1・56	2・07	桁・舟肘木、桁・通実肘木、斗・肘木、本蟇股・斗・壁板、棟木・実肘木、登裏甲・軒付
宮崎神社中央殿	安芸高田市吉田町相合二六一	永禄十一年（一五六八）	1	2	流造	1・90	2・25	桁・舟肘木、斗・肘木、板蟇股・斗・壁板
宮崎神社右殿	安芸高田市吉田町相合二六一	永禄十一年（一五六八）	1	2	流造	1・90	2・25	桁・舟肘木、斗・肘木

宮崎神社左殿	安芸高田市吉田町相合二六一	永禄十一年（一五六八）	1	2	流造	1・90	2・25	桁・舟肘木、斗・肘木
新宮神社	安芸高田市吉田町高野五九一	十六世紀後期	1	2	流造	1・64	1・82	桁・舟肘木
清神社中央殿	安芸高田市吉田町吉田四七六	十六世紀後期	1	1	切妻造平入	1・86	1・64	桁・舟肘木、棟木・舟肘木
清神社左殿	安芸高田市吉田町吉田四七六	十六世紀後期	1	1	切妻造平入	1・86	1・64	桁・舟肘木、棟木・舟肘木
清神社右殿	安芸高田市吉田町吉田四七六	十六世紀後期	1	1	切妻造平入	1・87	1・62	桁・舟肘木、棟木・舟肘木

三　佐々井厳島神社玉殿における一木造出

佐々井厳島神社（安芸高田市）玉殿（第一殿から第五殿）においては[2]、前述した一木造出部材がほぼすべて見られ、さらに特殊な一木造出も用いている。一木造出が最も顕著に現れている例であるので、以下にその状況を年代順に詳述する。なお、これら玉殿の一木造出部材はすべて当初材である。

1　佐々井厳島神社玉殿第一殿

佐々井厳島神社玉殿第一殿（図3―1）は、建築様式及び部材の経年変化等によって、鎌倉時代末期の十四世紀前期の造立と考えられ、桁行一間、梁間一間、切妻造平入、柿葺《こけらぶき》の玉殿で、組物に連三斗《つれみつど》を用い、妻飾を虹梁大瓶束《たいへいづか》式としており、玉殿以外の神社建築と遜色ない本格的な細部形式を持つ。

連三斗を構成する長い肘木とその上の巻斗を一木造出（斗・肘木）としている。巻斗と肘木の境目はなく、斗《と》繰《ぐり》がそのまま肘木に続き、巻斗の間の杯面戸《さかづきめんど》も一木造出である。

また、本蟇股・壁板の一木造出が見られる。その本蟇股は身舎《もや》正面の中備《なかぞなえ》であって、厚六分（一八㎜）の蟇股の脚の部分を彫り出して、厚三分五厘（一〇・五㎜）を彫り残して琵琶板としたものである。蟇股の内部彫刻も通例にしたがって、脚と一木造出の透彫《すかしぼり》としてあったが、現在は欠失している。その内部彫刻の背面には、別材の裏板を当てている。

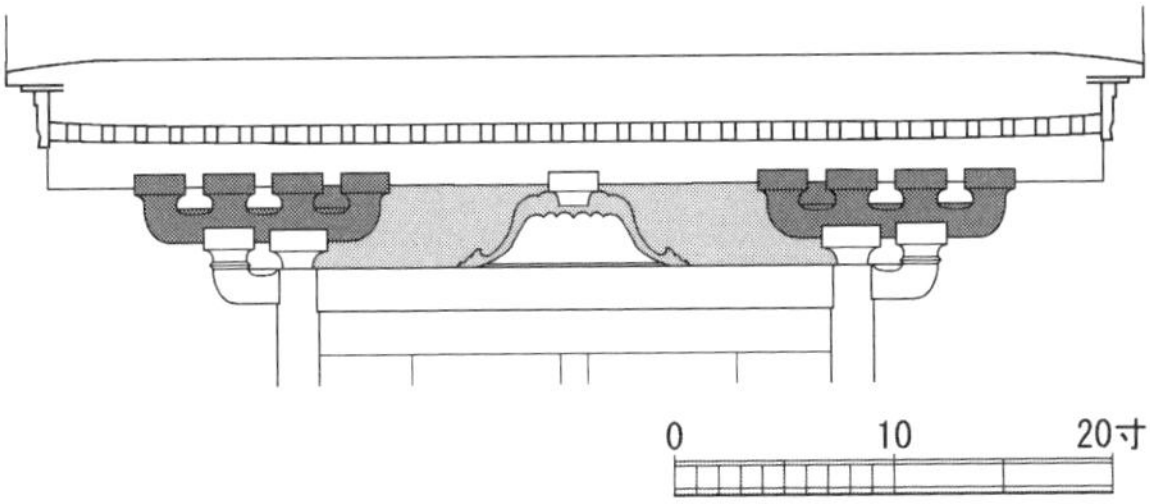

図 3-1　佐々井厳島神社玉殿第一殿　一木造出部材正面配置図　縮尺 1/20

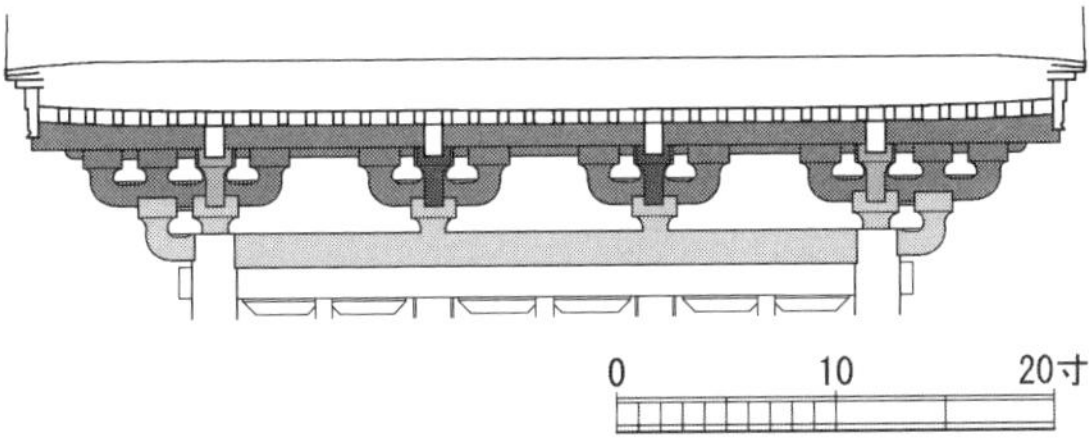

図 3-2　佐々井厳島神社玉殿第五殿　一木造出部材正面配置図　縮尺 1/20

2　佐々井厳島神社玉殿第五殿

第五殿（図3―2・3）は、文和二年（一三五三）の造立が墨書銘によって確認できる。桁行三間（正面側柱筋では中央二本の柱を省略して、通し一間とする）、梁間二間、切妻造平入、杮葺の玉殿で、組物は端部に連三斗を用い、正面平《ひら》は出《で》三斗、

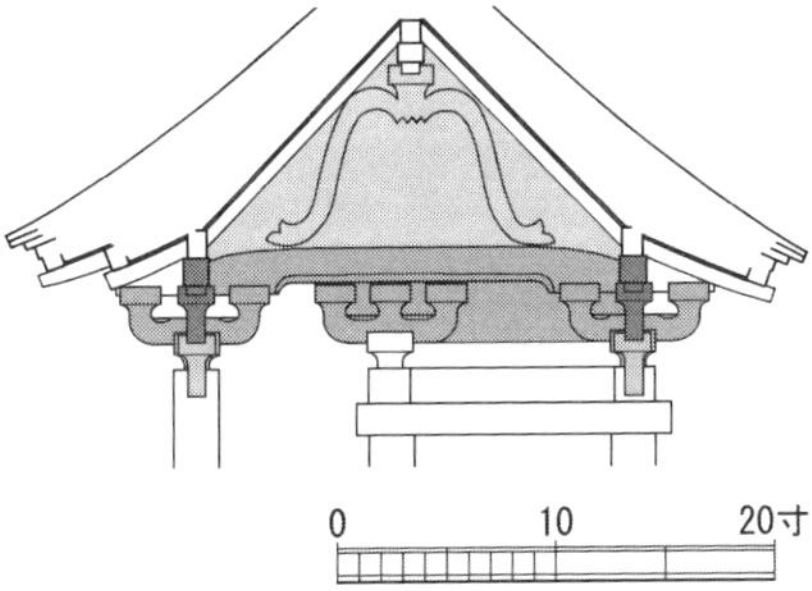

図 3-3　佐々井厳島神社玉殿第五殿　一木造出部材側面配置図　縮尺 1/20

正面入側平《いりがわ》と背面平は平《ひら》三斗とする。妻飾は虹梁本蟇股《ほんかえるまた》式としている。

正面では、頭貫・大斗・持送り肘木・巻斗、背面では、それらに加えて琵琶板を一木造出としている。頭貫からはその上方の大斗四個を一木造出とする。大斗の斗尻《とじり》は頭貫からこぼれず、斗繰がそのまま頭貫に続き、その境目はない。頭貫の両端は通例にしたがって、木鼻《きばな》に代えて連三斗を支える肘木を一木造出にしているが、本例では珍しいことに、その上の巻斗も一木造出にしている。その巻斗と大斗の間には、補強の目的で、その上の肘木下の位置に成（部材の高さ）一分五厘（四・五㎜）の棒状の部分を彫り残して連結している。背面では、その下面の高さまで一木造出の面戸板としている。よってこの桁行側柱《がわばしら》筋の一木造出部材は、長さ三尺七寸一分（一一二四㎜）、幅三寸一分三厘（九五㎜）、厚二寸一分三厘（六四・五㎜）の棒状の原材から彫り出したものである（正確には、その大きさの原材のうちに収まる）。内陣外陣境については、頭貫・大斗・壁板の一木造出（端部の肘木と巻斗はなく、端部大斗は別木）である。

また、桁・通実肘木・斗・肘木を一木造出としている。桁は幅一寸二分（三六・五㎜）、中央で成一寸（三〇・五㎜）、端部で成一寸一分五厘（三五㎜）であり、一分五厘（四・五㎜）反り増している。通実肘木は成三分五厘（一〇・五㎜）、幅九分（二七・五㎜）で、その下の斗の含みの中に完全に納まる。通実肘木の破風寄りの端部は、下面を肘木状に丸く仕上げる。斗幅は桁幅より広く、一寸六分（四八・五㎜）である。斗（巻斗及び方斗）と肘木の境目はない。この一木造出部材は、長さ四尺七寸（一四二四㎜）、幅三寸八分五厘（一一七㎜）、厚一寸六分（四八・五㎜）の原材から彫り出したものである。

側面では虹梁・斗・肘木・壁板を一木造出としている。虹梁は妻面の二間に架け通し、欠眉《かきまゆ》を施す。端部では袖切《そでぎり》や実肘木なしに虹梁を直に斗で挟んで受け、手先肘木とともに一木造出とする。ただし、一般的な社寺建築とは異なって、虹梁尻は別木としている。妻中央の柱の上には、虹梁と一木造出の平三斗を配しており、斗は虹梁を挟み込まず、虹梁を斗の上面で支えた形としている。巻斗間の杯面戸も一木造出である。虹梁下は前方一間は開放しているが、後方一間は肘木下端までの琵琶板を一木造出としている。この一木造出部材は、長さ二尺七寸四分（八三〇㎜）、幅四寸二分五厘（一二九㎜）、厚一寸六分（四八・五㎜）の原材から彫り出したものである。

また妻飾では、虹梁上の本蟇股・斗・壁板を一木造出とする。虹梁上で棟木を支える蟇股は一般的には板蟇股とされるが、本例では本蟇股とする。その本蟇股の内部彫刻はなく、足部のみを妻壁の表面に彫り残している。本蟇股上の巻斗は、妻壁から一木造出としたためか、木口の斗幅が極めて小さく、蟇股とほぼ同面に彫り出す。また棟木・実肘木を一木造出としている。この実肘木は繰形を施さず、前掲の通実肘木と同様に端部の下面を肘木状に丸く仕上げる。

さらに、裏甲・茅負を一木造出とする。茅負は前面に決《しゃく》りを施しており、端部で四分（一二㎜）反り上がる。そのため裏甲も反り上げて彫り出している。また、破風板・登裏甲も一木造出であり、桁位置で強く曲がった破風板に合わせて、登裏甲も強く曲げて彫り出している。

3　佐々井厳島神社玉殿第二殿

第二殿（図3―4・5）は、建築様式及び部材の経年変化等によって、十四世紀後期の造立と考えられ、桁行一間、梁間二間、切妻造平入、柿葺の玉殿で、組物に連三斗を用い、妻飾は虹梁大瓶束式である。

桁・通実肘木・斗・肘木・本蟇股・壁板の一木造出が見られ、安芸国の中世玉殿のなかで最も多くの種類の部材が一木造出となっている例である。連三斗の長い肘木と上の斗四個は境目のない一木造出で、斗の間の杯面戸も一木造出とする。斗は通実肘木を挟み、桁とは離れた形に彫り出す。方斗の平側中央には、表も裏も組立用の縦溝が付いている。溝の深さは、斗の表面から肘木の表面までの三分五厘（一〇・五㎜）で、幅は、直交する実

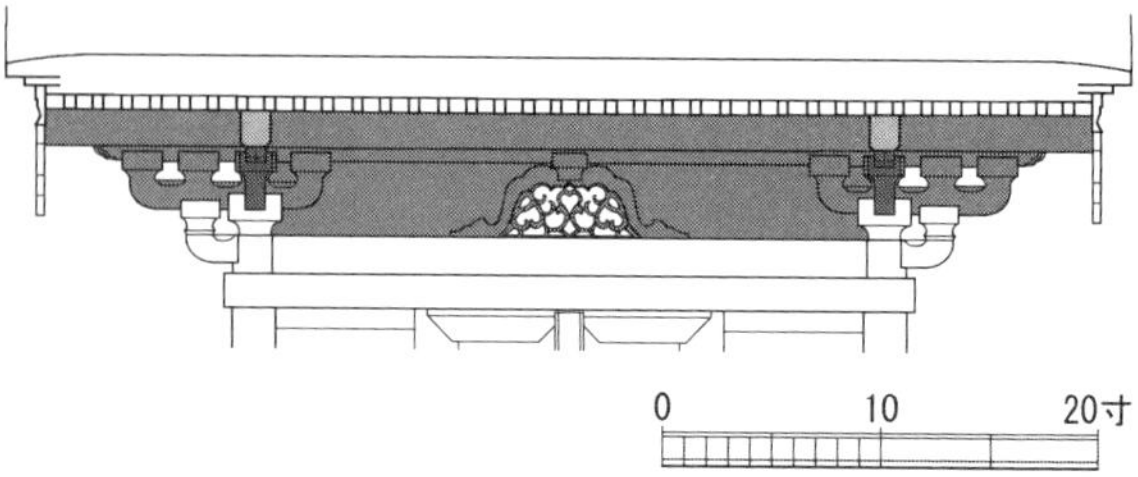

図 3-4　佐々井厳島神社玉殿第二殿　一木造出部材正面配置図 縮尺 1/20

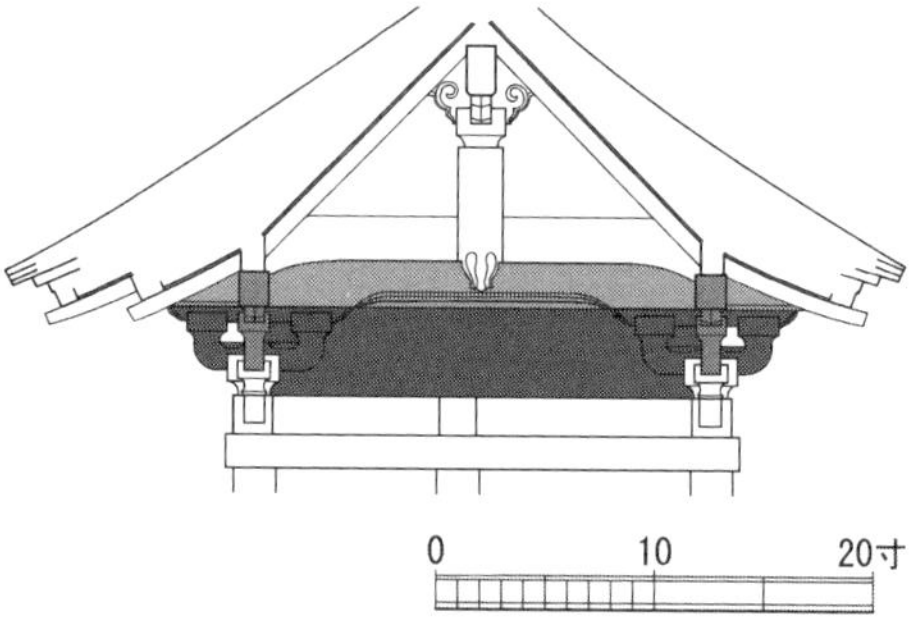

図 3-5　佐々井厳島神社玉殿第二殿　一木造出部材側面配置図 縮尺 1/20

肘木の幅の九分（二七・五㎜）である。直交する斗・肘木を一木造出としたときに、第二殿の場合では、組立てる上でどうしても必要となる溝である（詳しくは後述）。桁の成は、一寸五分五厘（四七㎜）で反り上がりはない。一木造出のためもあって、桁と斗の前面は揃う。組物間の琵琶板も一木造出であるので、左右の組物が同一材からなる。身舎正面の中備である本蟇股は、その琵琶板から彫り出された一木造出で、蟇股の内部彫刻も通例にしたがって、脚と一木造出である。その内部彫刻の背面には、別材の裏板を当てる。蟇股上の巻斗も一木造出である。それらの部材は、長さ四尺八寸三分（一四六四㎜）、幅五寸四分五厘（一六五㎜）、厚一寸四分（四二・五㎜）の原材から彫り出したものである。

側面では、斗・肘木・実肘木・壁板を一木造出としている。肘木と斗の境目はなく、斗の間の杯面戸も一木造出である。頭貫上面から実肘木の上面までの高さの板から斗、肘木、実肘木を彫り出し、壁板を彫り残したものである。したがって、大斗のみが別木である。

また側面では、虹梁・壁板を一木造出とする。これは、前掲の虹梁下の一木造出部材を虹梁端部の下面の高さで揃えたために、捨眉《すてまゆ》部分に壁板を彫り残したものである。

すなわち、この玉殿では、大斗を除いて組物から桁までのすべての部材は、前後と左右の四本の原材から彫り出したものを組立てた構造となっている。

さらに、裏甲・茅負を一木造出とする。茅負は前面に決りを施している。また、破風板・登裏甲も一木造出であり、桁位置で強く曲がる。

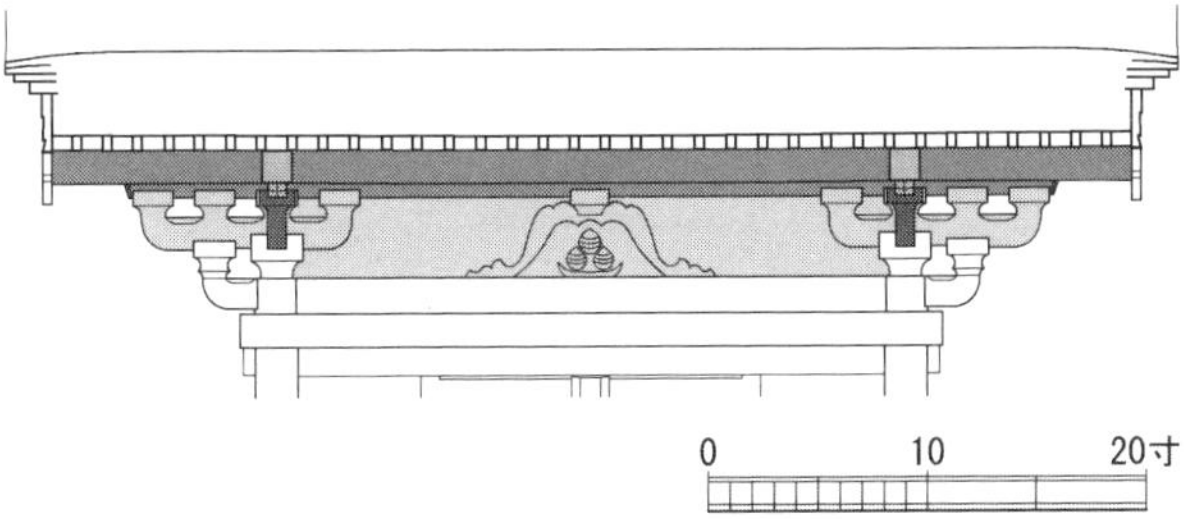

図 3-6　佐々井厳島神社玉殿第四殿　一木造出部材正面配置図　縮尺 1/20

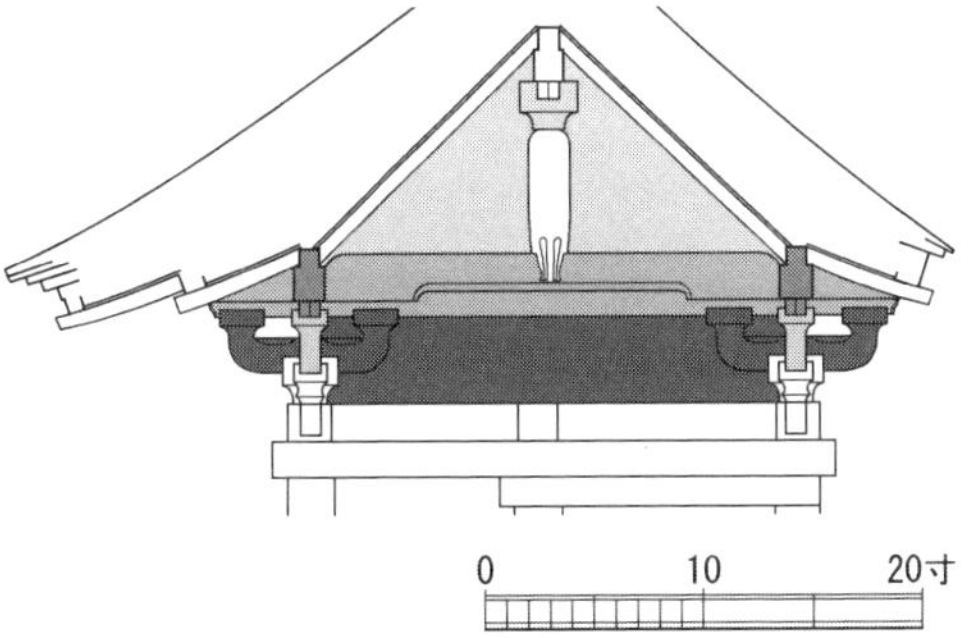

図 3-7　佐々井厳島神社玉殿第四殿　一木造出部材側面配置図　縮尺 1/20

4　佐々井厳島神社玉殿第四殿

第四殿（図3―6・7）は十五世紀前期の造立と考えられ、桁行一間、梁間二間、切妻造平入、柿葺の玉殿で、組物に連三斗を用い、妻飾は虹梁大瓶束式である。

正面では、斗・肘木・本蟇股・壁板の一木造出としている。斗と肘木の境目はなく、斗の間の杯面戸や琵琶板も一木造出である。正面の中備の本蟇股も一木造出とする。蟇股の上の巻斗も一木造出である。蟇股の内部彫刻も通例にしたがって、脚と一木造出であり、

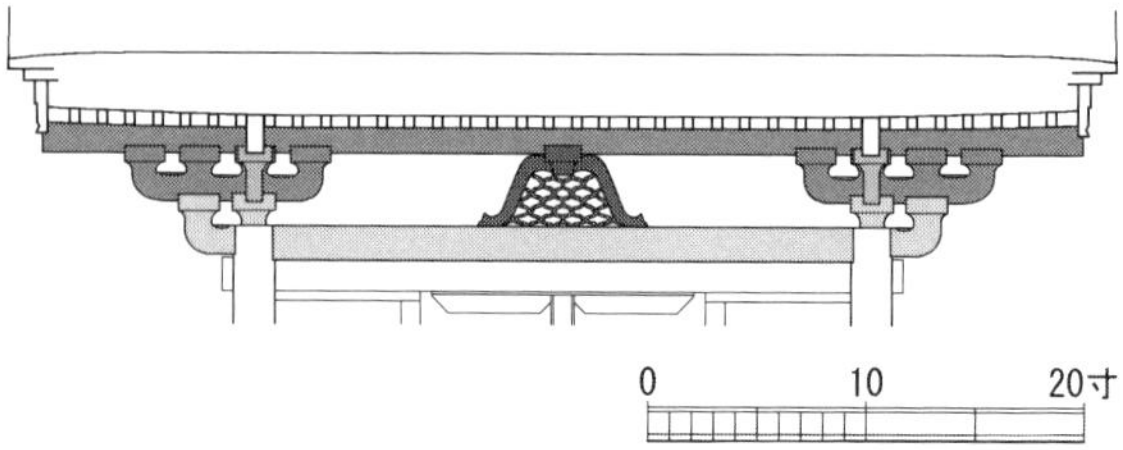

図 3-8　佐々井厳島神社玉殿第三殿　一木造出部材正面配置図　縮尺 1/20

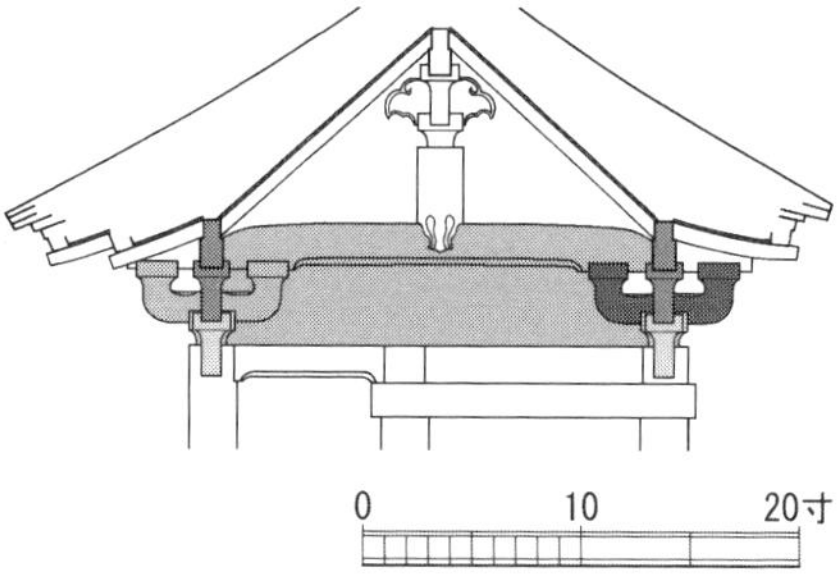

図 3-9　佐々井厳島神社玉殿第三殿　一木造出部材側面配置図 縮尺 1/20

本例では、内部彫刻の背面裏板も一木造出としている。これらの部材は、長さ四尺一寸七分（一二六四㎜）、幅三寸九分五厘（一二〇㎜）、厚一寸五分（四五・五㎜）の原材から彫り出したものである。

また、桁・通実肘木の一木造出とする。桁の成は、一寸四分五厘（四四㎜）で反り上がりはない。通実肘木は成六分三厘（一九㎜）、幅九分（二七・五㎜）で、破風寄りの端部は、絵様《えよう》実肘木の繰形《くりがた》を施す。

側面では、斗・肘木・壁板を一木造出としている。巻斗と手先肘木を一木造出とし、琵琶板も一木造出としたものである。

また、虹梁・通実肘木の一木造出としている。虹梁は捨眉、欠眉を施しているが、虹梁の下部においても、実肘木が通ることになり、虹梁の捨眉部分においては、実肘木の成を上方に増した形として、一木造出としている。

妻飾では、大斗・壁板の一木造出としている。妻壁板から大瓶束上の大斗を彫り出したものであるが、大瓶束そのものは別木であり、半円形断面の大瓶束を壁板に打ち付けている。

また、大瓶束上では、棟木・実肘木の一木造出としている。

さらに、裏甲・茅負を一木造出とする。茅負は前面に決りを施している。また、破風板・登裏甲も一木造出であり、桁位置で強く曲がる。

5　佐々井厳島神社玉殿第三殿

第三殿（図3―8・9）は、文安二年（一四四五）の造立が墨書銘によって確認できる。桁行一間、梁間二間、切妻造平入、柿葺の玉殿で、組物に連三斗を用い、妻飾は虹梁大瓶束式である。

正面では、頭貫・大斗・持送り肘木・巻斗の一木造出が見られる。第五殿と同様に、大斗と頭貫を一木造出としている。頭貫の両端には、連三斗を支える肘木と斗を一木造出としている。それらの部材は長三尺二寸六分（九八八㎜）、厚二寸（六〇・五㎜）の厚板から彫り出したものである。

また、桁・斗・肘木を一木造出としている。桁は、幅一寸五厘（三二㎜）、成中央一寸五厘（三二㎜）、端部一寸二分五厘（三八㎜）であり、二分（六㎜）反り増している。通実肘木は用いず、桁を直接、斗が挟み込んだ形とする。肘木と斗との境目はなく、一木造出としている。

本例では正面側には琵琶板はないが、中備の本蟇股・斗を一木造出とする。本蟇股とその上の巻斗を一木としたものであるが、本蟇股の肩が桁付近まで持ち上がり、斗が蟇股にめり込んだような形となっている。

側面では、虹梁・斗・肘木・壁板を一木造出とする。ただし、背面隅組物の斗・肘木だけは別木である。虹梁は下部に欠眉を施し、虹梁下は彫り下げて琵琶板としている。妻中央の柱上の外側には組物を載せていないため、虹梁下の琵琶板は二間続く。前方間では、柱間を開放しているため、琵琶板下に繋《つなぎ》虹梁を架けて板を止めている。なお、妻中央の柱上の内側には大斗上に斗・肘木の一木造出とし琵琶板表面に壁付き状に載せている。

妻飾では大瓶束上の棟木・斗・肘木を一木造出としている。これは、前掲の桁・斗・肘木と同様のものである。さらに、破風板・登裏甲が一木造出であり、桁位置で強く曲がる。また、扉・辺付《へんづけ》も一木造出として彫り出している。

四　そのほかの中世玉殿の一木造出

最も一木造出が進んだ佐々井厳島神社玉殿について前述したが、そのほかの安芸国の中世玉殿の一木造出について、分類ごとにその実例を挙げておく。なお、これら玉殿の一木造出部材はすべて当初材である。

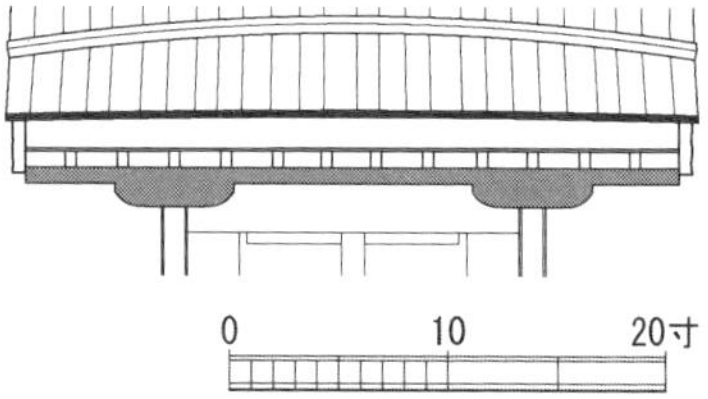

図 3-10　新宮神社［吉田］玉殿　一木造出部材正面配置図 縮尺 1/20

1　桁・舟肘木

桁・舟肘木は、安芸国の中世玉殿で、最もよく見られる一木造出である。そのうち速田神社（廿日市市）玉殿は、建築様式及び部材の経年変化によって、十六世紀中期の造立と考えられる一間社流造である。その身舎には、舟肘木が用いられており、四箇所すべての舟肘木は桁との一木造出である。身舎の桁は、幅一寸五分五厘（四七㎜）、成一寸（三〇・五㎜）で反りはない。舟肘木は幅一寸五分五厘（四七㎜）、成一寸（三〇・五㎜）、長七寸五厘（二一四㎜）である。

桁・舟肘木の一木造出の玉殿の最古例としては、元亨四年（一三二四）の今田八幡神社（山県郡北広島町）玉殿の身舎正面舟肘木と同上桁があるが、桁下端を大面取《だいめんとり》とするなど、地方的手法（第四章で詳述）を用いているため、ほかの玉殿に見られる桁・舟肘木の一木造出と同一のものとするのは、やや躊躇される（詳しくは後述）。ほかには嘉吉三年（一四四三）の厳島神社摂社大元神社左殿及び右殿の庇《ひさし》及び身舎、明応九年[3]（一五〇〇）の桂浜神社（呉市）玉殿中央殿の身舎、天文年間（一五三二―五五）の常磐神社（安芸高田市）玉殿第一殿の身舎正面（本

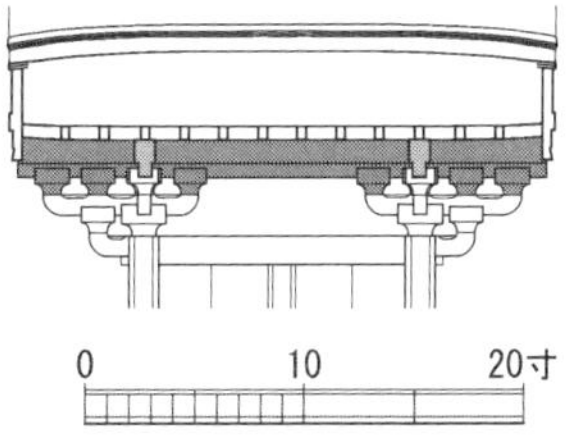

図 3-11　常磐神社玉殿第一殿一木造出部材正面配置図 縮尺1/20

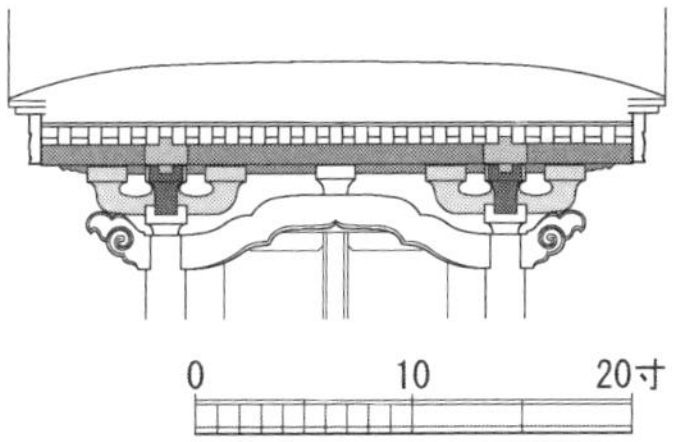

図 3-12　速田神社玉殿 一木造出部材正面配置図 縮尺 1/20

例では頭貫と桁間の琵琶板も一木造出とする）、背面の舟肘木（柱間では左右の舟肘木を連続させる）、同第三殿及び同第四殿の身舎、永禄十一年（一五六八）の宮崎神社（安芸高田市）玉殿中央殿及び左殿・右殿、十六世紀後期の新宮神社［吉田］（安芸高田市）玉殿（図3—10）の庇及び身舎、十六世紀後期（末期）の清神社（安芸高田市）玉殿三基の身舎がある。

2　桁・通実肘木

桁と通実肘木を一木造出とする玉殿の例は、佐々井厳島神社のほかには、嘉吉三年（一四四三）の厳島神社摂社大元神社玉殿中央殿の庇、常磐神社玉殿第一殿の庇（図3—11）、同第三殿の庇、同第四殿の庇、速田神社玉殿の庇（図3—12）である。大元神社と速田神社の通実肘木の両端部は、眉を付けた繰形としている。また、常磐神社玉殿第一殿では、連三斗の斗を合わせて一木造出とし、桁・通実肘木・斗としている。

3　斗・肘木

斗と肘木を一木造出とする玉殿の例は、佐々井厳島神社玉殿の五基のほか、速田神社玉殿の庇の出三斗（図3—12）がある。桁行肘木とその上の斗（巻斗と方斗）三個を一木造出とする。また、それと直交して組まれた手先肘木と巻斗二個も一木造出である。宮崎神社玉殿中央殿、左殿、右殿の庇の平三斗にも

写真 3-1　佐々井厳島神社玉殿第五殿　本蟇股・壁板

写真 3-2　速田神社玉殿　本蟇股・壁板

用いられており、桁行肘木とその上の斗三個を一木造出とする。また、それと直交するように組まれた、庇内側への虹梁持送りの肘木と巻斗及び外側へ出した拳鼻《こぶしばな》を一木造出とする。

4　蟇股・壁板

中備の本蟇股と壁板（琵琶板）を一木造出とする玉殿の例は、佐々井厳島神社玉殿のうちの四基である。このほか、本蟇股・壁板（妻壁）を一木造出とするものには、佐々井厳島神社玉殿第五殿及び速田神社玉殿がある（写真3―1・2）。速田神社のものは、本蟇股で内部彫刻及び裏板も一木造出である。宮崎神社玉殿中央殿は、妻壁から板蟇股を一木造出としている。また、厳島神社摂社大元神社玉殿中央殿は本蟇股・斗としており、佐々井厳島神社玉殿では第一殿を除いて、蟇股上の巻斗も一木造出としている。

5　破風板・登裏甲及び裏甲・茅負

破風板・登裏甲または裏甲・茅負を一木造出とする玉殿の例は、佐々井厳島神社玉殿のうちの四基である。その組み合わせで一木造出とする例はほかにはないが、速田神社玉殿では、登裏甲とその上の軒付《のきづけ》を一木造出としており、その類例とすることができる。

6　そのほか

そのほかには、今田八幡神社玉殿、常磐神社玉殿第一殿、第三殿、第四殿、速田神社玉殿、新宮神社［吉田］玉殿、清神社玉殿三基の棟木・舟肘木がある。また、常磐神社玉殿第一殿の破風板・箕甲塞《みのこうふさぎ》(4)板も見られる。

五　中世における一木造出の変化

これまでに紹介したように、安芸国の中世玉殿には一木造出を多用する例が多数あることを確認できた。また、後述するように、一木造出は近世には見られない技法で、中世玉殿特有のものと言える。これら玉殿における一木造出の特徴について、詳しく考察を加えておく。

1　年代的変化

一木造出が見られる玉殿の年代分布については、明確な特色がある。鎌倉時代末期十四世紀前期の佐々井厳島神社や今田八幡神社の玉殿において一木造出がすでに出現しており、十六世紀後期（末期）の清神社玉殿三基までの二十一基、各時期を通じて見られる。[5] 一方、一木造出を用いない玉殿（一木造出とし得る細部がない堀八幡神社玉殿、桂浜神社玉殿右殿、左殿の三基を除く）十基すべてが十六世紀中期以降であって、天文年間（一五三二―五五）の新宮神社［高屋］（東広島市）玉殿が一木造出をまったく用いなくなる初例である。

以上をまとめると、一木造出は十四世紀前期という最初期の玉殿から見られ、それ以降十六世紀前期までの玉殿に普遍的に用いられた。十六世紀中期に一木造出をまったく用いない玉殿の例が現れ、十六世紀後期を前後に一木造出を用いる玉殿は姿を消したことになる。なお、この一木造出が用いられなくなった時期は、屋根構造の考察（第二章に詳述）における柿葺から板葺への過渡期とほぼ一致する。

現存する玉殿の一木造出の年代分布は表3―2のとおりである。

表3―2　一木造出の年代分布

年代分布／一木造出	十四世紀			十五世紀			十六世紀		
	前期	中期	後期	前期	中期	後期	前期	中期	後期
あり	2	1	1	1	4		1	4	7
なし					(1)		(2)	4	6

（ ）内は、一木造出とし得る細部がないもの

2　厳島神社における玉殿

時代的傾向については前項で述べたとおりであるが、一木造出の応用の有無については時代的傾向だけではない別の状況も窺える。

一木造出を用いない安芸国の玉殿のなかに、弘治二年（一五五六）の厳島神社摂社天神社玉殿、天文年間（一五三二―五五）の同末社左右門客《かどまろうど》神社の玉殿がある。ここで、左右門客神社については、海上における小型本殿の覆屋付きの例と言えるものであり、天神社玉殿についても、その安置形態は小型本殿の覆屋付きの例に近い（第一章に詳述）。したがって、厳島神社の本社や客神社などの本殿と同様に、一木造出としなかった可能性も指摘できる。また、江戸時代のものではあるが、厳島神社外宮の地御前《じごぜん》神社（廿日市市）の宝暦十年（一七六〇）再建時の玉殿は、古式がよく残されており、厳島神社の玉殿の形式を伝えるものである（第五章で詳述）。この玉殿には、一木造出部材が使われていないので、厳島神社のような玉殿として極めて大きい例については、一木造出を応用しないものであった可能性が指摘できる。

また、厳島神社摂社天神社玉殿は一木造出を用いないが、同系統の工匠の作品であると考えられている(6)十六世紀中期の速田神社玉殿、永禄十一年（一五六八）の宮崎神社玉殿は一木造出を用いている。この三者の玉殿は、庇正面の頭貫を折上げていることや、庇の繋虹梁に袖切を施さないことが共通しており、同じ系統の工匠の作品である可能性が高い。したがって、一木造出の応用の有無については工匠の系統による違いはないとしてよい。

六　一木造出部材の組立

一般的な社寺建築において、部材の接合には種々の継手《つぎて》・仕口《しぐち》・ダボが用いられているが、玉殿においては、

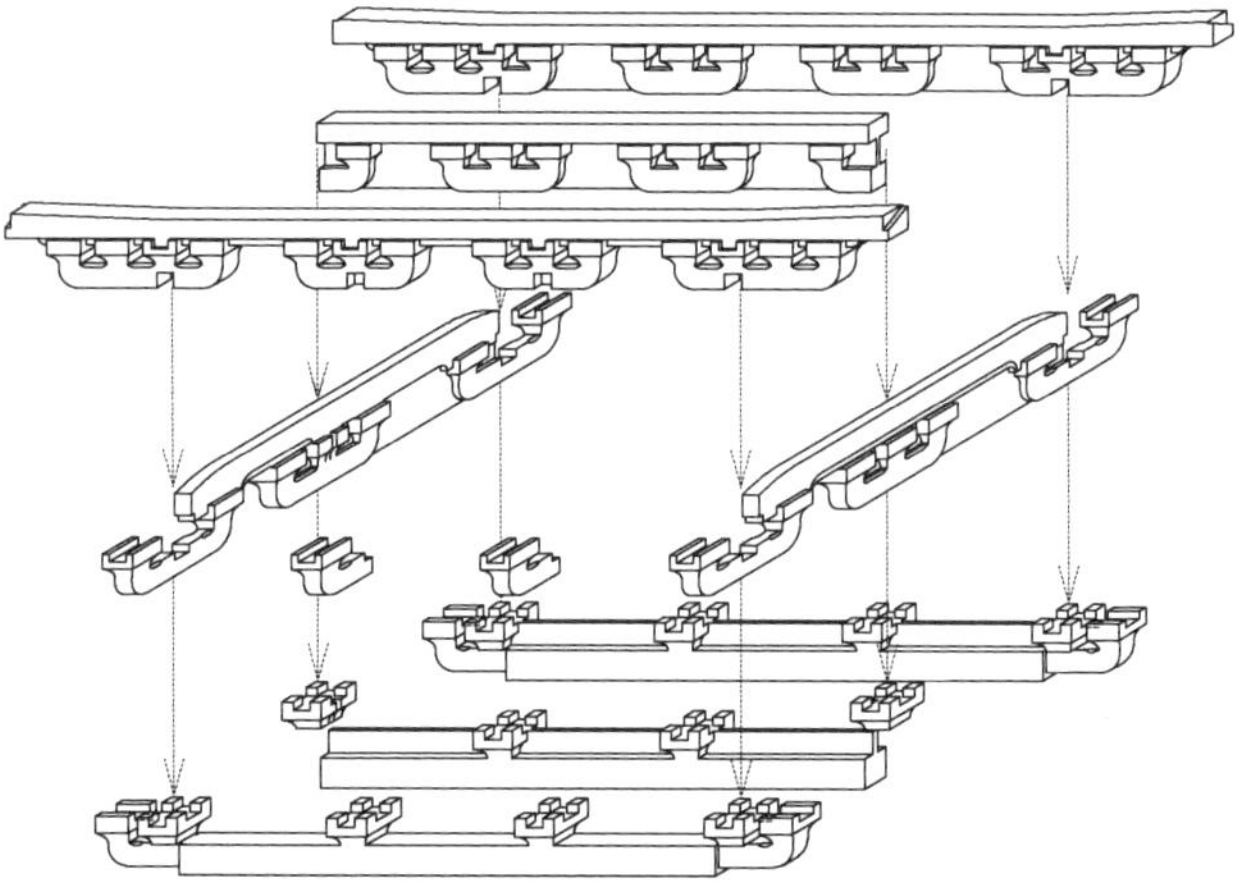

図 3-13　佐々井厳島神社玉殿第五殿一木造出部材組立図

それらの接合箇所を減じるために、多くの種類の部材を一木造出としている。ところで、一般的な二部材の接合では継手・仕口・ダボは一箇所で済むのに対して、一木造出とすると多くの部材が複合しているため、接合しなければならない箇所が複数生じる。そして、組立のための特別な工夫を施す必要がある。その工夫がなされた例として注目されるのが、佐々井厳島神社玉殿第二殿である。第二殿は安芸国の中世玉殿のなかで最も多くの種類の部材が一木造出となっている例である。また、それに次いで一木造出が進んだ例である同玉殿第五殿にも注目できる。ここでは、第二殿と第五殿を比較し、その組立方の違いについて述べる。

1　第五殿の回し嵌め式の組立

第五殿では、平側は斗・肘木・通実肘木・桁の一木造出であり、妻側は虹梁・斗・肘木・壁板の一木造出であって、それらを組立ている（図3―13）。妻側の部材は、第二殿より広範囲の部材の一木造出であるが、実肘木がなく、虹梁尻も別木としている。この場合では、妻側の一木造出部材を先に取り付けておき、その巻斗の間（すなわち方斗の部位）に平側の一木造出部材を回して嵌め込むことができるので、桁と梁、桁行と梁間の肘木どうしを同時に接合することが可能である。したがって、第五殿には第二殿に施されているような方斗の溝（詳しくは後述）を必要としないが、一般的な社寺建築とは大きな相違点として、虹梁本体と虹梁尻が別木となってしまった。

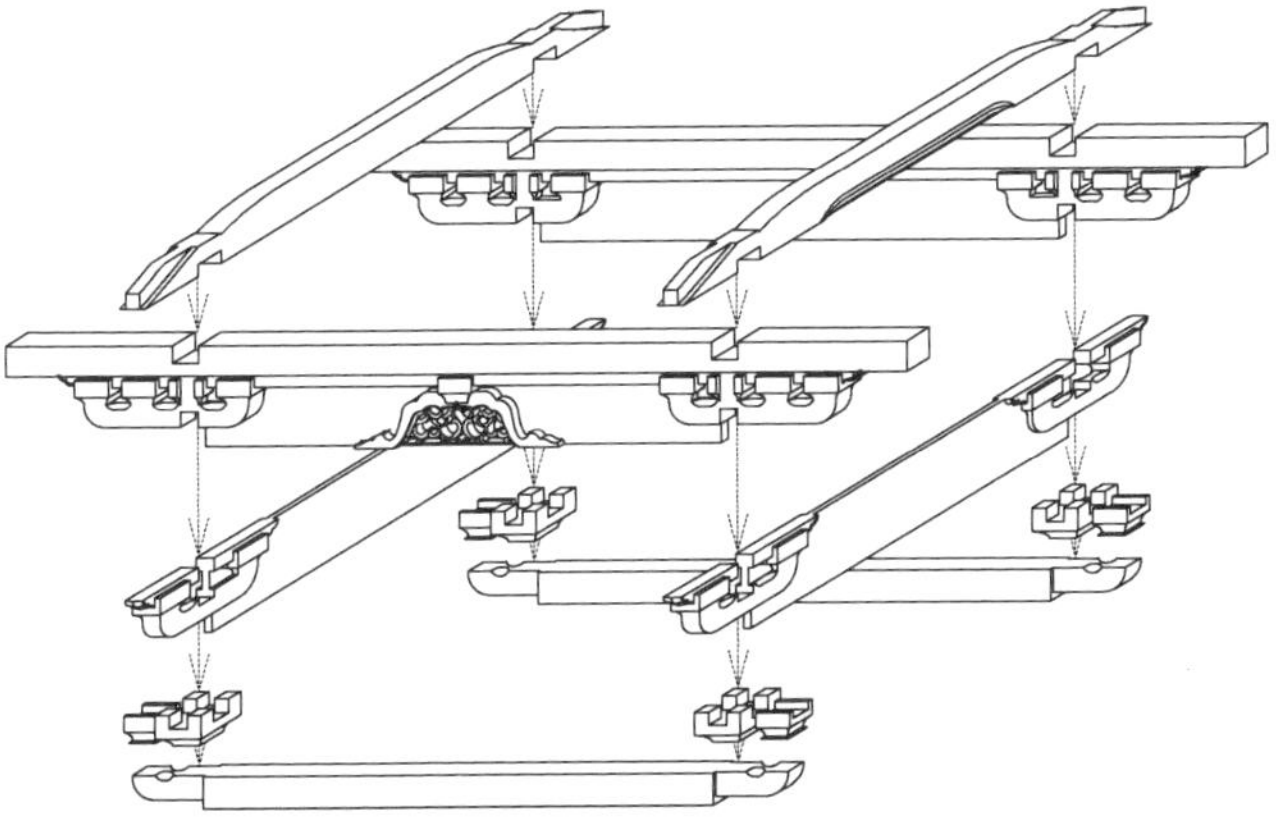

図 3-14　佐々井厳島神社玉殿第二殿一木造出部材組立図

2　第二殿の落とし嵌め式の組立

第二殿では、平側は斗・肘木・通実肘木・桁・本蟇股・壁板の一木造出であり、妻側は肘木・斗・実肘木・壁板の一木造出と、虹梁・壁板の一木造出であって、それら三種六個の部材を組立ている[7]（図3―14）。平側の部材に含まれる方斗の平側中央には、表も裏も組立用の縦溝が付いている（写真3―3）。これは妻側の

写真 3-3　佐々井厳島神社玉殿第二殿
方斗の溝

部材が、巻斗を挟んで肘木と実肘木を一木造出としていることによるものである。本来であれば、肘木と実肘木の双方で、平側と妻側の部材を相欠《あいか》きにそれぞれ組む必要があるが、それらを一木造出とした場合は、いずれか一方向の肘木あるいは実肘木を交差部で切り離さなければ組立不可能である。したがって、板状部材において断面が小さい実肘木を切断して、妻側の板状部材に平側の板状部材を上から落とし込み、肘木の部分で相欠きに組もうとしたものである。その場合、妻側の部材の実肘木の切除幅は、交差する平側の通実肘木の幅とする必要があった。このままでは、組立時に平の部材に含まれる方斗に妻側の実肘木の残部が当たってしまうので、方斗の表と裏面に対して妻側の実肘木が通るための縦溝を施したのである。また、第二殿では、平側の部材と妻側の部材は、第五殿のように組立時に回して嵌め込むことができないので、妻側では、肘木・斗・実肘木・壁板の一木造出部材と虹梁・壁板の一木造出部材の二つに分けている。

以上のように、一木造出を徹底させると、組立のための特別な工夫を施さなければならないようになる。したがって、第二殿のように方斗に縦溝を施すことは、現場における臨機応変的な設計変更であった可能性も否定しきれないが、一木造出部材を構成する各部材の組み合わせには、あらかじめ組立の方法を考慮しておく必要があったと言える。

七　中世玉殿の一木造出の特質

安芸国の中世玉殿における一木造出は、中世に特有であって多用されており、進んだものでは組立に工夫を要し、小規模建築を精巧に造り上げるための技法とすることができる。これらの点で、玉殿以外の一般的な社寺建築（一般に礎石に直に建つもの）とは異なる。また、一木造出は安芸国の中世寺院の厨子《ずし》にはほとんど用いられていない。そこで、これら玉殿の一木造出における特質について、次に詳しく考察を加えておく。

1　一般的な社寺建築との比較

安芸国の玉殿の一木造出を挙げながら、一般的な社寺建築の一部に見られる一木造出とその目的を比較する。

(1) 桁・舟肘木

桁・舟肘木の一木造出は、安芸国の中世玉殿で最も多用されている。玉殿以外の一般的な社寺建築にもわずかながら見られる一木造出部材であり、それらは一見、削り落とす部分が膨大になるので、余計に手間が掛かるように思われる。しかし、そのうち多くは大面の取られた桁を舟肘木で受ける場合におけるものであり、部材製作上で必要となる手間（桁の反り上がりと桁の大面を考慮して桁を受ける舟底状の溝を舟肘木上面に正確に彫り出す手間）(8)の省略のためとすることもできる。

玉殿においては、今田八幡神社玉殿に限っては桁に大面を取っているので、同様に手間の省略のためとも言える。ただし、ほかの玉殿では桁に面がほとんど取られていないため、舟肘木に溝は必要とされず、ダボによる接合の方が部材製作上の手間が少ない。また、桁下の壁板も含めて一木造出としている例があるので、部材製作上の手間の省略の意図で行われたものではなく、小建築である玉殿において、組立時のダボの折損などによる舟肘木の脱落を防止し、精巧に造り上げるための一木造出と見るのが妥当と考えられる。また、これは同時に経年変化による浮き上がりや歪みによる脱落や欠損に有効であったと思われる。棟木・舟肘木についても同様である。

(2) 桁・通実肘木

桁・通実肘木の一木造出は、一般的な社寺建築において類例は少なくはない。しかし、玉殿のものでは通実肘木の破風板寄りの端部を舟肘木形や絵様実肘木形の繰形を施して止めている例が多く、一般的な通実肘木とはその点で異なる。玉殿の通実肘木は、部材断面が速田神社の例で幅六分（一八㎜）、成四分（一二㎜）と極めて小さいので、ダボ接合はほとんど不可能であって、組立時の通実肘木の折損や脱落を防止しようとしたものと思われる。なお、端部に繰形を施しているものが見られることから、部材製作上の手間の省略とは考えにくい。

(3) 斗・肘木

斗・肘木の一木造出で一般的な社寺建築で見られる例は部位を限定されたものであって、出組《でぐみ》以上の隅行肘木・延斗《のべと》、鬼斗《おにと》や楼門などの腰組や二手先《ふたてさき》以上の組物の手先肘木・斗である[9]。それらは、構造的に片持梁的な用法をされている肘木に対して、特に大きな上部荷重によって曲げ応力を強く受ける部分であって、肘木の折損と巻斗の圧壊が生じやすい。したがって、肘木・斗を一木造出として実質的に肘木の成（部材の高さ）を増すことによって、部材の断面二次モーメントを大きくして耐えるためのものである。したがって一般的な社寺建築では、平三斗や出三斗のような簡単な組物においては見られない。

斗と肘木は一般的には別木で造り、斗尻中央と肘木上面にダボ穴を開け、一本のダボを入れて固定している。ダボによる固定は、水平荷重に対してのみ効果があり、上下に関しては、上部からの荷重によって押さえ付けられているだけである。したがって、一般的な社寺建築でも上部の荷重を外すと、組物は極めて不安定となる。玉殿においては、造り上げた後でも上部（屋根）荷重が小さいため、微振動や経年変化による浮き上がりや歪みによって、斗が脱落する危険性が大きい。また、ダボは極めて小さくなるために組立時などに折損しやすい。したがって、斗と肘木の境目がなくなって違和感があるものの、玉殿においては一木造出としたものと考えられる。

(4) 蟇股・壁板

蟇股・壁板の一木造出は、一般的な社寺建築では、一部の本殿や塔婆《とうば》などの柱間の小さい例にわずかに見られる。玉殿において、蟇股は部材が著しく小さくなり、さらに、壁付きのものは厚さが極めて薄くなる(三分(九㎜)程度しかない)ために、欠損する危険性が高い(10)。また、その厚さから見ても、蟇股を固定するためのダボや釘の使用が不可能であり、頭貫や虹梁からの脱落の可能性が高い。したがって一木造出としたものと考えられる。

(5) 頭貫・大斗

頭貫・大斗の一木造出は、一般的な社寺建築では見られないものである。佐々井厳島神社玉殿第五殿においては、三間社の正面中央二本の柱を省略して通し一間とした、特殊な事情によるものと考えられる。その場合の中央二つの大斗は下に柱がなく、また琵琶板もないので、頭貫のみで支えられることとなり、斗・肘木と同様に組立時のダボの折損や経年変化による脱落の危険性がある。よって、一般的な社寺建築では不合理と思われる大斗と頭貫の一木造出によって、大斗の脱落を回避しようとしたものと考えられる。したがって、三間社で庇を通し一間とするような玉殿であれば、必然的に用いられた可能性がある。

また、同第三殿は一間社であって、柱に輪薙《わなぎこ》込みされた頭貫と大斗を一木造出とするもので、完全には同じ事情にはならないが、琵琶板がない点で共通しており、ほかの三基と比較すれば、ダボの折損や脱落の危険性が高いので、先に安置されていた第五殿の技法を取り入れた可能性が考えられる。

(6) 破風板・登裏甲及び裏甲・茅負

破風板・登裏甲または裏甲・茅負の一木造出は、一般的な社寺建築では見られないものである。これも玉殿において上部（屋根）荷重が小さいためによるもので、微振動や経年変化による浮き上がりや歪みによって、軒先における部材の脱落を防ぐ目的で行われた一木造出であると考えられる。

以下は、一般的な社寺建築でよく用いられる一木造出を挙げる。

(7) 支輪《しりん》・裏板

支輪・裏板の一木造出は、裏板の表面に支輪を彫り出すもので、特に近世において菱支輪や蛇腹《じゃばら》支輪で汎用される。一木造出としない場合には、蛇腹支輪では、曲線を描く蛇骨子を一本ずつ取り付けて、その裏に板を曲げて取り付けなければならず、菱支輪の場合は、それを斜めに交差させており、さらに製作する手間が掛かるため、部材製作上の手間の省略を図ったものである。なお、中世の玉殿では出組以上の組物を使わないため、支輪を用いる例はない。

(8) 虹梁・手先肘木

一般的な社寺建築の出組などには、虹梁・手先肘木がよく使われている。虹梁の突き抜けた先端は平三斗の場合は鯖尾《さばのお》状にするか、木鼻とするのが普通であるが、上部に斗を乗せる出三斗や出組の場合には肘木とする。そうした例は虹梁と手先肘木の一木造出と言えなくはないが、元来、同一部材であるので、一木造出の例からは除くのが妥当と考えられる。上部荷重を考慮すると、大斗の上において虹梁と手先肘木をわざわざ分離しておいて継ぐことは不合理であって、必然的に虹梁と手先肘木は一体となるからである。

このほかに尾垂木・手先肘木[11]があるが、これは中国式架構の仮昂《かこう》を取り入れたものであって、一木造出とは別のものとした方が妥当である。

以上のように玉殿の一木造出は、玉殿が極めて小規模な建築であるために、組立時の脱落、欠損、折損を避け、かつ経年変化や振動による部材の浮き上がりや歪みによる脱落や欠損も防ぎ、玉殿を精巧に造り上げるための工夫と考えられる。一般的な社寺建築の一木造出が、上部荷重に対する構造補強や部材製作上の手間の省略を主な目的としているのとは対照的である。

また前掲したように、玉殿のなかでも特に大型で、かつ一木造出が最も進んだ佐々井厳島神社でさえも、一木造出の原材は、長さ四尺八寸三分（一四六四㎜）、幅五寸四分五厘（一六五㎜）、厚一寸四分（四二・五㎜）や、長さ三尺七寸一分（一一二四㎜）、幅三寸一分三厘（九五㎜）、厚二寸一分三厘（六四・五㎜）のものが最大であって、多くの複数部材を一木造出としても、一般的な社寺建築の部材からすると小さなものである。したがって、この点からも、安芸国の中世玉殿に見られる一木造出は、一般的な社寺建築では用いられない、玉殿という小建築に特有の技法であるとすることができる。

2　寺院の厨子との比較

一般的な社寺建築との比較において、安芸国における玉殿の一木造出は小建築に特有の技法であることが確認できた。一方、安芸国の中世寺院の厨子には、ほとんど一木造出が用いられない。ここでは礎石に直に建たない小建築である寺院の厨子と、玉殿との違いが生じた要因について論じておく必要がある。

まず第一に考えうる要因としては、玉殿と比較すると、寺院の厨子は小建築とはいっても一般的に大型であることが挙げられる。これは、前述した厳島神社の左右門客神社や中世の小型の厳島神社摂社荒胡子《あらえびす》神社本殿が一木造出を用いておらず、大きさに関してそれらは寺院の厨子と近い。よって、寺院の厨子においても一木造出を用いなかったと考えられる。

第二に、玉殿は土居桁《どいげた》上に建ち、床下や庇など吹放《ふきはな》ちとなる部分があるものが多く、結果として固定度がやや低く、一方、寺院の厨子は来迎壁《らいごうへき》などに造り付けられたり、貫《ぬき》で固め、かつ、柱間は壁板で囲むなど固定度が高いことが考えられる。

第三に、建築の上部構造において、玉殿の場合は、切妻《きりづま》造系であるため、桁が交差せず固定度がやや低いのに対して、寺院の厨子は入母屋《いりもや》造が一般的であるので、桁が交差し、ある程度その下の組物が固定されている。

第四に、玉殿では、二、三十年に一度の屋根葺き替えの際に神体とともに遷宮（仮殿への移動）をするのが一般的であり、一方の寺院の厨子は、修理の際も、造り付けになっていることやその大きさから堂内から運び出すことは少ない。このような扱われ方の違いによる要因も否定できない。

以上の要因によって、玉殿と寺院の厨子には一木造出の有無の差が現れたと考えられる。したがって、安芸国の中世玉殿に見られる一木造出は、寺院の厨子とは異なり、玉殿独自の技法として発展したものであるとしても過言ではないであろう。

八　中世から近世への変化

安芸国の中世玉殿では、近世に入ると一木造出はほとんどと言っていいほど用いられなくなる。玉殿特有の一木造出は、安芸国においては十六世紀後期（末期）の清神社玉殿三基が最後の例である。

その要因の一つとしては、建築の形態の変化が考えられる。中世において安芸国では、桁や茅負の反り増しや反り上げ、垂木の反り、破風板の強い曲がりなど多くの部材に対して曲線を用いている。また、意図的に頭貫を折上げるなど、大きな材から大部分を削り落として、曲線部材を造り出すことは日常的に行っていたと考えられる。しかし近世になると全国的な傾向と同様に、桁や垂木が直線部材になったり、破風の曲線が緩くなったりしている。これは大きな材から曲線部材を造り出すことが中世ほど必要なくなったことを意味する。したがって、中世においては曲線部材同様に、原材から多くを削り落とす一木造出に対しても工匠が慣れていたと考えられるが、近世になると多くを削り落とす部材仕上げが少なくなったために、逆に一木造出に製作上の手間を感じ、衰退していった可能性が指摘できる。

また、近世になると、元来、同一部材であった頭貫とその端部の木鼻が、木鼻の丸彫《まるぼり》化によって、一木で造るのに適さなくなり、木鼻を別木の掛鼻《かけばな》とするなど、単一部材の複数部材化の傾向も見ることができる。これは一木造出の考え方とは逆の方向であった。

さらに安芸国では、十八世紀以降、玉殿が二つの方向に分化する。その一つは、本殿形から離れて、組物などの建築的装飾を用いず、神体の単なる容れ物となるもの（箱形化）である。もう一つは、各部材の小型化、複雑化（出組以上の組物の出現）が行われ、それらの小型部材を膠《にかわ》による接着によって組立てるもの[12]（工芸品化）となり、建築的な玉殿ではなくなる[13]。後者は大坂や京から完成品を購入してくる方法を採ったものである[14]。このことによって、近世になると一木造出が消失した可能性が最も高いと考えられる。

また歴史的に安芸国では、関ケ原の戦いの結果、社寺の造営主体が在地領主層から領民層に急激に変わったため、十七世紀には社寺造営がほとんど見られない。よって、この間にそれ以前の中世の玉殿製作の技法が断絶した可能性も否定できない。さらに、造営主体の変化に伴って、玉殿が人目に触れることがなくなった可能性があり（第二章に詳述）、これによって、玉殿に精巧さを必要としなくなった点も指摘できる。

九　結語

安芸国において中世の玉殿の一木造出は、様々な部材の組み合わせで広範囲に行われていることを示した。玉殿における一木造出は、十四世紀前期の現存最古級の玉殿からすでに使われており、それ以降、十六世紀後期まで中世を通じて見られる。

玉殿の一木造出は、精巧に造り上げる上での部材の脱落や欠損を防止する目的によるものであると考えられる。これは、一般的な社寺建築でわずかに見られる一木造出とは異なり、玉殿という小建築独自の技法であった。そして、一木造出は、屋根の杮葺とともに安芸国では、中世の玉殿特有の技法であると言える。

また、建築的であった玉殿が近世になると実際の本殿形とは乖離して、いわば工芸品的な玉殿へと変化していったことが、一木造出の考察からも確認できた。

安芸国の中世玉殿に広汎に見られる一木造出は、全国の中世の玉殿を考える上でも、重要な資料となるものであると指摘できる。

註

（1）頭貫と連三斗《つれみつど》持送《もちおく》り肘木についても一木造出と言えなくはないが、元来、一般的な社寺建築においても同一部材であるのでここでは除いておく。

(2)一木造出については先に一部指摘がある。三浦正幸「神社本殿内の中世の玉殿―広島県高田郡八千代町の佐々井厳島神社と常磐神社―」(『建築史学』第十一号、昭和六十三年(一九八八))を参照。

(3)註(2)と同様に三浦正幸氏の指摘がある。

(4)屋根の柿葺を簡略化した段柿葺の時に用いられるものである。強い反りの破風板と、緩い反りの箕甲端部の間にできる隙間を塞ぐ板である。

(5)一木造出の分類形式ごとの考察については詳しくは後述する。なお、分類形式ごとの年代分布は、いずれも鎌倉時代末期の佐々井厳島神社、今田八幡神社玉殿に始まり、十六世紀中期の速田神社玉殿、十六世紀後期(末期)の清神社玉殿三基まで見られるので、分類形式ごとの年代分布に明確な差異はないものと思われる。

(6)三浦正幸『吉田町の社寺建築』(吉田町教育委員会、平成十四年(二〇〇二))を参照。

(7)内部には長押上端の位置に天井が張られており、解体しない限り斗や肘木などの有無については確認できない。一般的には神社本殿などの人目に触れない部分の組物については省略するものが多いが、天井が張られていない第三殿、第五殿において、内部であるにもかかわらず一木造出が確認されるので、ここでは一応、一木造出があるものとして描いておく。

(8)ビンタを伸ばすと言う。

(9)金剛寺(東京都日野市)仁王門、台徳院霊廟(東京都港区)惣門など。

(10)実際に、佐々井厳島神社玉殿第一殿の本蟇股内の彫刻は透彫としたために欠損している。

(11)鶴林寺(兵庫県姫路市)本堂や東日本の禅宗仏殿の多くの例がある。

(12)ダボや釘で部材を固定する建築構造のものとはまったく異なるもので、製作者は建築の工匠ではなく、仏壇職人のような工芸職人であったと考えられる。

(13)玉殿の屋根葺材も中世の柿葺から近世の板葺へと変化しており、一連の変化と考えられる。なお、十八世紀以降の玉殿の屋根に用いられた柿葺形板葺(厚板から柿板の葺き重なりや箕甲を彫り出して柿葺に見せたもの)は、安芸国の近世玉殿に見られる唯一の一木造出部材と言えなくはないが、これは、中世玉殿における部材の脱落や欠損の防止の観点からのものではない。屋根自体の部材化という傾向が強く、そうした例は、後者の玉殿に多いことから、工芸品化の現れの一つであると言える。第二章を参照。

(14)屋根構造の検討からも同様のことが言える。第二章を参照。

第四章　中世玉殿に見られる地方色

——今田八幡神社玉殿を中心として——

一　はじめに

広島県山県郡北広島町にある今田八幡神社玉殿（写真4—1）は、鎌倉時代末期の元亨四年（一三二四）の造立（詳しくは後述）であり、神社本殿形の建築形態をした玉殿のうち、年代が明確な現存最古級の玉殿である。[1]この玉殿には、一般の社寺の建築形式とは大きく相違する特色、すなわち地方色が見られる。これまで地方色の出現は十四世紀後期と一般的に言われており、この玉殿は著しい地方色が確認できる建築として、全国的にみても極めて早い時期のものである。地方色を有するということは、造立した土着の工匠が地元あるいはその付近に存在したことを示しており、工匠の土着は安芸国内への玉殿の普及と関係があると考えられる。そこで本章では、今田八幡神社玉殿に見られる地方色を中心に調査の報告をし、その地方色について考察を加えることにする。

二　今田八幡神社の沿革

今田八幡神社の沿革は、第一章ですでに述べたが、ここに簡単にまとめておく。創祀の年代は不詳であるが、品陀和気命、息長帯姫命、中津日売命を主祭神とする八幡宮である。本殿は天正二年（一五七四）に再建している。その時の本殿は棟札に「正面三間之宝閣壱宇」と記されており、現本殿と同規模であったことがわかる。[2] その後、宝暦八年（一七五八）に屋根を葺き替えた。[3] 文化十四年（一八一七）に本殿を再建しており、これが現在の本殿である。文化期の再建当時の流造本殿は、身舎の前半分である奥行一間を内陣とし、身舎の後半分は内陣との境に柱を立てて奥行一間の祭壇として玉殿を安置し、柱間は開放していた。現状の本殿は、大正時代（一九一二―二六）に祭壇と内陣境の柱を半間後退させて、祭

写真 4-1　今田八幡神社玉殿

写真 4-2　今田八幡神社玉殿 墨書銘

壇の奥行を半間に縮小している。(4) 祭壇上に安置されていた玉殿は、建築様式上、鎌倉時代末期のものであり、墨書銘により、元亨四年（一三二四）の造立であることが判明した。(5) 墨書銘にみえる「八幡大菩薩」と現在の祭神が一致するため、前身の本殿内の玉殿が伝来したと考えられる。

写真4-3　今田八幡神社玉殿 土居桁・切目長押

三　玉殿の規模形式と細部手法

ここでは、今田八幡神社の玉殿について、調査で作成した図面（図4―1〜4）とともに、明らかとなった規模形式や細部の手法について述べる。

今田八幡神社の玉殿は、現状では桁行三間、梁間一間の横長平面で、屋根形式は片流造平入の本柿葺とする。現状の各主要寸法は次のとおりである。

桁行（側柱真々）	三尺九寸	（一一八二㎜）
梁間（側柱真々）	一尺一寸七分	（三五五㎜）
軒の出（正面側柱真から茅負外下角まで）	四寸八分	（一四五㎜）
螻羽《けらば》の出（側柱真から破風板外端まで）	五寸三分	（一六一㎜）
総高（土居桁下端から屋根頂部まで）	三尺七寸二分	（一一二七㎜）
棟高（土居桁下端から棟木上端まで）	三尺五寸三分	（一〇〇九㎜）
軒高（土居桁下端から桁上端まで）	二尺五寸四分	（七七〇㎜）

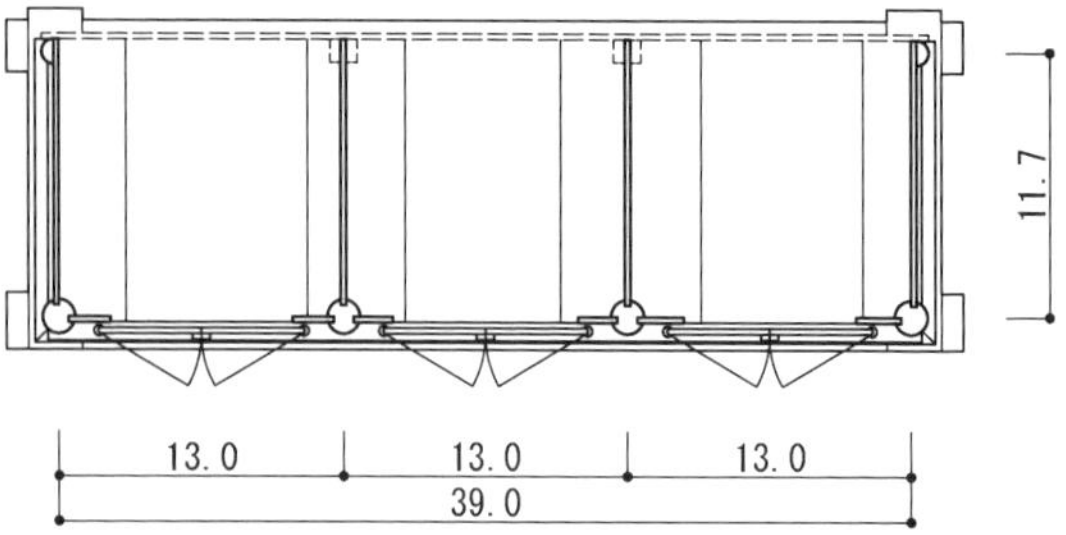

図4-1　今田八幡神社玉殿現状平面図　縮尺1/20　単位：寸（破線は後補材）

総高については、後述するように大棟を欠損しているので、造立当初はその分だけ高かったはずである。

土居桁《どいげた》（写真4―3）を桁行方向に先に置き、梁間方向は桁行土居桁の成（部材の高さ）の半分ほどの土居桁を上木として井桁状に組み、浮き上がった格好とする。正面は等間（一尺三寸（三九四㎜）ずつ）の三間となるよう円柱を立て並べる。側面後方の柱（当初の側面中央柱、詳しくは後述）は板壁より外側だけの半円形断面とする。土居桁下端よりの高さ六寸（一八二㎜）の位置で正面及び側面に切目長押を打って、内部に板敷きの床を張る。土居桁と切目長押の間には、幕板を張って柱間を塞ぐ。正面は切目長押上に半長押を設け、扉の上の位置に内法長押（正面だけで側面には回らない）を釘打ちし、正面の各柱間は、方立《ほうだて》を用いずに脇板壁を立てて、一枚板の扉を両開きに建てる。扉は板から軸を造り出して、半長押及び内法長押に軸吊の穴を開けて吊る。さらに内法長押上方に上長押を打つ。上長押は正面だけではなく側面にも回る。

玉殿の側面及び内部の仕切り壁は、板羽目《はめ》である。柱上には下角に大面を取った舟肘木を置き、上角と下角の両方に大面を取った桁を支える形をみせるが、舟肘木は桁からの一木造出である（第三章に詳述）。桁は螻羽で一分五厘（四・五㎜）反り上がる。軒に見えている垂木は化粧垂木で、上下に大面取し、強い反りと鼻《はな》こきを持っており、一軒の吹寄《ふきよ》せに打ってある。その上方には柿葺の屋根の野地板を支える野垂木が入れられており、玉殿という小建築でありながら本格的に野屋根を持っている。なお小建築であるため、桔木《はねぎ》は不要であって略されている。桁上は面戸板を入れる。また化粧垂木は玉殿内部まで引き込み、内部では面を施さず、緩い勾配の化粧屋根裏となっている。また、内部には上下に大面を取った虹梁（下端に捨眉《すてまゆ》を取らないので、陸梁《ろくばり》状となる）を架けて化粧屋根裏の下に見せている。陸梁上には化粧垂木掛を棟下の位置で渡している。その化粧垂木掛には、造立時に書かれた元亨四年（一三二四）の墨書銘がある。螻羽では一対の吹寄垂木《ふきよせだるき》のうち、内側の垂木一本だけを面

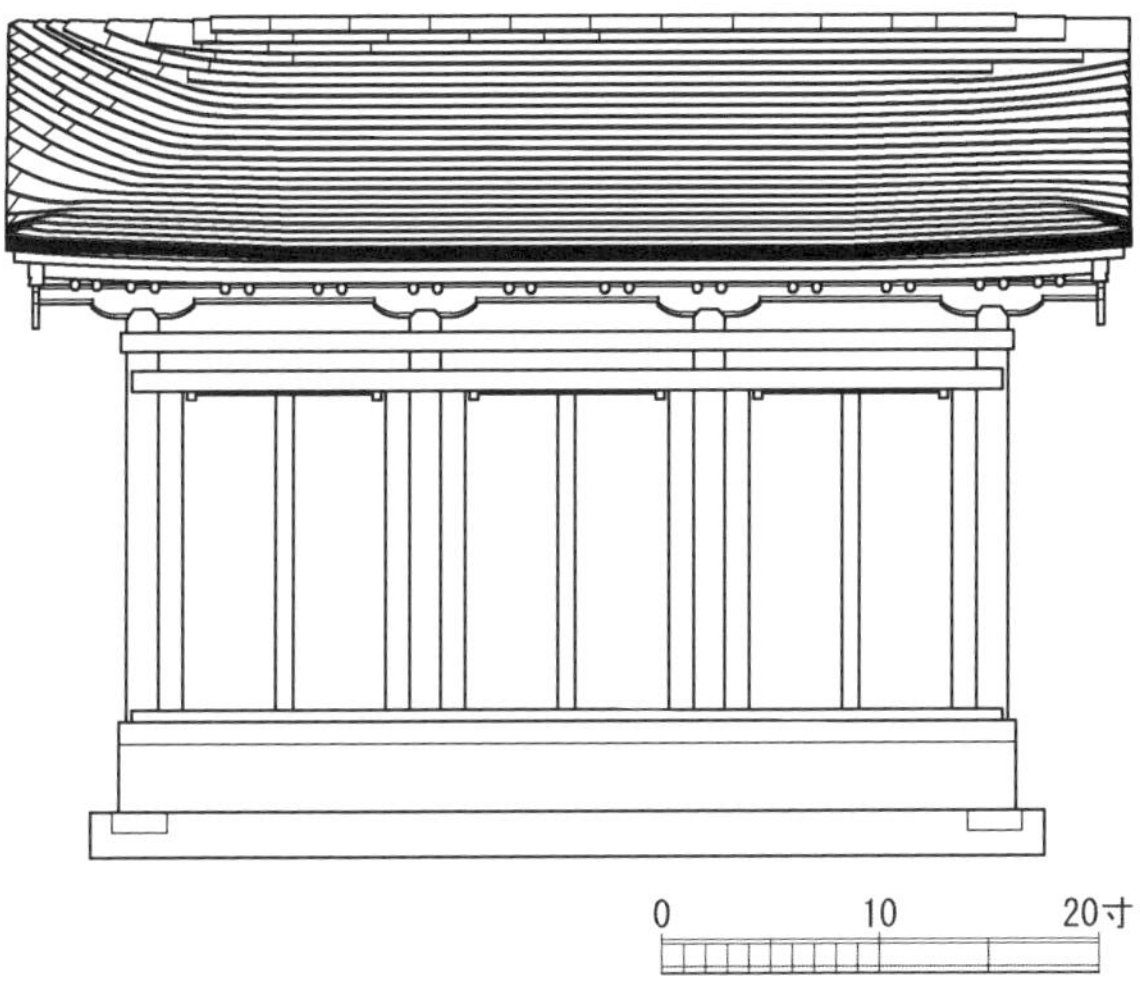

図 4-2　今田八幡神社玉殿正面立面図 縮尺 1/20

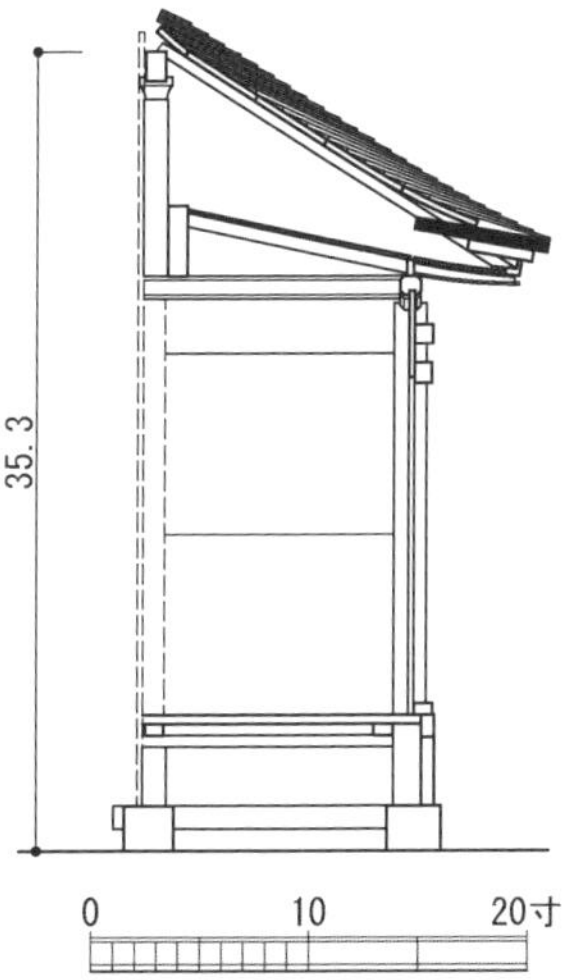

図 4-4　今田八幡神社玉殿梁間断面図 縮尺 1/20 単位：寸（破線は後補材）

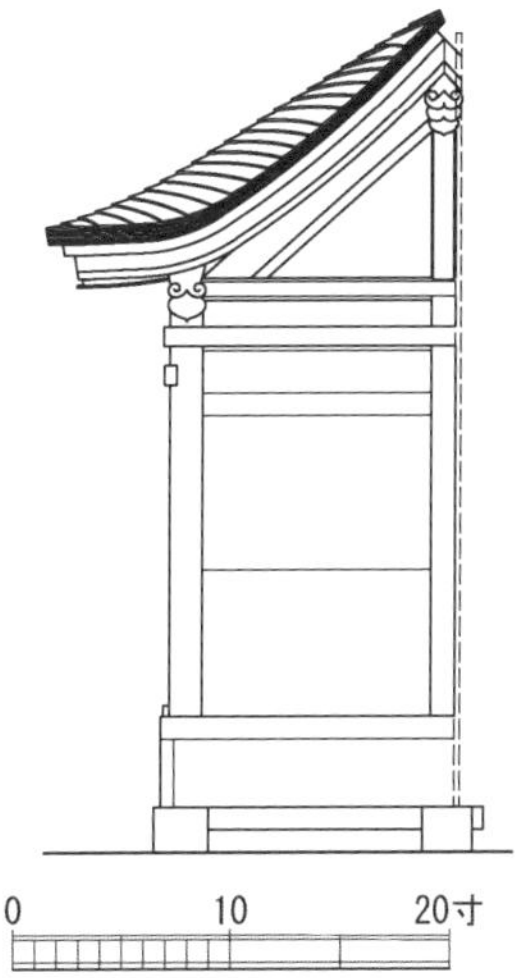

図 4-3　今田八幡神社玉殿側面立面図 縮尺 1/20（破線は後補材）

写真 4–4　今田八幡神社玉殿 屋根・本柿葺

取なしで棟木まで延ばす。他の一本は化粧桁位置で止まる。

　妻面には虹梁を渡す。虹梁上端と桁上端を同高に揃える。梁成の方が桁成よりも大きいため、舟肘木の中程に梁の下端が納まる。その虹梁は、上下に大面を取っており、形状は内部に渡された虹梁と同じ陸梁状である。虹梁の中央に面を取った棟束を立てる。その棟束の左右には扠首竿《さすざお》を棟束に欠き込んで拝み合わせに入れており、変形豕《いのこ》扠首の妻飾とする。[6] 棟束上には斗《ます》を介して肘木を乗せ、棟木を支えている。この肘木は桁上の舟肘木と同様に棟木から一木造出としている。小屋の内部は棟木下の肘木を彫り出さず、棟木を肘木下端から棟木上端までの成とする。破風板は桁の位置で強く折れ曲がり、下方に欠眉を施す。破風板の拝みと降りには、懸魚《げぎょ》を下げる。軒の正面は、化粧垂木上に茅負、布裏甲を載せる。[7] 布裏甲は側面の破風板上に回り、登裏甲となる。

　以上の部材はすべて当初材であって、後補材をまったく混入しない。各部材の寸法は表4―1に挙げる。なお現状では、背面は鋸《のこ》引きのままで仕上げをしていない板を横方向に洋釘打ちした大壁とする。この壁は表面仕上げ・釘・風食状態からして、明らかに近代の後補材である。

　屋根（写真4―4）は薄板を重ねて葺いて竹釘で留め、端部を廻し葺きとした柿葺であって、第二章で示した本柿葺に相当する。柿板については当初のものと考えられ、[8] 箕甲《みのこう》部分についても打ち替え痕跡はなく当初である

表4—1　今田八幡神社玉殿各部材寸法

部材		寸	mm
土居桁	幅	2.50	（76）
	成	2.00	（61）
柱	径	1.50	（45）
	径（側面中央柱）	1.10	（33）
切目長押	幅	0.60	（18）
	成	1.00	（30）
幕板	厚	0.60	（18）
	成	3.00	（91）
半長押	幅	0.85	（26）
	成	0.50	（15）
内法長押	幅	0.80	（24）
	成	0.90	（27）
扉脇壁	幅	1.65	（50）
	厚	0.25	（8）
扉	幅	4.70	（142）
	高	14.00	（424）
	厚	0.25	（8）
上長押	幅	0.80	（24）
	成	0.85	（26）
小壁	厚	0.15	（5）

部材		寸	mm
舟肘木	長	4.65	（141）
	成	0.65	（20）
	面幅	0.25	（8）
桁	幅	0.95	（29）
	成	0.85	（26）
	面幅	0.25	（8）
	反り上がり	0.15	（5）
化粧垂木	幅	0.40	（12）
	成	0.45	（14）
	面幅	0.15	（5）
	垂木間隔（小真々）	1.05	（32）
	垂木間隔（大真々）	3.30	（100）
面戸板	厚	0.30	（9）
	厚（螻羽）	0.70	（21）
	成（除螻羽）	0.60	（18）
内部陸梁	成	0.85	（26）
	面幅	0.25	（8）
化粧垂木掛	成	3.10	（94）
	厚	0.90	（27）

部材		寸（mm）
妻陸梁	成	1・00（30）
	面幅	0・25（8）
棟束	幅	1・10（33）
	面幅	0・20（6）
扠首竿	幅	0・50（15）
斗	幅（平）	1・50（45）
	斗尻幅（平）	1・00（30）
	成	1・10（33）
	斗繰成	0・70（21）
棟木	幅	0・90（27）
	成（除舟肘木）	1・30（39）
破風板	厚	0・70（21）
	成	1・10（33）
	欠眉成	0・40（12）
拝み懸魚	幅	1・70（52）
	成	2・65（80）
	厚	0・30（9）

部材		寸（mm）
降り懸魚	幅	1・70（52）
	成	2・35（71）
	厚	0・30（9）
茅負	幅（下端）	0・65（20）
	幅（上端）	0・15（5）
	成（表）	0・70（21）
	成（裏）	0・30（9）
	出（垂木先端より）	0・20（6）
裏甲	厚	0・50（15）
	幅	3・00（91）
	出（茅負前面より）	0・45（14）
杮板	厚	0・08（2）
	幅（標準）	3・00（91）
	葺き足	0・80（24）
	出（裏甲前面より）	0・65（20）

と考えられるが、左右の箕甲に若干の違いがある。

彩色については、土居桁、柱、長押、扉内側、扉両脇板壁、桁、舟肘木、化粧垂木、内部の陸梁、斗、茅負、化粧垂木掛下面などに紅殻塗りを施し、幕板、扉外側、小壁、羽目板、垂木間板、面戸板、登裏甲下面に白土を塗る。幕板木口、扉の外側縁取り、垂木先、懸魚の縁取りの欠眉、茅負、破風板先端及び欠眉に墨が入れてあるが、これらの彩色は粗雑であり、後補の可能性が高い。

四　玉殿の復元考察

この玉殿は大正時代の本殿改修による祭壇の縮小に伴って、玉殿の棟より後方半分ほどを切り縮められている。

写真 4–5　今田八幡神社玉殿 棟束・扠首竿

写真 4–6　今田八幡神社玉殿 破風板・懸魚

背面を雑に横板張りの大壁とし、内部の間仕切り壁と陸梁を留めるために、棟通りに板状の付柱を入れている。背面の大壁は洋釘で留めているので、これらの改造が大正時代の改修時に行われたことは明らかである。棟束には正面と背面からの扠首竿の上端部が欠き込まれているが、背面側のものは棟束の外面位置で切除されており、

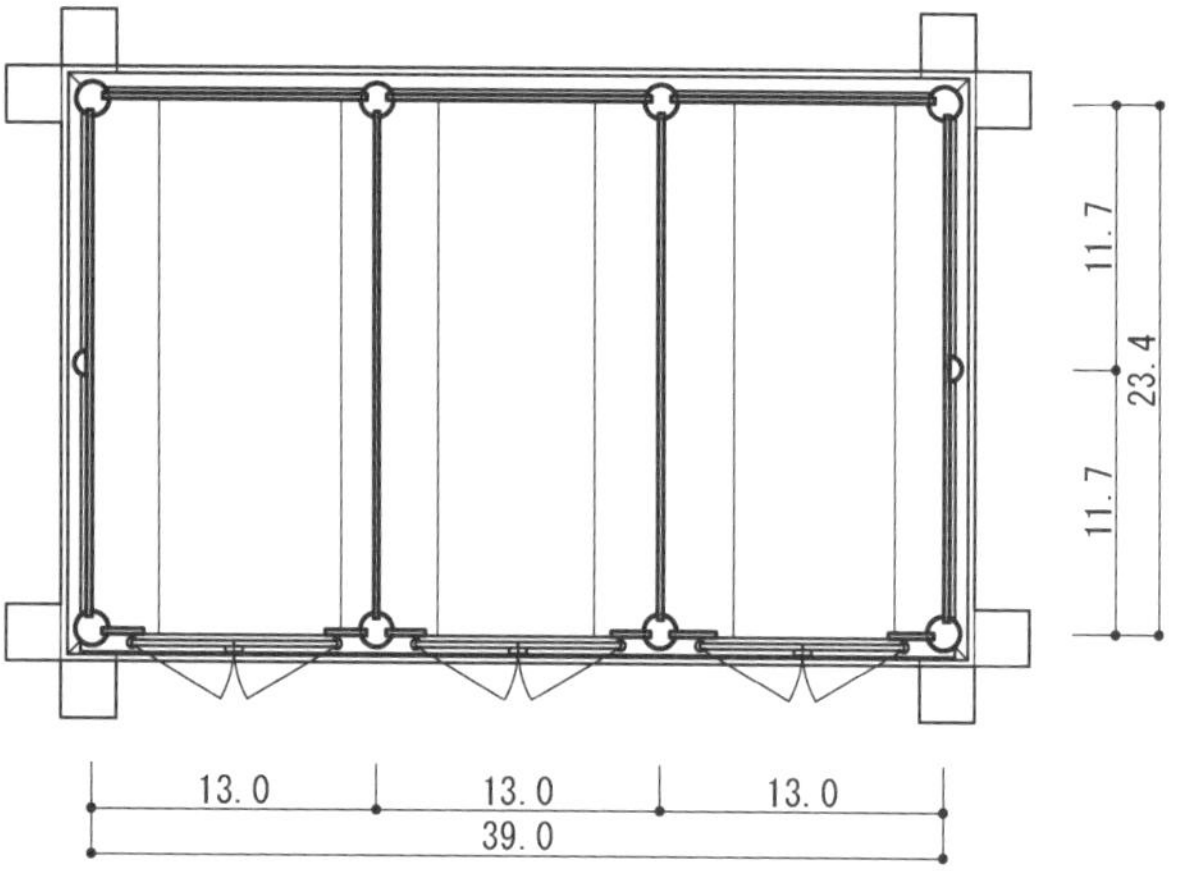

図4-5　今田八幡神社玉殿復元平面図 縮尺1/20 単位：寸

写真4-7　今田八幡神社玉殿　螻羽垂木・面戸板

右妻では扠首竿欠きが残り（写真4—5）、左妻では扠首竿の拝み付近の断片も残っている。棟木の背面側には後半部の垂木を納めた垂木欠きが残る。背面側の破風板は、拝み近くだけが残り、鉛直に粗雑に切除されている（写真4—6）。残存している後方扠首竿や破風板、棟木の垂木欠きの状況からすると、切除された側面後方間は前方間と同大であったと考えられる。(9) したがって、造立当初の玉殿は、桁行三間、梁間二間（二尺三寸四分（七〇九㎜））、切妻造、平入、柿葺の規模形式に復元（図4—5）することができる。

また、土居桁の木口が鋸引きのままで仕上げられておらず、切断面も新しいので、大正時代の改修時にすべての土居桁の先端が切除されていることもわかる。当初の土居桁の出は不明であるが、桁行と梁間で出を揃えて、

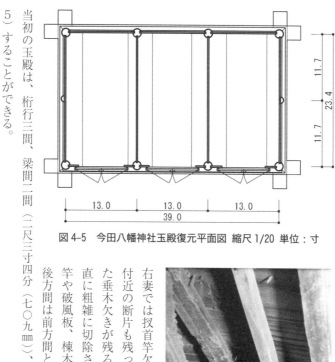

井桁状に組んだ土居桁であったと考えられる。なお、通常は棟通りには土居桁を入れないので、背面側の土居桁を大正時代の改修時に棟通りの位置に移設した可能性が高い。

前半分の柿葺は造立当初のものが残っているが、現状では屋根頂に乗っていた大棟が取り除かれている。(10) 広島県内に現存する中世玉殿はすべて一木造の大棟が載っているので(11)、本例も同様であったと考えられる。

なお、軒裏については、前半分の桁、棟木間において螻羽の垂木が吹寄垂木の片方を省略して疎《まばら》垂木となっていること(写真4―7)や、広島県地域の中世において正面二軒、背面一軒としている玉殿や本殿が見られるため(12)、後方の軒は前方より略式の疎垂木としていた可能性が指摘できる。

写真4-8　今田八幡神社玉殿 破風板・梁・妻飾

五　今田八幡神社玉殿の特色

今田八幡神社の玉殿は、墨書銘により鎌倉時代末期の造立であり、細部意匠においても同時代の特色をよく示している。それらを次に記しておく。

第一に、化粧垂木に強い反りと鼻こきがあることである。垂木成は先端で四分五厘(一三・五㎜)、桁上部で六分(一八㎜)となっており、先端部が著しく細くすぼめられている。また、桁真から垂木先端までの引き通し長さ四寸八分(一四五㎜)に対して、上端で五厘（一・五㎜）の反りがついている。

第二に、柱の直径一寸五分（四五㎜）に対して長押の成が八分五厘（二六㎜）となっており、柱に比べてかなり細い長押を使うことである。

第三に、舟肘木に大きな面取を施すことである。舟肘木の成六分五厘（二〇㎜）（長四寸六分五厘（一四一㎜））に対して、面幅二分五厘（七・五㎜）（見付の比にすると一対三・七）が取られている。

第四に、破風板が桁位置で強く曲がることである（写真4―8）。破風板上端の引き通し長さ一尺九寸一分（五七九㎜）に対して、桁位置で二寸一分五厘（六五㎜）の反り（屋だるみ）となっている。厳島神社摂社客神社本殿の入側桁位置での破風板の強い折れ曲がりに似ており、平安時代末期から鎌倉時代の形式を踏襲したものと考えられる。

第五に、軒の両端の反り上がりが比較的に強いことである。水平に対して茅負先端で四分（一二㎜）反り上がり、裏甲先端で五分五厘（一六・五㎜）反り上がっている。また、近世のもののように隅柱上から反り上がるのではなく、両脇間の中程から反り上がる。

第六に柱に隅延びが認められる。各柱の実測値は表4―2のようになる。この表を見ると、玉殿の右方（向かって左）で一分五厘（四・五㎜）、左方で二分（六㎜）の顕著な柱の隅延びが認められる。鎌倉時代末期としては

表4―2　玉殿正面柱総長寸法

（土居桁上端より柱天端まで）	寸　㎜	（土居桁上端より柱天端まで）	寸　㎜
右隅柱	22・30（676）	右平柱	22・15（671）
左隅柱	22・40（679）	左平柱	22・20（673）

同時代の形式をよく保っていると言える。

ここまでに挙げたとおり、各部において鎌倉時代の古雅な趣をみせている。そうした時代的特色と合わせて、一般の同時代の建築形式とは大きく異なった独特な形式がこの玉殿には認められる。それらを次に挙げておく。

まず第一に、梁についてである。本例では梁（成八分五厘（二六㎜）、幅九分五厘（二九㎜））に上下に面幅二分五厘（七・五㎜）の大面を取っている。その梁は、鯖尻《さばじり》も捨眉もなく、虹梁の形とならない。柱間に単なる大面取角柱のような陸梁を架けている点である。

第二に、桁の上下に大面（幅二分五厘（七・五㎜））を施していることである。

第三に、化粧垂木の面取の仕方である。本例では上角と下角の両方に大きな面取を施している。垂木（先端の成四分五厘（一三・五㎜）、幅四分（一二㎜））に対して、幅一分五厘（四・五㎜）の大面を取っている。

第四に、化粧垂木の先端より外に茅負の前面が飛び出している。実測値を挙げれば、垂木先端より茅負（下端六分五厘（一九・五㎜）、成七分（二一㎜））前面が二分（六㎜）突き出している。

第五に、軒の両端の反り上がりを形成するために、面戸板を支《かい》物とする手法である。茅負先端で水平より四分（一二㎜）の反り上がりに比べて、桁の反り上がりがわずか一分五厘（四・五㎜）しかない。したがって、化粧垂木は、螻羽の位置では桁に乗ることができず、桁上に螻羽では厚七分（二一㎜）の面戸板（柱内では厚三分（九㎜））を置き、その面戸板で桁から浮かび上がった化粧垂木を支えている。

第六に棟束（幅一寸一分（三三㎜））で棟木を支え、棟束に載る斗から四分（一二㎜）下がった位置に、左右から斜めに棟束を欠き込んで扠首竿[13]（幅五分（一五㎜））を拝み形に打ち付けている。

第七に懸魚の形が独特で、成二寸六分五厘（八〇㎜）、幅一寸七分（五二㎜）の大きさに対して、下端の人字形の繰形は中央の位置の成の値で上から一段目が六分五厘（一九・五㎜）、二段目が八分五厘（二六㎜）と一段ずつが比例的に極めて大きく、下方へ突出した形状になっている。

六　今田八幡神社に見られる地方色に関する考察

前述した今田八幡神社玉殿に見られる独特な形式は、いわゆる地方色である(14)。この地方色について、次に詳しく考察を加える。

まず第一に、梁（写真4—8）についての特色である。和様建築において、角柱を用いた場合には、虹梁の上下に大面を取ることは鎌倉時代を中心として、多くの例において行われており、平安時代後期から室町時代までの一般的な形式の一つである。しかし、今田八幡神社玉殿のようにまったく虹梁の形とせずに陸梁とするのは珍しい。少なくとも下部を虹梁形に彫り上げた形とするのが一般的である。

写真4-9　今田八幡神社玉殿 舟肘木・桁・垂木

第二に、桁と舟肘木の大面取（写真4—9）である。角柱に桁、舟肘木が載る場合は、角柱の面取が当たるため桁や舟肘木に面を取って柱の面をそのまま延長するが、円柱に載る場合は、その必要がないため角のままとするのが一般的で、本例のように円柱上の舟肘木と桁に面を施すものは極めて稀である。また、桁の上下の角に大面を取ることも特殊である。その桁はわずかに成より幅の方が大きく（一般的には成の方が大きい）、あたかも大面取の角柱を桁に利用したような形状を呈している。桁の上角を落とすのは、垂木を乗せるために垂木の当たる外側の角だけに施す場合（小返り）があるが、本例では上角両側を垂木勾配とは無関係に四十五度に落としており、明らかに面取としての意

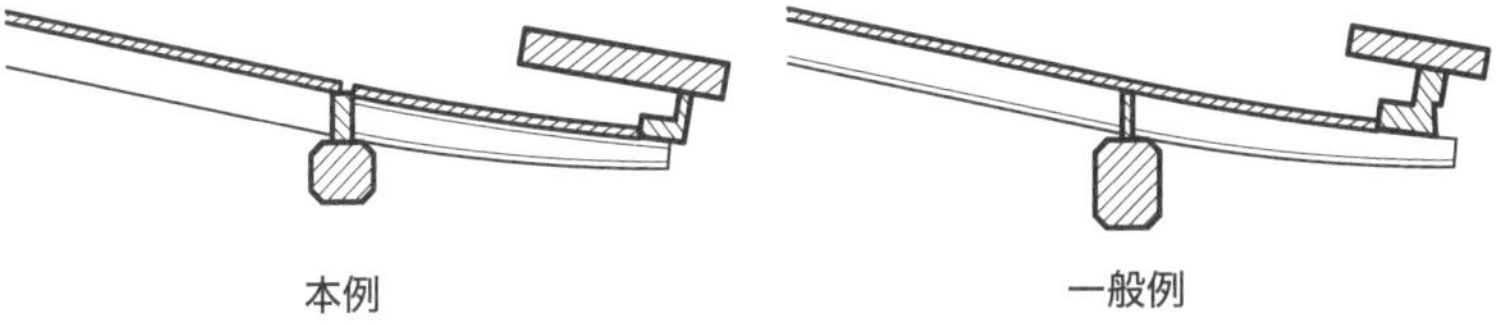

図 4-6　茅負と化粧垂木の関係

写真 4-10　今田八幡神社玉殿 軒・化粧垂木・茅負

図がみられ、他に例が少ない[15]。

第三に、化粧垂木の面取（写真４―９）の仕方である。通常、中世の和様建築では、化粧垂木の下角だけに面取を施すが、本例では上角と下角の両方に大きな面取を施しており、同様の意匠を用いる例は少ない[16]。

第四に、茅負の断面がレ形をしているのは中世の特色を示していると言えるが、その茅負と化粧垂木との関係（図４―６、写真４―10）が逆転していることである。通常、茅負は化粧垂木の先端より少し引き込んだ位置に打たれる。ところが本例では、化粧垂木の先端より外に茅負の前面が跳び出しており、全国の中世建築に無類の納まり方となっている。また、茅負の上端の幅（裏甲と接する部位）が極端に小さいこと、一般例に比べて、裏甲が茅負に対して比例的に極端に大きい点も指摘できる。この点については、玉殿は小型の建築であるので、構造的配慮がなされていない可能性もある。なお、茅負に眉が決《しゃく》られていないが、これは簡略化の可能性もなくはないものの、他の細部が丁寧に作られていることからすると、眉を決ることを知らなかった

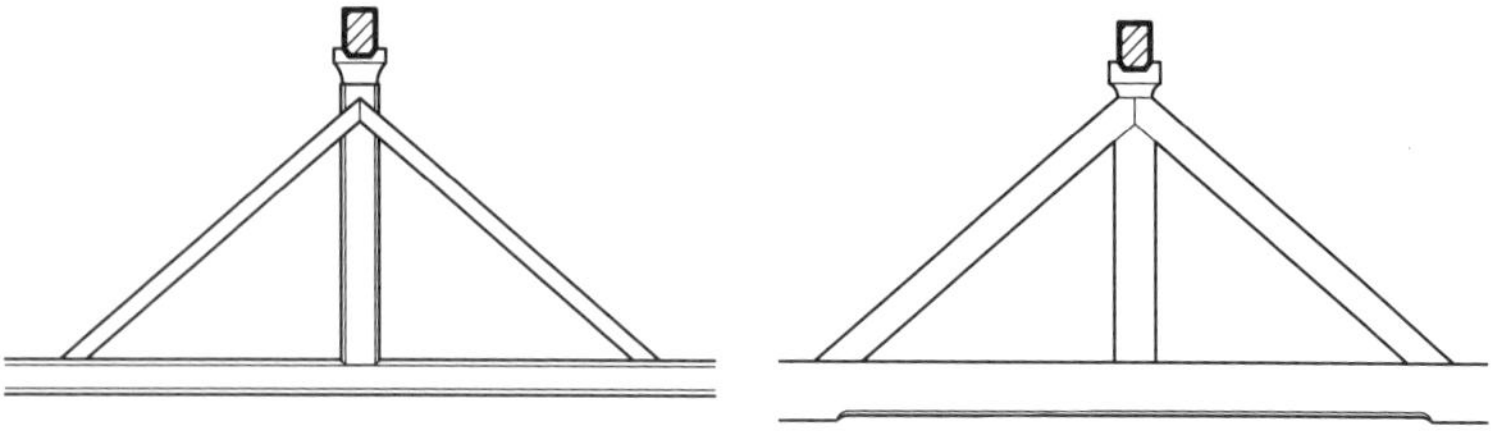

本例（復元）　　一般例

図4-7　棟束と扠首竿の関係

可能性も否定できない。

第五に、軒の両端の強い反り上がりに比べて、桁の反り上がりが少ないので、化粧垂木の納め方（写真4—9）に破綻をきたしていることである。両端近くの枝外の化粧垂木は、軒の強い反り上がりのため、桁位置では桁に乗らずにその上方に浮き上がってしまっている。その欠陥を補うために桁上に著しく厚い面戸板を置き、面戸板で化粧垂木を支えている。これも中世にはない手法で、一般的には軒反りに合わせて桁も強く反り上げて納める。

第六に、妻面の部材の組み方（図4—7、写真4—5）が一般的なものとは逆になっていることである。本例では棟束で棟木を支え、棟束を欠き込んで扠首竿を打ち付けているが、これは豕扠首を誤って作られたと考えられる。一般的な手法では、扠首竿で棟木を支え、棟束[17]は左右の扠首竿の拝みの下で止まる。また、本例では棟束に面取を施しており、これも極めて珍しい手法である。したがって、この玉殿の妻飾は、豕扠首の意味を知らずに束の一種と誤解したものと考えられる。さらに棟束上の斗の斗繰《とぐり》の高さが比として一般的な斗よりも著しく高く、不安定な感が否めない。

第七に、懸魚（写真4—6）の形が独特で、中世に類例がない。本例の懸魚の形状及び造立年代を考慮すると、十四世紀から流行を始める蕪懸魚の変形と考えられる。一般的な蕪懸魚では、その下端部には人字形の繰形が重なるが、本例ではそれが巨大化して懸魚が三段重ねになったような特殊な形状を呈する。

そのほかにも、玉殿の総高に対して床高が著しく低いことが挙げられる。これについては、安芸国の中世の玉殿のなかにも類例が見られ[18]、また、安芸国の中世の本殿も床高の比が小さく[19]、安芸国に広く見られる地方色である。

以上に挙げた地方色には、平安時代から鎌倉時代前期の古式を残すとも言えるものを含んでいるが、著しい古式が多くの部位で残ることも広い意味で地方色に含めても大過はないであろう。したがって、今田八幡神社玉殿は、一般的な同時代の建築形式とは大きく相違する地方色を持っていると言える。本例に見られる著しい地方色のうちの一部については、同様の特色を持つ建築が少数は存在する。しかし、一つの建築にこれほど多くの著しい地方色を同時に持つ例はほかには存在しない。そうしたことからすれば、この玉殿が一般的な社寺建築の系統を汲むものではないと言うことができる。

また、今田八幡神社玉殿に見られる地方色は、ほぼすべての部位に現れており、その程度の著しさを考慮すると、携わった工匠独自の創意による意匠というよりも、一般的な建築からまったく逸脱した意匠というべきである。すなわち、中央のいわば正規の意匠をよく知らない工匠の作品であると考えられる。そうしてみると、今田八幡神社玉殿を造立した工匠は、中央の工匠の流れを汲む者ではなく、十四世紀前期の元亨四年（一三二四）当時、すでにこの地方に土着していた在地の工匠の一人であった可能性が指摘できる。

七　結語

鎌倉時代末期の元亨四年（一三二四）の今田八幡神社玉殿は、細部意匠に古式を含めた広い意味での著しい地方色を見せている。しかも地方色を示す社寺建築としては、全国で現存最古級の例であり、一般的に地方色が生じると言われる十四世紀後期より半世紀も先んじるものである。鎌倉時代末期の地方土着の工匠の作になると推定され、そうした工匠の建築作品は全国でも希有である。この今田八幡神社玉殿は、当時の地方の社寺建築あるいはそれに携わった工匠の状況を知る上で、極めて高い価値を持つものと言える。

そして、安芸国における玉殿の創始期の古制をこの玉殿は残している可能性が高く、安芸国における玉殿の初源と変遷を考える上で極めて重要な資料となる。それについて詳しくは、第六章において述べる。

註

(1)小槻大社(滋賀県栗東市)本殿内の宮殿(玉殿)は、墨書銘により弘安四年(一二八一)の造立であるが、神社本殿形の建築的形態としては完全なものとは言えない。詳しくは第一章を参照。

(2)社蔵棟札による(『千代田町史』古代中世資料編(昭和六十二年(一九八七))に所収)。

奉再建立八幡宮正面三間之宝閣壱宇焉夫旨趣者、(中略)于時天正弐稔(甲戌)八月十五日

(3)社蔵棟札による。

(4)内陣部分の格天井が格間一間分だけ新たに造り足されているため明らかである。

(5)玉殿内部の化粧垂木掛に次の墨書銘が存する。

奉造立
八幡大菩
薩御玉殿
元亨二年
甲子
八月十

六日
□□
□□□
敬白
大□
□□

(6)柱等の主要部材と経年変化が同等であること、棟束への欠き込み仕口の仕上げなどにより当初材と判断される。
(7)垂木間板、布裏甲、軒付《のきづけ》についても主要部材と経年変化が同じであって、当初材であると考えられる。
(8)柱等の主要部材と経年変化が同等であること、打ち替え痕跡がないことなどによる。
(9)なお、寺院の厨子に見られるような背面の柱を省略する形式は、筆者がこれまでに調査した安芸国の玉殿（中世玉殿の三十四基を含む）においては、江戸時代の略式のものでないと存しない。
(10)柿板上に大棟を取り付けたと思われる圧痕及び釘穴が残っている。品軒《しなのき》の有無については現状では判断できなかった。
(11)頂部を山形にした一木造の大棟で、中世の厳島神社文書では「瓦木」（檜皮葺の屋根の大棟において、瓦棟の代わりに使う）と記される。広島県内での現存最古例は、佐々井厳島神社玉殿第一殿のもので、鎌倉時代末期の十四世紀前期のものである。三浦正幸「神社本殿内の中世の玉殿―広島県高田郡八千代町の佐々井厳島神社と常磐神社―」（『建築史学』第十一号、昭和六十三年（一九八八））を参照。
(12)広島県内では、明応九年（一五〇〇）の桂浜神社本殿の実例がある。また、厳島神社本殿内に安置されていた仁治二年（一二四一）造立の玉殿も同様であったと考えられる。詳しくは第五章を参照。
(13)豕扠首の変形と考えられるので、便宜上、扠首竿と呼んでおくことにする（詳しくは後述）。
(14)時代の好みから著しく逸脱した古式についても、地方色として扱われることが少なくなく、地方に古式が残るという観点から本書でも地方色に含めておいた。

(15)宇治上神社（京都府宇治市）本殿内殿や平等院（京都府宇治市）鳳凰堂裳階《もこし》も桁の上下角に大面を取っており、平安時代の古制が残ったものとも考えられる。類例は、宝治二年（一二四八）の観福寺（愛知県東海市）本堂内宮殿にも見られる。また、室町時代の神田神社（滋賀県大津市）本殿や円教寺（兵庫県姫路市）護法堂なども上下角に大面を取る例であるが、桁の成が著しく大きく、本例とは趣を異にする。

(16)疎垂木の小舞裏では類例が少なくない。なお、小舞裏としない例では宇治上神社本殿内殿の例があり、古式であるとすることができる。

(17)正規の豕扠首では棟まで束が届いていないので、正しくは棟束とは言えない。

(18)永享十一年（一四三九）の堀八幡神社玉殿の例がある。

(19)明応九年（一五〇〇）の桂浜神社本殿、嘉吉三年（一四四三）建立、大永三年（一五二三）小屋改修の厳島神社摂社大元神社本殿、永禄元年（一五五八）の龍山八幡神社（広島県北広島町）本殿の例がある。

第五章　厳島神社玉殿の復元

一　はじめに

安芸国の一宮である厳島神社は、その本社本殿内に六基、摂社客神社本殿内に五基の玉殿を安置しており、その安置は全国的にも極めて早い仁安三年（一一六八）にまで遡る。[1] また、安芸国にある主要な神社本殿内には、十四世紀から十六世紀までの中世玉殿が多く残っている。[2] さらに、すでに述べたように、中世玉殿の現存数も安芸国が突出しており、全国最古級の現存例のうちの複数が安芸国内にある。それらのことからすると、厳島神社の玉殿は安芸国の神社本殿における玉殿安置に多大な影響があったと考えられる。

厳島神社玉殿の規模形式の概要についてはすでに示されているが、[3] 本章では厳島神社外宮である地御前《じごぜん》神社（広島県廿日市市）の玉殿について学術調査を行い、その成果を報告するとともに、永禄十二年（一五六九）の「厳島社宮殿造営材木注文」[4]（以下、「造営材木注文」という）及び嘉禎三年（一二三七）の「造伊都岐島社内宮御玉殿荘厳調度用途等注進状案」[5]（以下、「調度注進状案」という）を詳細に検討し、さらに近世頃の写しと考えられている古図二葉（図5―1・2、以下、「内宮大宮図」[6] 及び「内宮客人宮図」[7] とする）を加えて、仁治二年（一二四一）再

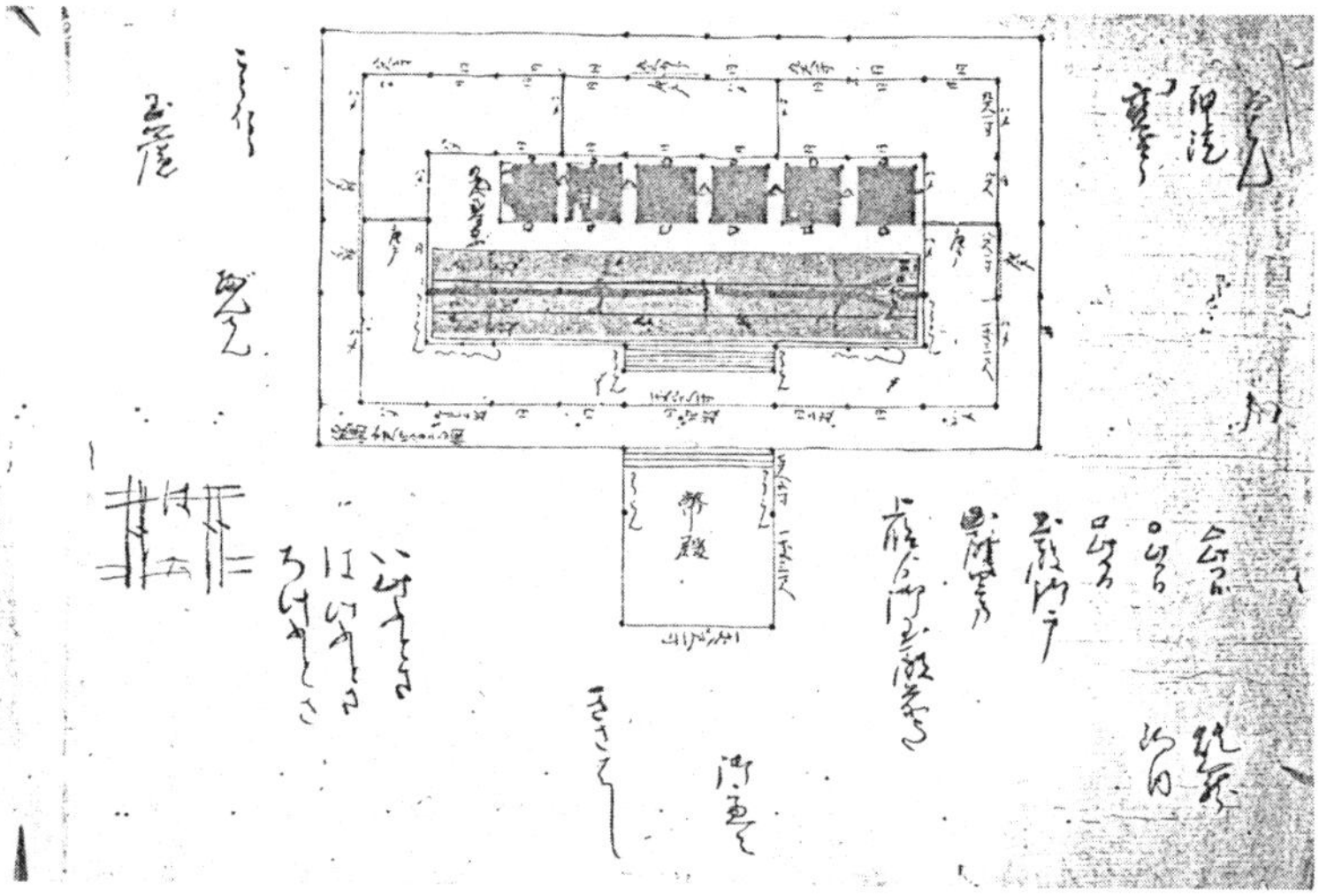

図 5-1　内宮大宮図

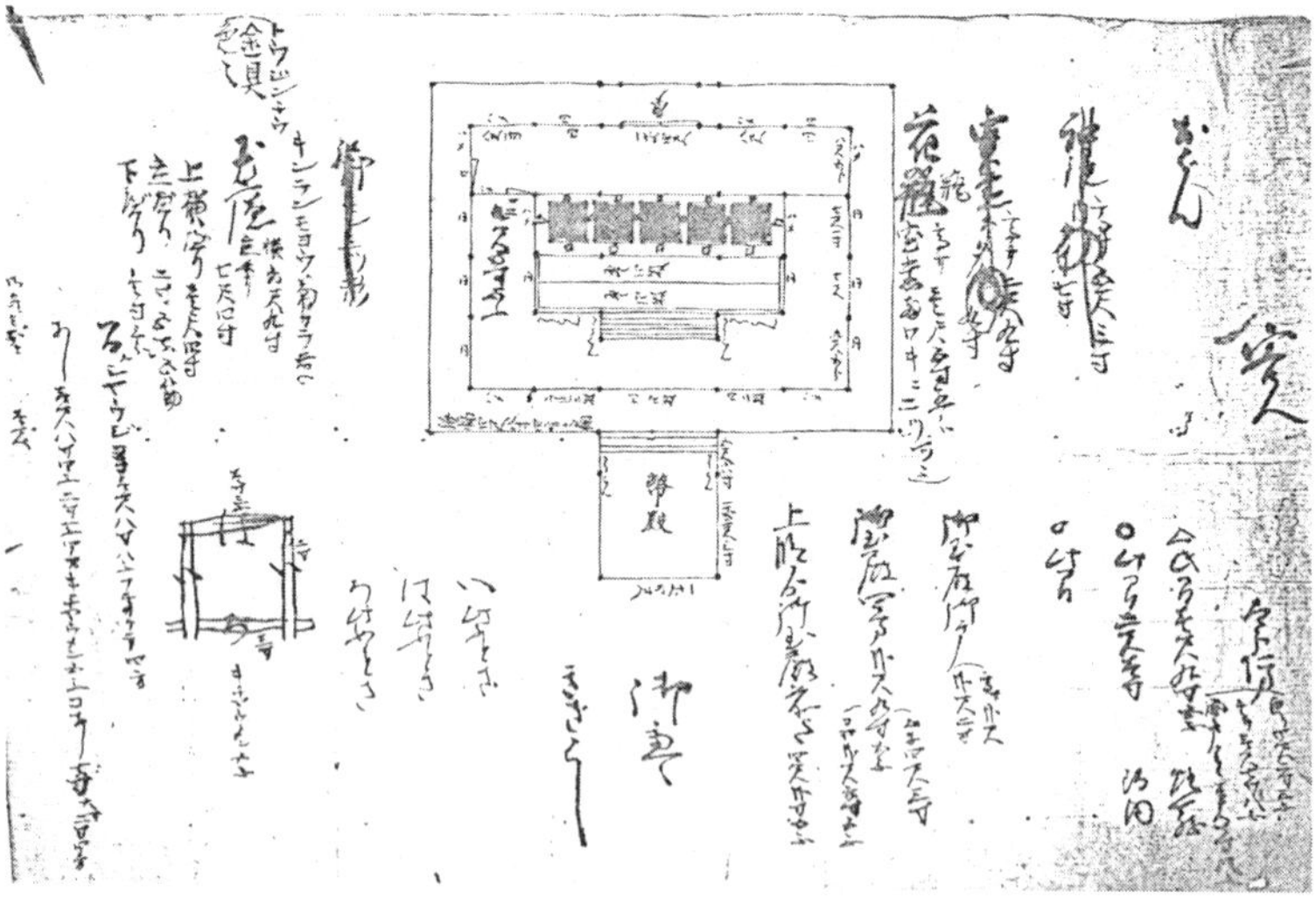

図 5-2　内宮客人宮図

建時の厳島神社内宮玉殿（以下、仁治再造厳島神社玉殿という）の復元案を提示する。

また、厳島神社の仁安三年の玉殿安置は、神社本殿として玉殿安置の極めて早い例であり、安芸国の玉殿の発展を考える上でも重要であるので、厳島神社の玉殿の特質について詳しく考察を加える。

二　厳島神社玉殿の沿革

厳島神社の沿革については、三浦正幸氏の論文にまとめられているので(8)、それを参考にしながら厳島神社の玉殿に関する沿革について記しておく。

1　厳島神社の内宮と外宮

厳島神社は内宮及び外宮からなる神社で、内宮は瀬戸内海の島である広島県廿日市市宮島町に鎮座する厳島神社、外宮は大野瀬戸を挟んで対岸となる廿日市市地御前に鎮座する現在の地御前神社である。

伊勢神宮における内宮と外宮の関係とは異なり、厳島神社の内宮と外宮は祭神が同一である。また、外宮は現在では厳島神社摂社地御前神社となっているが、摂社とされたのは大正三年（一九一四）であって、それ以前の両社の関係について、摂社という現在の名称は考慮する必要がない。また、外宮について、風波の荒いとき、神主が渡海することができない場合の内宮の遙拝所であるとするのは近世以降に生じた俗説であって、中世の文献にそうした記述はない。それらについては三浦正幸氏の論文に詳しいので、ここでは省略したい。

厳島神社の中心となる本殿は、内宮と外宮それぞれに二棟ずつあり、内宮外宮で合わせて四棟の本殿が現存している。その内部に安置されている玉殿の数も内宮と外宮で一致している。現在の名称は、内宮では本社本殿と

摂社 客《まろうど》神社本殿、(9) 外宮では大宮本殿と客人《まろうど》本殿であって、(10) 内宮の本社本殿と外宮の大宮本殿、内宮の客神社本殿と外宮の客人本殿がそれぞれ照応する。祭神も同一で、それぞれの本殿で照応している。内宮と外宮で現在は名称が若干異なっているが、本章では混乱を避けるために、厳島神社の古文書等で多く用いられている「大宮」と「客人宮」の名称を内宮、外宮ともに用いることにする。(11)

2 玉殿に関する沿革

厳島神社の創祀は、仁安三年(一一六八)の「伊都岐島社神主佐伯景弘解」(12)(以下、「佐伯景弘解」という)によると、推古天皇癸丑之年(五九三)の垂迹であるというが伝説の域を出ない。『日本後紀』の弘仁二年(八一一)七月己酉(十七日)には、伊都岐島神が名神に預かって官社に列したことが記され、その後『三代実録』の貞観元年(八五九)正月及び三月、同九年(八六七)十月に神階の叙位について記されている。延長五年(九二七)の『延喜式』の神名帳では名神大社とされ、月次新嘗に預かる速谷神社(広島県廿日市市)に次ぐ安芸国の大社であったことがわかる。天慶三年(九四〇)の『長寛勘文』には正四位下の位記請印について記されており、その頃までには速谷神社を抜いて、安芸国一宮となっていたことがわかる。

平安末期になると平氏との関係が深まり、『山槐記』によると永暦元年(一一六〇)八月、仁安二年(一一六七)二月に平清盛が社参している。仁安三年の「佐伯景弘解」によると、内宮の本殿など三十七棟、外宮の本殿など十九棟を神主景弘が私力で造畢したことが記されているが、その社殿の規模からすると、地方の神主の力の及ぶものではなく、平清盛の助力が相当あったものと推測されている。そして、その解を受けて、正殿(本殿)の修造の成功が認められており、翌四年には木作始、仮殿造立、仮殿遷宮、正殿修造、正遷宮の日時勘文が択申されている。(13)

仁安三年頃の本殿の規模は、貞応二年（一二二三）の内宮焼失後の再建時の規模と変わりないので、玉殿については、仁安三年頃の造営において内宮外宮ともに大宮に六基、客人宮に五基の玉殿を安置していたと考えられている。[14]

仁安三年頃の造営の後、建永二年（一二〇七）の内宮焼失後の再建における建保三年（一二一五）の遷宮は内宮のみであり、内宮玉殿と外宮は新造していない。[15]

その後、貞応二年に内宮が焼失している。この再建に際しては焼けなかった外宮も嘉禎二年（一二三六）に造替され、[16]その造替された外宮には大宮玉殿六基、客人宮玉殿五基が造替安置されていた。[17]一方、内宮においては、大宮玉殿六基、客人宮玉殿五基が火災後に造立されていることがわかる。[18]

その後は、康安二年（一三六二）[19]及び永享五年（一四三三）に内宮の客人宮が遷宮されているが、[20]修理と考えられている。[21]宝徳二年（一四五〇）四月には社頭が大破し、神殿が雨露に侵されたことを言上している。天文九年（一五四〇）には外宮が遷宮されている。[22]なお、天文九年再建時の外宮の玉殿は大宮玉殿五基、客人宮玉殿六基と同様であった。[23]

年代を降って、永禄十二年（一五六九）に和智兄弟を内宮社頭にて生害させた穢により、[24]毛利元就によって内宮の大宮本殿が造替され、元亀二年（一五七一）に遷宮が行われた。[25]その時の内宮大宮玉殿については、永禄十二年（一五六九）の「造営材木注文」があり、[26]内宮大宮玉殿が元亀二年に造替され、六基であったことが明らかである。さらに、慶安三年（一六五〇）の「安芸国厳島社間数御目録」において、[27]大宮玉殿が六基、客人宮玉殿が五基存在していたことが知れる。

宝暦五年（一七五五）には外宮が焼失し、[28]同十年に再建による遷宮が行われた。[29]この時に、現在の外宮の大宮玉殿六基と客人宮玉殿五基は再造されたものである。その後、明治期（一八六八―一一二）に入って内宮の玉殿は造替されている[30]。

次に、内宮と外宮の大宮及び客人宮の玉殿の沿革を年表（表5―1）にまとめておく。なお、この年表は玉殿を中心とし、従来のものを若干補訂した。

以上のことから、現在の玉殿に関しては、内宮の大宮と客人宮の玉殿が明治期（一八六八―一二）に造替されたもの、外宮の大宮と客人宮の玉殿が宝暦十年（一七六〇）に再造されたものであると考えられる。それら内宮と外宮の玉殿の成立は、少なくとも仁安三年（一一六八）までは遡る。

また、厳島神社の内宮と外宮において、各本殿内に安置された玉殿は仁安三年以降、何度か造替されているが、内宮もしくは外宮のどちらか一方の玉殿が火災等によって失われた場合においても、その時に被災しなかった方の玉殿を手本として、焼失前とほぼ同様に細部まで正確に再造することが可能であった。したがって、厳島神社における玉殿の基数や規模形式、細部意匠は、仁安三年以降、極めて忠実に継承されてきたものと考えられる。

表5―1　厳島神社玉殿関連年表

年代	本殿等関連事項	玉殿関連事項	出典
仁安三年（一一六八）頃	内宮外宮を造営	内宮外宮玉殿造立	伊都岐島社神主佐伯景弘解
建永二年（一二〇七）	内宮焼失	内宮玉殿焼失せず	伊都岐島社神官等申状案（厳島野坂文書一八六二号）
承元二年（一二〇八）	内宮大宮、客人宮上棟		造伊都岐島社行事所棟上用途注進状案（新出厳島文書九五号）
建保三年（一二一五）	内宮遷宮		伊都岐島社神官等申状案

貞応二年（一二二三）	内宮焼失	内宮玉殿焼失	同
嘉禎元年（一二三五）	外宮上棟		同
嘉禎二年（一二三六）	内宮上棟、外宮遷宮	外宮玉殿造替	同／伊都岐島社末造殿舎造営料言上状案
仁治二年（一二四一）	内宮遷宮	内宮玉殿再造立	安芸国司庁宣案（新出厳島文書一〇七号）／造伊都岐島社内宮御玉殿荘厳調度用途等注進状案
康安二年（一三六二）	内宮客人宮修理遷宮		遷宮棟札写（野坂文書一一六号）
永享元年（一四二九）	内宮客人宮立柱		社堂所々棟札控（大願寺文書三一七号）
永享四年（一四三二）	同、上棟		同
永享五年（一四三三）	同、遷宮	内宮客人宮玉殿造替か	同
宝徳二年（一四五〇）	社頭大破し、神殿雨露に侵される		厳島神主掃部助教親言上（巻子本厳島文書一五号）
天文三年（一五三四）	外宮立柱		飯田家（外宮棚守家）所蔵文書
天文七年（一五三八）	同、上棟		同
天文九年（一五四〇）	同、遷宮	外宮玉殿造替か	同、房顕覚書
元亀二年（一五七一）	内宮大宮造替し遷宮	内宮大宮玉殿造替	棟札、兼右卿記（十二月二七日条）、厳島社遷宮行列式書立（厳島野坂文書一三八四号）／厳島社宮殿造営材木注文
宝暦五年（一七五五）	外宮焼失	外宮玉殿焼失	厳島神社五重塔棟札写
宝暦六年（一七五六）	同、上棟		佐伯郡地御前村万指出帳控
宝暦十年（一七六〇）	同、遷宮	外宮玉殿再造立	棟札／建築様式
明治期		内宮玉殿再造立	営繕書類

三　玉殿の配置

玉殿の員数は、貞応二年（一二二三）の内宮焼失後の再建時には内宮外宮ともに大宮玉殿六基、客人宮玉殿五基であった。それら玉殿は本殿内に安置されており、その配置には決まりがある。玉殿の配置は仁治再造厳島神社玉殿を復元する上で関わりがあるので、本節では三浦正幸氏の前掲論文に、筆者による詳細調査の結果を加えて記すことにする。

現在の外宮の大宮本殿においては、六基の玉殿を桁行六間の本殿内に安置し、玉殿は柱間一間に対して一基ずつ並んでいる。最大の玉殿を中央に二基置き、次に大きい二基をその両脇とし、これらより小さい玉殿二基を両端に配置している。[31] 配置された玉殿の屋根間にはある程度の余裕がある。玉殿間には低い衝立が置かれている。現在の外宮の客人宮本殿においては、五基の玉殿を桁行三間の本殿内に詰めて並べているために、玉殿は本殿柱間と対応していない。[32] 玉殿間にはほとんど余裕がなく、配置された玉殿の屋根の螻羽《けらば》は、ほとんど隙間なく隣接している。玉殿間は大宮本殿と同様に衝立によって仕切られている。五基の客人宮玉殿は、中央に大宮本殿の両端の玉殿より小さい三基を並べ、右端（向かって左）に大宮本殿の両端の玉殿より少し大きい一基を置き、左端には最も小さい一基を配置している。

内宮の玉殿配置については、「内宮大宮図」及び「内宮客人宮図」がある。この近世頃の写しと考えられる二葉の古図は本殿の実測図とされる。[33] これによると大宮本殿においては、桁行七間の内陣の右端間（向かって左端間）は玉殿を配置せず、それ以外の左方六間に一間に対して一基ずつ玉殿を並べている。内宮の客人宮本殿においては、外宮と同様に桁行三間に五基の玉殿を並べている。「内宮客人宮図」に記入された寸法を今回、詳細に検討した結果、外宮の客人宮玉殿と同様に大小三種類あることがわかった（詳しくは後述）。また、内宮の大宮本殿の玉殿六基については、元亀二年（一五七一）の造替時に遷宮師を勤めた吉田兼右の日記[34]によって、本殿内陣の左（向かって右）から第六、四、二、一、三、五殿の順であることが知れる。内陣右端間は玉殿を安置しないので、桁行九間の大宮本殿の中央に玉殿第一殿が安置されていたことになる。また、左と右の格の上下関係により、左側（向かって右）上位とする一般的な神社とは反対に、厳島神社における内宮大宮での祭礼においては、右側（向かって左）上位となっている。これは、祭礼を行う幣殿が玉殿第一・二殿を安置する本殿の柱間に接続されており、その右（向かって左）側に第一殿、左側に第二殿が配置されているために、上位が入れ替わっていると考えられる。

次に、祭神の面から玉殿の配置についてみてみると、平安末期の客人宮の祭神は、安元二年（一一七六）の祝詞[35]によって、四所の客人神（大江客人、今客人、隅岡客人、興雄客人）と八所の比延解《ひえとき》であって、八所の比延解を右端の最大玉殿にまとめて配し、中央に四所の客人神の筆頭の大江客人、その左に今客人、右に隅岡客人、最小の玉殿に興雄客人を配していたことがわかる。したがって、左（向かって右）から第四、二、一、三、五殿の順に安置されていることになる。大宮本殿に関しては、元亀二年の「厳島社遷宮行列式書立[36]」、外宮に現存する宝暦六年（一七五六）の神輿、『源平盛衰記』[37]及び安元三年（一一七七）の「手摺書御正躰[38]」によって、大宮本殿の主神は平安時代末期頃から中世にかけて、大御前（大宮）と中御前（中宮）の二所であったことが知れ[39]、大宮玉殿六基のうち中央二基がその二所に当たり、それらが最大となる理由と考えられる。

以上のように、内宮と外宮の大宮玉殿と客人宮玉殿には大小差があり、外宮に見られる玉殿の大小差に基づく配置が、内宮外宮ともに仁安三年（一一六八）頃の造営時に成立していたものと考えられる。

四　厳島神社外宮の玉殿

1　玉殿の規模形式と細部手法

現在、厳島神社外宮地御前神社本殿内陣に安置されている玉殿は、前述したように棟札により、宝暦十年（一七六〇）に造立されたものである。その大宮の玉殿六基のうち第一・二・三・四殿は、桁行三間、梁間一間で、第五・六殿及び客人宮玉殿五基は桁行一間、梁間一間である。それらすべての玉殿は横長平面で、屋根形式は切妻造の平入の柿葺である。現状の実測寸法は次のとおりである（図5―3～14）。

①外宮大宮玉殿第一・二殿

桁行（側柱真々）	五尺二寸	（一五七六㎜）
梁間（側柱真々）	三尺七寸六分	（一一三九㎜）
軒の出（正面側柱真より飛檐垂木下角まで）	一尺六寸四分	（　四九七㎜）
螻羽の出（側柱真より破風板外端まで）	八寸七分	（　二六四㎜）
総高（土居桁下端から大棟頂部まで）	六尺三寸七分	（一九三〇㎜）
軒高（土居桁下端より桁上端まで）	三尺八寸	（一一五二㎜）

②外宮大宮玉殿第三・四殿

桁行（側柱真々）	四尺七寸一分	（一四二七㎜）
梁間（側柱真々）	三尺六寸一分	（一〇九四㎜）
軒の出（正面側柱真より飛檐垂木下角まで）	一尺六寸五分	（　五〇〇㎜）

螻羽の出（側柱真より破風板外端まで）　八寸五分（二五八㎜）
総高（土居桁下端から大棟頂部まで）　六尺三寸（一九〇九㎜）
軒高（土居桁下端より桁上端まで）　三尺八寸（一一五二㎜）

③外宮大宮玉殿第五・六殿

桁行（側柱真々）　三尺五寸（一〇六一㎜）
梁間（側柱真々）　二尺　七分（六二七㎜）
軒の出（正面側柱真より飛檐垂木下角まで）　一尺六寸六分（五〇三㎜）
螻羽の出（側柱真より破風板外端まで）　九寸三分（二八二㎜）
総高（土居桁下端から大棟頂部まで）　五尺四寸（一六三六㎜）
軒高（土居桁下端より桁上端まで）　三尺七寸四分（一一三三㎜）

④外宮客人宮玉殿第一・二・三殿

桁行（側柱真々）　三尺三寸（一〇〇〇㎜）
梁間（側柱真々）　二尺九寸一分（八八二㎜）
軒の出（正面側柱真より飛檐垂木下角まで）　一尺六寸七分（五〇六㎜）
螻羽の出（側柱真より破風板外端まで）　六寸七分（二〇三㎜）
総高（土居桁下端から大棟頂部まで）　五尺七寸八分（一七五二㎜）
軒高（土居桁下端より桁上端まで）　三尺七寸八分（一一四五㎜）

⑤外宮客人宮玉殿第四殿

桁行（側柱真々）　三尺（九〇九㎜）

梁間（側柱真々）	二尺五寸三分（ 七六七㎜）
軒の出（正面側柱真より飛檐垂木下角まで）	一尺六寸六分（ 五〇三㎜）
螻羽の出（側柱真より破風板外端まで）	六寸九分（ 二〇九㎜）
総高（土居桁下端から大棟頂部まで）	五尺四寸八分（一六六一㎜）
軒高（土居桁下端より桁上端まで）	三尺七寸六分（一一三九㎜）

⑥外宮客人宮玉殿第五殿

桁行（側柱真々）	四尺四寸二分（一三三九㎜）
梁間（側柱真々）	三尺二寸（ 九七〇㎜）
軒の出（正面側柱真より飛檐垂木下角まで）	一尺六寸九分（ 五一二㎜）
螻羽の出（側柱真より破風板外端まで）	六寸八分（ 二〇六㎜）
総高（土居桁下端から大棟頂部まで）	五尺九寸三分（一七九七㎜）
軒高（土居桁下端より桁上端まで）	三尺七寸九分（一一四八㎜）

大宮玉殿第一・二殿は、正面両脇間を九寸五分（二八八㎜）、中央間を三尺三寸（一〇〇〇㎜）とし、大宮玉殿第三・四殿は、正面両脇間を八寸五分（二五八㎜）、中央間を三尺一分（九一二㎜）として、面取を施した角柱を立て並べる。それらは正面だけを三間とし、背面は通し一間とする。大宮玉殿第五・六殿、客人宮玉殿第一・二・三・四・五殿は正面、背面ともに一間とする。

土居桁《どいげた》は梁間方向を先に置き、桁行方向の土居桁を上木として井桁に組む。土居桁の上角及び木口《こぐち》には面が取られる。土居桁に接して玉殿の四面に高さ一寸（三〇㎜）の半長押を打って、内部に板敷きの床を張る。扉の上

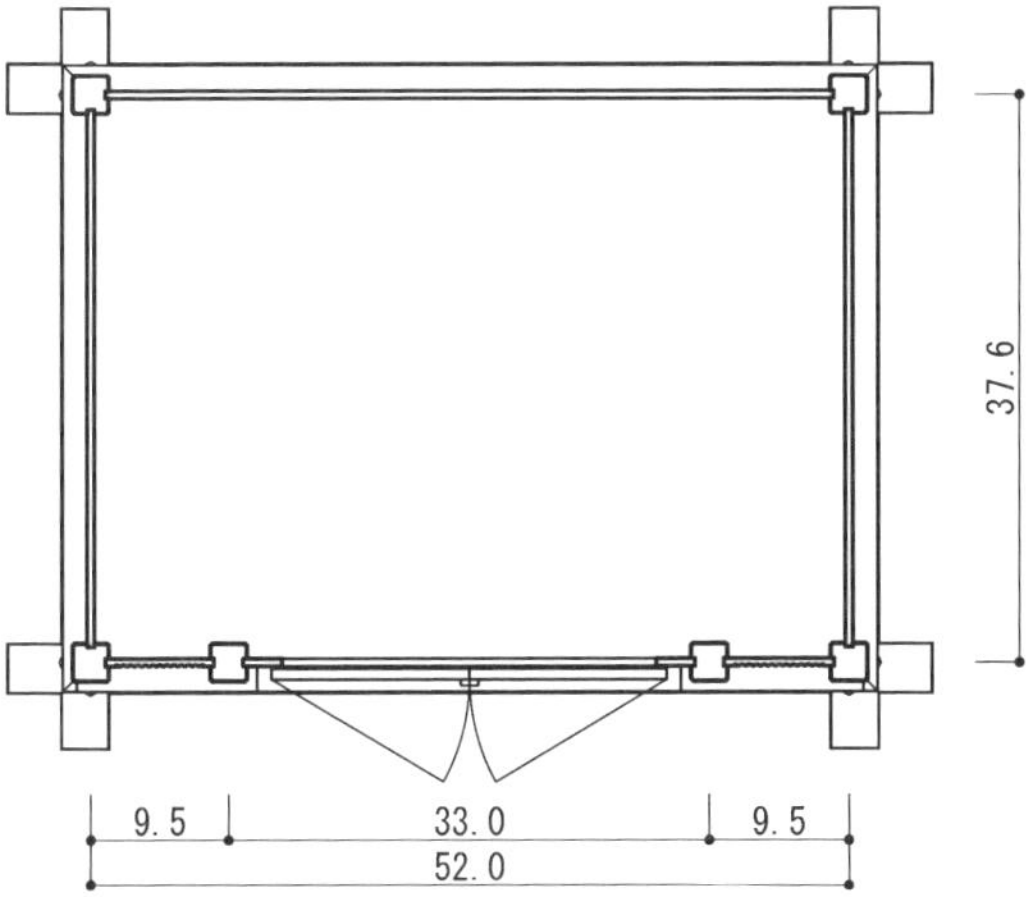

図 5-3　外宮大宮玉殿第一・二殿平面図 縮尺 1/30 単位：寸

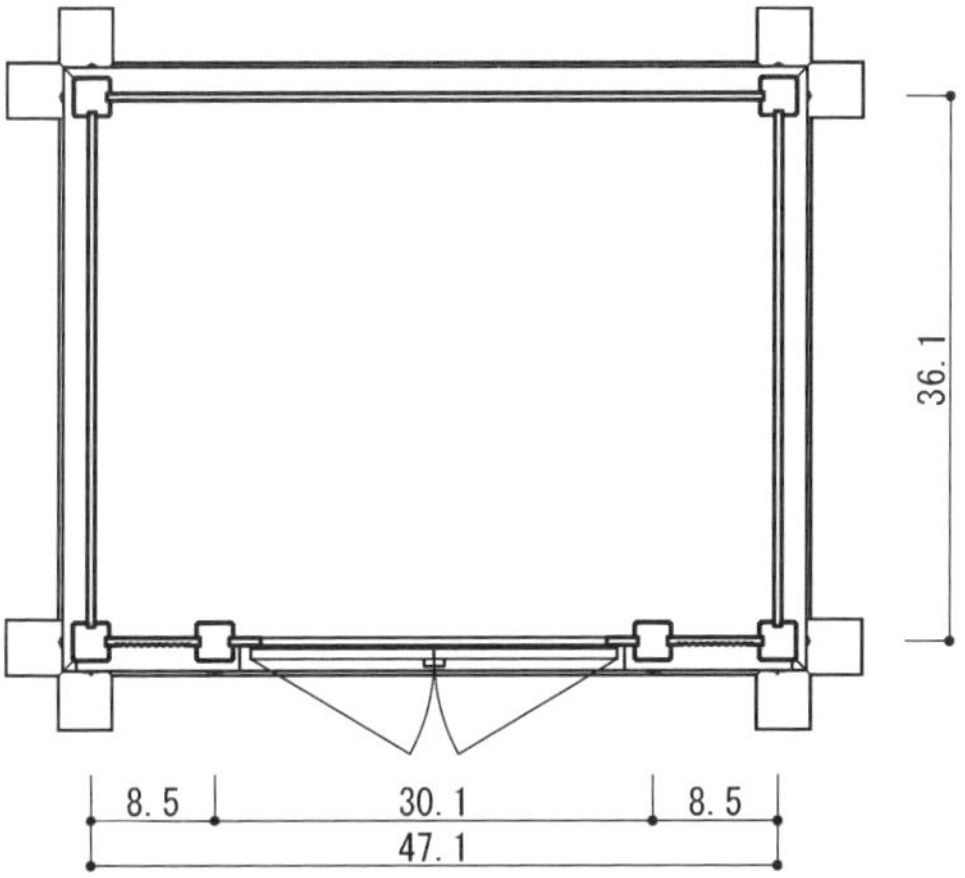

図 5-4　外宮大宮玉殿第三・四殿平面図 縮尺 1/30 単位：寸

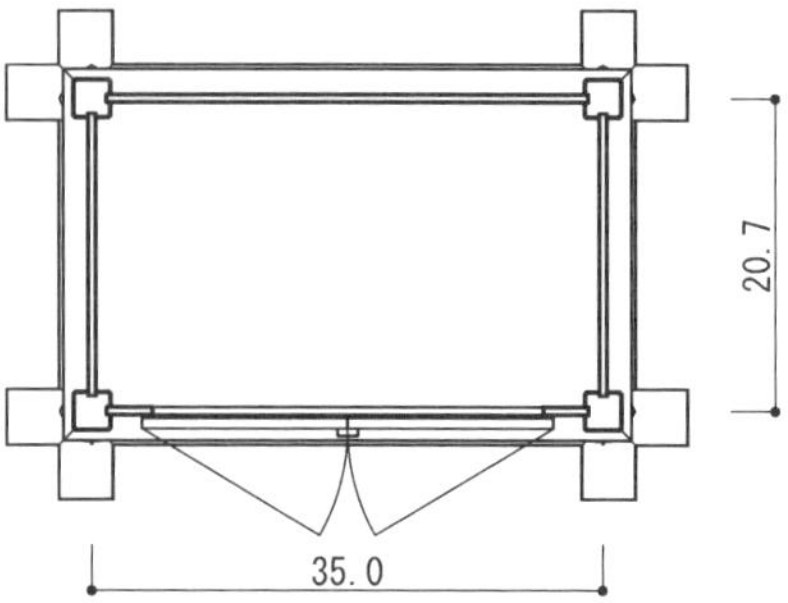

図 5-5　外宮大宮玉殿第五・六殿平面図 縮尺 1/30 単位：寸

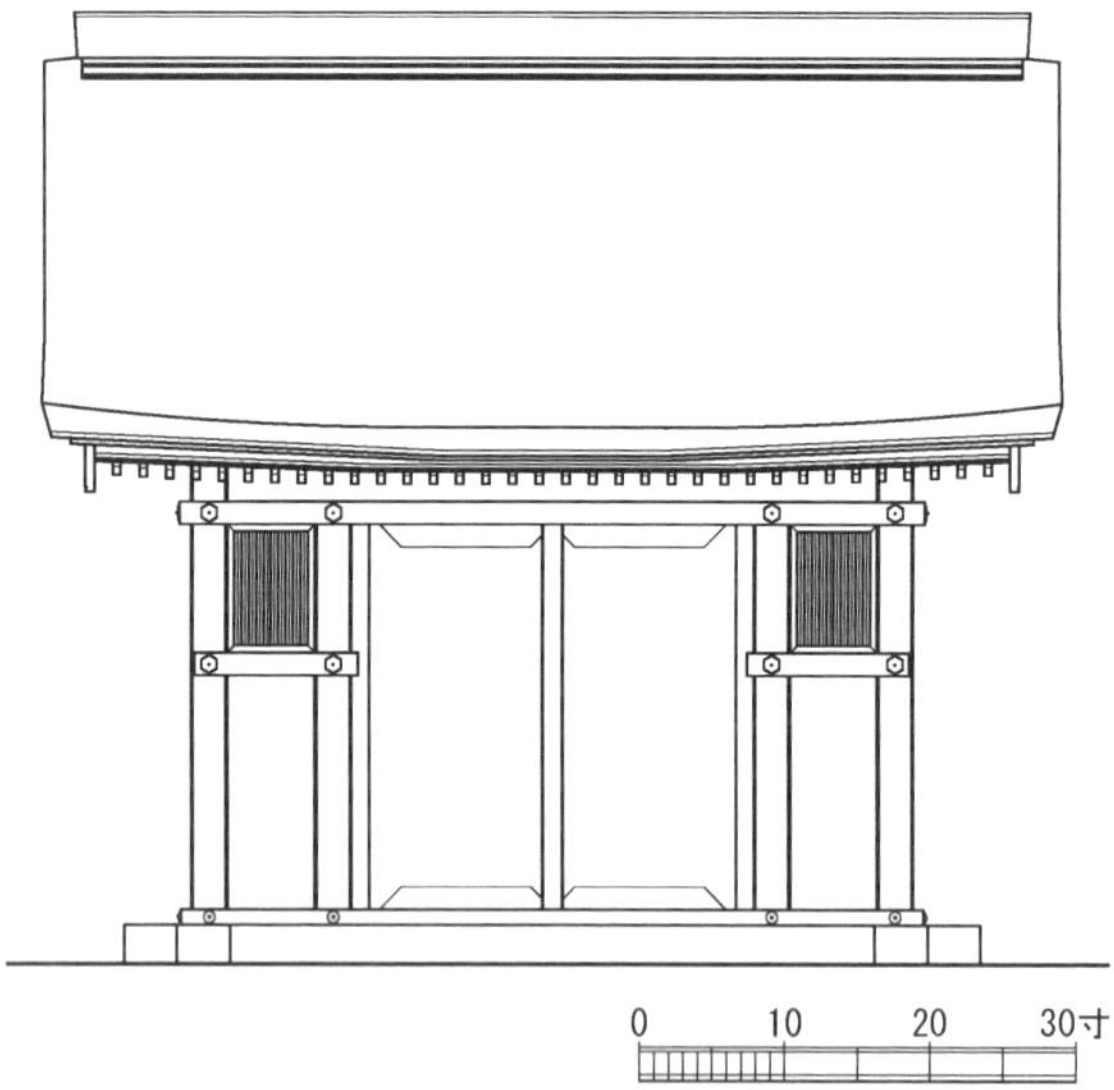

図 5-6　外宮大宮玉殿第三・四殿正面立面図 縮尺 1/30

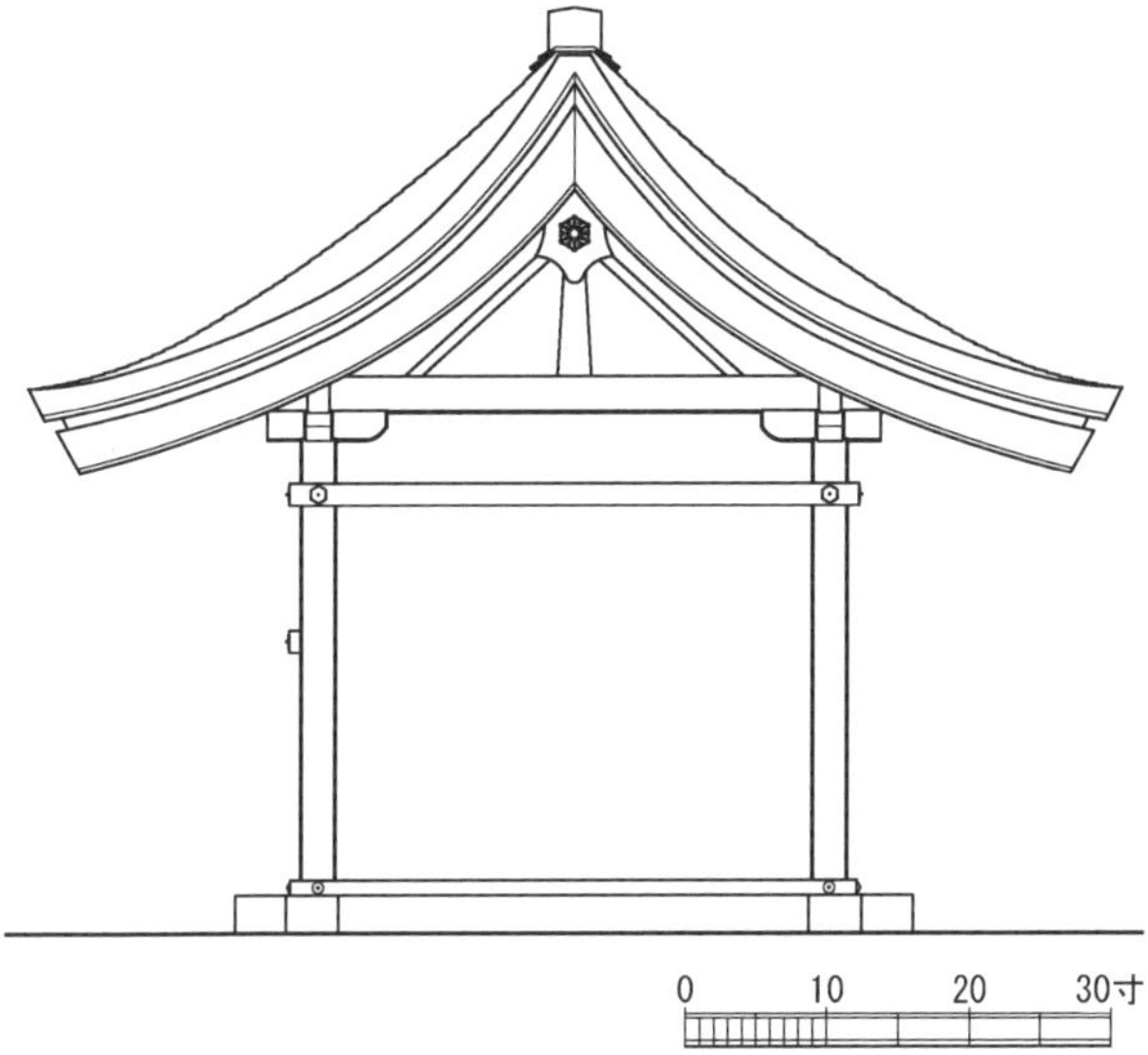

図 5-7　外宮大宮玉殿第三・四殿側面立面図 縮尺 1/30

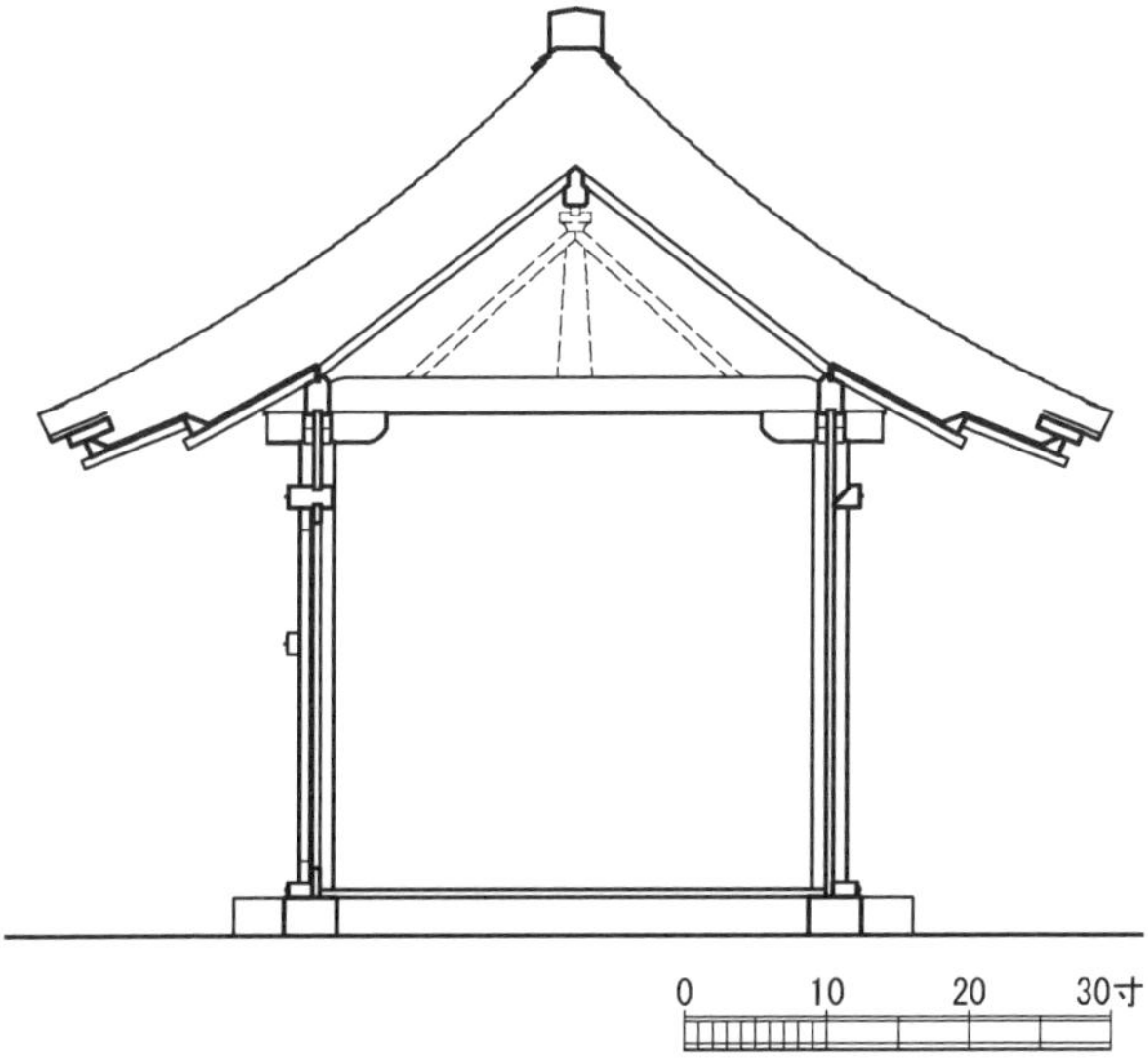

図 5-8　外宮大宮玉殿第三・四殿梁間断面図 縮尺 1/30

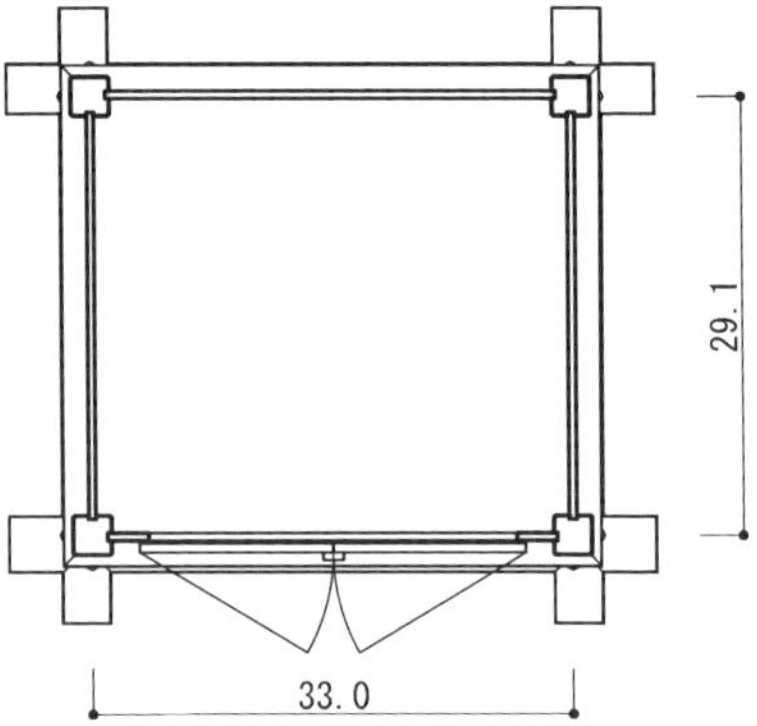

図 5-9　外宮客人宮玉殿第一・二・三殿平面図 縮尺 1/30 単位：寸

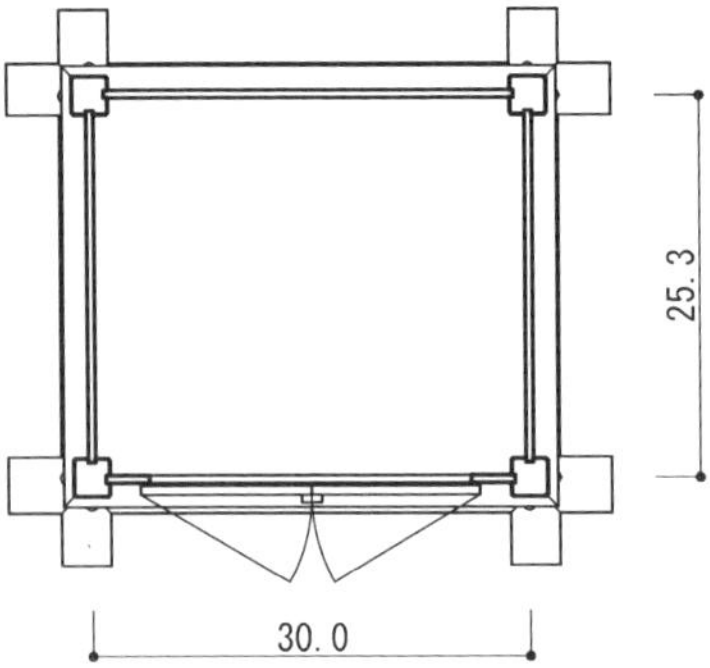

図 5-10　外宮客人宮玉殿第四殿平面図 縮尺 1/30 単位：寸

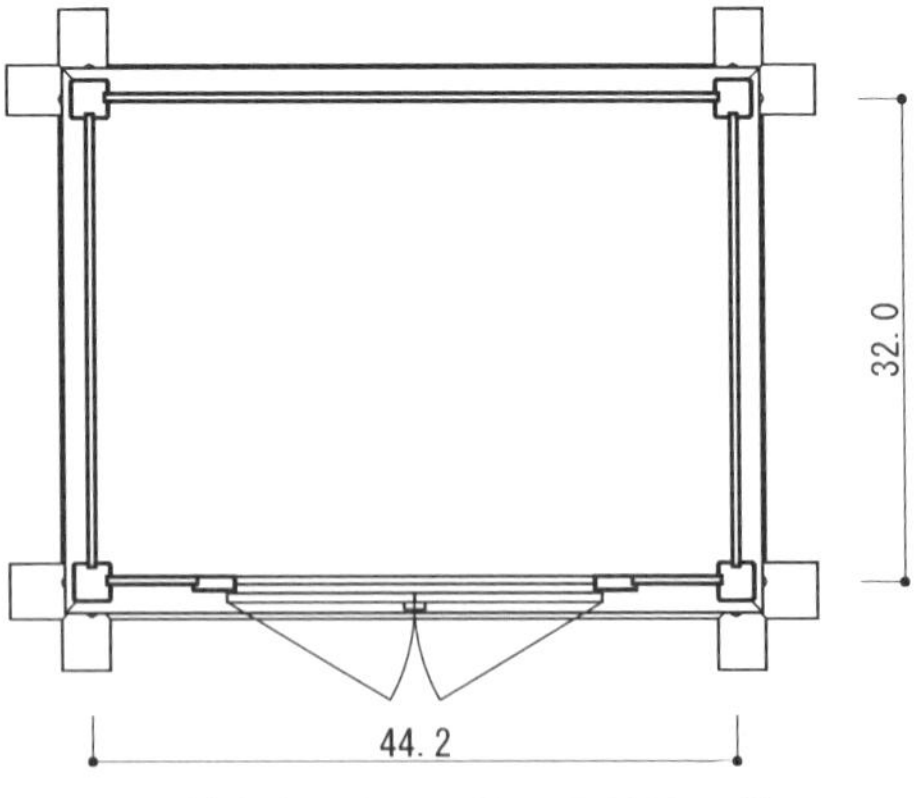

図 5-11　外宮客人宮玉殿第五殿平面図 縮尺 1/30 単位：寸

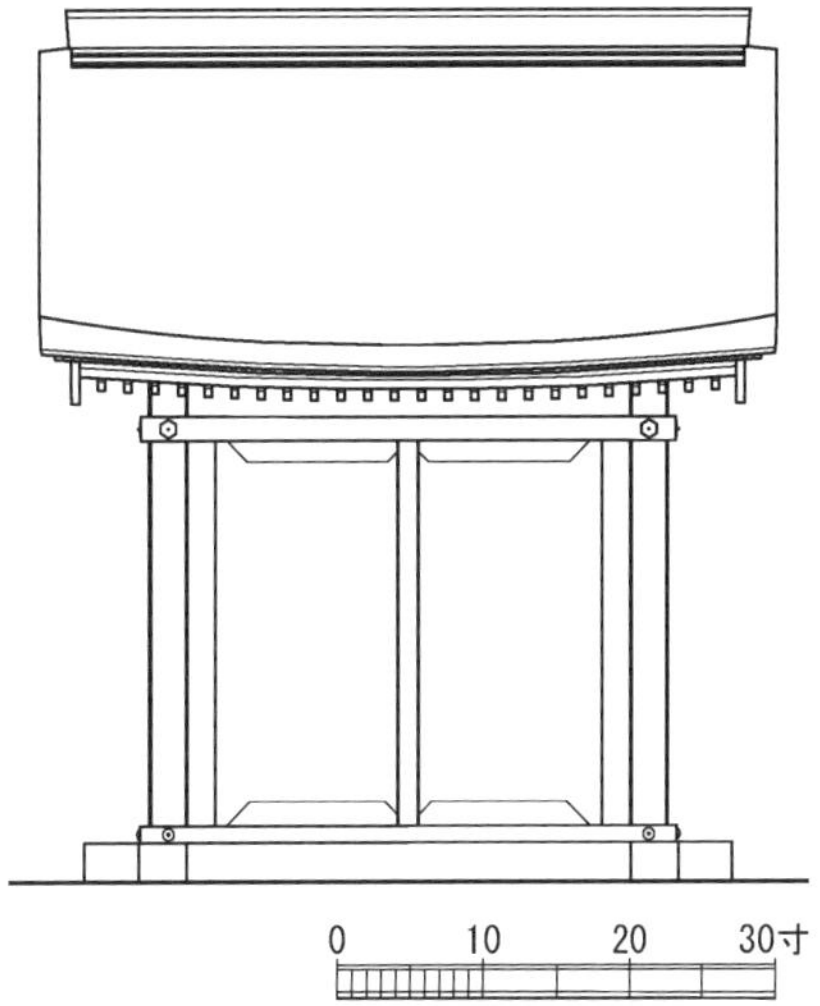

図 5-12　外宮客人宮玉殿第一・二・三殿正面立面図 縮尺 1/30

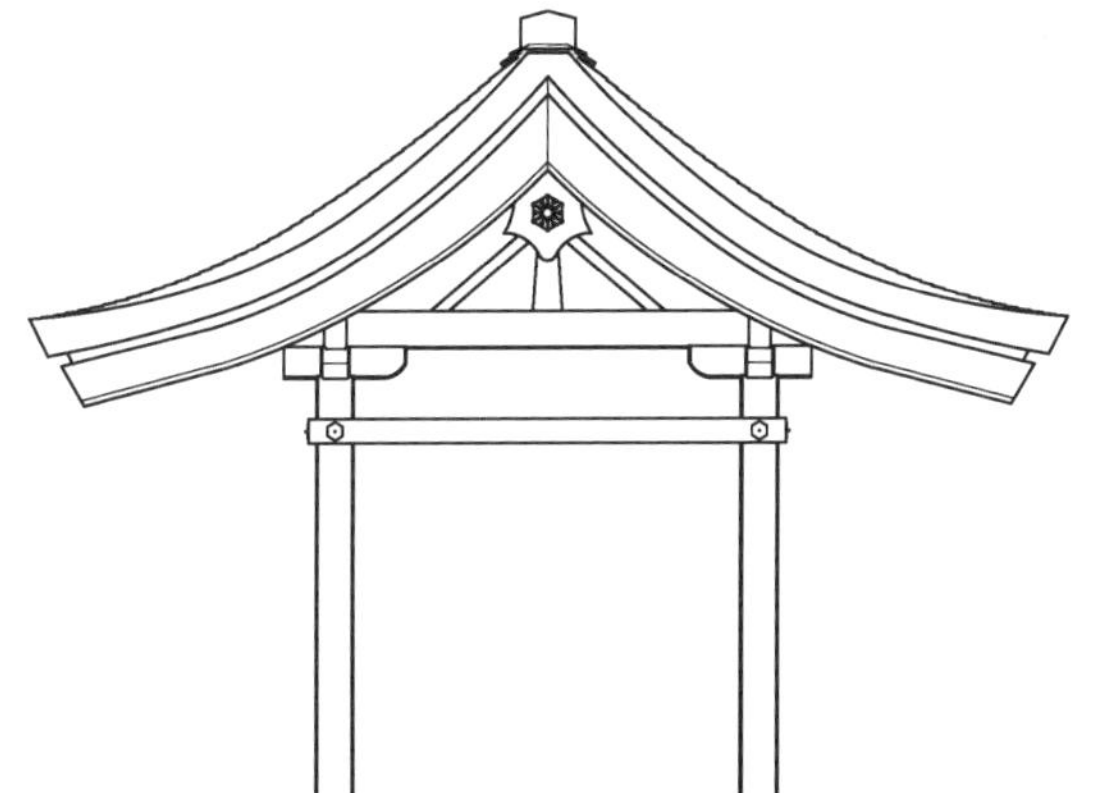

図 5-13　外宮客人宮玉殿第一・二・三殿側面立面図 縮尺 1/30

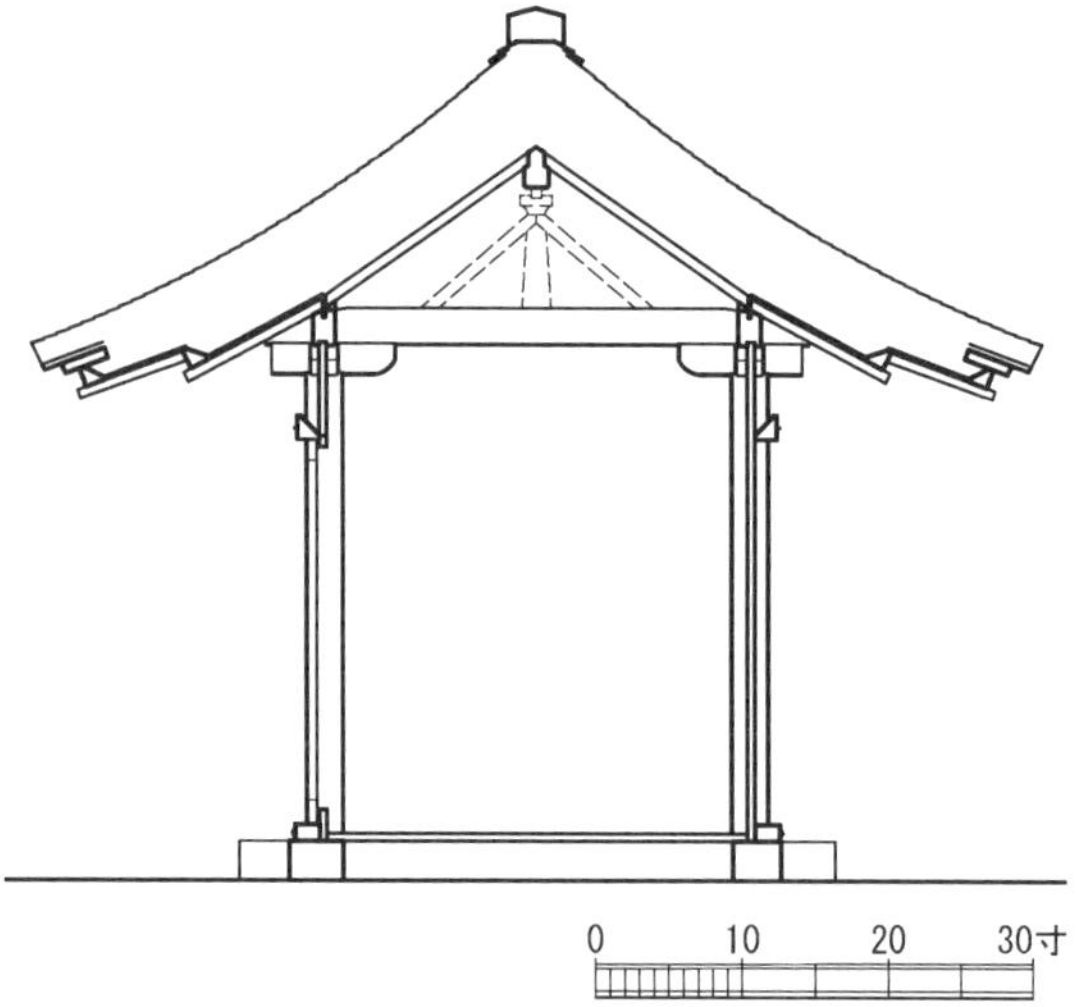

図 5-14　外宮客人宮玉殿第一・二・三殿梁間断面図 縮尺 1/30

の位置に内法長押を四面に釘打ちする。正面の中央柱間は、方立《ほうだて》のない（客人宮第五殿については、正面幅の広い板状の方立を用いる）脇板壁を立てて、一枚板の上下に端喰《はしばみ》を付けた板扉を両開きに建てる。扉から軸を出して、半長押及び内法長押に軸吊の穴を開けて吊る。三間社である大宮玉殿第一・二・三・四殿については、両脇間は腰長押を正面だけに打って、その下を板壁とし、上を盲連子窓とする。

玉殿の側面は、板壁とする。柱上には下角及び木口に面を取った舟肘木を桁行、梁間双方に交差させて置き、下角に面を取った桁を支える。ただし、大宮玉殿第一・二・三・四殿については、正面の中央柱二本は、内法長押までとし、桁まで達していない。桁に螻羽の反り上がりはない。

軒に見えている垂木《たるき》は化粧垂木で、正面、背面ともに二軒とし、飛檐《ひえん》垂木には鼻こきがなされる。その上方には柿葺の屋根の野地板を支える野垂木が入っていると考えられる。桁上は面戸《めんど》板を入れる。螻羽では地垂木を桁の位置で継いで化粧棟木まで延ばす。

妻面には、虹梁《こうりょう》を渡す。梁成と桁成が同じで、舟肘木上の位置で揃えて梁と桁を交差させる。その虹梁は、下角に面が取ってある。虹梁上は豕扠首《いのこさす》の妻飾とするが、その束は撥束《ばちづか》状に下部が開く。[40] 豕扠首上には斗《ます》を介して肘木を載せ、棟木を支える。破風《はふ》板は桁位置で強く曲がり、[41] 下方に小さく欠眉《かきまゆ》を施す。破風板の拝みは、六葉を付けた梅鉢《うめばち》懸魚《げぎょ》で飾る。軒の正面は、地垂木上に木負を載せ、飛檐垂木を出して、茅負《かやおい》、布裏甲を載せる。布裏甲は側面の破風板上に回り、登裏甲となる。

屋根は軒付《のきづけ》を檜皮《ひわだ》で積み上げ、その上に杮板を重ねて葺いて竹釘で留め、端部を廻し葺きとした本杮葺とする。軒は反り増し、屋根の両端には箕甲《みのこう》を付ける。屋根の頂には品軒《しなのき》を二段につけて、その上に端部に転びを持った一木造の大棟を載せる。

彩色についてはまったく施されておらず、すべて白木造りである。

以上の部材はすべて当初材であって、後補材をまったく混入しない。

2　玉殿の特色

これらの厳島神社外宮の玉殿には、様々な特色が見られる。ここではそれら特色について整理しておく。まず、これら玉殿は、宝暦十年（一七六〇）の造立でありながら、細部意匠において古雅な趣を見せているので、次に挙げることとする。

第一に、長押が細いことである。柱二寸五分（七六㎜）もしくは二寸六分（七九㎜）角に対して、長押の成が一寸五分（四五㎜）となっている。

第二に、化粧垂木に鼻こきがあることである。垂木成は先端で六分（一八㎜）、木負側で七分（二一㎜）となっており、先端部が細くすぼめられている。

第三に、破風板が桁位置で強く曲がることである。大宮玉殿第三殿で、破風板上端の引き通し長さ四尺二寸八分（一二九七㎜）に対して、桁位置で四寸五分（一三六㎜）、客人宮玉殿第二殿で引き通し長さ三尺七寸九分（一一四八㎜）に対して、桁位置で三寸六分（一〇九㎜）の反り（屋だるみ）となっている。仁治二年（一二四一）再建の内宮客人宮本殿の入側桁位置での破風板の強い曲がりに似ており、平安時代末期の好みを反映している。

第四に、舟肘木に面取を施すことである。舟肘木の成二寸一分（六四㎜）（長九寸八分（二九七㎜））に対して、面幅二分（六㎜）の面取が施される。江戸時代の舟肘木で面が取られるものは、一般的ではなく、本例も古式を受け継いだものと考えられる。

第五に、土居桁上に直に半長押を打つことである。これは、外宮玉殿に見られる特有な形式であるが、床高が低いことに関しては、元亨四年（一三二四）の今田八幡神社玉殿、永享十一年（一四三九）の堀八幡神社玉殿も床高が低く、古式と言える。

また、柱を面取角柱とすること、柱が比例的に細いこと、見世棚造としないことについては、床高が低いこととともに、平安時代以前の神座である御帳台の形式と共通するもの（終章で詳述）と判断でき、古式である。

このほかに、外宮玉殿に見られる古式以外の特色について、次に挙げておく。これらの特色については仁治再造厳島神社玉殿を史料によって復元考察するに当たって、重要となる特色であり、次節において詳しく考察を加える。

第一に、玉殿の大きさが異なることである。これに関しては前述したように祭神によるものと考えられる。

第二に、土居桁に面取が施されていることである。一般的な社寺建築においては行われない手法であるが、安芸国の中世玉殿においては、施されているものが少なくない。

第三に、檜皮の軒付とした上に柿葺とすることである。檜皮葺の方が一般的に高級であるので、柿葺の下地として檜皮を用いるのは不合理であると考えられる。

第四に、客人宮玉殿の螻羽の出が大宮より一枝短いことである。これに関しては客人宮の内陣上段幅の制約によるものと判断できる。

五　厳島神社内宮玉殿の復元考察

1　復元資料

筆者の調査で明らかとなった外宮の玉殿の特色は、仁治再造厳島神社玉殿の形式を色濃く伝えるものと考えられる。一方、史料からは嘉禎三年（一二三七）の「調度注進状案」に、

一御玉殿十一所御荘厳具　准万二千八百九疋

（中略）

金銅金物千七百五十三枚　准五千三百四十八疋

御簾金物二百九十七枚　代千二百九十八疋

（内訳略）

垂木木尻金物八百七十九枚　代八百七十九疋

長押金物百六十二枚　代千六百四十疋

敷居金物九十六枚　代百八十八疋

妻戸金物百三十二枚　代六百六十疋

連子折金物百七十六枚　代五百二十八枚

懸金十一具　代五十五疋

朱砂二百二十両　代千五百四十疋

（以下略）

とあり、内宮の玉殿十一基の飾金具等の員数等を記した部分がある。また、永禄十二年（一五六九）の「造営材木注文」に、

一中之御前おもてのま　五尺六寸五分
うしろへ四尺七寸　柱八二寸六分　地ふく四寸
たる木三拾三丁　はふハ此外之二社分
一脇之社二社おもてのま　五尺一寸五分
うしろへ四尺五寸五分　垂木三拾壱丁
はふハ此也
一又脇之二社おもてのま　四尺五寸
うしろへ三尺三分　たる木廿四丁
はふハ此外也
一むね之たかさけたの下はより、又なけしの下はまて一尺八寸八分
一軒の出は一尺三寸　四社同前
一二社之軒出は一尺二寸也
永禄十二年十二月廿六日

とあり、仁治二年（一二四一）再建時の内宮大宮玉殿の寸法を記したものである。

さらに、近世頃の写しの古図「内宮大宮図」、「内宮客人宮図」があり、本節では、それらの内容を総合して、

玉殿の規模形式や各部材の寸法や細部意匠について復元考察を加えることにする。

2 規模形式

厳島神社の玉殿は外宮において大宮、客人宮それぞれに大小三種類あり、右記史料を検討した結果、内宮においても大宮、客人宮それぞれに大小三種類あることがわかった。それらのうち規模形式について、各項目ごと大宮、客人宮に分けて考察する。

(1) 桁行

［内宮大宮］ 桁行の間数は、外宮大宮玉殿では第一・二・三・四殿は正面三間、背面通し一間で、第五・六殿は一間である。ここで、「調度注進状案」によると、内宮の玉殿十一基に対して「敷居金物」が九十六枚となっている。後述するが、この「敷居」は土居桁上に接して打たれた高さの低い長押で外宮玉殿の半長押に相当すると判断できる。外宮玉殿の半長押に打たれた金具について見てみると、玉殿の四方各面のすべての柱下の位置で打たれており、八枚が七基、十枚が四基であって、ちょうど九十六枚である。よって内宮玉殿のうち、正面三間、背面通し一間の玉殿が四基存したこととなる。したがって、外宮と同様に大宮玉殿第一・二・三・四殿は正面三間、背面通し一間、第五・六殿は一間と判断することができる。

桁行寸法（柱真々）は、外宮大宮玉殿では第一・二殿は脇間九寸五分（二八八㎜）、中央間三尺三寸（一〇〇〇㎜）の総長五尺二寸（一五七六㎜）、第三・四殿は脇間八寸五分（二五八㎜）、中央間三尺一分（九一二㎜）の総長四尺七寸一分（一四二七㎜）、第五・六殿は三尺五寸（一〇六一㎜）としている。「造営材木注文」によると、「中之御前おもてのま　五尺六寸五分」、「脇之社二社おもてのま　五尺一寸五分」、「脇之二社おもてのま　四尺五寸」とあり、第一・二殿の正面が五尺六寸五分（一七一二㎜）、第三・四殿の正面が五尺一寸五分（一五六一㎜）、第五・六殿の正面が四尺五寸（一三六四㎜）であるとしており、桁行の寸法と解される。ここで、この寸法が柱真々であるかどうかが問題となるが、後述するように垂木の間隔、すなわち枝割を考慮すると柱の外々寸法であると判断される。したがって、外宮の玉殿より約二寸（六一㎜）（第五・六殿は七寸五分（二二七㎜））大きく、桁行寸法は真々寸法に換算すると、大宮玉殿第一・二殿の正面が五尺四寸（一六三六㎜）、第三・四殿の正面が四尺九寸（一四八五㎜）、第五・六殿の正面が四尺二寸五分（一二八八㎜）と考えられる。なお、「安芸国厳島社間数御目録」には、「玉殿六社　面七尺」とあるが、これは、玉殿の概略寸法を記しただけであると考えられる。(42)

第一・二・三・四殿の正面中央二本の柱は、外宮の玉殿が内法長押までとしているので、内宮も同様であったと考えられる。それらの柱は桁などの上部構造と関係がなく、幣軸的に用いられており、柱間寸法については中央間の扉（詳しくは後述）の幅を考慮して垂木の枝割寸法をもとに決めることができる。したがって、第一・二殿は正面脇間一尺三寸（三九四㎜）、中央間二尺八寸（八四八㎜）、第三・四殿は正面脇間一尺五分（三一八㎜）、中央間二尺八寸（八四八㎜）と決定できる。

「内宮客人宮」　桁行の間数は、外宮客人宮玉殿ではすべて一間である。内宮客人宮玉殿も「調度注進状案」からすべて一間であると判断できる。

桁行寸法（柱真々）は、外宮客人宮玉殿第一・二・三殿は三尺三寸（一〇〇〇㎜）、第四殿は三尺（九〇九㎜）、第五殿は四尺四寸二分（一三三九㎜）である。「内宮客人宮図」の書き込みには、

御玉殿四方弐尺九寸五ふ

╲□□四尺三寸

╱〓弐尺六寸五ふ

及び、

太郎坊　面ハ四尺二寸三分

とある。前者より、客人宮本殿内の中央に配された第一・二・三殿は桁行二尺九寸五分（八九四㎜）と解され、第四殿については、これら玉殿の脇にあることから脇二尺六寸五分（八〇三㎜）と記されていると判断できる。(43) 客人宮で一番大きい玉殿と考えられる第五殿については、後者の「太郎坊」と呼ばれているものにふさわしく、四尺二寸三分（一二八二㎜）であったと解することができる。前者に記された寸法の四尺三寸（一三〇三㎜）はそれを丸めた数値であると思われる。ここで大宮同様、この寸法が柱真々であるかどうかが問題となる。この図には「△此間壱尺九寸五ふ」と記されており、△印は、本殿内陣上段の側面壁と玉殿の間及び本殿内陣上段に並べられた玉殿どうしの間に記されるので、それぞれの間がすべて一尺九寸五分（五九一㎜）であったことがわかる。客人宮の内陣上段の桁行は、図によると八尺一寸（二四五五㎜）、一丈四尺（四二四二㎜）、八尺（二四二四㎜）であるので、合計で三丈一寸（九一二一㎜）である。一方、玉殿五基の桁行が計一丈五尺七寸三分（四七六七㎜）、それぞれの間が計一丈一尺七寸（三五四五㎜）となり、その合計が二丈七尺四寸三分（八三一二㎜）となる。その差が二尺六寸七分（八〇九㎜）であり、本殿内陣上段の側面の壁板厚分を引くとおよそ二尺五寸（七五八㎜）となる。これは、玉殿の柱十本分で五基分の玉殿の柱に相当する。したがって、上記客人宮の各玉殿の桁行の寸法は柱の内々の寸法であると判断できる。また、後述する扉の幅や垂木の枝割寸法によっても同様に柱の内々の寸法とすることができる。したがって、外宮の玉殿より一寸（三〇㎜）小さく（第五殿は六分（一八㎜）大きい）、桁行寸法は客人宮玉殿第一・二・三殿が三尺二寸（九七〇㎜）、第四殿が二尺九寸（八七九㎜）、第五殿が四尺四寸八分（一三五八㎜）であったと結論づけることができる。客人宮についても「安芸国厳島社間数御目録」に「玉殿五社　面五尺」とあるが、大宮同様に概略寸法と考えられる。

（2）梁間

［内宮大宮］　梁間の間数は、外宮大宮玉殿ではすべて一間である。これについては、前述したように「調度注進状案」から、内宮大宮玉殿もすべて一間と判断できる。

梁間寸法（柱真々）は、外宮大宮玉殿では第一・二殿は三尺七寸六分（一一三九㎜）、第三・四殿は三尺六寸一分（一〇九四㎜）、第五・六殿は二尺七分（六二七㎜）である。「造営材木注文」によると、第一・二殿は「うしろへ四尺七寸」、第三・四殿は「うしろへ四尺五寸五分」、第五・六殿は「うしろへ三尺三分」とあり、「うしろ」は奥行を表しているので、これらの寸法は梁間寸法である。この文書では、柱の外々寸法であるので、第一・二殿が梁間（真々）四尺四寸五分（一三四八㎜）、第三・四殿が四尺三寸（一三〇三㎜）、第五・六殿が三尺五分（九二四㎜）であったと判断できる。

［内宮客人宮］　梁間の間数は、外宮大宮玉殿ではすべて一間で、「調度注進状案」から、内宮大宮同様に客人宮玉殿もすべて一間と判断できる。

梁間寸法（柱真々）は、外宮客人宮玉殿第一・二・三殿は二尺九寸一分（八八二㎜）、第四殿は二尺五寸三分（七六七㎜）、第五殿は三尺二寸（九六七㎜）である。「内宮客人宮図」には、「御玉殿四方」として寸法を記入してあるので、桁行と梁間は同じ寸法であったと解することもできるが、外宮玉殿がすべて横長の長方形平面であるので、内宮玉殿が正方形平面であったとは考えにくい。そこで、玉殿が安置されている本殿内陣上段について見てみると、「上段より御玉殿前まで四尺弐寸五ふ」と記されており、本殿内陣の上段境から玉殿までの距離が四尺二寸五分（一二八八㎜）であることがわかる。[44] また、「〇此間二尺壱寸」と記されており、〇印は、本殿内陣上段の背面の壁と玉殿の間に記されているので、その距離が二尺一寸（六三六㎜）であることがわかる。本殿内陣上段の奥行は、玉殿右方に記された「二（九を抹消）尺五寸五ふ」が該当すると考えられ、[45] この二尺五寸五分

（七七三㎜）は内陣上段境から内陣の梁間の中央柱までの寸法と判断できる。(46)これらにより、本殿内陣上段の奥行九尺六寸五分（二九二四㎜）から、玉殿前方の四尺二寸五分（一二八八㎜）と玉殿後方の二尺一寸（六三六㎜）を引いた三尺三寸（一〇〇〇㎜）となる。この値に板厚を考慮すると三尺二寸五分（九八五㎜）程度となり、柱の外々の寸法であるので、玉殿の梁間寸法は三尺（九〇九㎜）であったと考えられる。この図では玉殿寸法の記入から中央三基が基準とされているので、求められた寸法も中央三基のものと判断される。したがって梁間寸法は、外宮客人宮玉殿の寸法を考慮すると、内宮客人宮玉殿第一・二・三殿が三尺（九〇九㎜）、第四殿が二尺六寸（七八八㎜）、第五殿が三尺三寸（一〇〇〇㎜）と復元できる。

（3）屋根形式

［内宮大宮］　外宮大宮では各玉殿ともに切妻造としている。内宮大宮玉殿については、「造営材木注文」に「一中之御前（中略）たる木三拾三丁　はふハ此外之、(47)一脇之社（中略）垂木三拾壱丁　はふハ此也、一又脇之二社（中略）たる木廿四丁　はふハ此外之、（以下略）」とあり、玉殿の垂木の外側に破風板があることがわかる。したがって、入母屋造や寄棟造などではなく、切妻造であったと判断できる。

［内宮客人宮］　客人宮の屋根形式について、書かれた史料はないが、外宮玉殿が切妻造としており、内宮大宮玉殿も切妻造であったと考えられるので、内宮客人宮についても切妻造であったと考えられる。

（4）軒の出

［内宮大宮］　軒の出（正面側柱真より茅負外下角まで）は、外宮大宮玉殿では第一・二殿は一尺六寸四分（四六七㎜）、第三・四殿は一尺六寸五分（五〇〇㎜）、第五・六殿は一尺六寸六分（五〇三㎜）である。「造営材木注文」

には、

　一軒の出は一尺三寸　四社同前

　一二社之軒出は一尺二寸也

とあり、軒の出が第一・二・三・四殿は一尺三寸（三九四㎜）で、第五・六殿は一尺二寸（三六四㎜）としている。この寸法は桁行寸法の考察から、柱面からの寸法であると考えられるので、内宮大宮玉殿の正面側柱真より茅負外下角までの軒の出は、第一・二・三・四殿は一尺五寸三分（四六四㎜）で、第五・六殿は一尺四寸三分（四三三㎜）と判断できる。軒の出が外宮玉殿より若干短くなるが、内宮玉殿が仁治二年（一二四一）の再造であることを考慮すると妥当であろう。

［内宮客人宮］　軒の出は、外宮客人宮玉殿では第一・二・三殿は一尺六寸七分（五〇六㎜）、第四殿は一尺六寸六分（五〇三㎜）、第五殿は一尺六寸九分（五一二㎜）である。史料上では、内宮客人宮玉殿の軒の出が確認できるものはないが、外宮の大宮、客人宮で軒の出については大差がなく、ほぼ一緒であるので、玉殿の大きさが内宮大宮玉殿第五・六殿とほぼ同じか、それよりも小さいことより、内宮客人宮玉殿の軒の出はすべて一尺四寸三分（四三三㎜）とすることができる。

(5) 螻羽の出

［内宮大宮］　螻羽の出（側柱真より破風板外端まで）は、外宮大宮玉殿では第一・二殿は八寸七分（二六四㎜）、第三・四殿は八寸五分（二五八㎜）、第五・六殿は九寸三分（二八二㎜）である。史料上では、内宮大宮玉殿の螻羽の出が確認できるものはない。したがって、破風板の位置は垂木の枝割寸法の倍数であり、かつ、並んだ玉殿間の距離による制約によって定まる。現状では破風板の位置は側柱真から四枝半であるので、後述する垂木の枝

割寸法と破風板厚により、第一・二殿は一尺一分（三〇六㎜）、第三・四殿は九寸九分（三〇〇㎜）、第五・六殿は一尺二寸三分（三七三㎜）であったと考えられる。ここで、最も間隔の狭い第一・二殿間は、本殿柱間九尺（二七二七㎜）で、玉殿が桁行五尺四寸（一六三六㎜）であるので、三尺六寸（一〇九一㎜）であり、登裏甲や軒付の出や転びを考慮しても余裕がある。したがって、この寸法で本殿内に安置が可能である。

［内宮客人宮］　螻羽の出は、外宮客人宮玉殿では第一・二・三殿は六寸七分（二〇三㎜）、第四殿は六寸九分（二〇九㎜）、第五殿は六寸八分（二〇六㎜）である。史料上では、内宮客人宮玉殿の螻羽の出が確認できるものはないので、大宮同様に、垂木の枝割寸法と玉殿間の距離による制約で定まることになる。現状では、破風板の位置は側柱真から三枝半であるので、後述する垂木の枝割寸法と破風板厚により、第一・二・三殿は六寸九分（二〇九㎜）、第四殿は七寸六分（二三〇㎜）、第五殿は七寸五分（二二七㎜）であったと考えられる。ここで、どの玉殿の間隔も一尺九寸五分（五九一㎜）で同一であるので、最も螻羽が出る第二・四殿の破風板間は五寸（一五二㎜）となり、登裏甲や軒付の出を考慮すると、外宮客人宮同様にほとんど余裕がなく、軒付の転びをつけることが困難と考えられる。したがって、螻羽の出が大宮より一枝短く、軒の出と比べて不足しているように思われるが、これ以上、螻羽を出すことはできないため、この寸法で本殿内に安置されていたと判断できる。

(6) 総高・棟高・軒高

［内宮大宮］　玉殿の高さに関しては、「造営材木注文」に記され、「一むね之たかさけたの下はより、又なけしの下はまて一尺八寸八分」とあり、棟高に関して、棟桁（棟木）下端から内法長押の下端までが一尺八寸八分（五七〇㎜）であるとしている。後述するように土居桁成三寸（九一㎜）、土居桁上長押成一寸（三〇㎜）、内法長押成一寸五分（四五㎜）、棟木成二寸五分（七六㎜）、土居桁上長押上端から内法長押下端までが二尺（六〇六㎜）

と考えられるので、内宮大宮玉殿第一・二殿の棟高（土居桁下端より棟木上端まで）は、四尺五寸三分（一三七三㎜）であったと考えられる。内法長押から桁までを外宮の玉殿と同高とすると、地垂木を引き込んでそのまま棟木に掛けることができるので都合がよい。よって、軒高（土居桁下端より桁上端まで）は三尺二寸七分（九九一㎜）となる。総高（土居桁下端から大棟頂部まで）については、仁治二年（一二四一）の造替であるので、屋根勾配は外宮の玉殿よりも緩いと考えられる。したがって、軒厚や屋根の反りを考慮し、同大の大棟を乗せるものとして、五尺三寸（一六〇六㎜）と判断した。

内宮大宮のほかの玉殿の軒高については、外宮大宮玉殿の第三・四殿が三尺八寸（一一五二㎜）、第五・六殿が三尺七寸四分（一一三三㎜）であるので、内宮大宮玉殿についても同程度の差があるものと考えられ、第三・四殿は三尺二寸七分（九九一㎜）、第五・六殿は三尺二寸二分（九七六㎜）と判断した。棟高については、外宮大宮玉殿では規模にほぼ比例して差がある。よって、内宮大宮玉殿第一・二殿と同様に、地垂木を引き込んでそのまま垂木に掛けることができる高さとし、棟高は第三・四殿が四尺四寸六分（一三五二㎜）、第五・六殿が四尺七分（一二三三㎜）、総高は第三・四殿が五尺二寸三分（一五八五㎜）、第五・六殿が四尺八寸四分（一四六七㎜）と判断した。

［内宮客人宮］　内宮客人宮では「内宮客人宮図」に、「太郎坊　高サ壱尺七寸八ふ」と、第五殿の高さに関しての記述がある。総高や軒高そのものの寸法としてみると、大宮玉殿と比較して低すぎ、そのほかの記述とも整合性が取れないので、この寸法は、大宮同様に棟木下端から長押の下端までの高さと判断でき、その寸法が一尺七寸八分（五三九㎜）とするものである。大宮玉殿同様に長押より下の高さを考えると、内宮客人宮玉殿第五殿の棟高は、四尺四寸三分（一三四二㎜）であったと考えられる。同様に、長押から桁までを外宮の玉殿と同高とすると、軒高は三尺二寸五分（九八五㎜）となる。総高についても大宮玉殿同様とし、五尺二寸（一五七六㎜）と判

断した。

内宮客人宮のほかの玉殿の軒高については、外宮客人宮玉殿は三尺七寸九分（一一四八㎜）から三尺七寸六分（一一三九㎜）とほぼ同高であるので、内宮客人宮玉殿も第一・二・三・四殿ともに三尺二寸五分（九八五㎜）と判断した。棟高については、大宮玉殿同様に、第一・二・三殿は四尺三寸二分（一三〇九㎜）、第四殿は四尺一寸八分（一二六七㎜）、総高は第一・二・三殿が五尺九分（一五四二㎜）、第四殿が四尺九寸五分（一五〇〇㎜）と判断した。

3　各部材の復元

玉殿は大宮、客人宮それぞれ三種類あるが、外宮玉殿の詳細調査の結果、各部材についてはほぼ共通しているため、以下では部材ごとに考察を加えることにする。

(1)　土居桁

「造営材木注文」によると、「地ふく四寸」とあり、地覆が四寸（一二一㎜）としている。ここでいう地覆は外宮の玉殿で用いられている土居桁を指すものと考えられ、外宮玉殿の土居桁の幅が三寸三分から三寸八分（一〇〇—一一五㎜）であるので、内宮玉殿の土居桁の幅は四寸（一二一㎜）で妥当である。成（部材の高さ）については「内宮客人宮図」において、衝立の脚（衝立の土居桁に相当）の成が三寸（九一㎜）であるので[48]、玉殿の土居桁もその程度であったと想定され、外宮玉殿の土居桁の比率を考慮すると三寸（九一㎜）程度であったと判断できる。

また、筆者の調査で外宮の玉殿の土居桁には、面取が施されていることがわかった。土居桁の面取は、一般的な社寺建築では行われない手法であるが、安芸国の中世玉殿では施されているものが半数を超える。厳島神社と関係の深い鎌倉時代末期十四世紀前期の佐々井厳島神社玉殿第一殿において大面取が施されているので、内宮玉殿においても井桁に組んだ土居桁に、大面取が施されていたと考えられる。

(2) 柱

柱の本数については、規模形式の考察においてすでに検証を行っており、「調度注進状案」から、外宮と同様の大宮玉殿第一・二・三・四殿が六本、そのほかの玉殿が四本である。

安芸国の中世玉殿には円柱のものと角柱のものがあり、内宮玉殿はそのどちらも考えうるが、古制を残している外宮玉殿が面取を施した角柱であるので、内宮玉殿も角柱であった可能性が高い。仁治二年（一二四一）の再造であることを考慮すると、大面取が施されていたと考えられる。また、「造営材木注文」には「柱八二寸六分」とあるので、外宮玉殿の柱とほぼ同じ太さであり、内宮玉殿の柱は二寸六分（七九㎜）角の大面取の角柱であったと判断できる。

(3) 土居桁上長押（「敷居」）

外宮玉殿には土居桁に接して半長押が打たれている。内宮玉殿においても同様に打たれていたものと想定でき、「調度注進状案」には、「敷居金物九十六枚　代百八十八疋」とあって、「敷居」がその半長押に相当する。その金物は外宮玉殿では柱下の位置に打っており、その十一基合計の数が九十六枚と同数であり、内宮玉殿においても同様に各面の柱位置に打たれていたと判断できる。土居桁上長押の寸法については史料上の記述はないが、外宮玉殿の半長押は成が低く、古式であるので同高の一寸（三〇㎜）程度であったと考えられる。

(4) 床

床は玉殿の必要部材であり、構造上、外宮玉殿と同様に土居桁に接する位置であったと考えられる。また、安芸国の中世玉殿では見世棚造としているが、外宮玉殿は見世棚造ではなく、厳島神社の古文書等に見世棚との記述がなく、ほかの部材からも見世棚としていた可能性を示す要素がないので、見世棚造ではなかったと判断できる。

(5) 柱間装置

［扉］ 玉殿は神体を奉安するので、その正面には必ず扉が必要となる。内宮玉殿において、「調度注進状案」に「妻戸金物百三十二枚　代六百六十疋」と記されているので、その金物の数が十一の倍数であることから各玉殿に一か所の扉が吊られていたことがわかる。扉の寸法については「内宮客人宮図」に、

御玉殿御戸　高サ弐尺
　　　　　　弐尺二寸

また、

太郎坊　開戸□壱尺七寸八ふ

の記述があり、玉殿の扉が高さ二尺（六〇六㎜）、幅二尺二寸（六六七㎜）であったことがわかる。また、太郎坊（客人宮玉殿第五殿）についての一尺七寸八分（五三九㎜）という記述は、客人宮玉殿のうち一番大きい玉殿の扉がほかの玉殿より小さいとは考えにくく、第五殿のみが板状の方立を立てているので、その内々寸法を記したものであると考えられる。外宮の玉殿では、板扉に端喰を付けているので、内宮玉殿においても同様であったと考えられる。金物については、本殿の妻戸の金物についての記述があり[49]、その金物百三十二枚の内容は、十一基に

それぞれ、穴花（金藁座）二枚、巻金（出八双）四枚、間影（辺付の金物）二枚、円座（下の軸吊穴の保護金物）二枚、金輪（上の軸の保護金物）二枚であると想定される。また、「調度注進状案」の「懸金十一具　代五十五疋」についても、扉の金物であると考えられ、懸金（鈎の掛け金物）二枚と金鈎二枚で一具とされていると考えられる。

［連子］　大宮玉殿第一・二・三・四殿の四基は正面三間としており、その両脇間には、外宮玉殿では盲連子を入れる。内宮玉殿においても同様に盲連子としたと考えられ、「調度注進状案」に「連子折金物百七十六枚、代五百二十八枚」とある。金物については、連子窓の枠に打ったと考えられ、単純に考えると連子窓一か所に二十二枚となり数が多い。本殿の連子金物を考慮すると、(50)連子窓一か所に八枚となり、一基につき金物十六枚ずつでよく、誤って十一基すべてに連子窓がつくとして、その分の合計百七十六枚を計上したものと判断できる。

［その他の部位］　正面の扉の脇や連子の下及び、側面、背面については、社寺建築の通例に従い、外宮玉殿と同様に板壁と考えられる。

(6) 長押

外宮玉殿には内法長押が打たれている。内宮玉殿においても、「調度注進状案」に「長押金物百六十二枚　代千六百四十疋」と記され、内法長押が打たれていることがわかる。また、「造営材木注文」でも「なけし」の語が確認できる。

さらに外宮玉殿では正面両脇間に盲連子を嵌めており、その下の正面側にのみ腰長押が打ってある。内宮玉殿においても、前述したように盲連子が嵌められていたと判断されるので、その下には腰長押が打ってあったものと考えられる。ただし、内宮玉殿では柱が大面取であるので、正面だけに腰長押を打つと隅柱の位置での納まりが悪く、側面に回り込ませて腰長押を打って納めていた可能性が高い。また、そのことは後述する金物の数からも説明がつく。

金物については、外宮玉殿と同様に金物が各面の柱位置に打たれていたとすると、内法長押分は合計で九十六枚である。外宮玉殿の腰長押には、その柱位置に金物が打ってあるので、一基に対して四枚であるが、内宮玉殿では腰長押は側面に回り込んでいると考えられるので、一基に対して六枚である。したがって、内宮玉殿のうち、大宮玉殿第一・二・三・四殿の四基が正面三間であるため、本来は二十四枚で足りることになるが、六枚ずつ十一基分とすれば、余った六十六枚の長押金物に相当するので、連子折金物と同様に誤って計上したものと判断できる。

(7) 舟肘木

外宮玉殿で舟肘木が使われており、その舟肘木には古式に面が取られているため、内宮玉殿においても面を取った舟肘木が載っていたものと考えられる。さらに、大面取の角柱上であるので、ほぼ同等の大面取の舟肘木であったと判断できる。また、外宮玉殿では桁行と梁間の舟肘木を交差させている。その長さはあまり長くなく、新しい傾向がみられる。復元する内宮玉殿は仁治二年（一二四一）の再造であるので、時代的特徴を反映して長い舟肘木であった可能性が高い。

(8) 垂木

「調度注進状案」には「垂木木尻金物八百七十九枚　代八百七十九疋」とあり、垂木尻に金物が打ってあったことがわかる。垂木木尻金物は垂木一枝に対して一枚であるので、十一基の垂木の総数が八百七十九本あったことになる。外宮玉殿は切妻造で正面を二軒、背面も垂木の省略のない二軒としているので、内宮玉殿も正面、背面ともに二軒と想定することができるが、垂木の本数の合計が四の倍数ではないため、正面二軒、背面二軒とはならない。そこで、安芸国の中世玉殿に少なからず見られる正面二軒、背面一軒と仮定すると、垂木の本数が三の倍数となっており整合する。また、後述する垂木の本数の考察からも矛盾なく説明できる。したがって、内宮玉殿は正面二軒、背面一軒であったと結論づけることができる。

各玉殿における垂木の本数については、「造営材木注文」に「一中之御前（中略）たる木三拾三丁　はふハ此外之二社分、一脇之社（中略）垂木三拾壱丁　はふハ此也、一又脇之二社（中略）たる木廿四丁」とある。この記述は十一基の垂木の総数との比較から、各玉殿の垂木の総数ではなく、枝数が記されているものと判断でき、その枝数は大宮玉殿第一・二殿が三十三枝、第三・四殿が三十一枝、第五・六殿が二十四枝であったことがわかる。客人宮玉殿については、十一基の垂木の総数から大宮分を引いた、三百五十一本が配分されていたことになる。並べられた玉殿の枝割寸法が異なっていたとは考えにくく、特に屋根が隣接する客人宮玉殿においては美しくないので、枝割寸法をもとに各玉殿に分配すると、二寸程度となり、客人宮玉殿第一・二・三殿が二十三枝、第四殿が二十枝、第五殿が二十八枝であったと判断できる。この枝割寸法は内宮大宮玉殿ともほぼ同じである(51)。安芸国の中世玉殿の年代的傾向から判断すると、古い玉殿では垂木が太く、それに比例して本数も少なく、間隔が広がる傾向があるので妥当である。内宮玉殿の垂木についても、間隔が外宮玉殿より広いので、一回り太かったものと考えられる。

(9) 破風板

屋根形式の考察により切妻造であったことが確認され、その破風板については、古式を残している外宮玉殿により、曲がりが強い破風板であったと考えられる。外宮客人宮玉殿は本殿内陣の幅による制限により、大宮玉殿より螻羽の出が一枝少ない。したがって大きな箕甲を付けることができないので、破風板は大宮より比較して曲がりが少ない。内宮客人宮玉殿においても、外宮と同様であるので、大宮玉殿より曲がりが若干少ない破風板であったと考えられる。

(10) 屋根葺材

外宮玉殿において、檜皮で軒付を積み上げ、その上に短い柿板で回し葺きとした柿葺とし、一木造の大棟を載せている。柿葺の下地として檜皮を用いるこの屋根は、格式上、本末転倒となっており不合理である。元来、檜皮葺であったものを外宮では、宝暦十年（一七六〇）に玉殿を再造した際に耐久性向上を図って柿葺に改めた可能性があり、そのうち軒付は耐久性とあまり関係がないので、今まで通り檜皮葺の方法を採ったものとすることができる。したがって、内宮玉殿においては、社寺建築の最高級格式の屋根葺手法である檜皮葺であったと考えられ、その上に、外宮や安芸国の中世玉殿同様に、一木造の大棟を載せていたと考えられる。

(11) 妻飾

外宮玉殿において、妻飾は、古式に唐草や袖切《そでぎり》をまったく施さない虹梁を渡し、その上に豕扠首を載せている。内宮玉殿においても同様に虹梁に豕扠首であったと考えられる。ただし、外宮玉殿は宝暦十年の再造であるので、豕扠首の宇立が撥束状に開いているが、内宮玉殿は仁治二年（一二四一）であるので、宇立《うだつ》は開かず、直線状であったと考えられる。

(12) 懸魚

懸魚については、外宮のすべての玉殿で六葉の付いた梅鉢懸魚となっている。内宮玉殿においても梅鉢懸魚であったと考えられるが、外宮玉殿のような近世的な形態とは異なり、中世的なものであったはずで、成は低く、下に突き出した懸魚の先端が、丸くならないものであったと考えられる。

(13) 彩色

現在の外宮玉殿はまったく彩色を施しておらず、白木造である。しかしながら、「調度注進状案」に「朱砂二百二十両　代千五百四十疋」の項目が挙がっているので、内宮玉殿は本殿同様に朱塗が施されていたと判断できる。

(14) その他の部材

「造営材木注文」に「むね」の語があり、当然ながら建築として必要となる棟木や桁があったことがわかる。その大きさについての記述はないが、外宮の玉殿が古式をよく残していることから、ほぼ同大であったと考えられ、その成は二寸五分（七六㎜）程度であったと考えられる。

また、木負、茅負についても、軒の構造より必要となるので、用いられていたとすることができ、大きさや意匠については、外宮玉殿と同様であって、茅負は前に決りがついていたと考えられる。

以上の考察により推定した規模形式や各部材の寸法や細部意匠に基づいて玉殿を復元すると、図5―15～38のようになる。

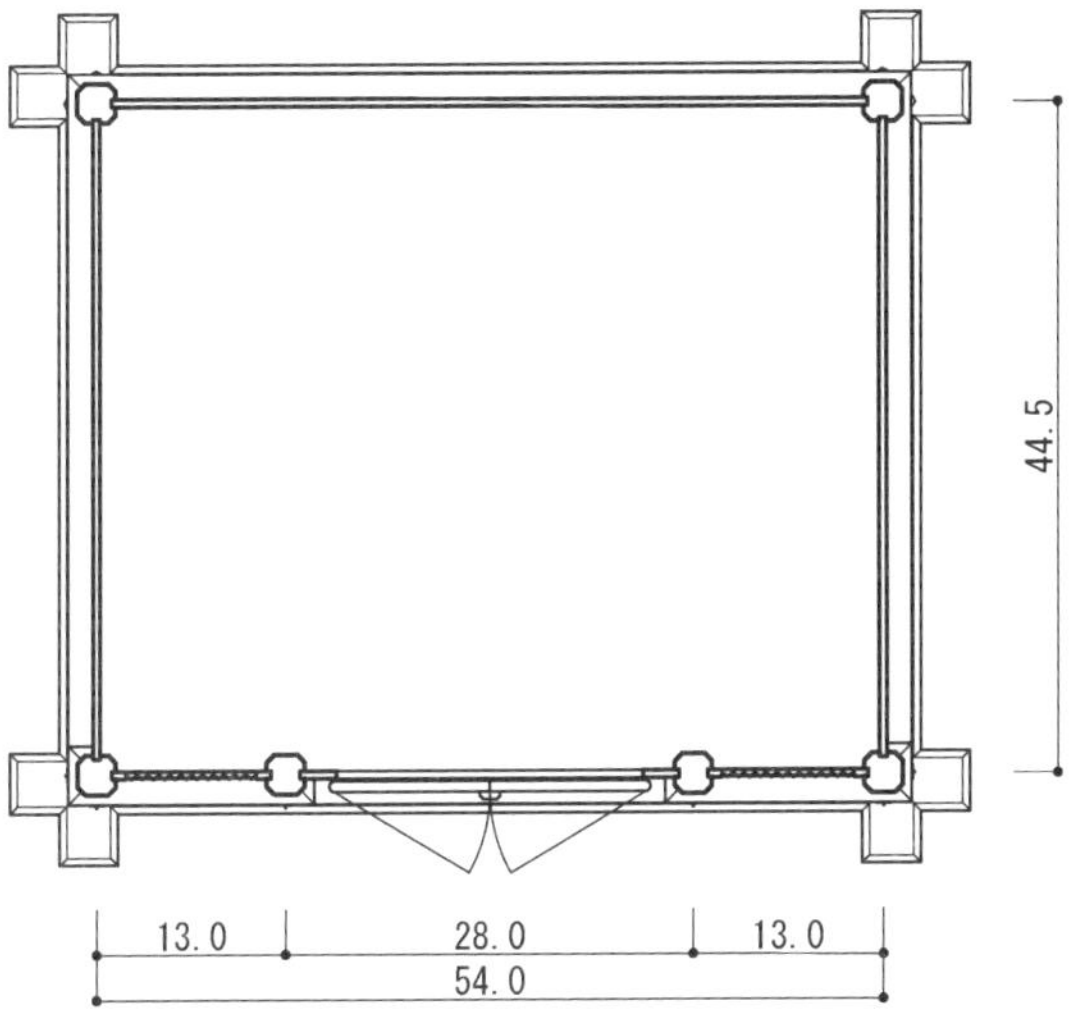

図 5-15　仁治再造内宮大宮玉殿第一・二殿復元平面図 縮尺 1/30 単位：寸

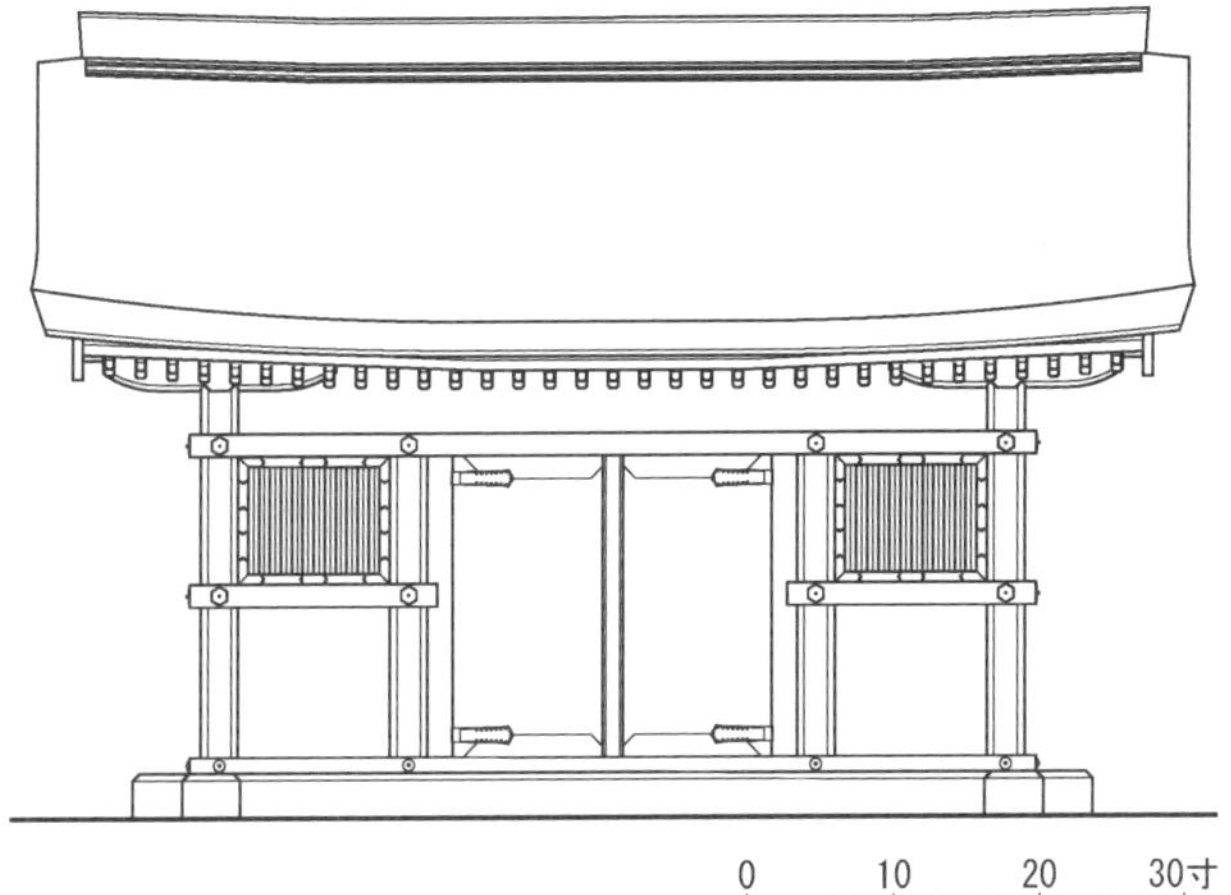

図 5-16　仁治再造内宮大宮玉殿第一・二殿復元正面立面図 縮尺 1/30

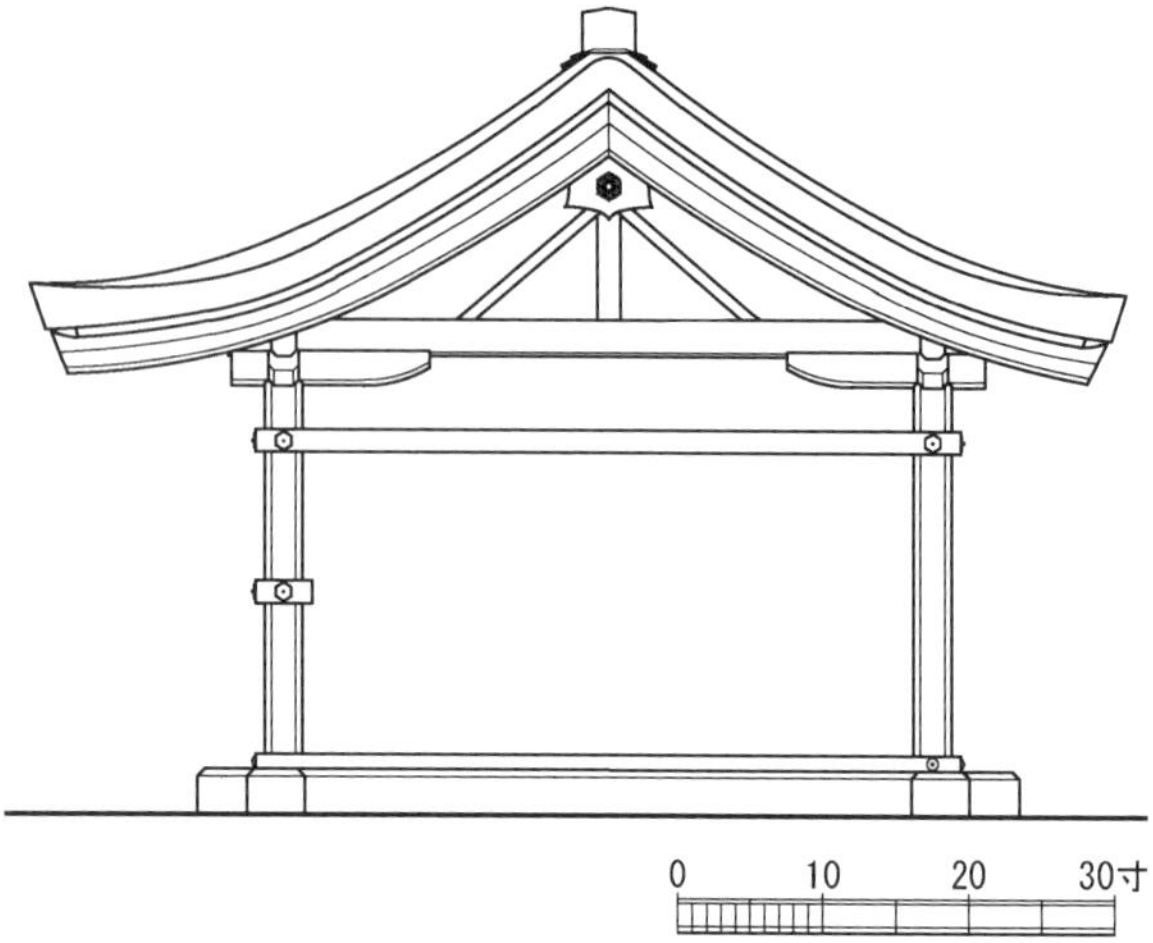

図 5-17　仁治再造内宮大宮玉殿第一・二殿復元側面立面図 縮尺 1/30

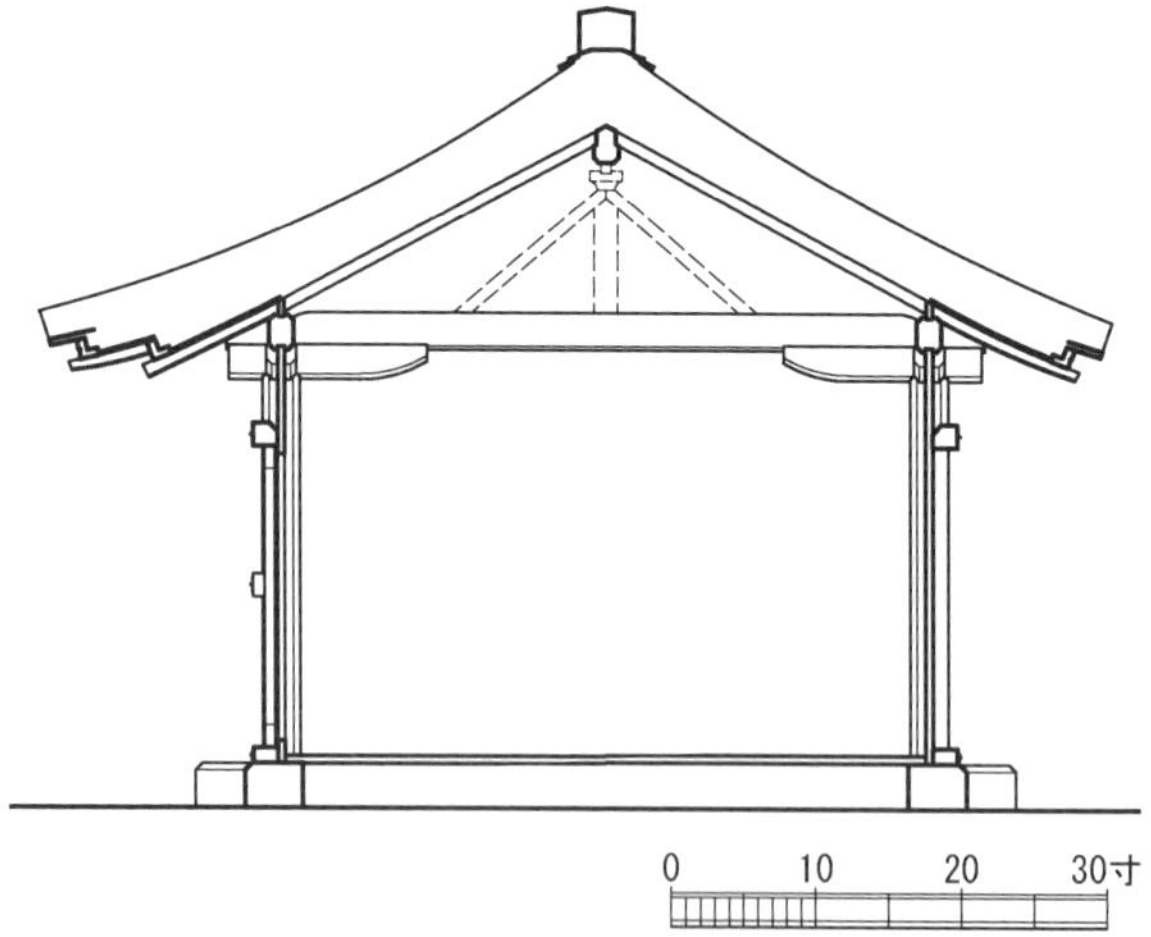

図 5-18　仁治再造内宮大宮玉殿第一・二殿復元梁間断面図 縮尺 1/30

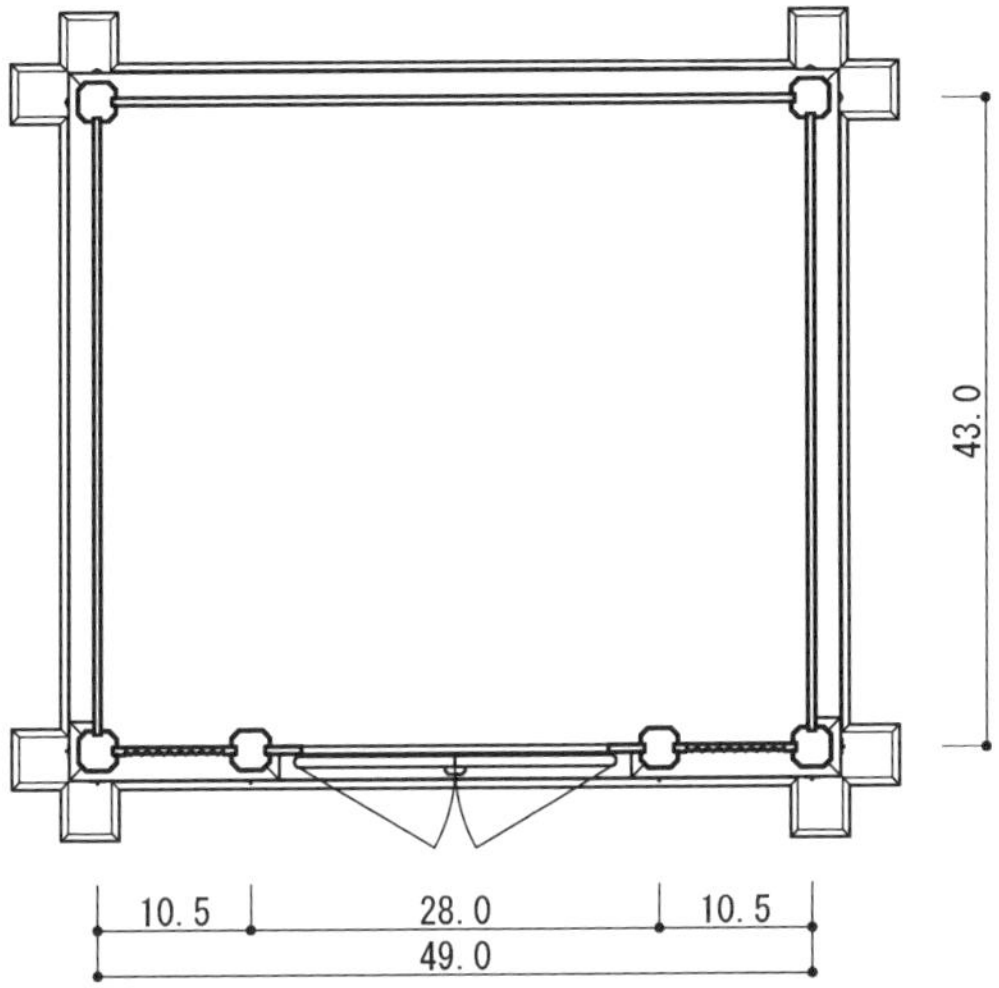

図 5-19　仁治再造内宮大宮玉殿第三・四殿復元平面図　縮尺 1/30　単位：寸

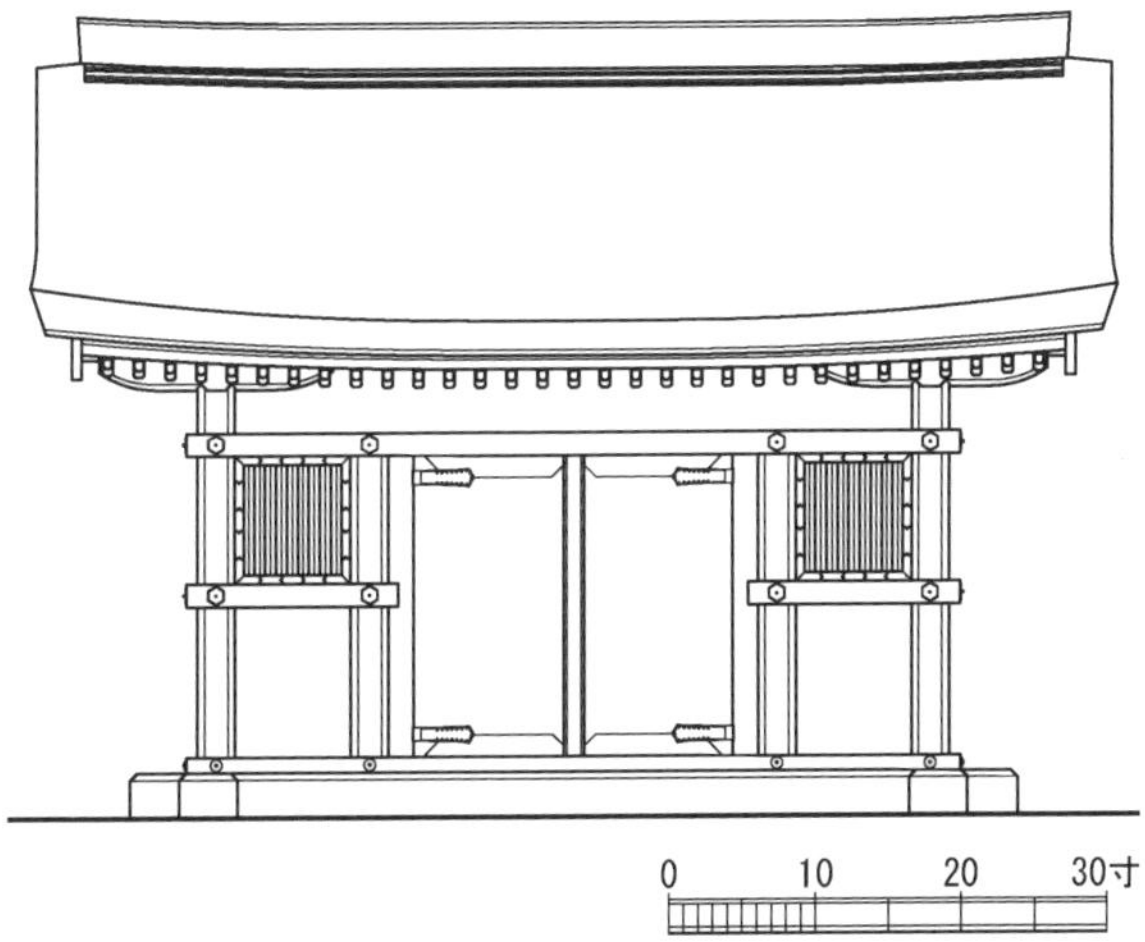

図 5-20　仁治再造内宮大宮玉殿第三・四殿復元正面立面図　縮尺 1/30

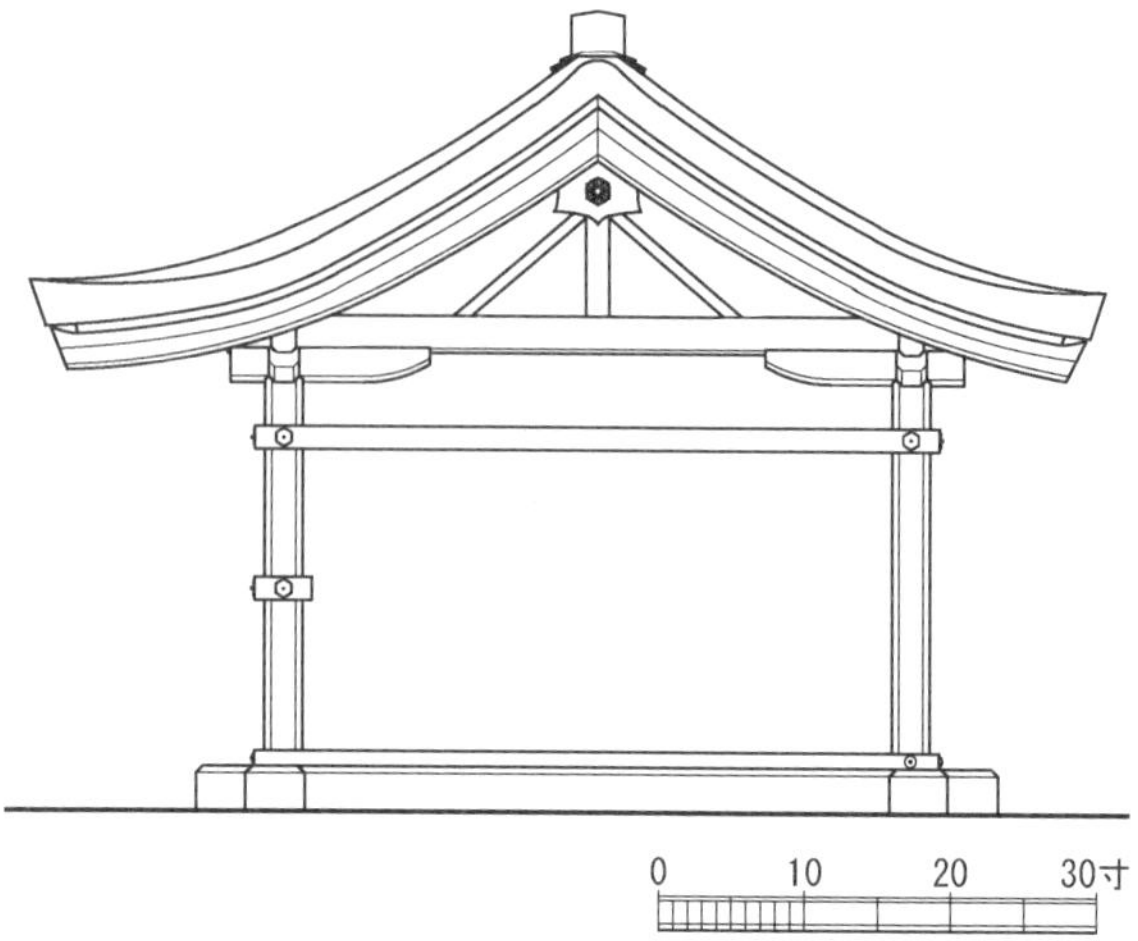

図 5-21　仁治再造内宮大宮玉殿第三・四殿復元側面立面図 縮尺 1/30

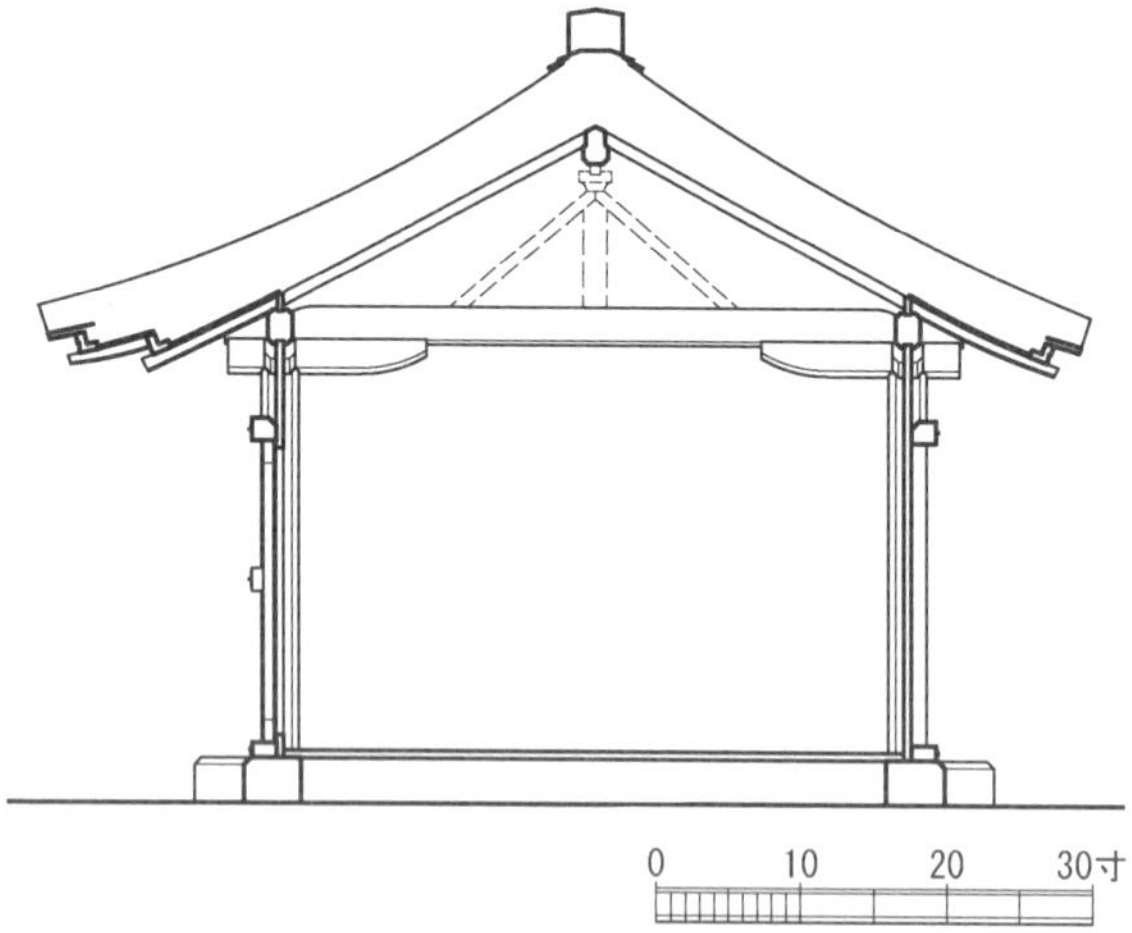

図 5-22　仁治再造内宮大宮玉殿第三・四殿復元梁間断面図 縮尺 1/30

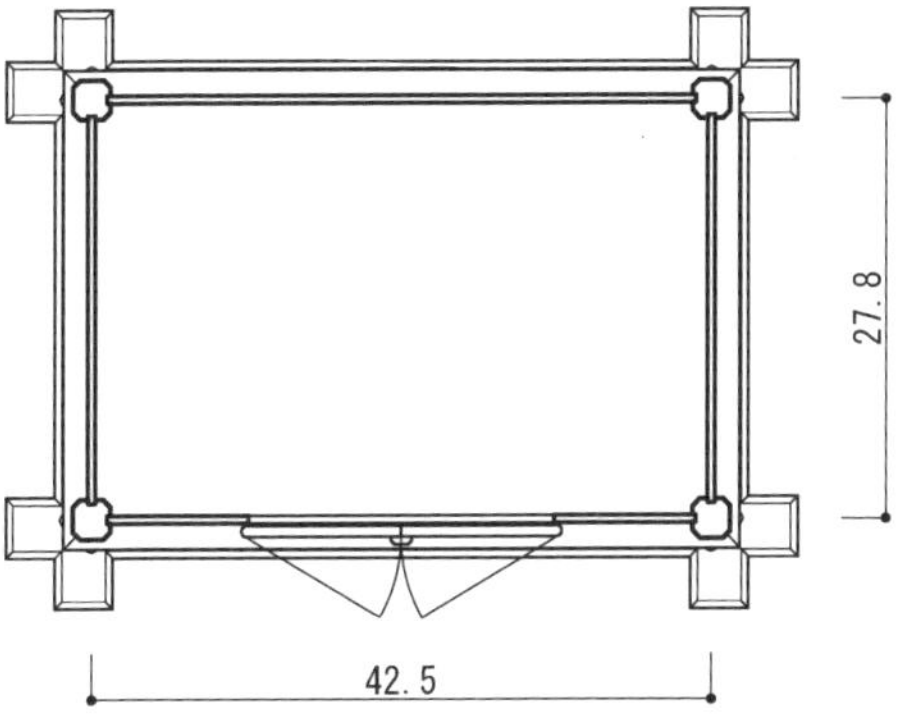

図 5-23　仁治再造内宮大宮玉殿第五・六殿復元平面図 縮尺 1/30 単位：寸

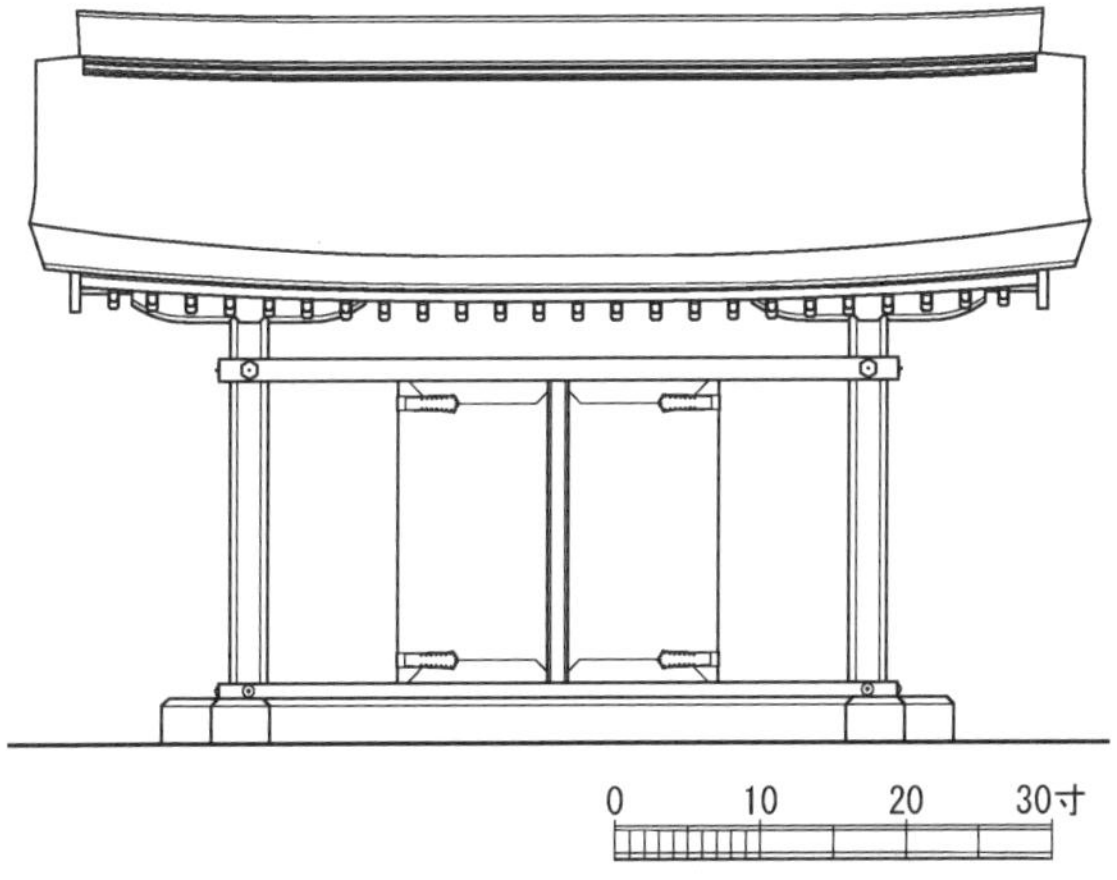

図 5-24　仁治再造内宮大宮玉殿第五・六殿復元正面立面図 縮尺 1/30

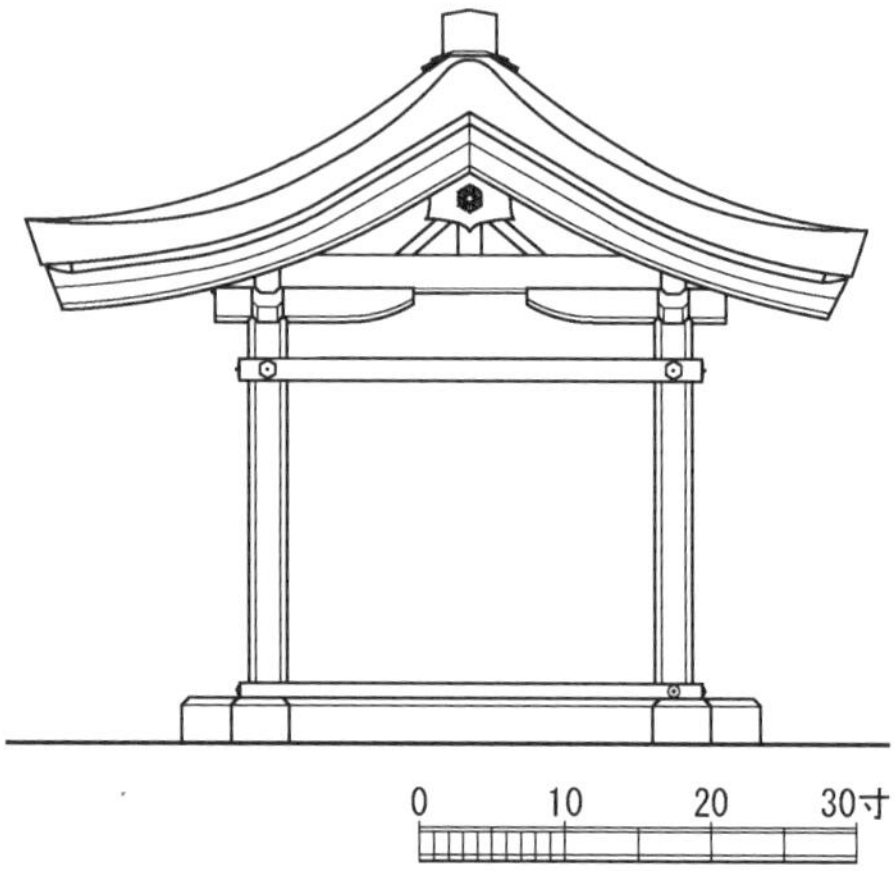

図 5-25　仁治再造内宮大宮玉殿第五・六殿復元側面立面図 縮尺 1/30

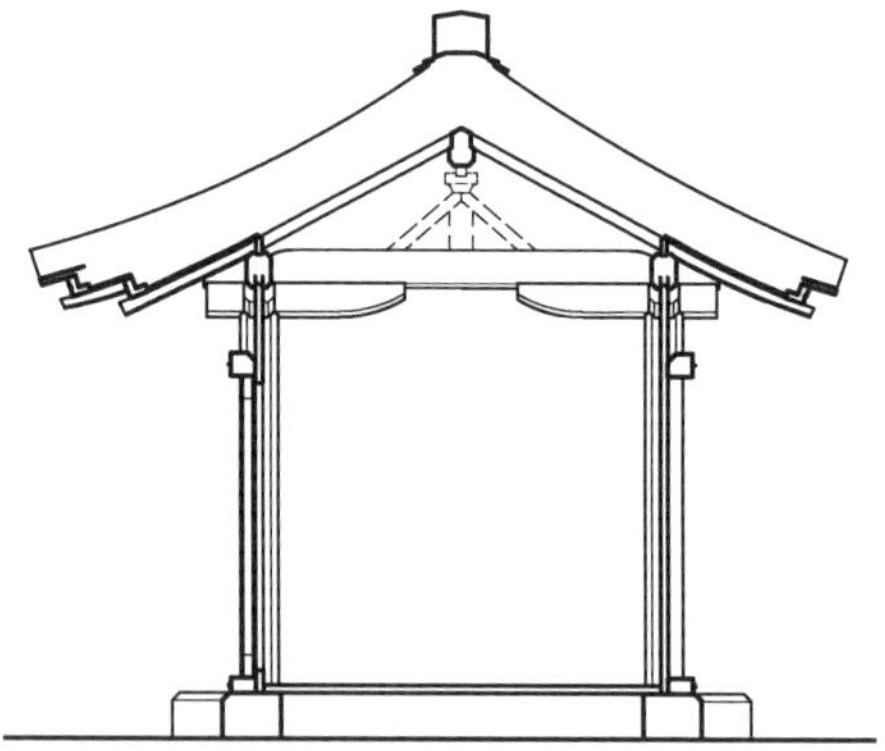

図 5-26　仁治再造内宮大宮玉殿第五・六殿復元梁間断面図 縮尺 1/30

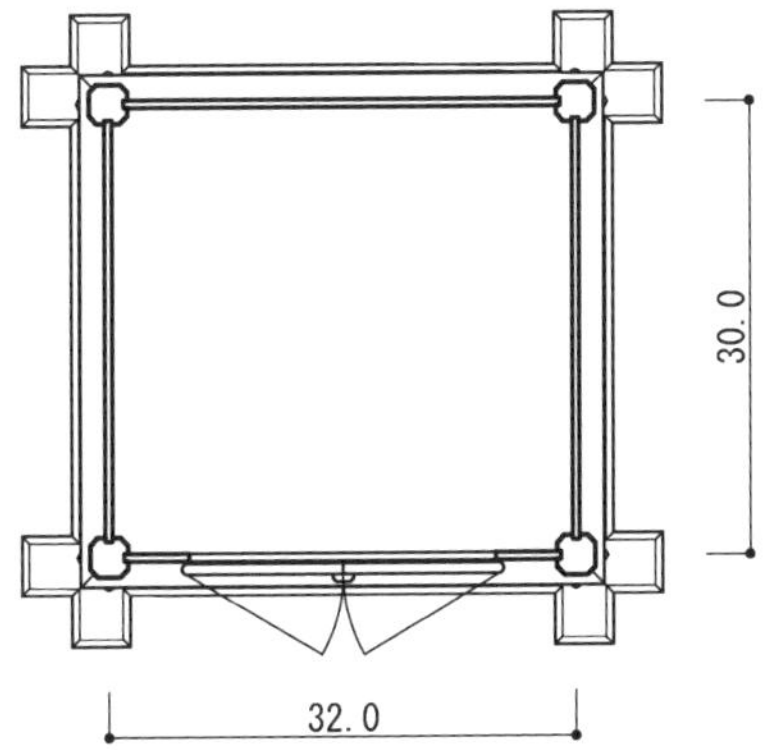

図 5-27　仁治再造内宮客人宮玉殿第一・二・三殿復元平面図 縮尺 1/30 単位：寸

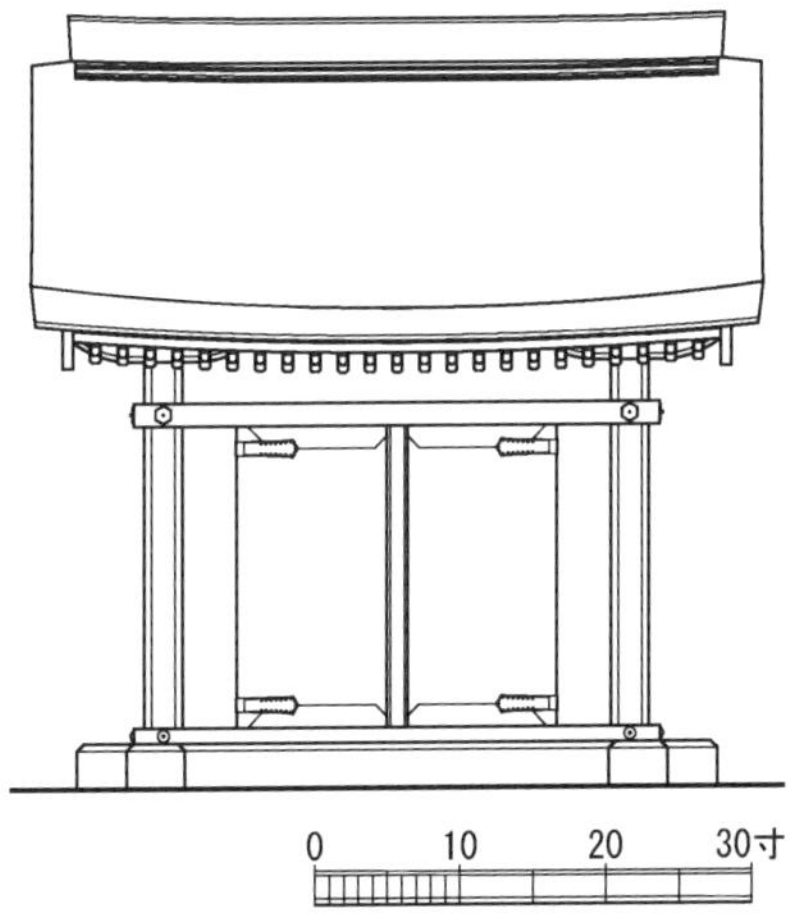

図 5-28　仁治再造内宮客人宮玉殿第一・二・三殿復元正面立面図 縮尺 1/30

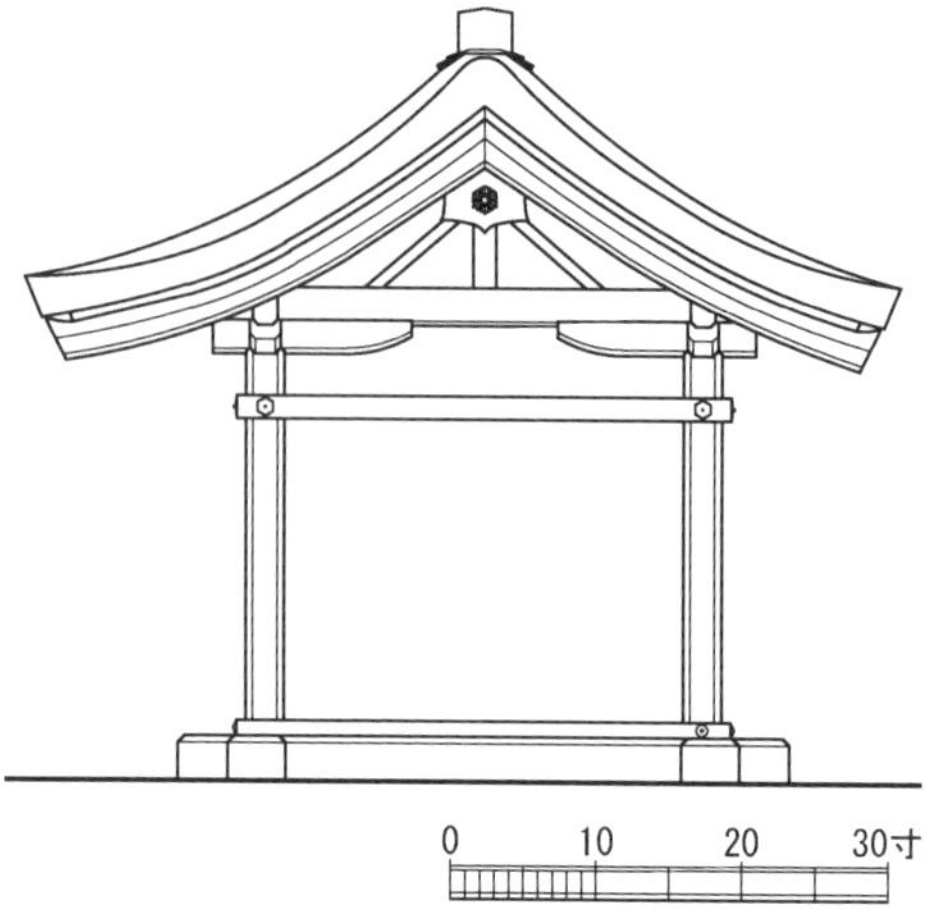

図 5-29　仁治再造内宮客人宮玉殿第一・二・三殿復元側面立面図 縮尺 1/30

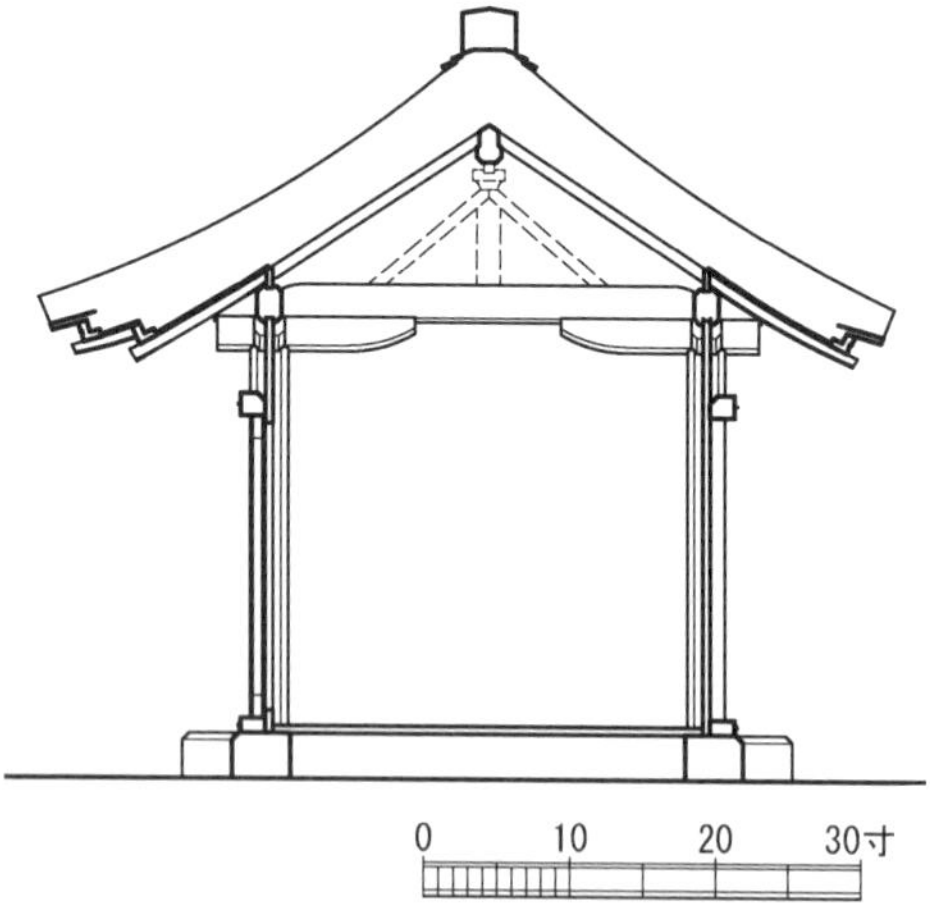

図 5-30　仁治再造内宮客人宮玉殿第一・二・三殿復元梁間断面図 縮尺 1/30

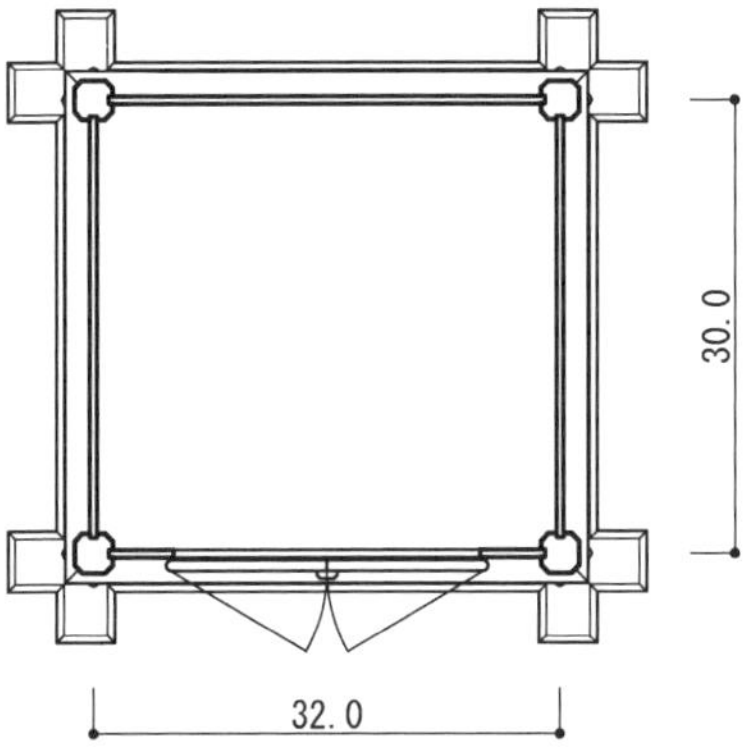

図 5-31　仁治再造内宮客人宮玉殿第四殿復元平面図 縮尺 1/30 単位：寸

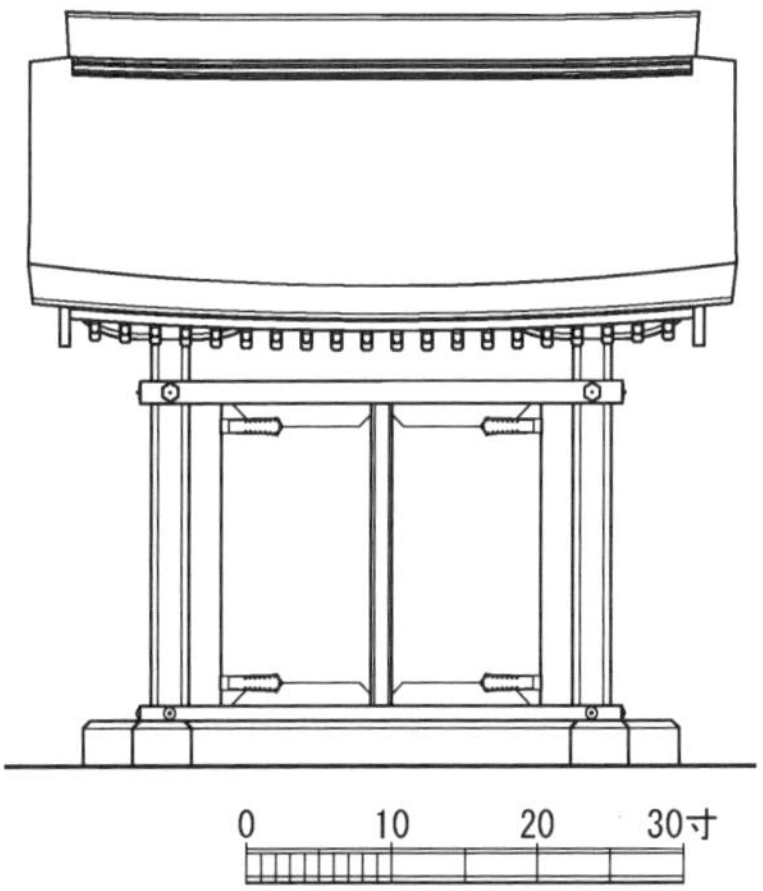

図 5-32　仁治再造内宮客人宮玉殿第四殿復元正面立面図 縮尺 1/30

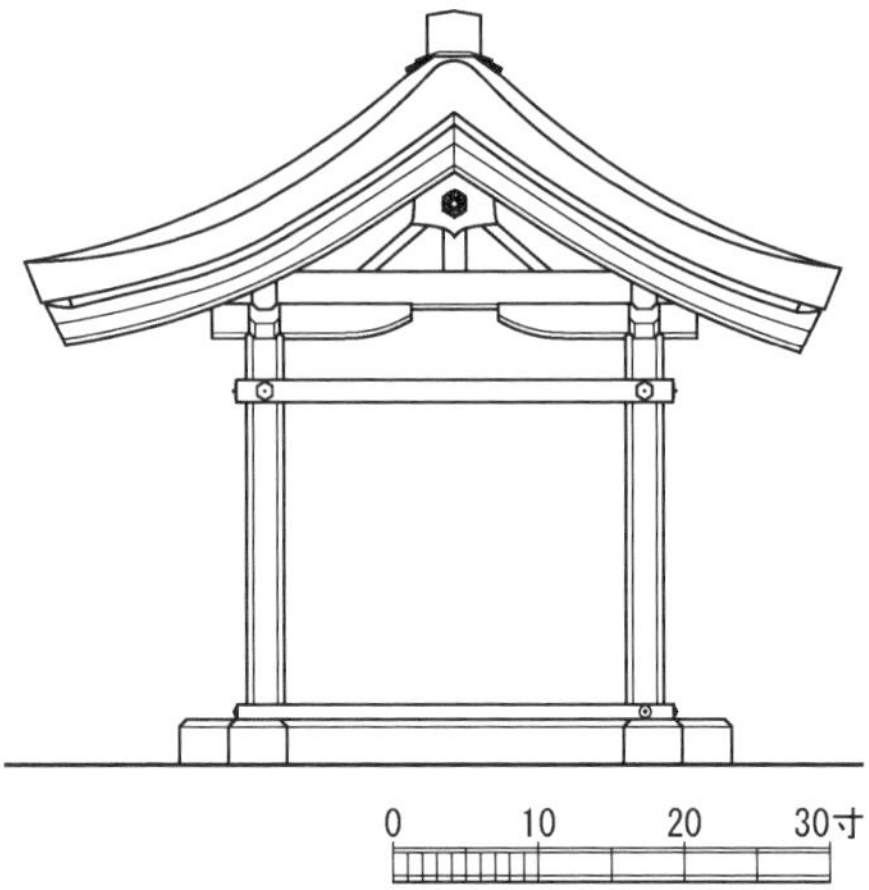

図 5-33　仁治再造内宮客人宮玉殿第四殿復元側面立面図 縮尺 1/30

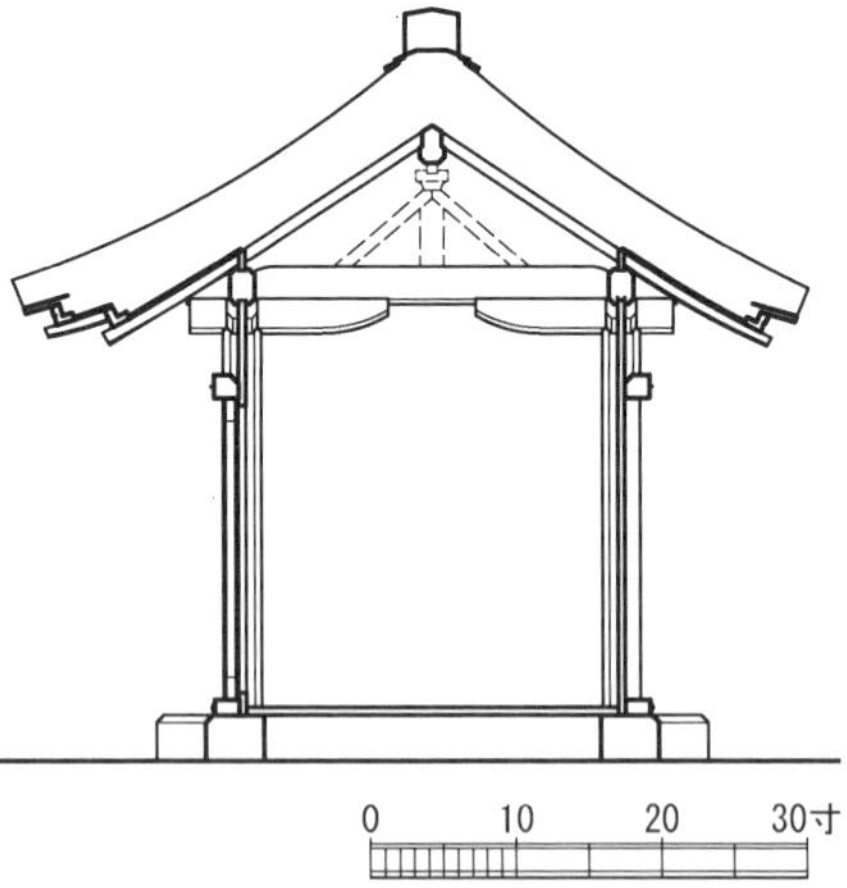

図 5-34　仁治再造内宮客人宮玉殿第四殿復元梁間断面図 縮尺 1/30

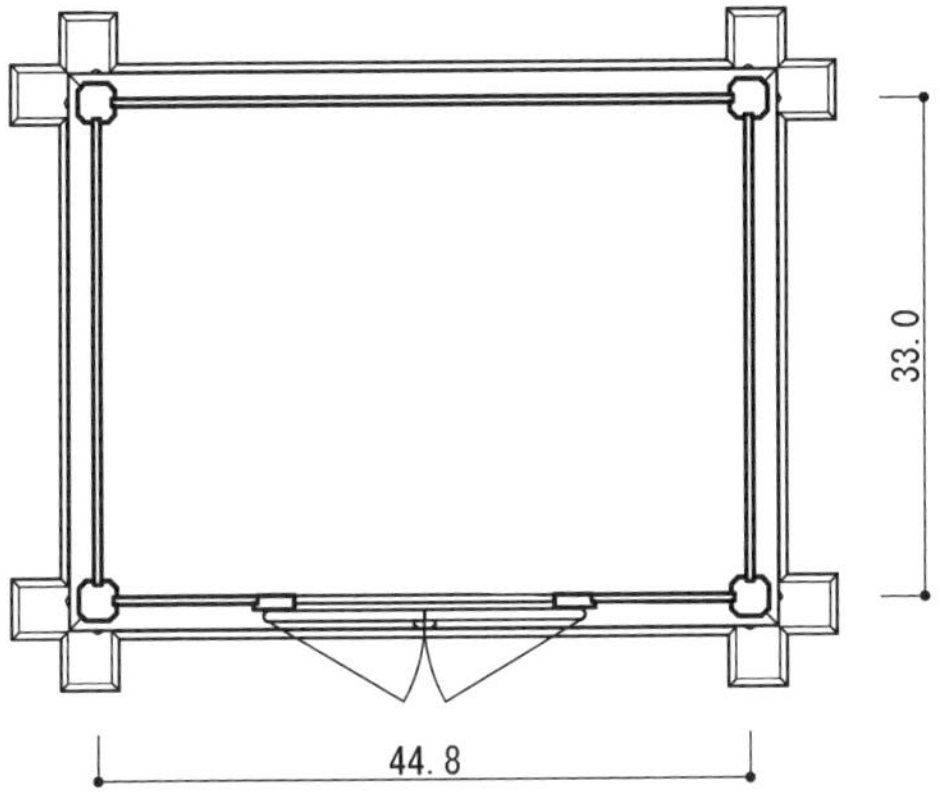

図 5-35　仁治再造内宮客人宮玉殿第五殿復元平面図 縮尺 1/30 単位：寸

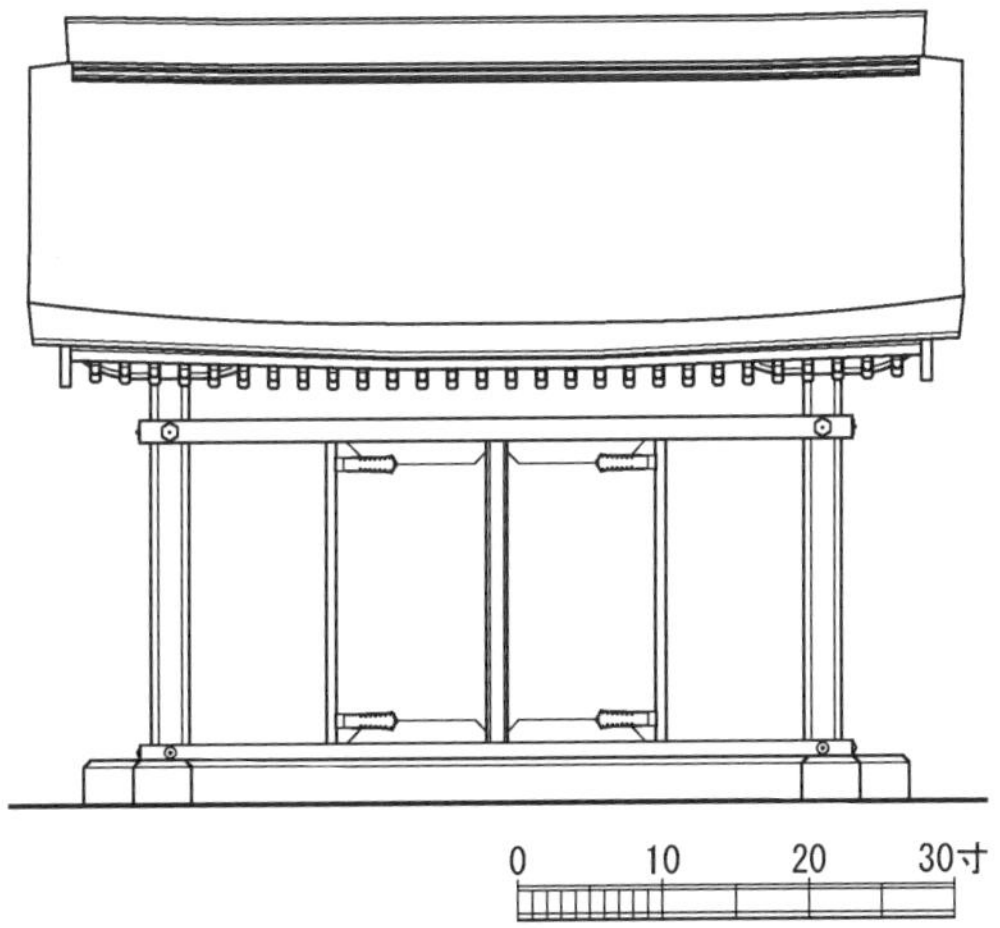

図 5-36　仁治再造内宮客人宮玉殿第五殿復元正面立面図 縮尺 1/30

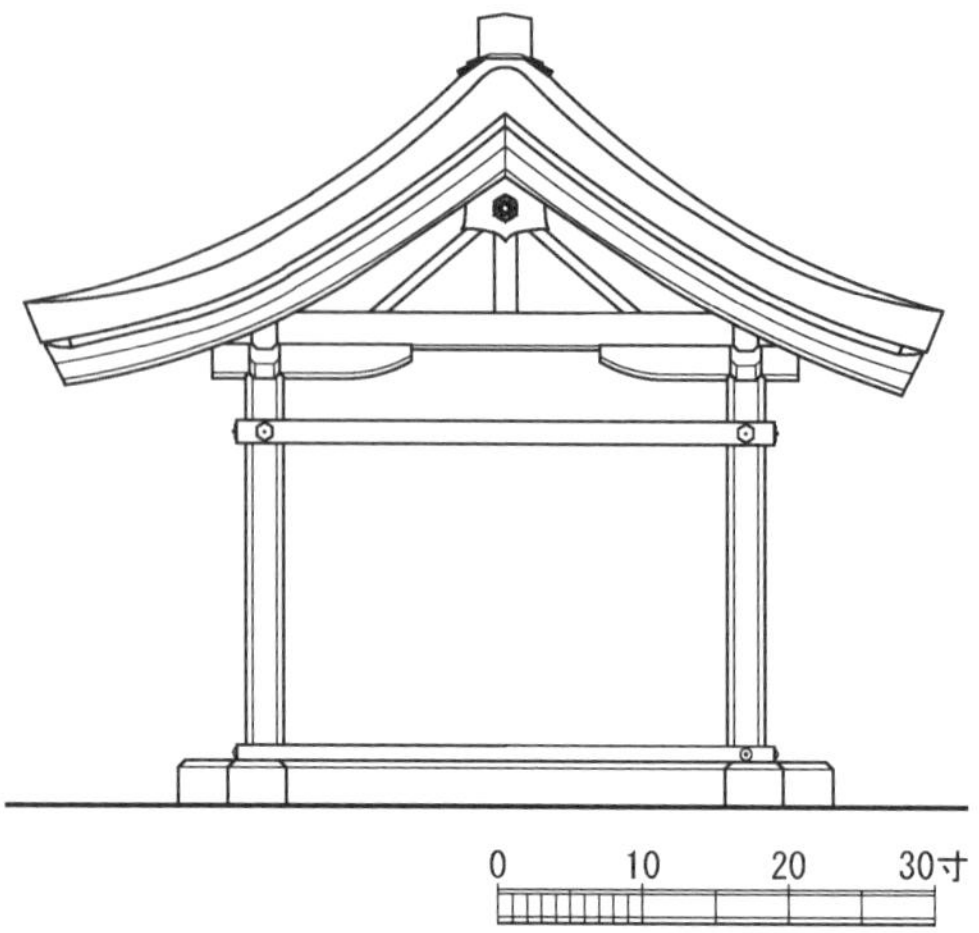

図 5-37　仁治再造内宮客人宮玉殿第五殿復元側面立面図 縮尺 1/30

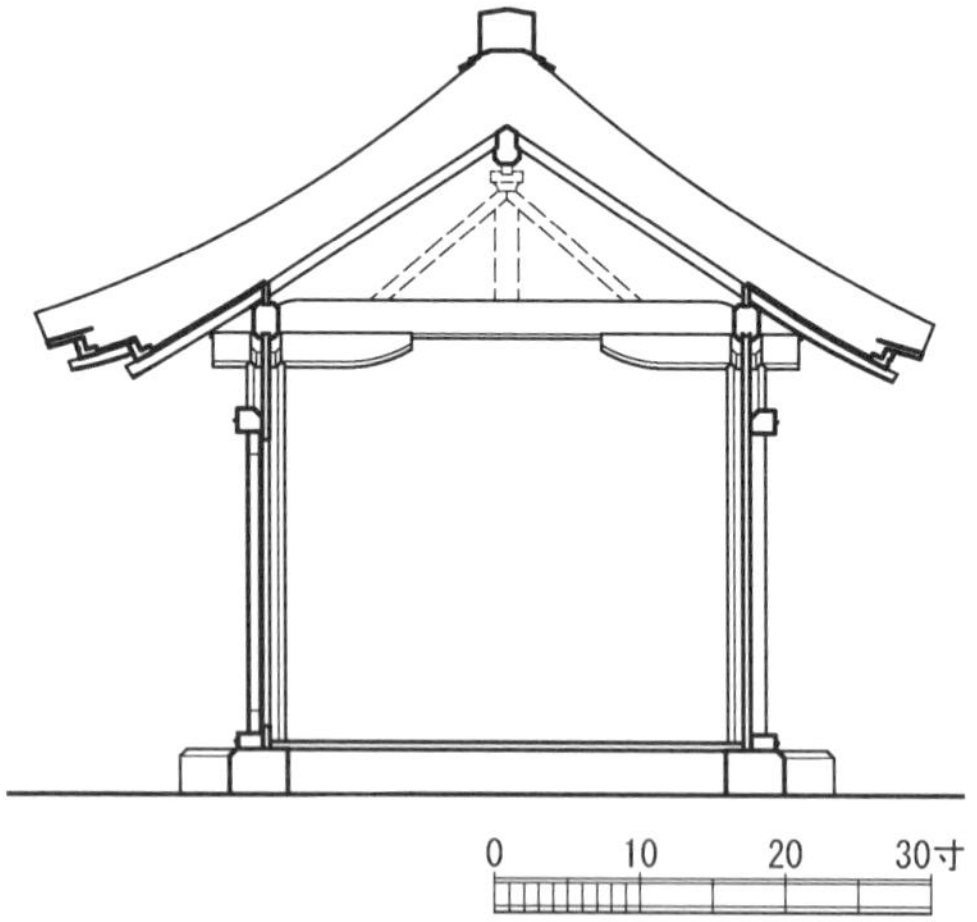

図 5-38　仁治再造内宮客人宮玉殿第五殿復元梁間断面図 縮尺 1/30

現在の外宮玉殿と比べて、仁治再造厳島神社玉殿は、大宮玉殿は平面規模が大きく、客人宮玉殿はほぼ同規模で、高さはすべての玉殿で低かった。細部意匠については、外宮玉殿とほぼ同じであるが、豕扠首や懸魚については中世の意匠を見せていたと考えられる。また、金物を現在のものより多く用いており、彩色が施されているので、より厳島神社の本殿に近い形態を採っていたことになる。

なお、外宮の宝暦以前の玉殿についての記録は乏しく、玉殿の基数やその存在が確認できるだけである。また、それら玉殿は火災によって失われているので、宝暦十年（一七六〇）に再造された現在の玉殿は、直接、外宮玉殿の規模形式等を受け継いだものではない可能性があり、宝暦十年当時の内宮玉殿を参考にして再造された可能性が高い。したがって、嘉禎二年（一二三六）の再造の外宮玉殿については推測の域を出ないが、今回復元した仁治再造厳島神社玉殿は現在の外宮玉殿と類似点が多く、ともにその創始が平安時代末期のほぼ同期に遡る玉殿であるので、嘉禎当時の外宮玉殿は内宮玉殿とほとんど同様の姿をしていたと考えられる。

六　厳島神社玉殿の特質

仁治再造厳島神社玉殿には、一般的な神社本殿や玉殿と異なる独特な形式があり、それらを以下に挙げることとする。

まず第一に、玉殿としては大型であることである。桁行寸法は、最大の中央の玉殿で五尺四寸（一六三六㎜）もあり、安芸国の一般的な中世玉殿が桁行二尺（六〇六㎜）以下であるのに対して、破格の大きさである。また、その梁間は一間であり、一般的な神社本殿において身舎《もや》を梁間二間とするのとは異なる。

第二に、見世棚《みせだな》造としないことである。安芸国の中世玉殿のほとんどすべてが供物台として見世棚を神座に加えた見世棚造とする。しかし、仁治再造厳島神社玉殿は見世棚を設けず、すなわち玉殿全体を純粋に神座として用いている。

第三に、床高の著しい低さである。床高は土居桁の高さしかなく、玉殿としては異例の低さである。すなわち、神社本殿や玉殿の基本的な特色である高床造になっていない。

第四に、玉殿を内陣床上に直接に安置することである。他の神社のように内陣内に設けた高い祭壇上とはしていない。

第五に、面取を施した角柱を用いることである。一般的な神社本殿や玉殿が角柱より格式の高い円柱を用いるのとは対照的である。

第六に、玉殿の大きさに対する柱の細さである。柱の太さは二寸六分（七九㎜）であり、桁行寸法の最大である五尺四寸（一六三六㎜）に対する比は、およそ一対二〇となっている。一般的な神社や玉殿では一対一〇以上であるので、この玉殿の柱は異様に細い。

第七に、大宮玉殿第一・二・三・四殿が扉脇に幣軸《へいじく》的な柱を用いることである。この柱は内法長押までしかなく、一般的な神社建築や玉殿には見られない。

第八に、正面二軒、背面一軒の軒とすることである。一般的な神社本殿では、正面背面ともに二軒とするので特異である。

第九に、組物に舟肘木のみを用いることである。安芸国の中世玉殿では三斗組を用いるものが多い。

第十に、一木造出部材を用いないことである。安芸国の中世玉殿では一木造出を用いる例が半数を超えている。

第十一に、妻飾に豕扠首を用いることである。安芸国の中世玉殿のほとんどすべては、豕扠首とはせずに大瓶束を用いる例が多い。

また、見世棚造としないこととも関係するが、切妻造であることや、檜皮葺としていることなども安芸国の一般的な中世玉殿と異なる形式である。

安芸国における中世玉殿のうち、特に古い例では、現存最古級の玉殿である元亨四年（一三二四）の今田八幡神社玉殿と永享十一年（一四三九）の堀八幡神社玉殿は玉殿自体が大型であることや床高が低いので、仁治再造厳島神社玉殿と共通している。また、今田八幡神社玉殿は見世棚造とせず、組物は舟肘木のみで、妻飾を豕扠首としており、堀八幡神社玉殿は内陣床上に直接安置していたと考えられ、角柱を用い、一木造出としておらず、仁治再造厳島神社玉殿の形式に近い。また、現存最古級の十四世紀前期の佐々井厳島神社玉殿第一殿は、梁間が一間であって、見世棚を設けるものの切妻造としており、そうした点で、仁治再造厳島神社玉殿と共通する。

これらの古い時期の玉殿の現存例からすると、そうした古い例に見られる形式をすべて持つ仁治再造厳島神社玉殿は、安芸国における中世玉殿の祖型であって、それらが持つ特異的な形式は古式を伝えるものであると言える。

ところで、玉殿が出現する以前の神座としては、伊勢神宮正殿などの内に安置された御帳台がある。仁治再造厳島神社玉殿に見られる古式と考えられる形式のうちでは、角柱の使用や柱の細さ及び床高が低さなど、この御帳台と共通性を見ることができる。

したがって、仁治再造厳島神社玉殿は安芸国の中世の玉殿の初源的形式であり、御帳台と共通の要素を持った建築であったということができる。

このことは、玉殿の起源を考える上で重要であるので、終章において詳しく論じることにしたい。

註

(1)三浦正幸氏の指摘がある。三浦正幸「厳島神社の本殿」(『建築史学』第四号、昭和六十年(一九八五))を参照。

(2)筆者らによる調査の結果、中世玉殿が多く残っていることを確認している。詳しくは第一章を参照。

(3)註(1)論文を参照。

(4)『大願寺文書』一五五号。なお、この文書の表題は文書を整理時に付けられたものであって、内容を正しく表していない。宮殿造営材木注文ではなく、内宮大宮本殿とともに内部の玉殿を造替するために、旧玉殿の寸法を実測した報告である。なお、『大願寺文書』一五五号の「厳島社玉殿六社造営材木注文」(永禄十二年(一五六九))は、その内容から、玉殿の材木注文ではなく、大宮本殿自体の材木注文であることがわかり、表題のつけ誤りか、玉殿六社で大宮本殿自体を示したものかのどちらかであると判断できる。

(5)『野坂文書』三二三号の一。

(6)『厳島野坂文書』一八七九号。

(7)『厳島野坂文書』一八八〇号。

(8)註(1)論文を参照。そのほか、沿革については、『厳島神社国寶並びに重要文化財建造物昭和修理綜合報告書』(以下、『修理綜合報告書』とする)や福山敏男「厳島神社の社殿」(『仏教芸術』五十二号、昭和三十八年(一九六三)に所収、『日本建築史研究』に修正再掲)にも記されている。

(9)『国宝重要文化財指定建造物目録』の名称による。

(10)外宮棚守職であった飯田家文書による。

(11)初例は安元二年(一一七六)の「伊都岐島社千僧供養日記」である。『広島県史』古代中世史料編Ⅲに所収。

(12)『史料通信叢誌第壱編厳島誌』に所収。『広島県史』古代中世史料編Ⅲに再掲。

(13)この点については、太田博太郎「厳島神社の仁安造営について」(『大和文化研究』十二(六)、昭和四十二年(一九六七))に詳しい。

(14)註(1)論文を参照。

(15)仁治二年（一二四一）の「伊都岐島社神官等申状案」（『新出厳島文書』一〇三号、『芸藩通志』所収と同一、このほか『厳島野坂文書』一八六二号もほぼ同文であるが末尾がやや詳しい。さらに、この二通の文書に先立つ仁治元年十月の『厳島野坂文書』一八六一号は、それらの草案となったものと考えられる）による。「建保三年乙亥、十二月十九日癸卯、寅時遂御遷宮、唯限于内宮一方、外宮并御躰玉殿不新造矣、（以下略）」

(16)同右、「伊都岐島社神官等申状案」による。

(17)正安二年（一三〇〇）の「伊都岐島社未造殿舎造営料言上状案」（『大願寺文書』一号）

一外宮方

大宮宝殿一宇五間二面	三百廿七石
同楼台一宇二間	三十石五斗
御玉殿大宮六ヶ所	四十五石
客人宮宝殿一宇三間二面	二百七十七石
同楼台一宇二間	二十五石四斗
三棟拝殿一宇十一間二面	千二百八十四石三斗
御玉殿五ヵ所	三十七石

（以下略）

(18)嘉禎三年（一二三七）の「調度注進状案」（『野坂文書』三一三号の一）

一御玉殿十一所御荘厳具　准万二千八百九疋

御簾十一間　准五千九十五疋

大宮御方六間以緑青綵之　代五百八十疋

客人御方五間以蘇芳百両染之　代二百疋

（以下略）

大宮御方六間、客人御方五間という御簾の員数によって、玉殿十一所の内訳は大宮本殿の玉殿六基、客人宮本殿の玉殿五基であったことがわかる。

(19)『野坂文書』一一六号の遷宮棟札写。この棟札には建物名が記されていないが、『厳島誌』によると明治十四年(一八八一)の内宮客人宮の修理の際に発見されたと伝えられる棟札があり、それと日付が一致するので内宮客人宮のものとしておく。

御遷宮　康安二年壬寅正月一日戊申寅刻、神主下野守佐伯親直、(中略)、大工右衛門尉佐伯高国、(以下略)

(20)『大願寺文書』三一七号の一の棟札写

奉造立客人御前壱宇、立柱　永享元己酉八月十六日、上棟　同年四天壬子三月十八日、御遷宮　同年五天癸丑三月廿一日、(中略)、大工右衛門尉武国、大工代五良左衛門尉武貞(以下略)

(21)『巻子本厳島文書』一五号。

(22)飯田家(外宮棚守家)所蔵文書

天文三年甲午四月廿二日戊午木作始、同五月□御旅所神納申上、同廿四日□立柱、同廿□日甲午巳ノ刻御宝殿立□、天文七年戊戌十二月八日戊申辰刻御上棟□、天文九年十一月□御遷宮　天文三年ヨリ宝暦五年マデ二百二十五年ニ成ル

ただし、『房顕覚書』(天正八年(一五八〇)成立、『広島県史　古代中世史料編Ⅲ』に所収)では亥ノ歳(天文八年)に着手して子ノ歳(天文九年)に造畢したとする。

(23)正徳二年(一七一二)の「外宮御社絵図」(個人蔵)において、本殿内に図示された玉殿から知れる。

(24)高林坊(広島県安芸高田市)の鐘銘による。

備州木佐住人和智金吾真春公法名仁峰永義禅定門、永禄十二己巳念正月四日於厳島社頭生害

(25)棟札、『兼右卿記』による。

(26)註(4)を参照。

(27)大願寺文書(『修理綜合報告書』に所収、『宮島町史』に再掲)による。

大宮御宝殿　桁行十二間七寸、梁行五間五尺五寸

玉殿六社　面七尺

（中略）
客人宮宝殿　　桁行七間七寸、梁行四間五尺
玉殿五社　　面五尺
（以下略）

(28)厳島神社五重塔棟札写（『修理綜合報告書』に所収）
御武運長久　宝暦五乙亥歳、奉葺四重目坤角　山懸九左衛門、日月清明　三月十八日、三月十八日大北風八ツ
時下□八ツ　半時より地御前大火事御旅所御本社焼失、御社中端々鳴動候

(29)棟札（社蔵）による。
奉再興安芸国佐伯郡厳島外宮地御前社一宇　于時宝暦十庚辰載五月五日（以下略）
同文のものが二枚存し、一枚は大宮本殿、もう一枚は客人宮本殿のものと考えられる。

(30)厳島神社蔵『営繕日誌』による。なお、この時の造替によって、それまで朱塗であった玉殿が白木造に変更されている。

(31)嘉禎三年（一二三七）の「調度注進状案」にある「管立障子」に当たり、絹本着色の絵があったとされる。

(32)本殿の柱に当たるのを避けるために、玉殿の屋根を切り欠いているので、当初から柱間との対応を無視して配置したことがわかり、もちろん玉殿を並べ替えて配置することはできない。

(33)本殿の柱間装置や柱間寸法が記され、記入寸法に分単位の端数が見られる。特に「内宮客人宮図」には、玉殿と本殿の位置に関する寸法などがある。註（1）論文によると、康安二年（一三六二）もしくは永享元年（一四二九）頃の客人宮本殿を修理した際の玉殿移座のための控え図を写したものと考えられている。

(34)『兼右卿記』元亀二年十二月二十七日条
先予参玉殿之宝前、（中略）次六所之内第一殿奉開御戸、印明如常、入玉殿之内、奉取出之、奉入神輿内、（中略）次二殿一殿左方、次三殿一殿右方、次四殿一殿左、二目、次五殿一殿右、方二目、次六殿一殿左、三目、悉以奉移神輿

(35)『新出厳島文書』一〇九号に所収。同時期のものと考えられる大宮の祝詞（『同』一一〇号）にも祭神が記されて

いる。
(36)『厳島野坂文書』一三八四号に所収。
(37)『源平盛衰記』一三　入道信厳島並垂迹事。
(38)『野坂文書』三二〇号。
(39)註（1）論文を参照。
(40)宝暦十年（一七六〇）造立の年代的特徴を表している（詳しくは後述）。
(41)客人宮の破風板は、大宮のものと比較すると曲がりが少ない（詳しくは後述）。
(42)実測寸法と考えられる「造営材木注文」の記述と合わず、外宮の大宮玉殿の現状を考慮すると六基とも同寸法とは考えられない。註（1）論文を参照。
(43)「内宮客人宮図」の別の書き込みに、

宝□　高サ二尺九寸
　　□□ダイ九寸
花瓶　高サ壱尺五寸五ふ
　　宝□前ワキニ二ツ可之

とあって、「宝□」の脇に「花瓶」が二つあることが示されているので、この図でいう脇は、側面（奥行）の意味で使われたものではなく、隣に所在することを指しているものと考えられる。
(44)この玉殿前方の内陣上段には、狛犬・獅子が安置されていたと考えられているので、この程度の距離が必要である。伊東史朗「厳島神社の獅子・狛犬」（『学叢』第二十号、平成十年（一九九八））を参照。
(45)「内宮大宮図」においては、この記述に相当する位置（大宮本殿内陣上段玉殿の右方）には、「九尺弐寸五ふ」とあり、内陣上段の奥行を記したものと判断できる。
(46)「九」を「二」への訂正は記入の間違いとは考えにくく、元々は内陣上段境から内陣の梁間の中央柱までの寸法に、内陣後方柱間の概寸法七尺を加えて記入したが、本殿柱間の記入の際に内陣前方梁間を七尺、後方梁間を七尺一寸としたために、内陣上段境から内陣の梁間の中央柱までの寸法に書き改めたものと考えられる。

(47)「之」は「也」の翻刻の誤りか。

(48)「内宮客人宮図」において、

間ハシヤウジ　ヨコ壱尺八寸八ふ、フチカケテ四方

あし壱尺八寸四ふ、二寸一ふ四方、キチヤウメン五ふ、コあし七寸、太サ二寸四方

とあり、その障子は外宮で確認された衝立に相当するもので、その衝立の図のあしの部分には三寸と記されている。梁間寸法の考察でも記したが、この「内宮客人宮図」における「四方」には、正方形という意味はなく、四角形を意味する言葉として用いられていると考えられるので、「あし」については幅二寸一分、成三寸であったと考えられる。

(49)同時に作成された嘉禎三年(一二三七)の「造伊都岐島社内宮御方色々金銅金物注文案」に以下の記述がある。

妻戸四本金物七十二

穴花　十六　　巻金十六

間影八　　圓座八

金輪八　　懸金八

金鈎八

(以下略)

(50)同右史料に、

連子金物六十四枚

大宮御方三十二枚

客御方三十二枚

(以下略)

とあり、大宮本殿、客人宮本殿の連子窓はともに四か所ずつであるので、一か所につき八枚となる。なお、高欄の

金物の可能性もある。

(51)外宮の各玉殿の垂木の枝割寸法も、一寸八分（五五㎜）程度でほぼ揃っている。

第六章　出雲大社内殿の復元

一　はじめに

出雲国の一宮である出雲大社は、本殿内に一基の内殿（玉殿）を安置している。[1] 内殿を安置する全国的に極めて早い例であり、現在、その本殿内に一間社切妻造平入、檜皮葺の内殿を一基安置している。[2] 出雲大社の本殿については多くの復元論考があるが、[3] 内殿については触れられる程度であった。本章では十七世紀中期頃の「雲州杵築大社只今御座候仮殿造営立間尺覚」[4]（以下「造営立間尺覚」と言う）、寛文元年（一六六一）の「杵築大社造営覚」[5]、元禄十五年（一七〇二）の写しの「出雲大社之図」[6]、建長元年（一二四九）の「出雲杵築社遷宮神宝注記」[7]（以下「神宝注記」と言う）及び「出雲杵築社正殿日記目録」[8]（以下「日記目録」と言う）、近世の写しと考えられる「金輪造営図」[9] について詳細に検討し、宝治度及び慶長度出雲大社内殿について復元考察を行う。

二　出雲大社内殿の沿革

出雲大社の沿革については、三浦正幸氏の論文にまとめられているので、[10]それを参考にしながら出雲大社の内殿に関する沿革について記しておく。

出雲大社は『出雲国風土記』をはじめ古文書等には主として杵築大社《きづきのおおやしろ》と記されてきた。『古事記』、『日本書紀』、『出雲国風土記』には、出雲大社本殿の前身ともいえる大国主命《おおくにぬしのみこと》の宮殿の記述があり、これが高大な建築の始まりとするものもあるが神話の域を出ない。出雲大社の最初の記録は、天平神護元年（七六五）に杵築神に六十一戸の神封を充てたとするもので、『新抄格勅符抄』によると大同元年（八〇六）の時点で全国十三位の厚遇であったことが知られる。『文徳実録』の仁寿元年（八五一）に従三位に加えられ、『三代実録』の貞観九年（八六七）には従二位に列している。延長五年（九二七）の『延喜式』の神名帳では「杵築大社」として名神大社とされ、後に出雲国一宮となった。

内殿に関しては、『左経記』の長元四年（一〇三一）条に「七宝造宝殿」とあるのが初見であり、久安元年（一一四五）の「出雲国在庁官人解」の「内殿」とあるのが、内殿の語の初見である。よって、その頃には本殿内に内殿を安置していたと考えられている。[11]その後、造替の度に内殿は造替されている。主要なものを挙げると、宝治二年（一二四八）に正殿遷宮があり、[12]文永八年（一二七一）には焼失した。[13]その後、正殿の規模での造営はなく、仮殿の造替に伴う遷宮が続いた。年代を降って、本殿の造替は、尼子氏による永正十六年[14]（一五一九）と天文八年[15]（一五三九）、毛利輝元による天正八年[16]（一五八〇）、豊臣秀頼による慶長十四年[17]（一六〇九）、江戸幕府が参画した寛文七年[18]（一六六七）、延享元年（一七四四）の遷宮[19]で行っている。現在の内殿は延享元年の造替時のもので、寛文度の形式や意匠をそのまま踏襲している。

三　現在の出雲大社内殿

現在の内殿（図6—1～3）は、桁行一間（側柱真々約六尺（一八一八㎜））、梁間一間（側柱真々約六尺（一八一

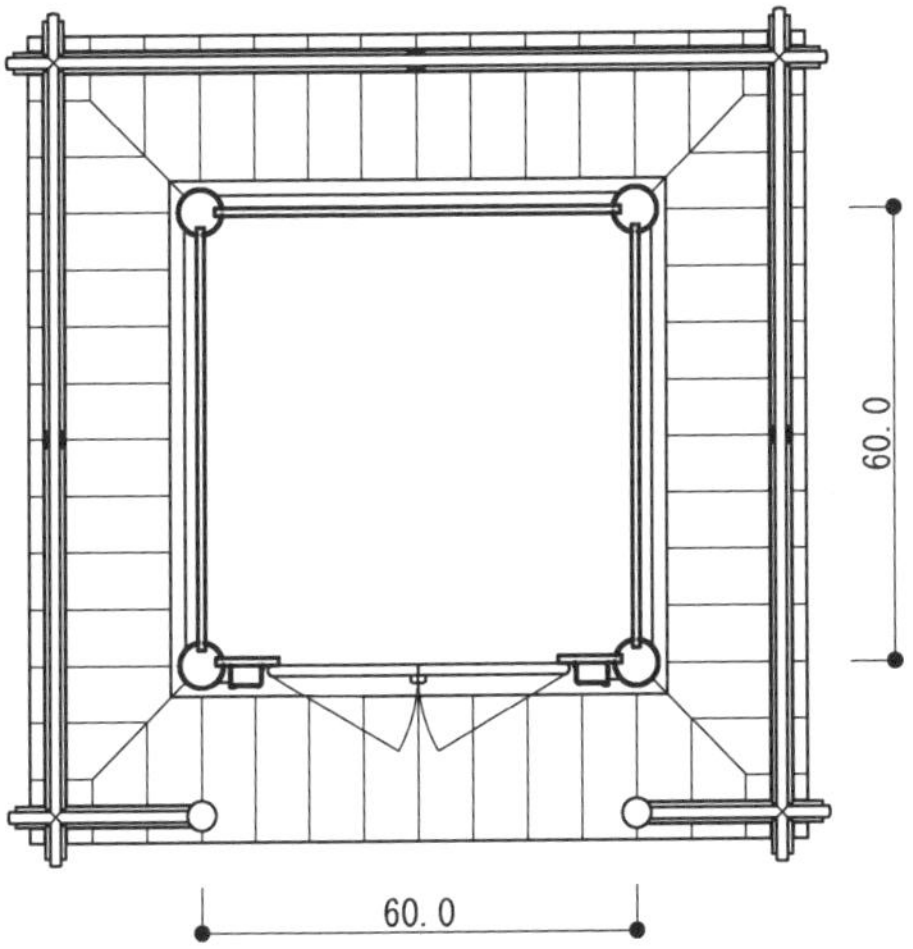

図6-1　出雲大社内殿目測平面図 1/60

図6-2　出雲大社内殿目測正面立面図 1/60 単位：寸

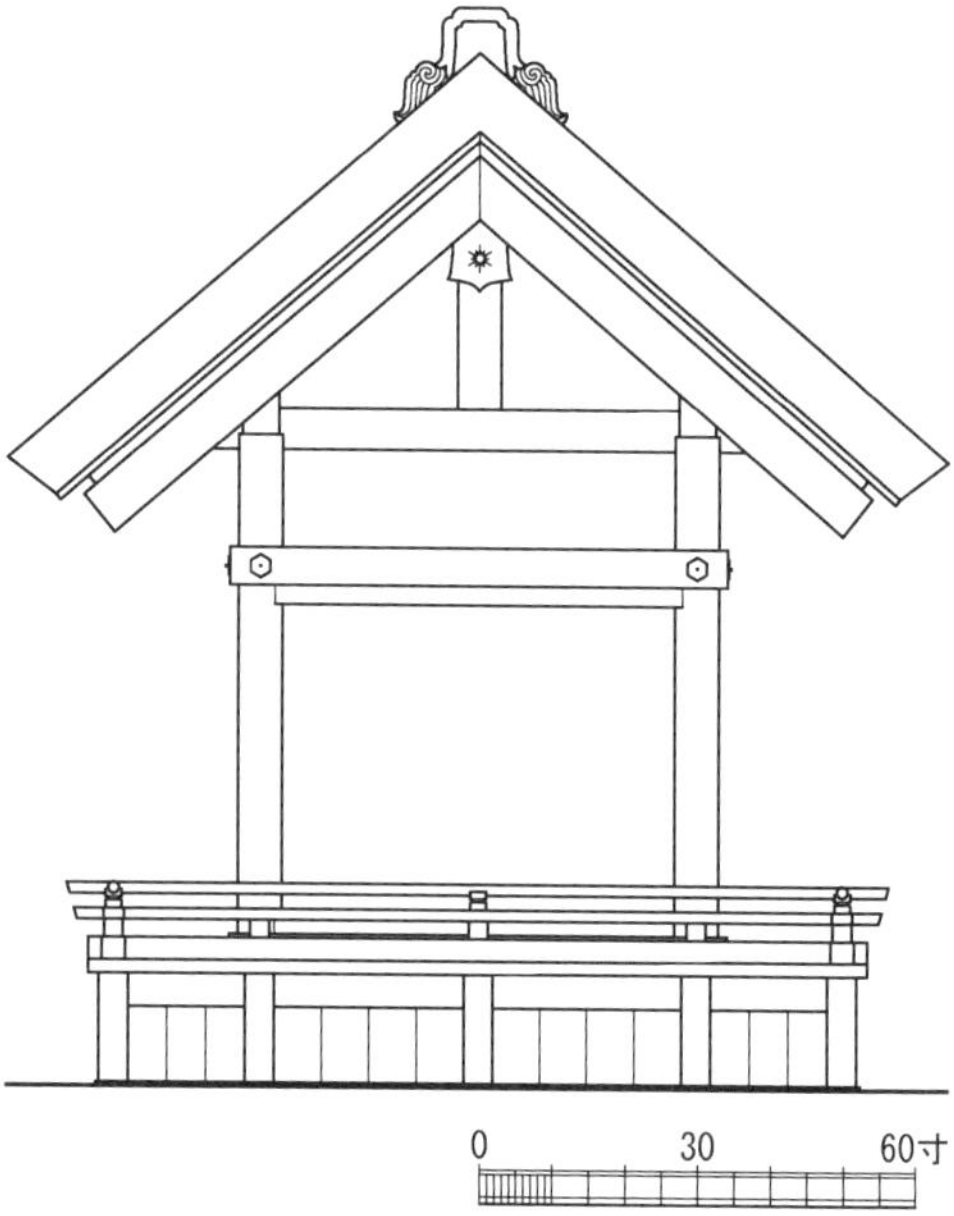

図6-3　出雲大社内殿目測側面立面図 1/60 単位：寸

八㎜)で、屋根形式は切妻造平入の檜皮葺である。総高は約一丈三尺(三九三九㎜)である。柱は円柱とする。

土居桁《どいけた》は外見上突出しておらず見えない。柱位置とその中間及び隅に角柱の縁束《えんづか》を立て、頭貫で繋ぎ、縁板を張って、身舎《もや》の四方に組高欄《くみこうらん》を巡らせた廻縁《まわりえん》とする。身舎正面は短円柱の親柱を立てて、高欄を納める。縁束間は四面に縦板を張って塞ぐ。身舎の切目長押《きれめなげし》を縁板の上の位置で四面に打つ。内法長押は幣軸《へいじく》を付けた扉の上の位置で身舎の四面に打つ。身舎正面には、方立《ほうだて》のない脇板壁を立て、端喰《はしばみ》を付けた一枚板の扉を両開きに建てる。扉は軸を出して切目長押と幣軸に吊る。

組物はなく、円柱で直接梁を支える。その上に渡腮《わたりあご》で桁が載る。内殿の妻飾など側面は不明である。野屋根はなく、垂木《たるき》は正面、背面ともに一軒の繁《しげ》垂木とする。厚みのある破風《はふ》板を付ける。

軒の正面は垂木上に茅負《かやおい》、布裏甲《ぬのうらごう》を載せる。布裏甲は側面の破風板上に回り、登《のぼり》裏甲となる。茅負は両端も直線的で、軒反りはほとんどない。屋根は野地板を敷き、その上に箕甲《みのこう》を付けない檜皮葺とする。大棟《おおむね》は一木造で、鬼板を付け、屋根の幅より内側で納める。

彩色についてはまったく施されておらず、すべて白木造りである。

以上の部材はすべて当初材であって、後補材をまったく混入しない。

四　慶長度出雲大社内殿の復元考察

1　寛文度内殿の当初造立案

元禄十五年（一七〇二）の写しの「出雲大社之図」には、寛文度社殿の当初造営案が記されている(20)。内殿（小内殿・図6―4・5）は、正面一間、側面一間、切妻造妻入で六尺（一八一八㎜）四方の身舎とし、軒高は設置面より八尺八寸（二六六七㎜）である。太さ六寸（一八二㎜）の円柱上に出組《でぐみ》を詰組《つめぐみ》とし、間に蟇股《かえるまた》を入れる。妻面は二重目の梁を蟇股で支え、化粧棟木を大瓶束《たいへいづか》で支えた二重虹梁《こうりょう》大瓶束式とする。軒は二軒《ふたのき》で地垂木が少し反り上がり、飛檐《ひえん》垂木には鼻こきがある。破風板は曲線を描き、桁位置でよく曲がる。屋根頂端部には鬼板が載る。縁長押、腰長押、内法長押を打ち、正面柱間は諸折《もろおれ》の端喰の付いた板扉とし、幣軸を廻す。また、浜床《はまゆか》状の低い廻縁を身舎四方に設けており、土居桁を廻し、面を取った角柱の縁束を立てている。

寛文元年（一六六一）の「杵築大社造営覚」には、「一同御本社小宮ニ至迄くミ物彩色かな物等、只今御座候古宮ノかさり程ニ積り可申候事」とあり、寛文度社殿造営計画は小宮（内殿）に至るまで組物、彩色、金物等、古宮（慶長度社殿のこと）程度にするようにと記されており、慶長度社殿の復元において「出雲大社之図」を参照することが可能である。本節では、寛文度内殿の当初造立案の内容も総合して、慶長度の内殿の規模形式や各部材の寸法や細部意匠について復元考察を加えることにする。

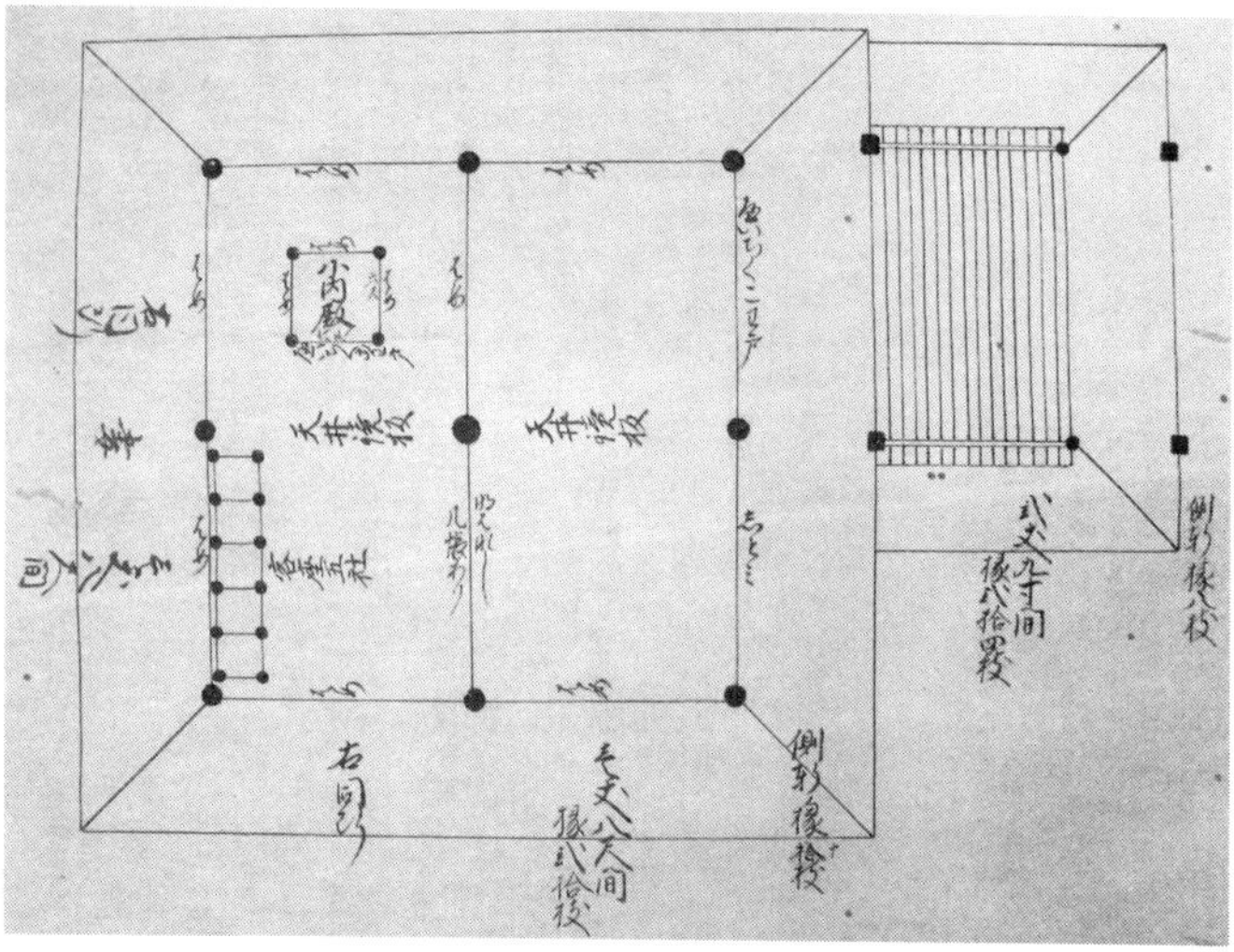

図 6-4　寛文度出雲大社内殿当初造営案 平面図（東京国立博物館蔵）

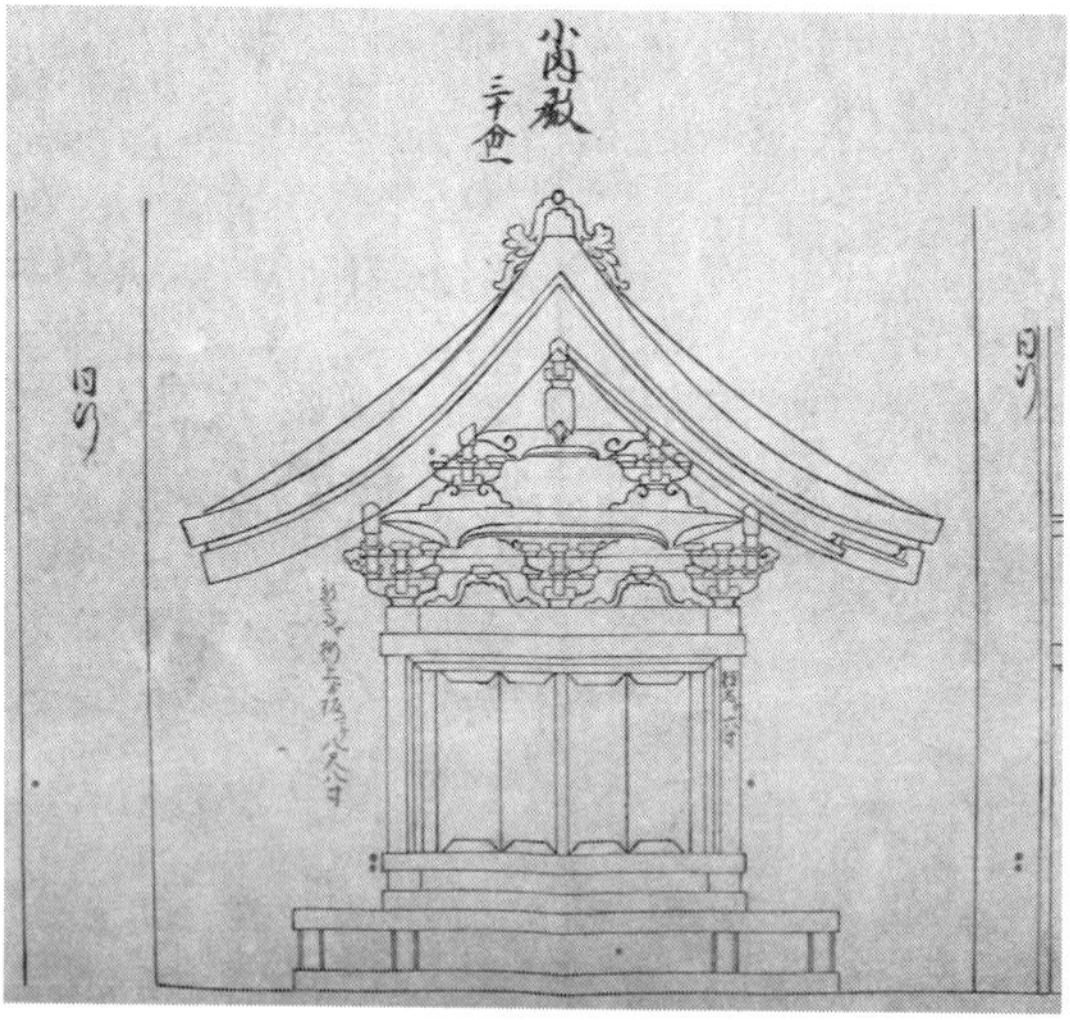

図 6-5　寛文度出雲大社内殿当初造営案 正面立面図（東京国立博物館蔵）

2　規模形式

慶長度出雲大社の内殿のうち規模形式について、各項目ごとに考察する。

①桁行・梁間　「造営立間尺覚」に「内陣木宮」（小宮か）が「壱間半、弐間」とある。同史料には本殿の階隠《はしかくし》が「横弐間半、長サ三間」とあり、正面・側面の順で寸法が記されていることがわかる。よって内殿は正面が一間半、側面が二間であったと判断できる。慶長度の本殿同様に、内殿は京間であったと考えられるので、正面桁行九尺七寸五分（二九五五㎜）、側面梁間一丈三尺（三九三九㎜）と解される。

②形式　「出雲大社之図」には切妻造妻入で描かれている。「杵築大社造営覚」の記述から、細部意匠まで同程度とすることが求められており、慶長度内殿も同様に切妻造妻入であったと考えられる。

③安置場所　宝治度内殿は東寄り（奥寄り）に設置されていたが（詳しくは後述）、慶長度には内殿の奥行が増したために、本殿北東四半部のほとんどを占め、内殿が結果的に西前方へ拡張することになり、全体としては「出雲大社之図」と同様の本殿北東四半部の中央に安置された可能性が指摘できる。

3　各部材の復元

以下では部材ごとに考察を加えることにする。

①廻縁　「出雲大社之図」に浜床状の建ちの低い廻縁が描かれているので、慶長度の内殿にも同様の廻縁があったと考えられる。なお、「金輪造営図」にも廻縁と見られる記述がある（詳しくは後述）。

②高欄　「造営立間尺覚」に「らんかんきほうし」とあり、欄干《らんかん》及び擬宝珠《ぎぼし》があったことがわかる。ただし、二間半四方の本殿の平面的制約により、宝治度同様（詳しくは後述）に手前側だけに存した可能性もある。

③組物・金物など　「出雲大社之図」に出組や蟇股などが描かれており、また、毛利・吉川氏が再建した現存最古の大社造である神魂《かもす》神社内殿（小内殿）においても「ほり物有」とされているので[21]、豊臣氏による慶長度の出雲大社内殿も組物を使用したと考えられる。また、「出雲大社之図」の本殿は二手先《ふたてさき》で描かれているが、慶長度

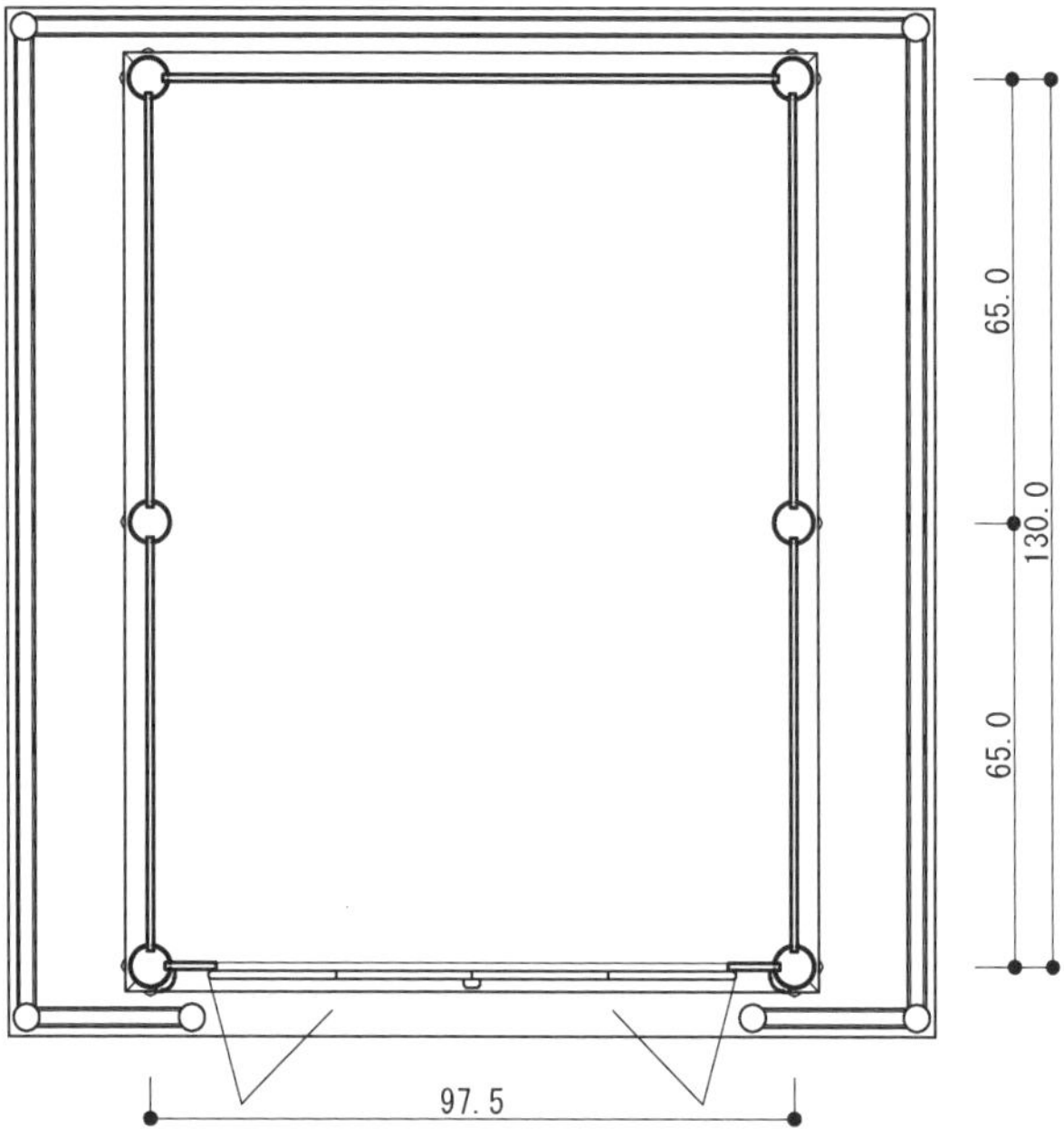

図 6-6　慶長度出雲大社内殿復元平面図 1/60

本殿は出組であったとされているので、内殿においては出組ではなく、出三斗《でみつど》程度であった可能性も指摘できる。金物については、「造営立間尺覚」の「さかわ金物」の記載より、垂木先には本殿同様に八双《はっそう》型の飾金具である逆輪金物が打ってあったことがわかる。また、「杵築大社造営覚」からも金物の使用が認められる。

④垂木　「造営立間尺覚」に「しけ垂木」とある。同史料は、本殿は「二重垂木」とし二軒のことであり、意図的にそれとは異なる表現がされていると考えられる。また、内殿が正面一間半であるので、本殿北東四半部の二間半四方の制約から二軒とするには軒の出を満足に満たすことができないと考えられる。よって内殿は一軒の繁垂木であったと判断できる。

⑤屋根葺材　「造営立間尺覚」に「檜皮葺」とあり、現在と同様檜皮葺であったことがわかる。

以上の考察により推定した規模形式や各部材の寸法や細部意匠に基づいて内殿を復元すると、図6—6～8のようになる。

図 6-7　慶長度出雲大社内殿復元正面立面図 1/60 単位：寸

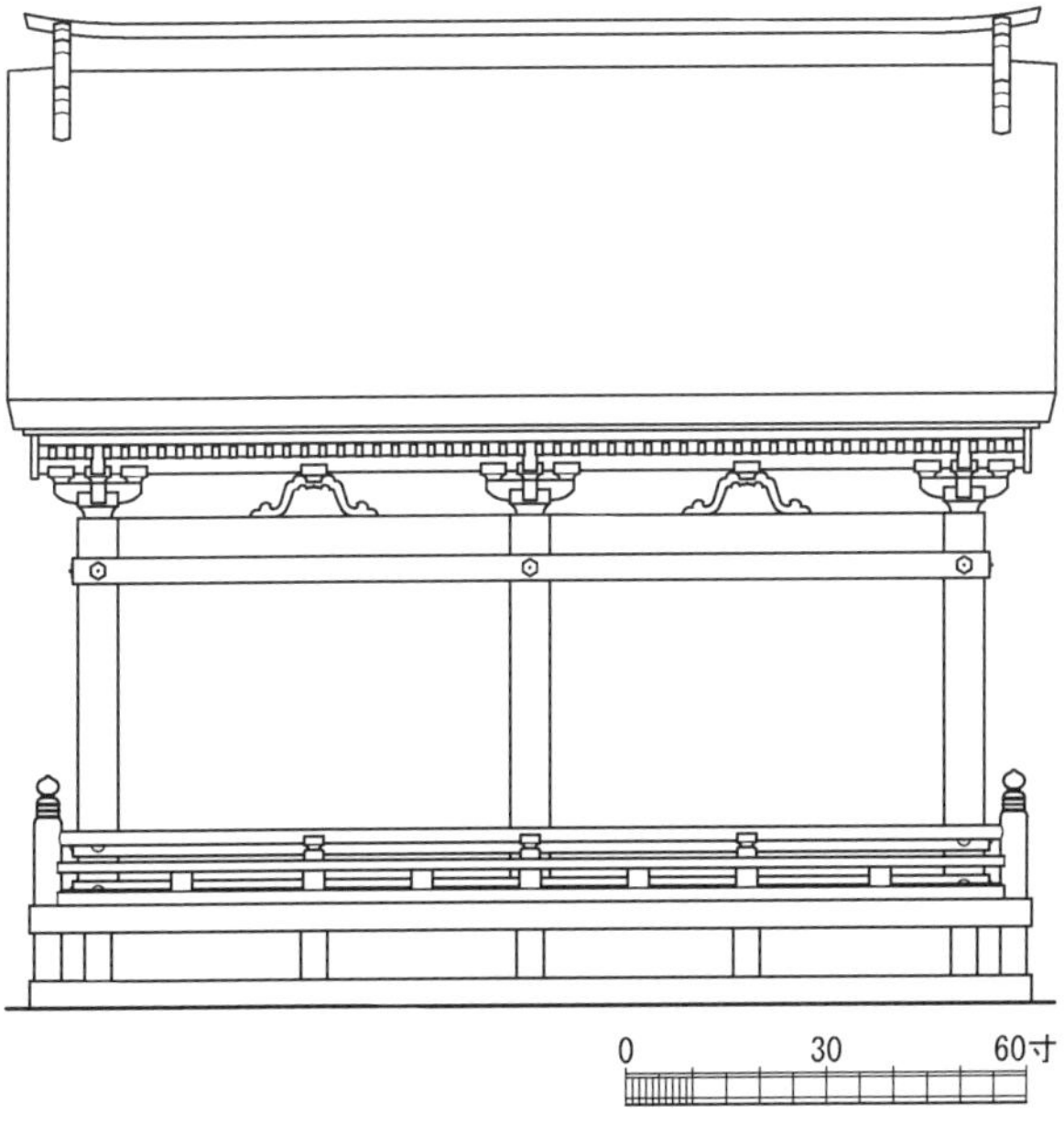

図 6-8　慶長度出雲大社内殿復元側面立面図 1/60 単位：寸

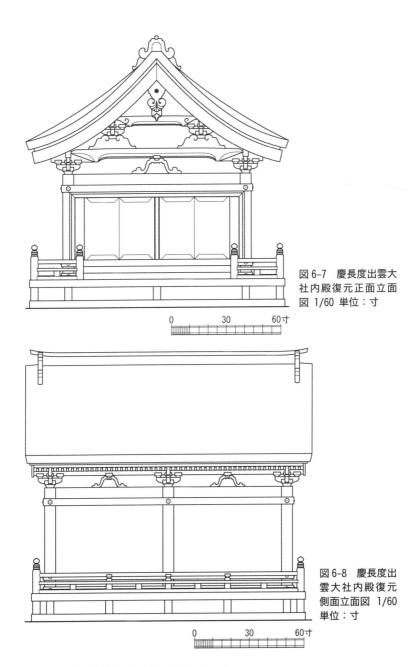

五　宝治度出雲大社内殿の復元考察

宝治度の内殿の形式は、前節で明らかとなった慶長度の内殿とは異なる点もあったと考えられる。史料からは建長元年（一二四九）の「神宝注記」に、

一　御内殿分
御天蓋二重赤地唐錦廣各二尺
　青地錦、方四尺三寸、
御茵
　御裏モヘキ綾
御帳三流内
一番御前　赤地唐錦　長五尺弘九尺五寸
二番中　青地唐錦　長六尺五寸弘九尺五寸
三番御妻戸　赤地唐錦　長六尺弘八尺
御簾一枚　御縁赤地錦、有金物、如普通
　各縁赤地錦、
御座二帖
　京筵御裏生絹、

皆粧長五尺九寸、
御琴一張
御袋赤地唐錦、

とあり、内殿の御帳等の員数や寸法等を記した部分がある。さらに「金輪造営図」があり、本節では、それらの内容を総合して、玉殿の規模形式や各部材の寸法や細部意匠について復元資料に考察を加えることにする。

1　規模形式

①桁行・梁間　「金輪造営図」は寸法と描かれた各部がほぼ整合しその比例を保っているため、もとにした図は一定の縮尺を持ったものであったと思われる。内殿の大きさを桁位置で測ると、正面・側面ともに九尺から一丈（二七二七―三〇三〇㎜）の間となる。ここで、「神宝注記」をみると、内殿内に吊られた帳の寸法があり、御前は長さ五尺（一五一五㎜）、幅九尺五寸（二八七九㎜）、中は長さ六尺五寸（一九七〇㎜）、幅九尺五寸（二八七九㎜）、妻戸は長さ六尺（一八一八㎜）、幅八尺（二四二四㎜）であることがわかる。これらは内殿奥の茵《しとね》を曝さないために吊られたものであるので、幅は各部の空間の幅に等しいと考えられる。よって御前と中の帳の幅が同じ九尺五寸（二八七九㎜）であるため、内殿内に四隅の柱以外の突出がなく、かつ、その幅が柱間と同じ寸法であると判断できる。したがって、内殿は桁行梁間ともに九尺五寸（二八七九㎜）四方であったと考えられる。

②形式　形式については、福山敏男氏は、東半（奥側）を身舎とし、四面に大床《おおゆか》（縁）と高欄を廻らし、西半（手前側）は庇で下が浜床であった可能性を指摘している。(22)この場合、切妻造妻入とすることは難しく、流造平入の屋根が穏当としている。しかしながら、この平面では、「金輪造営図」の「在御濱床」の記載箇所と異なってい

る。また、内殿内が東半だけでは奥行が不足する（詳しくは後述）。よって、身舎は東半、西半を合わせたすべてであり、『千家家文書』の「金輪造営図」にあるように、その外に浜縁があり、切妻造とするのが妥当と考えられる。また、屋根の向きについては、慶長度の内殿や神魂神社内殿も妻入としていること、また、「神宝注記」や「金輪造営図」に内殿身舎の正面扉を「妻戸」と記載していることから、内殿正面が妻面であるとの認識があった可能性があり、宝治度出雲大社内殿も切妻造妻入であったと判断できる。

③安置場所　「金輪造営図」より本殿北東四半部の東寄りに安置されていたと考えられる。

2　各部材の復元

以下では部材ごとに考察を加えることにする。

①土居桁（土台）　「金輪造営図」は内殿について「桁」を朱筆で描いている。一般に「桁」は軒桁のことであるが、平面指図ではその伏図や姿図は描かない[23]。「金輪造営図」でも一貫しており、内殿の柱型が描かれていないことから、この図が土居桁と床下柱型の図であることが指摘できる[23]。宝治度内殿は先に述べたように切妻造妻入であり、その描かれた桁は、軒桁や棟木、梁ではなく、本殿床上に置かれた土居桁（土台）を表現したものである。また、その配置は奥行方向に短く、幅方向に長かったことがわかる。

②廻縁　「金輪造営図」の内殿身舎東半内に「在御濱床」とある。浜床は一般に木階《きざはし》下などに位置する建ちの低い床のことを指す。よって、土居桁上に設けられた廻縁は建ちが低く、浜床と呼ぶのに相応しい。また、廻縁は周囲の土居桁上全面に設けられたものと考えられ、意図的に奥行を短くして内殿の手前側の空間がとられたものであると考えられる（詳しくは後述）。

③大床・高欄　「金輪造営図」には、本殿廻縁正面側に「在大床高欄」の記述があるが、それとは別に内殿西手

前側に「在大床高欄」(内殿廻縁(浜床)とも別)とある。本殿内は板敷であったと考えられており、擬宝珠高欄を設け、大床を区画したものと考えられる。大床は神主等が御扉開扉《みとびらかいひ》など儀礼を行うところであり、内殿の見《み》世棚《せだな》とも言える廻縁に人が上がり儀礼を行うのは、あまり適切とは考えられない。内殿廻縁の出を短くし、その手前側に儀礼の空間を設けるのは理に適っている。また、寛文造営案の「出雲大社之図」の廻縁も一尺七寸(五一五㎜)程度しか幅がなく、その上で儀礼は考えられない。

④内殿内部　「神宝注記」によると、内殿内の奥に四尺三寸(一三〇三㎜)四方の茵が敷かれ、その手前、中間、妻戸の内際に帳が吊られており、内殿内手前部にはさらに座や琴が置かれている。よって、内陣内は九尺五寸(二八七九㎜)四方のそのほとんどが使用された状態である。また、妻戸の帳が長六尺(一八一八㎜)、幅八尺(二四二四㎜)であるので、内殿妻戸もほぼ同大であったと考えられる。

⑤組物・金物など　「日記目録」に「御内殿金物等事」とあり、内殿への金物使用がわかる。「神宝注記」より、本殿内陣に置かれた几帳《きちょう》に金物が使われており、本殿同様に内殿にも垂木先や扉に金物が使用されたと考えられる。

⑥屋根葺材　内殿の屋根についての記載はないが、宝治度本殿が檜皮葺であること、現在に至る後の内殿が檜皮葺であることを考慮すれば、檜皮葺であったと考えられる。

六　宝治度出雲大社内殿の特質

宝治度出雲大社内殿には、一般的な神社本殿や安芸国の中世玉殿とは異なる特徴も見られる。それら内殿の特徴を以下に挙げることにする。

第一に、玉殿として巨大であることである。桁行寸法は九尺五寸（二八七九㎜）もあり、通常の一間社本殿を超える大きさである。また、その梁間は一間であり、一般的な神社本殿が身舎を梁間二間とするのとは異なる。

第二に、見世棚造としないことである。宝治度出雲大社内殿は見世棚を設けず、内殿全体を神座としている。

第三に、内殿を内陣床上に直接に安置することである。安芸国の中世玉殿で普及した内陣内に設けた高い祭壇上への安置とは異なり、古式な玉殿と共通する。

第四に、廻縁があることである。安芸国の中世玉殿には廻縁は一般的ではない。

第五に、円柱を用いることである。安芸国の古式を保っている中世玉殿では角柱を用いており対照的である。

なお、神座としては伊勢神宮正殿などの内に安置された御帳台があるが、御帳台に見られる天蓋、茵、座（畳）などを内殿の中に配置することから、御帳台が持つ神座の要素は、内殿とは別にあり、内殿自体と御帳台との共通性は少なくなっている。よって、厳島神社玉殿を初源的形式とする安芸国の玉殿とは別に出雲大社では内殿の形式が成立したと考えられる。

七　結語

慶長度及び宝治度の出雲大社内殿は、切妻造妻入で平面規模が大きく、廻縁の存在が確認でき、現在の出雲大社本殿に近い形態であったことがわかる。一方、慶長度内殿では組物が使用されており、本殿とともに尼子氏による天文度の造営以来の神仏習合の影響を受けたものと思われる。また、金物が慶長度及び宝治度の出雲大社内殿で使用されており、現在の出雲大社とは別の様相を呈している。

大社造は上代古代に遡る本殿形式の一つである。神座である内殿の存在は、大社造を解明するにあたり欠くことのできないものであり、その根本としての出雲大社内殿は重要である。復元考察で示した内殿は、本殿内の建築という点でほかの国の玉殿と共通する古式を伝える点もあるが、相違点が少なくなく、出雲国の地域で独自に発展した内殿（玉殿）であると考えられる。

註

（1）客座を除く。出雲大社では平安時代末期以来、七宝作宝殿、内殿、小内殿などと称されており、現在『国宝・重要文化財建造物目録』では内殿と呼ばれている。また、神魂《かもす》神社では小内殿と呼ばれており、内殿は本殿内陣を指す語であった。三浦正幸「出雲大社本殿」（『日本建築史基礎資料集成』社殿Ⅰ、中央公論美術出版、平成十年（一九九八））を参照。

（2）出雲大社本殿や内殿の安置については、福山敏男『神社建築の研究』（中央公論美術出版、昭和五十九年（一九八四））などがある。

（3）出雲大社の本殿の復元については、註（1）論文、「宝治度出雲大社本殿の復元」（『日本建築学会大会学術講演梗概集』平成十九年（二〇〇七））、福本健司「出雲大社慶長度本殿の復元考察―出雲大社本殿の復元研究（其二）―」（『日本建築学会大会学術講演梗概集』平成八年（一九九六））などを参照。

（4）『千家家文書』（島根県立図書館蔵影写本）

一内殿木宮《ママ》　壱間半、弐間檜皮葺、しけ垂木さかわ
金物、らんかんきほうし

（5）『千家家文書』（島根県立図書館蔵影写本）

一同御本社小宮ニ至迄くミ物彩色かな物等、只今御座候古　宮ノかさり程ニ積り可申候事、

（6）東京国立博物館蔵。

（7）『北島家譜』一（鎌倉遺文七一一二）。

(8)『千家家文書』（鎌倉遺文一一八八一）。
(9)『千家家文書』（島根県立図書館蔵影写本）。近年、この写しの元となった図が千家家によって公表された。『懐橘談』にもあるが、『千家家文書』の方が記述が詳細であり、基本的には元の図に近い。
(10)註（1）論文を参照。
(11)註（1）論文を参照。
(12)『出雲国造家文書』一六号・四九号。
(13)『出雲国造家文書』五四号。
(14)『千家家文書』四。
(15)『出雲国造家文書』九三号。
(16)『出雲国造家文書』一二一号。
(17)棟札による。
(18)『出雲国造家文書』二八〇号。
(19)『出雲大社蔵文書』二。
(20)註（3）第三掲論文を参照。
(21)「神魂社造営遷宮支度次第」『秋上家文書』一五〇（出雲意宇六社文書所収）。
(22)註（2）論文を参照。
(23)註（3）第二掲論文にも指摘がある。
(24)仮に軒桁とすると、本殿柱は床上の柱型であるが、内殿柱は描かれておらず矛盾する。よって、描かれた桁は軒桁ではなく土居桁であり、柱型は本殿の床下の柱部であると判断できる。そうすると当然ながら、内殿の柱型は描かれず、内殿に描かれているのは土居桁であると判断できる。

終章　玉殿の特質

一　はじめに

安芸国の中世の玉殿には、その規模形式や細部意匠などにおいて建築的特質に相違を認めることができる。それらの建築的特質についてまとめ、その相違が持つ意義について詳しく考察を行って、中世における玉殿の特質を明らかとしたい。

二　中世玉殿に見られる建築的特質

1　大型玉殿と小型玉殿

玉殿は本殿内に安置されるので、一般的な神社建築よりははるかに小型である[1]。そのなかで、厳島神社外宮地《じ》御前《ごぜん》神社の宝暦十年（一七六〇）の玉殿十一基は、最大のもので桁行寸法が五尺二寸（一五七六㎜）、最小のものでも三尺（九〇九㎜）あるので、玉殿としては破格の大型玉殿ということになる。また、第五章における厳島神社玉殿の復元考察より、仁治二年（一二四一）再建当時の内宮の玉殿も大きさは外宮の玉殿と同等以上であるので、こちらも破格の大型玉殿である。

中世玉殿の現存例を見てみると、元亨四年（一三二四）の今田八幡神社玉殿は桁行三尺九寸（一一八二㎜）であり、永享十一年（一四三九）の堀八幡神社玉殿は四尺八寸三分（一四六四㎜）である。他の中世玉殿の多くが二尺（六〇六㎜）以下であるので、玉殿としては特別に大型である。また、それには及ばないものの、鎌倉時代末期十四世紀前期から文安二年（一四四五）までの佐々井厳島神社の玉殿群も三尺三寸から二尺五寸四分（一〇〇〇―七七〇㎜）であるので、それより後世の玉殿よりも大型であると言える。したがって、十五世紀中期までの古い時期は玉殿を大型とするのが定型であったと判断できる。

大型の玉殿が残る神社を見てみると、堀八幡神社は、太田川流域地区（山県郡安芸太田町）の総鎮守社と伝えられ、佐々井厳島神社は、五間社という破格に巨大な本殿（現拝殿）を有しており、厳島神社の社領地の鎮守社であるなど、いずれも古くからの有力神社であった。したがって、古い時期の玉殿が大型である理由として、本殿を大きく建てることができる有力神社から玉殿の安置が進んだことが指摘できる。今田八幡神社については、必ずしも有力神社であったとは言えないが、その玉殿の古さや地方色から判断すると、造立当時に所在していた他の有力神社の玉殿造立に加わった工匠の一人が、今田八幡神社玉殿の造立大工になったため、その有力神社の玉殿を手本として玉殿を造立し、結果的に大型になった可能性がある。

十六世紀に降ると、玉殿安置が一般神社へ普及する過程で本殿の規模に合わせて小型化が進み、定型化されていったと考えられる。嘉吉三年（一四四三）の厳島神社摂社大元神社玉殿三基は、中央殿で桁行一尺六寸一分（四八八㎜）で、桁行が二尺（六〇六㎜）を切る初例であるが、総高が四尺六寸一分（一三九七㎜）で三基とも四尺（一二一二㎜）を超えており、それらより後世の玉殿よりも高いので、小型化する過渡期のものと判断できる。

なお、天文年間（一五三二—五五）の厳島神社末社左門客《ひだりかどまろうど》神社、右門客神社の玉殿については著しく大型であるが、実質的には本殿であるので、他の玉殿とは区別する必要がある。

2　切妻造と流造

安芸国は流造の神社本殿が多く分布する地域で、現存する中世の神社本殿はすべて流造である。厳島神社本殿は、庇《ひさし》を背面にも付けた両流造で、地御前神社本殿は、それから再び背面庇を省略した流造である(2)。一方、現存する地御前神社玉殿は十一基ともに切妻造であり、仁治二年再建当時の厳島神社玉殿も切妻造であったと考えられる（第五章に詳述）。

現存する中世玉殿で切妻造のものは、十四世紀前期から文安二年までの佐々井厳島神社玉殿五基があり、元亨四年の今田八幡神社玉殿も切妻造である。したがって、古い時期の玉殿は、安芸国では切妻造の形式が定型であったと考えられる。

ところで、十六世紀後期の清《すが》神社玉殿三基は切妻造である。清神社は、鎌倉時代末期の正中二年（一三二五）の棟札を有するなど、古くからその存在が確認される、吉田庄（現、安芸高田市吉田町）の鎮守社である。一般的に神社建築は再建時においても古い形式を残す傾向があり、こうした有力な神社においては、特にその傾向が強く、古制を残している可能性が高い。また、前身の玉殿に倣った可能性もある。したがって、この例からも切妻造の形式は古制を伝えるものであると言える。

古い玉殿が切妻造である理由は、玉殿自体には本殿のように拝礼や供饌をする場所を設ける必要がなく、玉殿の本来の機能である神座のみとすべきものであったためと考えられる。後の十六世紀になると本殿同様の流造とする玉殿が主流となるが、これは、拝礼の形式が変化して、玉殿自体に供物を置く場所（見世棚《みせだな》）が必要となっためと考えられる（詳しくは後述）。

なお、十六世紀末期の亀山神社玉殿三基は切妻造であるが、そうした古式を伝えるものではなく、神輿《みこし》の形式(3)を随所に取り入れた新しい形式の玉殿であると考えられる。

また、切妻造の佐々井厳島神社玉殿五基は、梁間が一番古い第一殿だけ一間で、後に造立された四基の梁間は二間である。今田八幡神社玉殿は、復元すると梁間二間となるが、その梁間の中央柱は径一寸一分（三三㎜）であって、他の柱が一寸五分（四五㎜）であるのに対して細い。さらに中央柱は外側に付け足されただけの半柱であるので、梁間は構造的には一間とみてよい。また、厳島神社外宮の地御前神社玉殿十一基も梁間一間としている。したがって、切妻造の玉殿は梁間一間であることも古制と言うことができる。流造の玉殿の梁間は身舎《もや》と庇の二間となるが、これについては見世棚造との関連性もある。

3　見世棚の有無

地御前神社玉殿は、十一基ともに見世棚を設けていない。また、仁治二年（一二四一）再建当時の厳島神社玉殿も見世棚を設けていなかったと考えられる。現存する中世玉殿で見世棚造としないものには、元亨四年（一三二四）の今田八幡神社玉殿がある。また、十六世紀後期の清神社玉殿三基は見世棚造としていない。清神社は前述したとおり古くからの有力神社であるので、古式を保っているものと考えられる。したがってこれらの例より、見世棚造としない形式は古制を伝えるものであると判断できる。

玉殿は本来、神座であるので、供物は神座とは別に置くべきものである。よって玉殿に直接供物を置く場所、つまり見世棚は必要ない。特に厳島神社のように玉殿前方に空間的余裕があり、その前に案《あん》（神前に置く板机）を設置して供物を置く場合は見世棚は不要である。したがって、見世棚造とする必要がなかったと考えられる。

時代が下降すると、本殿内陣の前半部が祭祀のための着座の空間とされ、玉殿の安置が本殿内陣の後半部の祭壇上となったことで、玉殿前方に案を置く余裕がなくなった。しかし、供物を置く場所が必要であるので、小規模本殿の例に従って、見世棚を玉殿に設けたものと考えられる。小規模本殿で見世棚造のものでは、切妻造はほとんどなく(4)、一般的には流造としている。したがって、玉殿についても、流見世棚造とするようになり、後に定型化したと考えられる。

4　内陣祭壇の有無

地御前神社本殿は内陣に祭壇を設けず、床に直接、玉殿を安置している。厳島神社本殿内陣にも祭壇がなく、同様に内陣上段の床に玉殿を安置している。正徳五年（一七一五）に再建された堀八幡神社本殿では、桁行三間、梁間二間の内陣の後ろの壁中央部にのみ接した置き祭壇状の低い祭壇を設けて(5)、玉殿を安置している。本殿にのちに取り付けられたようなこの祭壇の形式は、他の本殿には見られないので、玉殿が造立された永享十一年（一四三九）の当時は、祭壇を置かず、内陣床上に直に玉殿を安置したものと考えられる。今田八幡神社本殿については、現在は祭壇上に玉殿を安置しているが、その祭壇の奥行に合わせて玉殿の後半分を切り縮めているので、玉殿造立当初から祭壇上に安置していたとは考えられない(6)。玉殿の規模からして、造立当初は内陣の床上に直接に置かれていたと考えられる。

内陣床に直に玉殿を置く神社では、内陣に人が立ち入る形式となっておらず、内陣は玉殿の専有空間、つまり内陣全体が祭壇的な扱いとなっていると考えられる。そうした神社には、厳島神社のように古来の有力神社が多い点が重要である。それらの神社では、早くから拝殿を備えており、俗人は拝殿において、神主は本殿外陣において拝礼や儀式を行っていた。したがって本殿内陣は神の専有空間となり、その内陣床全体を外陣よりやや高めてその中央に神座である玉殿を安置したものと考えられる。

それに対して、室町時代、特に十五世紀以降に創祀された比較的に新しい一般神社では、拝殿を備えておらず、本殿内陣の中も祭祀に用いる必要があった。そのため、それらの本殿では内陣後半部に祭壇を設けて区画し、内陣前半部を祭祀の場、後半部を玉殿専有空間としている。安芸国内に現存する中世玉殿の大半は、そうした祭壇上に安置されたものである。

有力神社から一般神社に玉殿安置が普及する過程で、本殿内陣での祭祀の必要性が出たのに伴って、内陣後半部に祭壇を設けてその上に安置するのが定型化されていったと考えられる。したがって、本殿内陣の床に直に安置する形式は、祭祀を内陣で行う必要のない厳島神社のような特に有力な神社において可能な古式の形式であり、その後に玉殿が普及した神社では、祭壇上に安置されるようになったと考えられる。

5　高床と非高床

神社本殿は高床とするのが基本的な特徴であるが、地御前神社玉殿十一基は、床高が著しく低く、床高は土居桁の成（部材の高さ）ほどしかない。仁治二年（一二四一）再建当時の内宮玉殿も同様の形式と推定され、玉殿としても異例の低さである。安芸国の中世玉殿を見てみると、元亨四年（一三二四）の今田八幡神社は、軒高が二尺五寸四分（七七〇㎜）、床高が六寸（一八二㎜）であり、高さ比にして一対〇・二四である。一般的な神社本殿や玉殿では一対〇・三五以上であるので、これら玉殿の床高は極めて低い。したがって、床高の低い形式は玉殿の初期の形を伝えるものであると考えられる。

古い玉殿が床高の低い形式を採った理由としては、前述したとおり、玉殿が本殿内陣の床に直接に安置されており、本殿内陣は玉殿がほぼ専有した空間であったことが挙げられる。玉殿が専有していたとすると、人が内陣に立ち入って所作をすることは考えにくい(7)。したがって、視覚的に玉殿の床を高くする必要がなかったと考えられる。

一方、内陣後半部の祭壇上に玉殿を安置するようになることからもわかるように、年代が下降すると、内陣前半部で祭祀が行われるようになる。そのため参入者との対比で、玉殿は高床とする必要が生じた。高床への傾向は、早い時期の例である佐々井厳島神社玉殿五基で確認できる。高床の玉殿の最初期の例で、軒高と床高の比が一対〇・三五から一対〇・四二である。その中で、十四世紀前期の第一殿は、他の四基と比較すると高床の採用から間もないために床高が一対〇・三五とそれほど高くなく、時代が下降するに連れて高くなる傾向を示している。これらの例の後、十六世紀の玉殿は一部の例外(8)を除いて、すべて軒高と床高の比が一対〇・三五以上の高床となる。

6 角柱と円柱

一般的に社寺建築では、角柱は略式な柱、円柱は正式な柱とされ、仁治二年再建の厳島神社の客神社本殿をはじめ、厳島神社の社殿は拝殿、祓殿、廻廊まで、すべて円柱を用いている。ところで、厳島神社玉殿の柱は、地御前神社では十一基ともに面取を施した角柱である。仁治二年再建当時の厳島神社玉殿についても同様に角柱であったと考えられる。拝殿などの付属の社殿までもが円柱であるので、玉殿に角柱を用いることには意図があるはずである。

これまでの考察によって古式をよく残す永享十一年(一四三九)の堀八幡神社玉殿では、身舎、庇ともに面取を施した角柱としている。また、厳島神社の摂社の嘉吉三年(一四四三)の大元神社玉殿三基も角柱を用いている。したがって、古くは角柱を用いる形式が定型であったと考えられる。これは、後述するように、平安時代以前からの神座である御帳台の形式と共通するものと認められる。

さらに、有力神社である清神社の十六世紀後期の玉殿においても角柱を用いている。明応九年（一五〇〇）の桂浜神社玉殿三基も角柱を用いており、これらは古式を残したものと考えられる。

一方、十四世紀前期から文安二年（一四四五）までの佐々井厳島神社玉殿五基は、すべて円柱を用いている。佐々井厳島神社は、前述したとおり厳島神社の社領地の鎮守社であって、玉殿には角柱を用いるのが定型であることは既知と考えられるので、意図的に円柱を用いたのであろう。その理由として、佐々井厳島神社は、厳島神社の摂末社であるので、あえて本社と同じ形式にしなかったことが考えられる。これは、伊勢神宮における摂末社等が、伊勢神宮正殿とまったく同じとはしない、すなわち唯一神明造としないことと同じである。したがって、佐々井厳島神社においては、厳島神社の左右門客神社や荒胡子《あらえびす》神社の玉殿的な本殿の形式と同じ、円柱としたと考えられる。今田八幡神社については、その地方色が示すとおり、正規の意匠の意味をよく知らない工匠が造ったものであるので、神社建築で正式な柱である一般的な円柱を用いた可能性が高い。

その後、天文年間の常磐神社玉殿の第三、四殿が身舎も庇も角柱であるが、同時に造られた第一殿が身舎柱を円柱、庇柱を角柱としているので、これは屋根構造の考察（第二章）でも示したとおり、格式による使い分けである。この例により、十六世紀中期には、玉殿は角柱とする当初の定型が完全に忘れ去られており、一般的な身舎を円柱、庇を角柱とする使い分けが玉殿にも採用されるようになったことがわかる。

また、屋根構造や一木造出の考察（第三章）で明らかにしたように、この時期は中世の玉殿から近世の玉殿への過渡期であるので、十六世紀中期の新宮神社［高屋］玉殿、十六世紀後期の新宮神社［吉田］玉殿や十六世紀後期（末期）の中山神社玉殿右殿が角柱を用いるのは新しい傾向に従ったと言えよう。

7　正面二軒、背面一軒の採用の有無

仁治二年（一二四一）再建当時の厳島神社玉殿は、正面二軒、背面一軒と復元できる。安芸国の中世玉殿では、佐々井厳島神社五基の例があり、いずれも正面二軒、背面一軒の繁垂木《しげ》とする。また、厳島神社とも関係深い延喜式内社の速谷神社から勧請した、十六世紀中期の速田神社玉殿も正面二軒、背面一軒とする。なお、宝暦十年（一七六〇）の地御前神社玉殿は、正面背面ともに二軒とするが、仁治二年再建当時の厳島神社玉殿より軒の出が両面ともに大きいので、屋根の大きさに変更が加えられていることがわかる。現在、玉殿の屋根と本殿内陣の後方の壁の間隔がほとんどなく、本殿側柱に当たるのを避けるために、側柱の形に添って玉殿の屋根を切り欠いていることから、前身の玉殿は背面一軒であった可能性が高い。したがって、正面二軒、背面一軒とする形式は、玉殿の初期の形式であると判断できる。(9)

正面二軒、背面一軒とする形式の成立については、玉殿は本殿内に安置されるので、他の建物と違って、外側の本殿による制約が大きいことが挙げられる。玉殿の大きさを確保した上で、(10)本殿内陣という限られた空間の中で不必要な玉殿背面側の空間を減らし、必要とされる正面側の空間を増すこの形式は大変有効であり、意図的に行ったものと判断できる。

後の玉殿では、正面背面ともに一軒、または垂木なしの板軒《いたのき》としているが、(11)これについては屋根構造の考察（第二章）で述べたように屋根を長柿葺《ながこけらぶき》とするようになったことが大きく関係しており、それに伴って、定着したものと考えられる。

8　舟肘木と三斗組

宝暦十年の地御前神社玉殿十一基は、組物に面取を施す古式な舟肘木としているため、仁治二年再建当時の厳

島神社玉殿も舟肘木であったと考えられる。現存する中世玉殿では、元亨四年（一三二四）の今田八幡神社玉殿が大面取の舟肘木である。また、有力神社で古式を守っている十六世紀後期の清神社玉殿三基も舟肘木とする。したがって、舟肘木とする形式は玉殿の古い形式を伝えるものと考えられる。

一方、高床で見世棚造とするなど小規模本殿の形式が見られる、十四世紀前期から文安二年（一四四五）の佐々井厳島神社玉殿五基の組物は、すべて三斗組（連三斗《つれみつど》）となっている。この玉殿は摂末社の例であるために、角柱と円柱の考察と同様に、本社玉殿とあえて同じ形式にしなかったと言えよう。

その後、嘉吉三年（一四四三）の厳島神社摂社大元神社において、庇、身舎ともに中央殿を三斗組とし、右殿、左殿を舟肘木としている。その頃になると意図的に格式による組物の使い分けがなされ、すなわち三斗組を上位とし、舟肘木を下位とすることがわかる。この例により、十五世紀中期以降の玉殿では、舟肘木を用いる古い時代の定型よりも、一般的な社寺建築と同様に格式を意識した組物の使い方が主流となったと判断できる[12]。

なお、有力神社である明応九年（一五〇〇）の桂浜神社玉殿においても組物の使い分けが意識されているが、中央殿が舟肘木で、右殿、左殿が組物なしであるので、この場合は、組物をなくすことで格式の差を示そうとしており、舟肘木が定型という古式が残っているとも考えられる。

9　一木造出の有無

地御前神社ではまったく一木造出を用いていない。仁治二年（一二四一）再建当時の厳島神社玉殿も一木造出としていなかったと考えられるので、最初期の玉殿では一木造出は行わなかったと考えられる。元亨四年の今田八幡神社では桁・舟肘木だけの一木造出であり、この例は一木造出の考察（第三章）より、玉殿で特有な脱落防止等の目的とは違うものである。また、永享十一年（一四三九）の堀八幡神社玉殿では、一木造出とする部材がないこともあるが、一木造出はなく、古風な趣を見せる。したがって、初期の傾向である大型玉殿では、特に一木造出を行わず、最初期の玉殿の形式を残していると言える。

一方、十四世紀前期から文安二年の佐々井厳島神社玉殿五基は、それらよりもやや小型であり、また、組物に三斗組を採用し、必要とされる細かな接続箇所が格段に増えたため、玉殿特有の振動や組立時における部材の脱落や欠損の防止の面で、一木造出を積極的に行うようになったと考えられる。その中で、一木造出の形式の採用から間もない十四世紀前期の第一殿は、他の四基と比較すると一木造出部材が少ない。時代が下降するに連れて一木造出が多用される傾向を示す事例である。また、天文年間の常磐神社玉殿三基などのそれ以降の例では、玉殿自体がより小型化する傾向があるので、ますます脱落防止の必要性から、十六世紀後期（末期）に至るまで一木造出の技法が受け継がれる。

それらに代わる中山神社玉殿右殿などの十六世紀中期からの近世への過渡期の傾向（簡略化）を示す玉殿では、一木造出の考察で示したとおり、再び一木造出を行わなくなる。

10　豕扠首《いのこさす》と虹梁《こうりょう》大瓶束《たいへいづか》

地御前神社の玉殿には豕扠首を用いているため、仁治二年再建当時の厳島神社玉殿も豕扠首であったと考えられる。また、今田八幡神社は、地方色の考察（第四章）で述べたように、変形豕扠首とする。したがって、豕扠首は古い玉殿の形式を残すものと考えられる。玉殿安置の最初期である平安時代末期から鎌倉時代前期にかけては、神社建築で妻飾を豕扠首にすることは一般的であって、時代の通例に従ったものと考えられる。また、厳島神社では、本殿をはじめとする各社殿に多用するので、玉殿も同様に妻飾が豕扠首となったと考えられる。

一方、佐々井厳島神社などでは虹梁大瓶束式の妻飾が採用され、その後の玉殿がほぼこの形式を採用しているので、十四世紀初期の唐様の伝来に間近い早い時期から虹梁大瓶束式が定着したと考えられる。また、妻壁を一木造出とした玉殿では、壁板から蟇股《かえるまた》を彫り出すことが可能であるため、大瓶束とせずに虹梁蟇股式としたものもある。

11 檜皮葺《ひわだぶき》、本柿葺《ほんこけらぶき》、長柿葺

神社建築に用いる屋根葺形式は、檜皮葺及び本柿葺が中世以前では一般的であり、仁治二年（一二四一）再建の厳島神社の客神社本殿をはじめ、厳島神社の主要な社殿は最高格式である檜皮葺が用いられている。その厳島神社の玉殿は檜皮葺であったと考えられる。また、弘治二年（一五五六）の厳島神社摂社天神社玉殿は、本殿的であるので、若干区別する必要があるが、檜皮葺である。宝暦十年（一七六〇）の地御前神社玉殿十一基は、耐久性を考慮して檜皮の軒付《のきづけ》の上に柿板を葺いた本柿葺としている。

本柿葺は、安芸国の中世玉殿では、十四世紀前期の現存最古の今田八幡神社玉殿、佐々井厳島神社玉殿五基から使用が確認でき、嘉吉三年（一四四三）の厳島神社摂社大元神社三基、十六世紀中期の速田神社玉殿などでも使用されている。したがって、神座である玉殿は初源的には最高格式の檜皮葺であり、その後、中世の玉殿では耐久性を考慮して、当時の神社本殿で一般的な本柿葺が定型となったと考えられる。

一方、屋根構造の考察（第二章）で述べたように、十五世紀中期に長柿葺が現れ、十六世紀以降、年代が降るに連れて本柿葺から長柿葺へと移行する。一般神社への普及に伴う、小祠や神社本殿以外にも使われた屋根構造である長柿葺が採用されたものと考えられる。

また、この時期には、神社の格式による意図的な柿葺の屋根構造の使い分けが見られ、本柿葺を定型として、そこから格を下げる手法として長柿葺が行われる。十六世紀中期に降ると、近世玉殿特有の横板葺などが出現し、近世の玉殿へ変化する過渡期であることがわかる。

三　玉殿の起源

1　玉殿の初源的形式

前述したように、中世玉殿に見られる形式のうち、安芸国における玉殿の初源的な形式は、桁行は三間あるいは一間で、梁間一間の玉殿であり、その寸法は三尺（九〇九㎜）を越えるような特に大型の玉殿では、切妻造であったと判断できる。著しく床高の低いもので、見世棚は設けておらず、柱には面取を施した比例的に細い角柱を用い、柱上には面取を施した舟肘木を載せており、一木造出の技法はまだ用いていなかった。妻飾は豕扠首とし、軒は正面二軒、背面一軒として前後で非対称とし、屋根は檜皮葺であった。また、玉殿は本殿内陣を専有する神座そのものであって、本殿内陣の床に直に安置されていた。

そうした玉殿の初源的な形式を忠実に踏襲した例は、宝暦十年再建の厳島神社外宮地御前神社の玉殿である。地御前神社の玉殿は、安芸国における玉殿の初源的な形式をほぼ忠実に受け継いでいると言え、そうした意味で重要なものと指摘できる。

この地御前神社の玉殿の形式は、厳島神社玉殿の考察（第五章）により、仁安三年（一一六八）の玉殿安置時の厳島神社玉殿の形式を極めて忠実に継承するものである。安芸国における玉殿の初源的な形式は、厳島神社玉殿の形式である。したがって、安芸国の玉殿は、厳島神社玉殿にその祖型を求めることができる。

2　初源的形式と神座の要素

厳島神社の玉殿は史料的には仁安三年（一一六八）まで遡るが、こうした平安時代末期の玉殿が出現する以前の神社における神座としては、奈良時代に遡る御帳台がある。御帳台は伊勢神宮正殿などの内に安置された神座である。伊勢神宮正殿の御帳台については、貞和元年（一三四五）の『貞和御飾記』[13]に詳しく記されている（図7―1～3）。

安芸国の玉殿の祖型である厳島神社玉殿の形式には、御帳台と次のような共通性がある。

まず第一に、大型で梁間一間とすることである。厳島神社玉殿は、梁間一間で最大で桁行は五尺四寸（一六三六㎜）と大型である。御帳台は四本の柱からなり、長八尺一寸（二四五五㎜）、幅四尺三寸（一三〇三㎜）の「御床」を二枚並べた台の四隅に柱を立てるので、桁行、梁間ともに一間で桁行八尺（二四二四㎜）程度と大型である。また、厳島神社大宮玉殿第一・二・三・四殿は桁行三間とはいえ、その正面の扉脇の柱は、幣軸《へいじく》的用法であるので、桁行一間であると見ることができ、御帳台と共通する。

第二に、その全体を神座とすることである。厳島神社玉殿は、見世棚造としておらず、玉殿全体が純粋に神座として用いられている。御帳台も四本の柱で囲まれた部分が神座である。

第三に、床高の著しい低さである。厳島神社玉殿は、床高が土居桁の成しかなく、異例に低い。御帳台は、脚の付いた俎板《まないた》状の御床を置き、それを床としているので、低い床となる。

第四に、本殿内陣の床上に直接安置することである。厳島神社玉殿は内陣床上に直に安置しており、御帳台は正殿の中央の床上に直に安置しているので、その安置形態はまったく一致している。

第五に、角柱を用いることである。円柱の方が格式が高いにもかかわらず、厳島神社玉殿は面取を施した角柱を用いている。御帳台も角柱を用いており共通する。なお、伊勢神宮の御帳台は奈良時代の形式を保っているため、面は取られない。

第六に、全体の大きさに対する柱の比例的な細さである。厳島神社玉殿の柱は、柱間寸法に対して柱の太さはおよそ一対二〇で異様に細い。一般的神社本殿では一対一〇以上である。御帳台の柱は、長一丈四尺（四二四二㎜）で、柱自体の太さについては記述がないが、柱の金具の寸法から太さは四寸（一二一㎜）以下と判断できるので、柱間寸法に対して柱の太さは一対二〇以下となる。描かれた図から判断してもその柱は極めて細身である。

第七に、柱下に組んだ土居を用いることである。厳島神社玉殿は、土居桁としており、御帳台は交差させた「土居」に柱を挿して立てている。

これら多くの共通性は、それぞれの形式の特徴的な箇所でもあるので、玉殿の初源的形式は、それよりも古くからある神座である、伊勢神宮正殿に見られるような御帳台の神座と同様の要素を持つことがわかる。そして玉

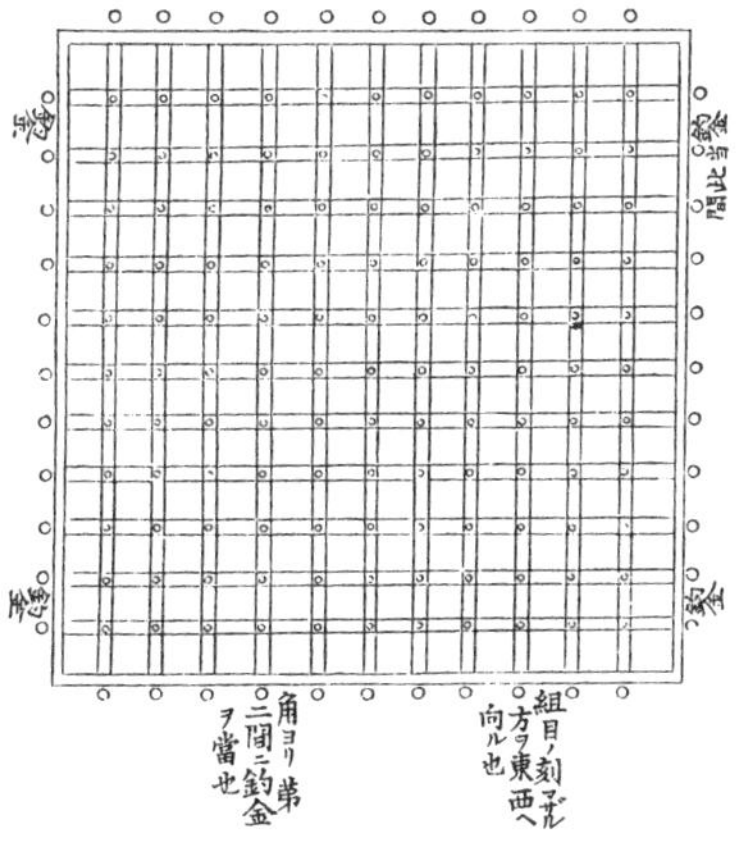

図 7-1　伊勢神宮御帳台 天井

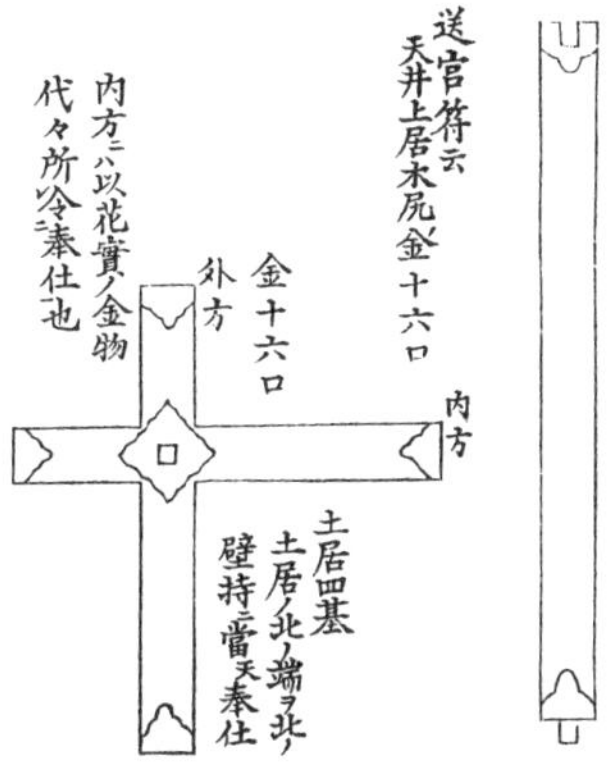

図 7-2　伊勢神宮御帳台 柱・土居

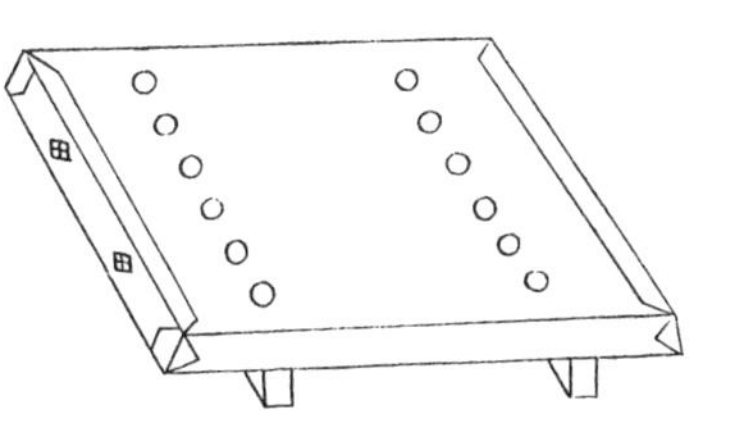

図 7-3　伊勢神宮御帳台 御床

殿は、御帳台の「天井」（格子）ではなく、神社の本殿に使われる切妻造屋根を架け、柱間に扉や連子窓などを入れて、本殿建築の意匠と融合した形式の神座と見ることができる。

また同様に、御帳台と近畿地方の古社で見られる春日厨子[14]は共通性があり、御帳台に緩い照《て》り起《むく》りの板屋根を架けた箱形の神座と見ることもできる。したがって、平安時代後期から末期にかけて、御帳台が有する神座の要素と、それとは異なる要素を融合させることで、緩い簡単な板屋根を架けた箱形の春日厨子や、神社本殿形とする玉殿が成立した可能性が指摘できる。こうした融合した神座の一系統には、御帳台に神輿の葱花を載せたような園城寺（滋賀県大津市）新羅善神堂内陣厨子の例もある。安芸国においては、玉殿の起源は、厳島神社玉殿であり、それは神座の要素と建築が融合した神座の一系統であると結論づけることができる。

四　中世における玉殿の変化

安芸国の玉殿は、厳島神社玉殿に見られる初源的形式から始まったことを示したが、中世に入って、安芸国の一般的な各神社に玉殿が安置されるようになると、その形式に変化が現れる。その変化について以下に考察を加えたい。

十四世紀前期以降、安芸国の多くの本殿は、内陣前半部が祭祀用空間、後半部が祭壇であるので、玉殿は本殿内陣の床に直に安置する形式から祭壇上安置へと変化する。それに伴って、それまでの低い床から高床に変化し、また、供物を置く見世棚を設ける玉殿が現れる。屋根は耐久性を考慮して檜皮葺から本柿葺が定型となる。また、その頃に虹梁大瓶束式の妻飾が登場する。また、一木造出による虹梁蟇股式も見られる。格式を意識した形式の使い分けもあり、十四世紀前期から文安二年（一四四五）の佐々井厳島神社玉殿五基は、厳島神社の社領地にある摂末社なので、本社と意図的に異なる形式を採り、玉殿に円柱や三斗組を用いている。虹梁大瓶束式の妻飾も本社との違いを意識した意匠の可能性がある。また、佐々井厳島神社玉殿以降は、意匠が複雑化したことに伴って、一木造出が積極的に用いられるようになる。

その後、十五世紀中期に入ると、玉殿はさらに建築化して本殿形式に接近し、小規模神社本殿形の形式、すなわち流見世棚造を採った玉殿が現れ、十六世紀に入ってその形式は定着する。嘉吉三年（一四四三）の厳島神社摂社大元神社玉殿は小規模本殿化した例で、流見世棚造の初期の例である。また、以降の玉殿が小型化する過渡期の例と考えられる。このほかに小祠や神社本殿以外にも使われた簡易的な柿葺である長柿葺とする玉殿が現れ、十六世紀以降、年代が降るに連れて本柿葺から長柿葺へ移行する。この屋根構造の変化に伴って、正面背面ともに一軒または垂木なしとする簡略的な形式が定着してくる。また、大元神社玉殿三基では組物を、中央殿は三斗組、右殿及び左殿は舟肘木としており、これは細部意匠による格式の差を意識した使い分けであると判断できる。

さらに時代が降り、十六世紀中期になると、玉殿は簡略化の傾向を示し、低廉化した近世玉殿へ移行する過渡期であったことが指摘できる。十六世紀後期（末期）の中山神社右殿においては、簡略化の傾向が顕著で、柱は角柱で、組物はあまり整形されていない別木の舟肘木である。また、手間の掛かる玉殿特有の一木造出は用いられなくなり、玉殿という殿内安置のものでのみ可能な、非建築的な横板葺や、祭壇を二段とし高く奉って、玉殿の床高を逆に低くする例も登場する。また、屋根構造や円柱、角柱の格式の差を意識した使い分けを同一神社の玉殿間で行っており、主要構造部の意匠も使い分けをしていることがわかる。

中世における玉殿の変化の主要な理由は、初期の玉殿においては、いわゆる村の鎮守社等である一般的神社への普及に伴うものである。具体的には、一般的神社は一宮の厳島神社のような大規模な本殿とすることはできないので、玉殿は規模にあった安置形態を考慮した変化が見られる。十六世紀中期以降においては、一般神社のうちでも小規模な神社への普及が始まったことに伴うものである。神社の経済的規模を反映して、建築的玉殿から逆に乖離する傾向があり、低廉化へと進む変化が見られる。そのほか、玉殿が成立して以来の変化である、本殿の形式のさらなる取り入れも進んでおり、十五世紀中期以降は視覚的にも小規模本殿に近くなっていることがわかる。[15]

したがって、中世における安芸国の玉殿の変化は、玉殿成立当初よりの傾向と玉殿の普及の過程を反映したものであり、その内容は、小規模本殿の形式の取り入れと低廉化であった。

五　近世における玉殿の変化

慶長五年（一六〇〇）の関ケ原の戦い以降、安芸国では、在地領主層から領民層に社寺の造営主体が移ったため、当時の領民層の経済力を反映して十七世紀には社寺造営がほとんど見られず、この時期の玉殿は以前の玉殿を手本に再造した寛文元年（一六六一）の日高山神社（広島県安芸高田市）玉殿といった特殊な例しかない。[16]

十八世紀以降、神社や寺院の領民層による再興に伴って、玉殿は再び造立されるようになるが、玉殿は二つの方向に分化している。一つは、小型の玉殿で、柱は角柱で組物はなく、妻飾はあっても棒状の束のみであって、照りや箕甲《みのこう》がない挽板の横板葺や流板葺とし、垂木もないことが多く、粗略で建築的装飾を用いず、神体の単なる容れ物である箱形化したものである。もう一つは、大型の玉殿で、柱は円柱で組物は出組《でぐみ》以上とし、妻飾も二重虹梁大瓶束式とするものもあり、屋根は杮葺形板葺とし、細い垂木を用いて二軒とすることが多く、各部材は意匠が微細化して小型化され、それらを膠《にかわ》による接着によって組立てる工芸品化したものである。前者は、建築的ではなくなったもので、玉殿の低廉化を示すものである。後者は、社寺建築の技法から逸脱したもので、工芸職人による完成品を大坂や京から購入したものである。また、いずれにも一般的な社寺建築では用いられない片流造とするものが見られる。

近世におけるこうした社寺建築から乖離する玉殿の変化は、十七世紀の社寺造営の断絶による、神社本殿形の玉殿造立の伝統が途絶えたことが一つの理由と判断できる。また、造営主体の変化によって、祭礼時に本殿内に領主が参入しなくなり、玉殿が人目に触れなくなったこともその理由として挙げることができる。さらに、上記の二つに分化した玉殿で、玉殿を造立する上で重要視される経済性または信仰心を満たすことができるので、この二分化の状況が、厳島神社や中世玉殿を残す神社のような特殊な例を除いて、広く普及定着したものと考えられる。

つまり、近世における安芸国の玉殿の変化は、中世と近世の玉殿に対する技法や認識の相違を反映したもので、その内容は、箱形化と工芸品化への分化であり、非建築化であった。

六　結論

本書では、安芸国の主要な神社本殿の大部分で玉殿を安置していること、そのなかには中世の玉殿が多数含まれていることを明らかにし、中世の玉殿においては、様々な特有の技法があることを解明してきた。中世玉殿の屋根構造が本殿と同等の建築的実用のものであることや、一木造出が部材の脱落や欠損を防止する目的で玉殿特有の技法として広汎に用いられたことを解明した。それと同時に、柿葺に簡易的な長柿葺があることを指摘し、その構造について初めて解明した。その副次的成果として、中世の民家等に普遍的な屋根の葺き方も明らかになり、遺跡等における復元建造物の屋根の正確な復元も可能となった。また、現存最古級の玉殿に濃い地方色があることを詳細に述べ、地方色の出現がこれまでの定説より半世紀早い鎌倉末期まで遡ることを明らかにした。厳島神社外宮地御前神社の実地調査と文献史料の両面から検討して、厳島神社の仁治再造玉殿の復元案を提示し、それが安芸国における中世の玉殿の祖型であることを述べた。また、極めて早い本殿内安置となる出雲大社の宝治度と慶長度内殿について復元考察を行い、慶長度内殿については復元案を提示し、安芸国の玉殿とは別に成立した形式であることを述べた。

厳島神社の玉殿は、奈良時代に遡る御帳台に見られる神座の要素に、本殿の形式の一部を取り入れて、いわば御帳台という調度を建築化させて成立したものである。その初源的な玉殿の形式は、大型で桁行一間または三間、梁間一間、切妻造、檜皮葺で、著しく床高は低く、見世棚造とせず、面取角柱、舟肘木、豕扠首とし、軒は正面二軒、背面一軒であった。また、その玉殿は本殿内陣の床に直に安置していた。厳島神社の玉殿は、奈良時代まで遡る御帳台と共通する神座の要素を持ちつつ、独自の形式を持つ神座として成立したものであり、安芸国に広く分布している中世の玉殿は、それからさらに進化すなわち建築化していったもので、建築と融合した神座の一系統である。

他国と比べて安芸国において玉殿が広く分布し、中世の玉殿が大量に残っているのは、一宮である厳島神社が玉殿を安置する形態を採ったためである。厳島神社から始まった玉殿は、中世後期において安芸国の村落の中心的神社、いわゆる村の鎮守社級の規模の神社まで広く普及していった。その普及過程で生じた神社の格式や経済的規模の差を反映して、見世棚造や高床や長柿葺の採用などがおこり、それらはさらなる本殿の形式の取り入れという建築化であり、同時に低廉化も進行していった。

近世になると、玉殿の普及がさらに進み、安芸国の神社は小祠まで、ほとんどすべてが玉殿を安置するに至った。それらの玉殿は、十七世紀の神社造営の断絶期も影響し、造営主体の変化による玉殿の建築としての意識に変化が生じることになり、中世の玉殿特有の技法も失われることとなった。その形式の変化は、単なる神体の容れ物となる箱形化と、微細な部品を膠で接着し組立てる工芸品化への分化であり、いずれも非建築化であった。

こうした玉殿の成立から近世に至るまでの変化は、すべて神社建築の流れに帰結するものである。寺院建築様式が関係したものではなく、玉殿という建築形式は神社において独自に形成されたものである。御帳台を寺院建築化して成立した可能性を持つ寺院厨子が、参拝者に積極的に見せるものであったのに対し、玉殿は多くの参拝者の目に触れない場所で進化していったという相違点があろう。

神社建築に関する研究は、建築史のなかでは比較的遅れている。特に玉殿は非公開であるため、これまで研究が不可能であり、神社建築史においてないがしろにされてきた。しかし、玉殿は神社祭祀において重要な神座であって、神社建築を研究する上で外して考えることはできない。玉殿の発展と本殿の発展は相互に強く影響を与えており、本殿のみの研究では体系的に不完全であって正しいものとは言えない。本殿と玉殿（御帳台）の本来の関係は、本殿内陣の全体が神の専有する住まい、すなわち広義の神座であり、御帳台は周りに帳を垂らすのみで、本殿内陣に対して開放的であって、神の存在を示す座具である狭義の神座として安置されている。玉殿はそうした御帳台に板壁と扉を付けて囲んで閉鎖した神座である。御帳台を本殿形とした玉殿の中のみを神の専有する住まいに限定することによって、本殿内陣を祭祀する者に対して開放的にすることが可能となった。本殿に蔀《しとみ》が使用できるようになったのは、玉殿を神座とした結果であって、厳島神社に見られるような開放的な本殿の成立に大きく寄与している。また、こうした本殿の一部を開放する形式は、経済力が大きくない地方の神社にとって祭祀や拝礼の場所の確保に有効である。玉殿は中世の神社本殿の形成についても大きく寄与しており、吹放《ふきはな》ちの外陣を有する安芸国型の本殿の成立に多大な影響を与えたと言える。本書による玉殿の変化の解明によって、神社本殿の変化の根本的特質の一端を明らかにできたものと思う。

玉殿とは別に、他国でも神座の変化発展があったとすると、春日厨子が神座とされている理由は、容易に理解できることになる。御帳台と共通する要素を持つ神座の別系統の春日厨子の形式は、建築化があまり進まなかったものと考えることができる。本書は、こうした神座の要素と、異なる要素が融合して成立した神座の解明の手がかりとなる。

また、玉殿の変化は、神座に奉安されている神像そのものにも影響を与えたことが窺える。平安時代末期から鎌倉時代前期にかけては、神座が御帳台から玉殿へと遷移した時期であり、その結果、神の専有空間は、本殿内陣全体から玉殿内のみへと縮小されている。その神座は、本殿内陣全体を使って安置される人体寸法を基準とした大型の御帳台より小型化し、玉殿という本殿の形式の一部を取り入れた小建築となっている。この時期は、神像が小型化した時期でもある。神座が縮小されたことと神像の小型化は無関係ではないであろう。したがって、本書で解明した玉殿の成立は、美術史における神像の研究にも貢献するものである。

また、玉殿が成立して以降の変化は、中世・近世における祭祀形態や信仰形態の変化を反映したものとも言える。中世においては大檀那である在地領主と神社、近世においては氏子である庶民と神社の関係を示すものであると考えられる。具体的には祭礼時に、中世の在地領主の場合は本殿内陣へ、近世の庶民の場合は本殿外陣へと本殿内に参入した場所が変化したことを示すものと思われる。明治維新以前の神社における祭祀の状況の解明に大きく寄与するものでもあって、本書は民俗学や神道史の研究にも寄与するものである。

さらに、本書は玉殿単体での文化財指定に道を開くものである。玉殿は現在、本殿と同時に残っているもののみが文化財の附指定として指定されているが、本殿とともに残っている例は少ない。玉殿は本殿の付属品ではない。玉殿は単体であったとしても、神社建築やその他の日本文化に及ぼしてきた影響は大きいものであり、玉殿単体として文化財指定、保存が望まれる。

註

(1)玉殿の梁間寸法は桁行寸法にほぼ比例するので、ここでは桁行寸法のみで扱うことにする。

(2)三浦正幸「厳島神社の本殿」(『建築史学』第四号、昭和六十年(一九八五))を参照。

(3)亀山神社玉殿は、三方に台座を張り出し、鳥居を立てて剣頭柵《けんとうさく》を巡らせている。この台座は神輿の台輪から変形したものと考えられる。類似した切妻造の神輿の例は『年中行事絵巻』の稲荷祭の神輿にも見られる。

(4)『信貴山縁起絵巻』には、切妻見世棚造と思われる小祠が描かれているが、絵画資料であるので流見世棚造の可能性もある。

(5)現在は、祭壇の上にさらに近代の台座を置いて玉殿を安置し、台座から突出する玉殿の土居桁先端は切除している。

(6)祭壇の奥行も大正期の改造で同時に切り縮められているが、文化十四年(一八一七)に再建された現在の本殿の当初の祭壇の大きさに復元したとしても、玉殿が祭壇上の奥行すべてを占める。この玉殿は見世棚造ではないため、供物を置く場所がなく、前述した理由により祭壇上の安置では不都合である。

(7)太田博太郎「神社建築の発達」(『日本建築史序説』彰国社、昭和二十二年(一九四七))参照。

(8)十六世紀中期以降の玉殿には、床高の低い例があるが、それらでは祭壇を二段とするなど、祭壇をさらに高くしているので、玉殿でことさら床高を上げる必要がなくなったと考えられる。

(9)本殿の例としては、安芸国には明応九年(一五〇〇)の桂浜神社本殿がある。

(10)厳島神社の玉殿正面側には、狛犬・獅子がそれぞれ一対ずつ安置されていたと考えられている。伊東史朗「厳島神社の獅子・狛犬」(『学叢』第二十号、平成十年(一九九八))を参照。

(11)神輿の形式を取り入れた玉殿の例である十六世紀後期(末期)の亀山神社玉殿を除く。

(12)十六世紀後期の新宮神社[吉田]玉殿や十六世紀後期(末期)の中山神社玉殿右殿(本社のものではなく、明治に合祀された小社のもの)は、広く一般神社へ玉殿が普及した例であり、また、前述したように過渡期の例であるので、簡略的な舟肘木を用いるようになったと考えられる。

(13)群書類従巻第七。

(14)例えば、松尾大社(京都府京都市)本殿内厨子。

(15)小規模本殿の形式を取り入れていった結果、十六世紀後期の新宮神社[吉田]玉殿は剣頭柵を庇側面に入れ、小規模本殿のなかでも簡略的な『年中行事絵巻』に見られるような小祠とほぼ同様の形式となっている。

(16)筆者による調査の結果、玉殿内壁の墨書銘により、日高山神社玉殿三基は寛文元年(一六六一)の造立であることが判明した。

付録　神社建築用語の解説

【床下《ゆかした》】

亀腹《かめばら》　土砂を突き固めて盛り上げ、表層を漆喰《しっくい》で塗り固め、亀の腹のように曲面状に仕上げた基壇。高床式で、周囲に廻縁のある建物に用い、神社では本殿にもっぱら使う。

基壇《きだん》　建物の基礎となる壇で、寺院建築に始まる。神社への応用は後れ、一般化するのは江戸時代以降となる。

石垣積基壇《いしがきづみきだん》　十九世紀以降に流行した、石垣を積み上げた基壇で、本殿を高く持ち上げるために用いられた。一般的に小型の本殿に多い。

土居桁《どいげた》　井桁状に組まれた木製の土台で、建物の脚元を固めるために柱の下を繋ぐ桁。流造と春日造の本殿に用いる。移動が目的で仮設の本殿用であったとの説があるが、土台は建築物の安定に有効で、むしろ常設的な固定のためと考えられる。

土台《どだい》　土居桁と同じ。

根太《ねだ》　床板を支えるためにその下に設けられた棒状の部材で、床板と直角方向に渡す水平材。

大引《おおびき》　根太を支えるため半間から一間程度の間隔で配する、床下に設けられる部材。根太と直交する。

縁束《えんづか》　廻縁の外側下部に配して、縁の荷重を支える部材。束は短い柱を意味し、縁を支える柱のこと。

【床《ゆか》】

廻縁《まわりえん》　建物周囲に巡らす縁。本殿に多く用いられ、高欄を廻し正面に木階が付く。高床式の建物に使われ、実用よりも飾りや格式のために設けられる。

木階《きざはし》　木でできた階段。本殿正面に付くものは角材を段状に並べ置くことによって階段とするものが多い。

擬宝珠《ぎぼし》　高欄の親柱に用いられ、頂部を丸くすぼめた珠状の部分を持つ装飾。

高欄《こうらん》　廻縁などに付く手摺。最下部水平材の地覆、中間の平桁、最上部の架木《ほこぎ》、それらを受ける斗束《たたらづか》などで構成される。

竹節欄間《たけのふしらんま》　竹の節状に横筋を彫って短い親柱とし、親柱間に桟をたすきに架ける。本殿では脇障子の上に用いられる。

脇障子《わきしょうじ》　廻縁の末端部に設ける仕切。縁の先に角柱を立て、笠木を載せて主柱と繋ぐ。板戸を入れ、笠木の上に竹節を載せる。ほとんどの本殿に使われる。

大床《おおゆか》　廻縁と同じ。

浜縁《はまえん》　本殿の向拝あるいは庇の木階下の周囲に低く設ける縁。

浜床《はまゆか》　浜縁と同じであるが、向拝柱（または庇柱）の内の縁を浜床、外の縁を浜縁というのが正しい。

見世棚《みせだな》　見世棚造の形式における外陣のこと。人は載らず、お供物などを置く所。玉殿や小祠の本殿などの小建築に用いられる。

榑縁《くれえん》　建物の外壁の方向と平行に縁板を張った縁。一般的には住宅に使われる簡易的なものであるが、平安時代には寝殿造等に用いられる最高級のものであった。神社における用例は少ないが、厳島神社の拝殿などに見られる。

切目縁《きれめえん》　建物の外壁の方向と直交して縁板を並べ張った縁のこと。厚い板を必要とし、ほとんどすべての神社建築の縁で用いられる。

石の間《いしのま》　権現造の社殿において、本殿と拝殿の間を繋ぐ石敷きの一段下がった部屋。北野天満宮を初例として、日光東照宮などに用いられた。

【長押《なげし》**】**　和様建築の部材で、柱の表面に両側から挟み、釘で打ち付け柱を固める水平材。取り付く位置によって切目長押、内法長押などがある。

切目長押《きれめなげし》　廻縁の部分に用いられる長押。内部の床と縁の高低差の間の位置に設けられる。

縁長押《えんなげし》　切目長押と同じ。

腰長押　腰（窓の下のこと）の高さの位置に設けられた長押。

内法長押《うちのりなげし》　出入り口や窓などの建具の上端の位置に用いら

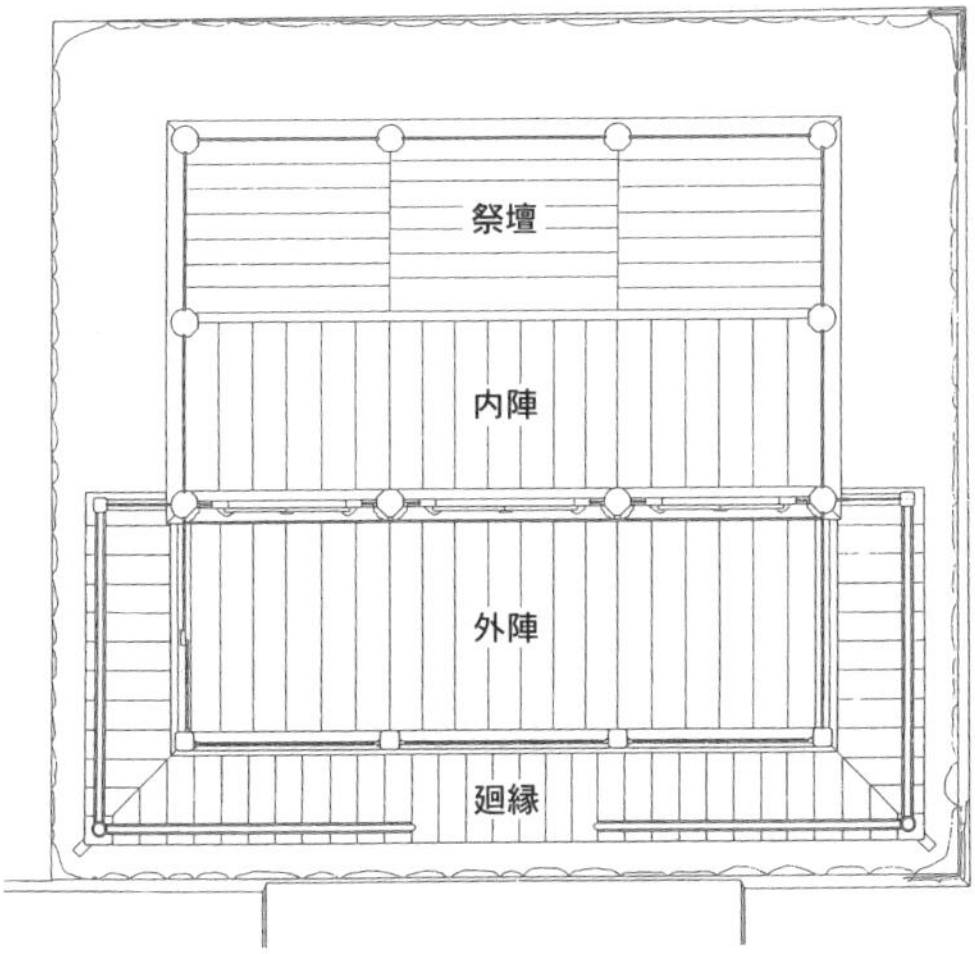

平面図（龍山八幡神社本殿・広島県北広島町）

れる長押。ほとんどすべての本殿に使われている。

上長押《かみなげし》　内法長押の上方の柱の上端近くに用いられる長押。

釘隠《くぎかくし》　長押を留めるために打った釘を隠す飾りの金具。六角形のものは六葉という。

【柱《はしら》】

心御柱《しんのみはしら》　神明造の本殿中央の床下に独立して立てた短柱であり、祭祀を行う。大社造の中央柱も江戸時代以降は心御柱と呼ばれるが、本殿を構成する構造材であり異にする。

宇豆柱《うずばしら》　珍柱とも書き、大社造で用いられる妻の中央柱で棟持柱のこと。

棟持柱《むなもちばしら》　神明造、大社造に限って見られる妻面中央の柱で、梁下で止まらず、直接棟木を支える。大社造では、宇豆柱・珍柱と呼ばれる。

掘立柱《ほったてばしら》　地面に穴を掘って、穴に柱を入れ埋め戻して立てた柱。直接地面に触れるため腐朽しやすく、出雲大社では宝治二年（一二四八）の地中に残存した柱根も発掘された。現在の大社造は礎石建てである。

角柱《かくちゅう》　四角い柱で、略式の柱とされ、本殿の庇《ひさし》（外陣）や向拝、小祠の本殿、拝殿などに用いられる。

円柱《えんちゅう》　円い柱で、本来は角柱から削り出されるため正式な柱とされる。本殿の身舎《もや》（内陣）に通常は用いる。丸柱ともいう。

粽《ちまき》　柱頭や柱の下端に丸みを付けて細くした部分。本来は唐様建築の柱に用いられる。江戸時代中期以降に本殿の柱に施されるようになる。

礎盤《そばん》　本来は唐様建築に用いる。柱の下に敷かれる盤状の部材。上から下へと反りを持たせて広げ、丸みを付けて細める。木造のものと石造のものがある。神社本殿では、江戸時代以降、向拝柱に石造のものが使われる。

面取《めんとり》　柱などの角を四十五度方向に削り落とすこと。削り落とされた部分を面、あるいは切面という。古い時代ほど面の幅が大きくなる。

大面取《だいめんとり》　柱の角を大きく削り落とし、大きな面を作ること。一般的には室町時代以前の手法である。

唐戸面《からどめん》　桟唐戸の桟の角などに施す彫り。角の部分を一段落として削り込み、さらにその角を丸くする。桟唐戸以外では、江戸時代の本殿の向拝柱に使われることが多い。

【柱頂《はしらちょう》部《ぶ》の水平材】

頭貫《かしらぬき》　柱の頭部どうしを繋ぎ通す貫。端部は柱を突き抜けて木鼻となるものが多い。

木鼻《きばな》　柱から突き出した頭貫の端部に施される装飾部材。渦巻や獣頭などの彫刻を施し装飾性が高い。

台輪《だいわ》　頭貫上に乗せる厚板状の水平材。唐様建築の部材であるが、江戸時代中期以降になると、木鼻とともに装飾として用いられるようになる。

虹梁《こうりょう》　虹のように中央部を持ち上げたように見せる（実際にはほとんど水平）社寺建築に特有の梁で、様式によって断面などが異なる。両端に袖切、下面に錫杖彫を施す唐様のものが多い。端部の渦が太く複雑なものほど時代が降る。

繋虹梁《つなぎこうりょう》　身舎柱と庇柱を繋ぐ長さ一間の虹梁で、本殿においては外陣や向拝などに用いられる。

海老虹梁《えびこうりょう》　海老のように曲がった虹梁で、向拝や外陣を繋ぐ唐様の梁。柱頭の高さが異なる部分を繋ぐ場合に用いられる。

水引虹梁《みずひきこうりょう》　水引のように正面中央に真っ直ぐ架けられた虹梁で、向拝の柱どうしの間を繋ぐ頭貫の代わりに使う梁。

欠眉《かきまゆ》　虹梁の側面下端に下面の曲線にそって施される浅い欠き取り彫り。眉《まゆ》（決《しゃく》り）を欠くので欠眉という。

袖切《そでぎり》　虹梁の端部で厚みを薄くした部分。通常は虹梁端部下方を三角形に削り取る。本来は唐様建築の手法であるが、

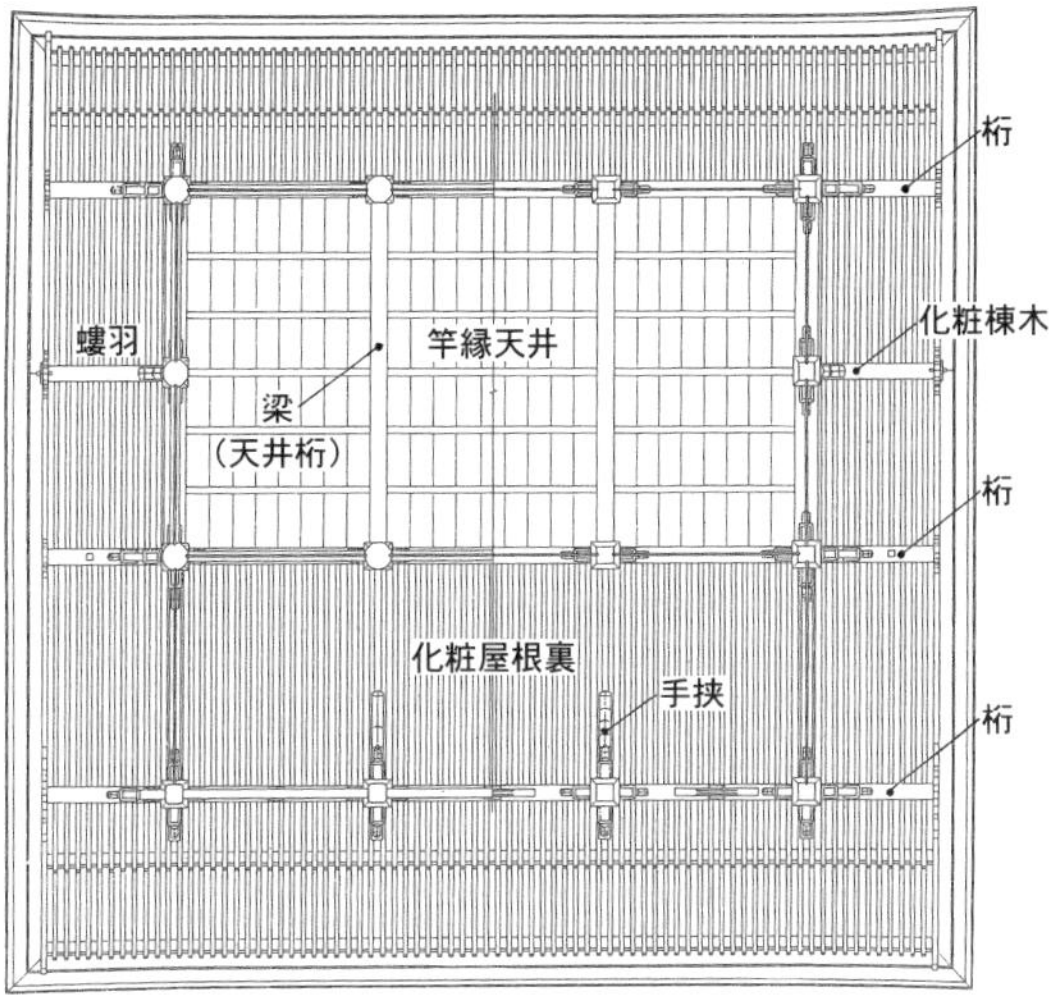

天井見上図（龍山八幡神社本殿・広島県北広島町）

江戸時代になると和様建築の大部分にも応用された。江戸時代のものは曲線を描く。

錫　杖彫《しゃくじょうぼり》　虹梁下面に施す溝状の彫刻。通常は両端を丸め、入隅形とする。唐様及び天竺様の虹梁に用いられる。

【組物《くみもの》】　斗栱《ときょう》ともいう。柱上に載せ桁や梁を支える部材。斗と肘木などで構成される。複雑なものほど高級であるが、神社建築では複雑なものは時代が降る傾向がある。

三斗組《みつどぐみ》　肘木の上に斗を三つ並べる組物の構成単位。

舟肘木《ふなひじき》　舟形の肘木を柱上に直接乗せ桁を支える最も簡単な組物の形式。斗を用いない。日本古来の形式で、鎌倉時代以前の本殿にも使われ、明治時代以降は復古調の様式の本殿で多用された。

大斗肘木《だいとひじき》　大斗の上に肘木を乗せ、桁や梁を支える組物。古式な形式である。実例は少ない。

平三斗《ひらみつど》　大斗の上に肘木を乗せて、その上に壁に沿って一方向に三つの斗を並べて桁を支える組物。中世の本殿の組物に多い。

出三斗《でみつど》　大斗の上に二本の肘木を交差して乗せ、その上にそれぞれ三つの斗を並べた組物。交差部には方斗、その他には巻斗を乗せる。壁に直交する肘木を虹梁端部から作り出すことも多い。

連三斗《つれみつど》　向拝や流造の隅柱上に用いる組物で、肘木上に四つの斗が並び、左右非対称となる。すなわち、外側へ斗一つ分だけ肘木が長く伸びる。

出組《でぐみ》**（一手先**《ひとてさき》**）**　出三斗の外方に出ている斗の上に三斗組（三つの斗を乗せた肘木）を乗せ、その上に桁を配し、壁面より斗一つ分手前に桁を持ち出した組物。江戸時代以降に神社本殿で多用された。

二手先《ふたてさき》　桁を壁面より手前に斗二つ分持ち出した組物。出組よりもさらに複雑になる。神社建築での応用例は少ない。

三手先《みてさき》　桁を壁面より手前に斗三つ分持ち出した組物。通常は尾垂木という斜材を組み込む。最高級の格式を持つ。塔、楼門、金堂などに用いられた。神社本殿への応用は遅く、一般的には江戸時代後期からである。

斗《ます》　組物を構成する基本要素。直方体の下部を四方から弧状に削ぎ落とした形状をなす。大きさや形状によって、大斗、方斗、巻斗、延斗、鬼斗に区分される。

大斗《だいと》　柱の上部に乗る大きな斗。組物の最下部となり、肘木などを載せる。

巻斗《まきと》　肘木の交差部以外の上に乗り、一方向にのみ延びる肘木や桁などを受ける斗。平面が肘木の方向にやや長方形となる。

方斗《ほうと》　二本の肘木の交差した部分の上に乗る平面が方形の斗。二方向に溝があり肘木などを交差させて乗せることができる。巻斗より少し大きくなる。

延斗《のべと》　隅部の斜めに出る肘木上に乗る斗で、通常の巻斗より長く延びた長方形平面となる。

鬼斗《おにと》　隅部の組物で、四十五度方向に出る肘木の上に乗り、上に直交する二本の肘木を支える斗。下面に特有の花弁状の八つの円弧の彫りを持つ。菊斗とも呼ばれる。

皿斗《さらと》　下部に皿状の出っ張りがある斗。本来は天竺様建築の斗であるが、連三斗の下に用いることが多い。

肘木《ひじき》　組物を構成する基本要素で、水平方向に延びた棒状の部材。上に斗を乗せる。肘木の端部は下面に丸みを付ける。

実肘木《さねひじき》　組物の最上部の斗と桁の間に挟まり、桁を直に支える棒状の部材。両端部に渦巻などの絵様を施す場合が多い。

通肘木《とおしひじき》　肘木が各組物で独立しておらず、組物間も桁下にそのまま通る長い肘木。したがって、形は単なる棒状となる。

秤肘木《はかりひじき》　出組以上で見られる壁から離れた位置の肘木。

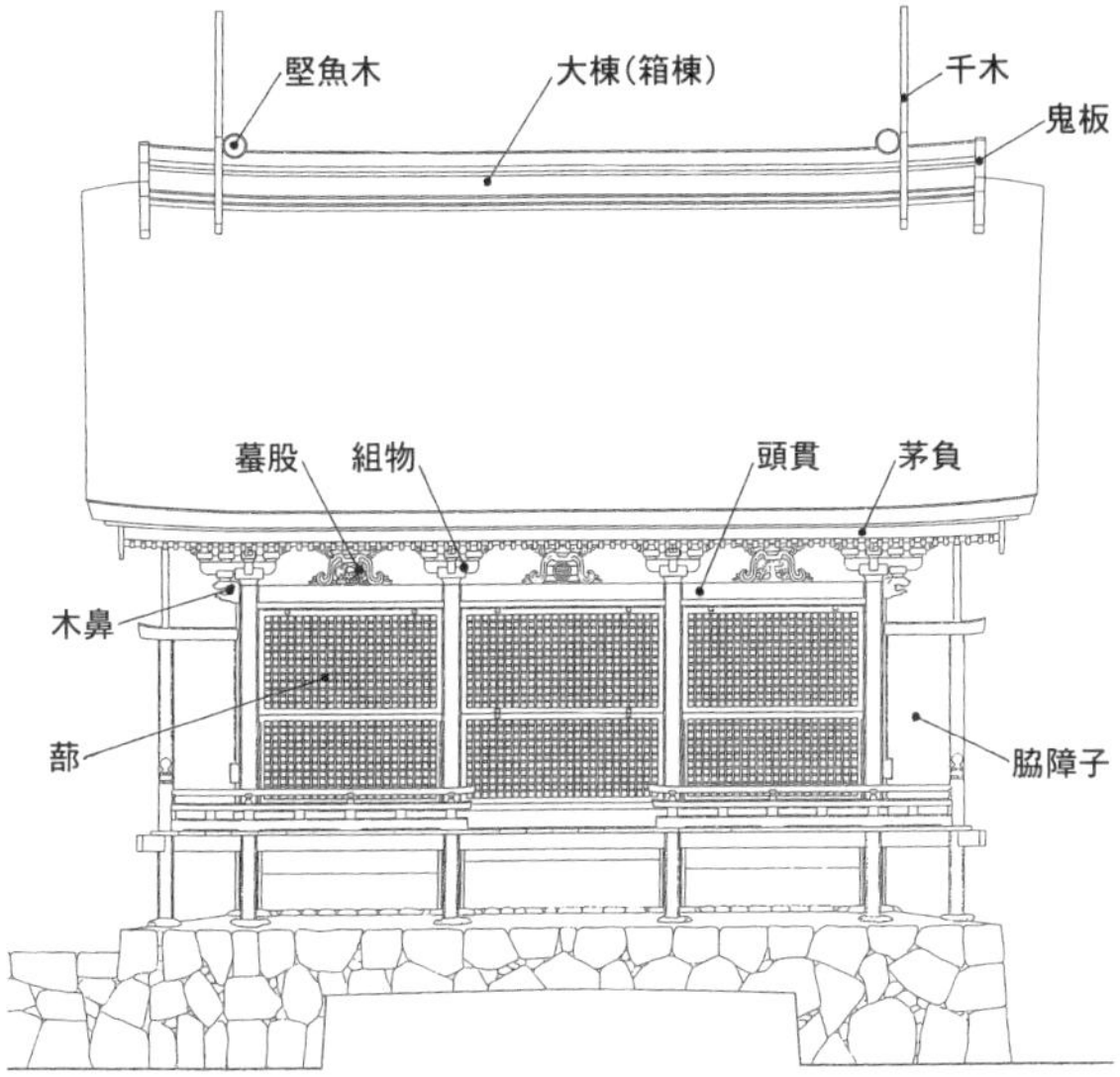

正面立面図（龍山八幡神社本殿・広島県北広島町）

壁に取り付かないため斗の上に秤のように乗り、その上に左右対称に三つの斗を載せる。

枠肘木《わくひじき》　十字に交差する肘木。

手先肘木《てさきひじき》　壁に対して直角に出る肘木。

拳鼻《こぶしばな》　肘木の先端につけられた彫刻で、通常は渦巻を施す。本来は唐様建築に使われた飾りであったが、江戸時代以降は和様、唐様を問わず多用された。

尾垂木《おだるき》　三手先や二手先に用いられる部材で、斗や肘木の間に斜めに入れられる先下がりの部材。先端が太い和様のものと、先端を細くすぼめる唐様のものとがある。本来は、梃子《てこ》の原理で、桁を支える秤肘木を跳ね上げるものであるが、単なる飾りとして用いられるものもある。

丸桁《がぎょう》　組物が支える一番外側の桁で、平安時代までは円形断面であったので、丸桁と呼ばれる。鎌倉時代以降は長方形断面となる。本来は、組物は丸桁を外側へ持ち出す装置であった。

支輪《しりん》　丸桁や通肘木との間の細長い隙間を塞ぐ部材。出組以上の組物に用いられる。弧を途中で反転させた曲面で構成されるのが普通である。

蛇腹支輪《じゃばらしりん》　蛇の腹のように縞状に曲線の棒状の部材を並べた支輪。

雲支輪《くもしりん》　雲文を彫刻した支輪。江戸時代以降に多用された。
詰組《つめぐみ》　唐様の様式にみられ、柱上以外の台輪の上にも中備として組物を乗せたもの。小壁に組物が詰められて配置されている様に見えるので詰組という。
手挟《たばさみ》　向拝や庇の組物上の身舎側に載る部材で、垂木との間に嵌められる。化粧屋根裏と組物の接合部を塞ぐ部材であるが、浮彫や籠彫などの彫刻が施される場合が多く、装飾性の高い部材でもある。

【中備《なかぞなえ》】　組物と組物の間に入れられる装飾部材。蟇股や束などがある。
蟇股《かえるまた》　斗を一つ載せた、蛙《かえる》が股を広げたような形をした中備。構造材である板蟇股と区別して、本蟇股や透《すかし》蟇股とも呼ぶ。
本蟇股《ほんかえるまた》　中備に使われる蟇股で、内側に彫刻を配する。本殿外周や向拝などに用いる。
板蟇股《いたかえるまた》　内部に彫り込みがない板状の蟇股。構造的要素が大きく、中備に使われることは少ない。一般的には妻飾として用いられる。
間斗束《けんとづか》　束（短柱のこと）の上に斗を乗せただけの中備。鎌倉時代までの和様建築に用いられ、厳島神社本殿に見られる。
撥束《ばちづか》　間斗束の一種で、三味線の撥のように束の下部が広がった形状の中備。室町時代以降の和様建築に使われた。
蓑束《みのづか》　間斗束の一種で、束の上部に蓑を被せたような形状の彫刻を有する中備。広島県地方では蓑の部分が大きく華麗なものが見られる。

【軒《のき》】　外壁面から外に張り出した屋根の裏の部分。
垂木《たるき》　柱上の桁から軒先へと架けられる棒状の斜め部材。社寺建築の軒は二重構造の場合がほとんどであるので、屋根内部で屋根の下地である野地板を受ける野垂木と、野垂木より下方にあって軒裏に見える化粧垂木とに区別される。
一軒《ひとのき》　一段の垂木からなる軒で、桁から軒先まで延ばし、軒先の茅負を受ける軒。一般の建築において用いられる。神社建築では拝殿などの付属建築に使われる。
二軒《ふたのき》　桁から延びた垂木を、途中で木負を介して二段に継ぎ、軒先まで出した軒。桁側の地垂木、軒先側の飛檐垂木で構成される。
地垂木《じたるき》　二軒の場合の桁側にある一段目の垂木。桁上から木負まで延びる。
飛檐垂木《ひえんだるき》　二軒の場合の軒先側にある二段目の垂木。木負

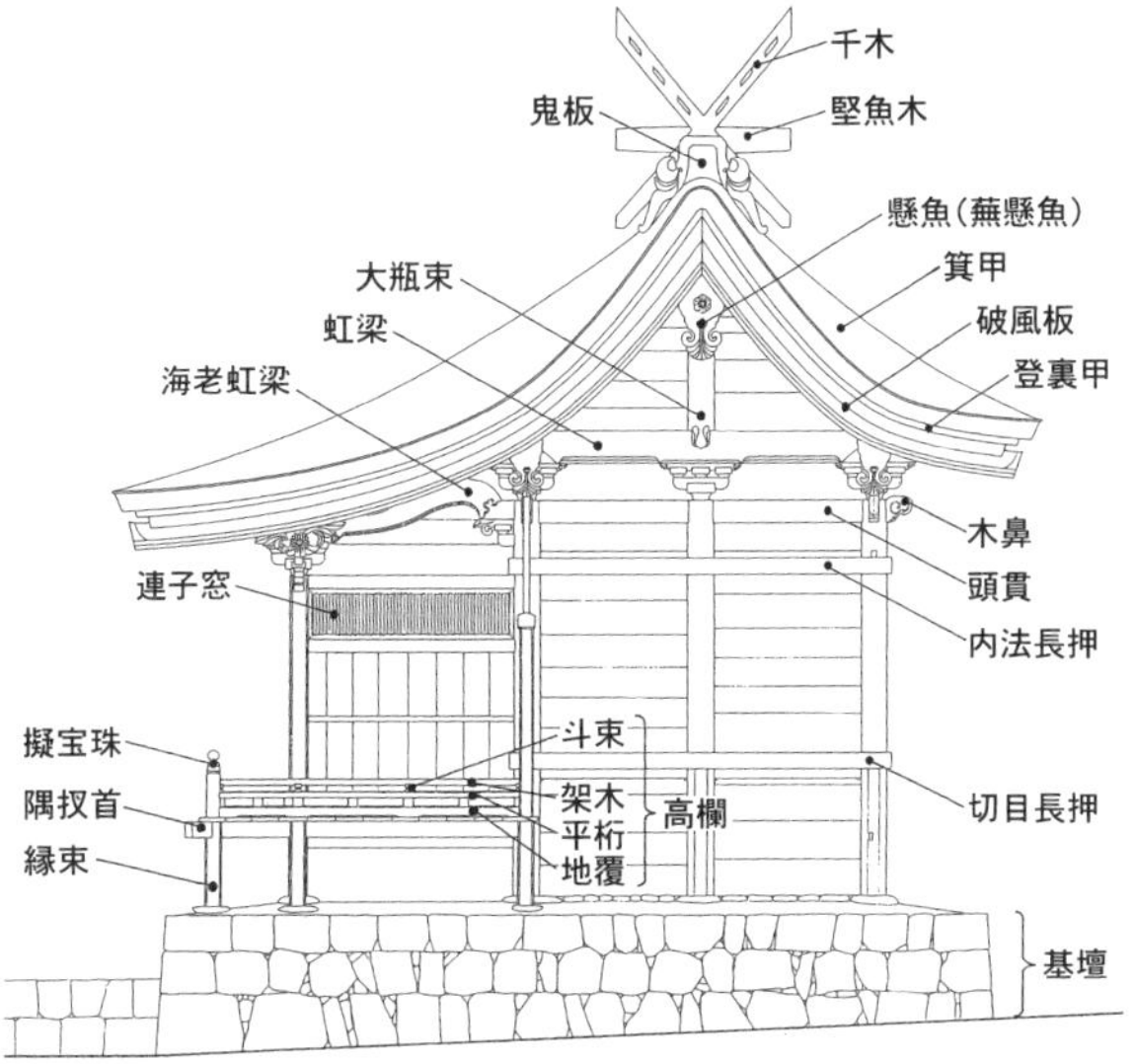

側面立面図（龍山八幡神社本殿・広島県北広島町）

から軒先へと延び茅負を受ける。

茅負《かやおい》　軒先で垂木の先端に載る水平材。住宅では広小舞と呼ぶ。正面側に一本の眉（決《しゃく》り）をつける。上に裏甲を受け、軒先を構成する。

木負《きおい》　二軒の場合において、地垂木の先端に載り、飛檐垂木を受ける水平材。両端は隅木または破風板に接する。

小舞《こまい》　垂木に渡るように間隔を取って載せ、野地板を受ける水平材。

化粧垂木《けしょうだるき》　実際は屋根荷重を支えず、見えるところに装飾的に取り付けられた垂木。地垂木や飛檐垂木はすべて化粧垂木である。実際の屋根荷重は屋根内部の野垂木が受ける。

野垂木《のだるき》　社寺建築の屋根内部に隠れて配され、実際に屋根の荷重を受ける垂木。表面を仕上げてない材を野物といい、野物の垂木の意である。

隅木《すみぎ》　入母屋造や宝形造の軒隅の部分に四十五度方向に延びる部材で、軒隅の荷重を支える。

裏甲《うらごう》　軒先の茅負の上に乗る水平の板材。茅負と同じく長手に材を使うものを特に布裏甲《ぬのうらごう》という。破風板上に乗り破風板ともに屋根頂部へと上るものは登裏甲《のぼりうらごう》という。

枝割《しわり》（支割）　化粧垂木の配置方法で、垂木どうしの間を等間隔にするように計算すること。

繁垂木《しげたるき》　化粧垂木を密に並べる軒で、垂木どうしの間は、垂木一本の幅あるいは成（幅よりやや長い）に等しくする。前者を小間返《こまがえし》、後者を背返《せがえし》といい、後者が多く使われる。繁垂木は社寺建築の最高格式の軒で、ほとんどの本殿は繁垂木とされる。繁垂木では、柱の真に垂木が配されることはなく、柱真を二本の垂木が挟むことになる。なお、一つの柱間（特に中備を用いる場合）には、偶数本数の垂木を配するのを正式とする。

疎垂木《まばらだるき》　化粧垂木を疎らに並べる軒で、一間を四等分から八等分して垂木を並べる。略式の軒で、拝殿などの付属社殿に用いる。なお、疎垂木では柱の真に必ず垂木が一本配される。

力垂木《ちからだるき》　桔木下に配される化粧垂木で、化粧軒全体を支える。

桔木《はねぎ》　化粧垂木との垂木の間の空間に入れられる丸太で、軒先を梃子の原理で跳ね上げる構造部材。ほとんどの本殿に用いられる。

【妻飾《つまかざり》】　屋根妻面の三角形状の部分に見られる虹梁、大瓶束、蟇股などの装飾。

大瓶束《たいへいづか》　唐様の様式で、虹梁上に立つ、瓶の形に似た円形状の断面を持つ束（短柱）。虹梁に取り付く部分を結綿《ゆいわた》といい、彫刻が施される。室町時代後期以降の本殿の妻飾などに用いられる。

豕扠首《いのこさす》　和様の形式で、棟木下で左右からの斜め材の扠首竿を拝み合わせ、その下に中束を立てる妻飾。室町時代前期までの本殿はほとんどが豕扠首である。安芸から備後にかけての広島県北部では中束を大瓶束とし、扠首竿が束の側面に変則的に納まる形式が室町時代末期以降に多く見られる。

扠首竿《さすざお》　豕扠首に用いる斜め材。棟木下で拝み合わせとする。

笈形《おいがた》　大瓶束の左右に付く装飾部材。蟇股に近い形状を持つ。

虹梁大瓶束式《こうりょうたいへいづかしき》　妻飾の形式で、虹梁上に大瓶束を載せ、棟木を受ける形式。

虹梁蟇股式《こうりょうかえるまたしき》　妻飾の形式で、虹梁上に板蟇股を配し、棟木を受ける形式。

二重虹梁大瓶束式《にじゅうこうりょうたいへいづかしき》　大虹梁上に大瓶束を二本載せ、その上に二重目の虹梁を架け、大瓶束を載せて棟木を受ける妻飾の形式。

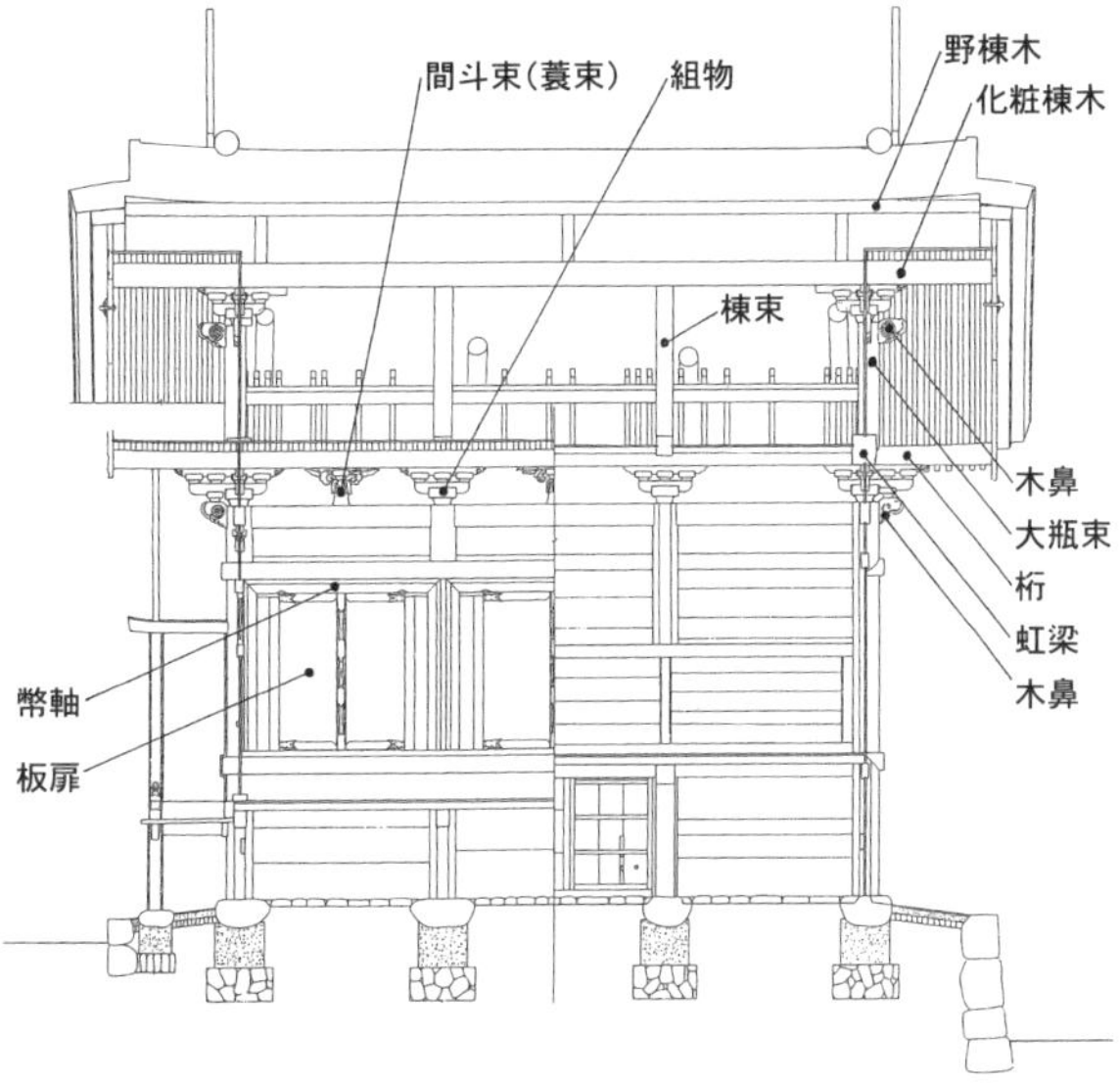

桁行断面図（龍山八幡神社本殿・広島県北広島町）

二重虹梁《にじゅうこうりょう》 蟇股式《かえるまたしき》 大虹梁上に蟇股を二つ載せ、その上に二重目の虹梁を架け、蟇股を載せて棟木を受ける妻飾の形式。

棟木《むなぎ》 屋根頂部に通る水平材で垂木を受ける。本殿では屋根が二重構造となるので、棟木も二重に設けられる。化粧垂木を受ける棟木を化粧棟木、野垂木を受ける棟木を野棟木という。

【破風《はふ》】 屋根の妻側の部分で三角形状の壁面の部分。破風板だけのこともいう。

千鳥破風《ちどりはふ》 本来の屋根とは直角方向に、屋根に載せられたような格好で取り付く三角形状の屋根や破風の部分。広島県地方では江戸時代以降の本殿や拝殿の正面に装飾として設けられる。

唐破風《からはふ》 頂部を丸めた曲線形の軒先や破風をいう。頂部は上に向かっての円を描く起《むく》り、裾部は下に向かって円を描く照《て》りになる。寺院建築で鎌倉時代に始まり、神社本殿への応用は、一部の例外を除けば桃山時代以降である。なお、軒先の一部だけを唐破風とした軒唐破風と、屋根全体を唐破風造とした向唐破風とに分かれる。

軒唐破風《のきからはふ》 軒先の一部を上方に丸く持ち上げた唐破風。多くは向拝に用いられる。本殿の装飾としても設けられる。

向唐破風造《むかいからはふづくり》　屋根全体の構造を唐破風の形状としたもの。一部の向拝や向唐門にわずかに見られる。

輪垂木《わだるき》　唐破風に用いられる照り起りの付いた垂木。

破風板《はふいた》　屋根妻面の端部において垂木の外方に取り付く板材。

鯖尾《さばのお》　破風板尻の上部にレ形の欠き（鳶口《とびのくち》）を施して、魚の尾のような形状にした部分。中世の破風板に特有のもの。

鞭掛《むちかけ》　神明造に見られる破風板上部に四本ずつ突き出た棒状部材。古代に破風板を屋根に留めていたものの名残とみられ、神明造の装飾として用いられる。

【懸魚《げぎょ》】　破風板の拝みなどに下げる、棟木先端などを隠す役目を持つ板状の部材。桁隠《けたかくし》ともいう。彫刻が施されるため装飾的部材でもある。その形状や彫刻によって猪目懸魚や蕪懸魚などがある。

拝み懸魚《おがみげぎょ》　破風板が左右から拝み合わさった破風の頂部に下げられる、棟木端部の懸魚。

降り懸魚《くだりげぎょ》　破風頂部から破風板が降りる途中の桁先を隠す懸魚。

猪目懸魚《いのめげぎょ》　猪の目（ハート形）のような繰り抜きのある懸魚。蕪懸魚よりも古式。

蕪懸魚《かぶらげぎょ》**（蒿懸魚）**　下方に人字形の繰り形を連ねる蕪のような格好をした懸魚。本来は唐様の懸魚で、室町時代以降に用いられる。

梅鉢懸魚《うめばちげぎょ》　緩い円弧で輪郭をほぼ六角形状とした板状の懸魚。略式で、門や拝殿に用いられる。

三花懸魚《みつはなげぎょ》　左右と下方の三方に先を突き出す懸魚。破風が大きい場合など懸魚を大きくするために用いられる。三花猪目懸魚と三花蕪懸魚とがある。

鰭《ひれ》　懸魚の両脇に魚の鰭のように付く装飾部材。

兎毛通《うのけどおし》　唐破風の拝みに下げられる懸魚。装飾的要素が強い。

【屋根《やね》】

切妻造《きりづまづくり》　両端を切り取ったような形で終わる屋根。最も簡単な屋根形式であるが、神社本殿の基本形である。

入母屋造《いりもやづくり》　切妻造の両端部の下方にも垂木を配して屋根面を設けた屋根形式。両妻面の屋根上に妻壁ができる。本来は寺院建築のものであったが、平安末期になって本殿にも使われるようになる。一宮の本殿で用いる場合、旧国内

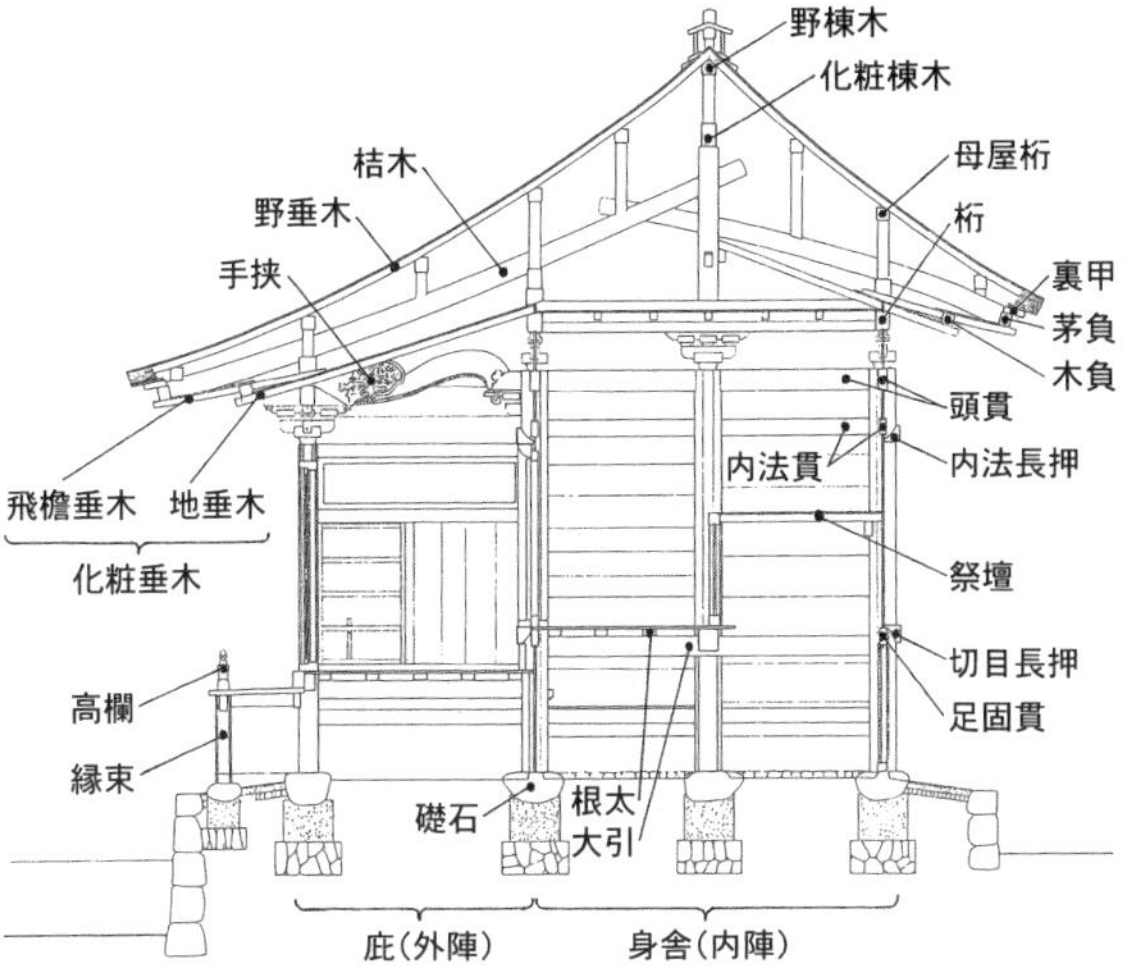

梁間断面図（龍山八幡神社本殿・広島県北広島町）

の本殿において多用される傾向がある。

流造《ながれづくり》　切妻造の平入の正面に庇を設け、屋根の前半が長く流れた形式。奈良時代から平安時代初期に成立した形式で、最も普遍的な本殿形式である。広島県では旧安芸国において多用された。

春日《かすが》**造**《づくり》　切妻造の妻入の正面に庇を設けた形式。奈良時代に始まる。春日大社本殿の形式である。

向拝《こうはい》　木階の上に架ける部分的な屋根。木階が雨曝しにならない改良型である。現在の大社造には向拝があるが、桃山時代以降のもの。

箕甲《みのこう》　屋根の妻端部に施される起り曲面の部分。屋根の反り曲面と破風板の曲線をなだらかに曲面で繋ぐ。流造本殿では特に強い箕甲がつく。

照《て》**り**　下方に向かって反った屋根。本殿屋根の基本的形式。

軒付《のきづけ》　軒先の厚みを増すために重ねた部材、またはそうした軒先の厚みの部分。

起《むく》**り**　上方に向かって丸く持ち上がった屋根。数寄屋造の基本的形式。

照《て》**り起**《むく》**り**　屋根の上半に起り、下半に照りをつける形式で、唐破風となる。

棟木《むなぎ》　屋根頂部の棟に架けられる水平材。野垂木を介して屋根の荷重を支える構造材。二重構造の屋根では、化粧垂木を支える化粧棟木を別に設ける。

千木《ちぎ》　屋根上端において交差し突き出した二本の斜めの部材。神明造では千木は破風板を延長したものである。一般的には別木で造り、大棟の上に載せる。神社本殿の象徴的意匠となった。

堅魚木《かつおぎ》**（鰹木・勝男木）**　大棟上に並べ置かれた棒状の材。本来は屋根の重しであったが、後に天皇の宮殿や神社の象徴的な意匠と考えられるようになった。

大棟《おおむね》　屋根頂部の水平部分をいう。銅板葺などでは板を箱状に組み合わせて造った箱棟が見られ、瓦葺や檜皮葺では棟瓦を載せる。

小屋《こや》　梁上の三角形の屋根を構成する骨組のある部分。すなわち天井裏。日本古来の小屋組は垂直材の束と水平材の梁や貫によって構成される。

螻羽《けらば》　切妻屋根の妻面から出た部分。軒裏が見えるので化粧垂木が棟木と桁の間に架けられ、これを螻羽垂木という。

野地板《のじいた》　野垂木の上に載せる屋根材の下地の板。

桔木《はねぎ》　屋根内部に配置され、梃子の要領で桁を支点とし、軒先の荷重を支える部材。通常は丸太を使う。

【天井《てんじょう》**】**

格天井《ごうてんじょう》　格子状に格縁を組み、板を乗せる天井。格間は正方形となり、それぞれに絵が描かれた板を入れるものがある。格式の高い天井である。

小組格天井《こぐみごうてんじょう》　格天井にさらに細かい格子組を加えた天井。格天井よりさらに格式が高い。

折上天井《おりあげてんじょう》　天井の周囲に曲面部分（天井支輪）を設けて、天井を一段高く折上げた天井。格式が高い。

二重折上天井《にじゅうおりあげてんじょう》　二重に折上げた天井で特に高い格式となる。天井部分を小組格天井としたものは、二重折上小組格天井といい、最高格式の天井である。

竿縁天井《さおぶちてんじょう》**（棹縁天井）**　一方向に棒状の竿縁を渡し、それに直交して天井板を並べた天井。一般的な天井で、住宅のほか本殿内陣や拝殿に多用される。

回縁《まわりぶち》　天井の周囲、すなわち壁際につく棒状の部材。

天井長押《てんじょうなげし》　回縁の直下に回した長押。格式が高いものだけに使う。

蟻壁《ありかべ》　天井の回縁の下に設けられた幅の狭い壁で、白漆喰塗とする。下方に蟻壁長押を回す。最高格式となる。

格縁《ごうぶち》　格天井に使う、格子状に組まれた棒状部材。

竿縁《さおぶち》　竿縁天井に使う棒状の部材。

【屋根葺《やねふき》】

杮 葺《こけらぶき》 檜やサワラなどの木材を割って作られた厚さ一分（三㎜）程度の杮板を並べ、竹釘で留め、何段にも重ねて葺いた屋根。中世の本殿に多く使われた。

檜皮葺《ひわだぶき》 最高格式の建築に用いられる日本古来の屋根。檜の皮を何重にも重ねて葺くもので、曲面を自由に造ることが可能。照りや起りのある優雅な屋根とすることができる。特に格の高い本殿に使われた。

銅板葺《どうばんぶき》 銅板で葺いた屋根。比較的耐久性があり、細工が利き自由な曲面に葺けるため本殿によく用いられる。大正時代以降に、檜皮葺や杮葺の代わりに多用される。

鉄板葺《てっぱんぶき》 鉄板で葺いた屋根。銅板葺と同様に曲面が自由に造ることができるが、耐用年数は銅板に比べて短い。昭和時代に使われた。

本瓦葺《ほんがわらぶき》 平瓦を並べ、合わせ目に半円筒状の丸瓦を被せて葺いた屋根。寺院建築の正式な屋根である。神社本殿への応用例は少ない。

桟瓦葺《さんがわらぶき》 平瓦と丸瓦を一体化した「へ」の字形の略式瓦で葺いた屋根。一般住宅の屋根に用いられる。明治以降に杮葺や茅葺から桟瓦葺に改造した本殿が多い。

栩葺《とちぶき》 杮板より厚い三分（九㎜）程度の板を並べて葺いた屋根。

茅葺《かやぶき》 茅などの茎で葺き上げた屋根。伊勢神宮に使われ、古代の出雲大社は茅葺であったと考えられる。本殿にもかつては多用された。古い農家などと同様の手法。耐用年数の点から近年になって表面を鉄板などで包んだものも少なくない。

流 板葺《ながしいたぶき》 上方から下方へ長い厚板材で葺いた屋根。

【柱間装置《はしらまそうち》】 柱と柱の間に入れられる建具や壁などの総称。

蔀《しとみ》 日本古来の建具で、跳ね上げて開く建具。通常は格子に板を張ったもので、本殿の外陣や拝殿に用いられ、開放的な空間とすることができる。

板扉《いたとびら》 厚板を組んで造った扉で、桟や框がない。和様の扉であって、本殿の扉の正規形式である。

桟唐戸《さんからど》 唐様建築の扉で、軽量のため多用された。框や桟、鏡板で構成される扉。

舞良戸《まいらど》 細い水平の桟を並べて取り付け、框で周囲を囲んだ板戸。書院造に用いる。拝殿の建具に多い。

幣軸《へいじく》 扉の周りの柱や長押に付けられる額縁のような部材。和様の正規の部材で格式が高い。

端喰《はしばみ》　板扉の上下端にはめ込まれた部材で、扉板の反り返りを防ぎ、また木口を見せないようにするもの。

框《かまち》　建具を構成する部材で、周囲に組まれる細長い部材のこと。床板などの納まりのために用いる横木の部材のこともいう。

鴨居《かもい》　開口部上部の水平材で、引戸を建てるため溝（樋）を付ける。溝を持たないものは無目《むめ》鴨居と呼ばれる。

敷居《しきい》　開口部下部の水平材で、通常は引戸を建てるための溝を施す。

板羽目《いたばめ》　横方向に板を渡して作った壁。神社本殿の正規の壁で、横板壁ともいう。縦板壁は唐様建築の手法で、神社本殿には用いない。

連子窓《れんじまど》　縦に密に格子を入れた窓。格子は四十五度方向にねじって入れる。

吹放《ふきはな》**ち**　柱間に建具や壁などを用いず、外部に開放されていること。

【彫刻《ちょうこく》**】**

絵様《えよう》　木鼻、虹梁などに施される渦巻（唐草）や若葉などの彫刻。本来は唐様の建築に用いた装飾であった。彫りが深く太いほど年代が降る。

籠彫《かごぼり》　籠のように内部を彫り抜かれた彫刻。木鼻や手挟などに見られる。手間が掛かるため、格式の高い本殿に限って使われる。

丸彫《まるぼり》　立体的に彫られた彫刻。木鼻や手挟などに見られる。唐獅子、象、獏、龍などの霊獣や菊、牡丹などの植物が多い。

透彫《すかしぼり》　板材の表から裏まで彫り抜いた彫刻。本蟇股の内部などに見られる。

あとがき

先日、実家である河内神社に小学生が遠足で訪れ、私が神主（禰宜）として対応したとき、「このお寺は…」と何回か聞かれました。神社と寺院は、日本の伝統文化のなかにある宗教施設としてあまり区別されていないようです。一方で、「七五三に来るところだよね」など寺院との何らかの区別はあるようでした。こうした違いの認識は、神社と寺院が混在することもあった江戸時代にはもっと明確にあり、神社建築と寺院建築の違いも広く認識されていました。

神社建築は、神の常在する住まいとして、かつて日本に存在した建物の形で示そうと、日本人が創り上げた壮大な文化です。その価値は、まつる側である地域の人々に現在まで必要とされ、子孫に受け継がれて今日存在することで証明されています。玉殿の調査では、各神社の関係者から玉殿をはじめとする神社建築に多くの質問をいただき、日本建築を扱う研究者として、その価値はまだ衰えていないことを実感しました。

玉殿を本に載せることについては、心が落ち着かないところもありました。しかし、それ以上に、秘めていたのでは伝わらない、神社建築の根源でもある玉殿の魅力を伝え、多くの人に積極的に神社と繋がりを持ってもらうことが、この先に神社建築という日本の文化を繋ぐことになるとの思いで出版に至りました。

多くの神の存在を認め、神々が集って会議までし、それぞれの個性を発揮する日本の神祇信仰は、現代社会に最も合致した考え方を持っています。外国の神（仏）までも寛容に受け入れ、自然とも共存しています。神社建築をきっかけにもっと神社に親しんでもらい、ときには心の拠り所として、これからも必要とされる神社を現在、未来の人に繋いでいきます。

本書は、平成十六年（二〇〇四）に、博士（文学）の学位論文として広島大学大学院文学研究科に提出したものがもとになっています。現在は広島大学大学院名誉教授で、神社建築史に導いてくれた師匠である三浦正幸先生に心より感謝申し上げます。神社が実家として育ってきて感じていた、全国に多様性と地域性を持って分布し、緩やかに繋がりを持つ神社という考え方を確信にまで導いていただきました。また、玉殿の調査では、三浦研究室の盧永春さん、チョーウーさん、石井正明さん、土手内賢一さん、石井知美さん、河原珠子さん、鷺原正義さん、今掛壽大さん、久保田竜生さん、鈴木洋子さん、千原美歩さん、佐藤大規さん、堤愛絵さん、山口佳巳さん、川后のぞみさんに協力をいただきました。ありがとうございます。

その後、様々な研究の場を経て、ようやく本書を出版することになりました。特にこの本を書いていた一年は、私にとって激動の年でした。師匠三浦正幸の満期退職に関わる様々な出来事、そして自身の福井大学への赴任、千葉からの引っ越し。そのなかで、多くの方々にお世話になりました。初めての単著の執筆に至るアドバイスを戴いた国立歴史民俗博物館在職当時からお世話になっている新谷尚紀先生。國學院大學で神社界関係に繋がりをつくってくださった茂木貞純先生。國學院大學の卒業生でもない私に、快く神道文化叢書に推薦してくださった岡田莊司先生。そして阪本是丸先生。本書出版の機会を提供いただいた神道文化会及び、実施の面でご高配をいただいた担当の阪本和子さん。激動の年となり、度々ご心配をかけ、都度、適切な対応をいただいた弘文堂編集部の三徳洋一さん。また、本書の編集に関わり迅速丁寧に仕上げてくださった方々には大変お力添えを戴きました。記して御礼申し上げます。

執筆中、専門の歴史学からの率直な意見をくれた妻の山田（山口）えり。家で執筆を続ける私に、神社と建築の誇らしい仕事だと受け止めてくれた我が子の和陽、登和子、千曜子。そして、神社の祝詞の慣用句「子孫《うみのこ》の八《や》十《そ》続きに」の実現として、妻との結婚を許してくれた義父の山口博さん。ありがとうございます。

最後に、日本文化の誇りである地域の神社を実際に守っていただいている、神社本殿内の調査を許可してくださった各神社の宮司さん、氏子総代長などの役員さん。そして、その神社を支える氏子住民の方々。本書に繋がる多くの方々に、ここに改めて心より感謝の意を表します。

平成三十年（二〇一八）六月

山田岳晴

図版出典

図2・8・9、1―19〜32・42〜48、付録図は、修理工事報告書所収図をもとに修正掲載した。

図6・7は、『日本建築史基礎資料集成一　社殿Ⅰ』（中央公論美術出版、平成十年（一九九八））所収図をもとに修正掲載した。

図1―2・3・5・6・8・9・11・12・14・15・35・36・39・40は、三浦正幸氏論文所収図をもとに詳細調査によって修正の上、作成掲載した。

図1―51〜53は、來本雅之氏論文所収図をもとに詳細調査によって確認の上、修正掲載した。

図5―1・2は、『厳島野坂文書』を複写掲載した。

図6―4・5は、「出雲大社之図」（東京国立博物館蔵）を複写掲載した。

図7―1〜3は、『貞和御飾記』（群書類従巻第七所収図）を複写掲載した。

写真1―23〜33・44〜48、2―1は、修理工事報告書所収のものを複写掲載した。

そのほかの図、写真は、筆者らの詳細調査に基づく作成、あるいは撮影によるものである。

初出一覧

第一章～終章（第六章を除く）は、山田岳晴「安芸国における神社玉殿の起源と発展に関する研究」（広島大学大学院文学研究科博士学位請求論文、平成十六年（二〇〇四）十月）で提出した内容で、以下に挙げた元原稿をすべて修正・加筆し、再構成して本書に仕上げた。

序　章　山田岳晴「古建築の見方「社寺建築の意匠」」（『蟇股』第一集、三原市歴史的建造物調査研究会、平成十七年（二〇〇五）六月）
山田岳晴「古建築の見方「社寺建築の年代判定」」（『蟇股』第二集、三原市歴史的建造物調査研究会、平成十八年（二〇〇六）六月）
山田岳晴「古建築の見方「神社建築の見方」」（『蟇股』第三集、三原市歴史的建造物調査研究会、平成十九年（二〇〇七）五月）
山田岳晴「社寺」（『日本の生活環境文化大事典―受け継がれる暮らしと景観―』日本民俗建築学会編、柏書房、平成二十二年（二〇一〇）五月）
山田岳晴「神社の社殿」（『大法輪』第七八巻第一号、平成二十三年（二〇一一）一月）

第一章

山田岳晴「伊勢神宮の建築」（『伊勢神宮と日本人―式年遷宮が伝える日本のこころ―』河出書房新社、平成二十五年（二〇一三）八月）

山田岳晴「神体を奉安する玉殿」（『悠久』一四二号、平成二十七年（二〇一五）十月）

山田岳晴「広島県廿日市市の速田神社玉殿の考察」（中国四国歴史学地理学協会大会発表、平成十七年（二〇〇五）六月）

山田岳晴「広島県安芸高田市吉田の清神社玉殿の考察」（広島史学研究会大会発表、平成十七年（二〇〇五）十月）

山田岳晴「神社玉殿の起源と特質―安芸国の玉殿を中心として―」（『国立歴史民俗博物館研究報告』第一四八集、平成二十年（二〇〇八）十二月）

第二章

山田岳晴「安芸国の中世神社玉殿の柿葺に関する調査研究」（日本建築学会大会学術講演梗概集、平成十五年（二〇〇三）七月）

山田岳晴・三浦正幸「安芸国の中世神社玉殿における屋根構造の調査研究」（『日本建築学会計画系論文報告集』五七二号、平成十五年（二〇〇三）十月）

第三章

山田岳晴「佐々井厳島神社玉殿における一木造出の技法」（日本建築学会大会学術講演梗概集、平成十六年（二〇〇四）七月）

山田岳晴「安芸国の中世神社玉殿における一木造出の特質」（日本建築学会大会学術講演梗概集、平成十九年（二〇〇七）七月）

山田岳晴「玉殿における一木造出部材の組立」（日本建築学会大会学術講演梗概集、平成二十三年（二〇一一）七月）

第四章　山田岳晴「安芸国の玉殿における一木造出の年代的変化」（日本建築学会大会学術講演梗概集、平成二十八年（二〇一六）七月）

山田岳晴「今田八幡神社玉殿」（日本建築学会大会学術講演梗概集、平成十年（一九九八）七月）

山田岳晴・三浦正幸「今田八幡神社玉殿に見られる地方色」（『日本建築学会計画系論文報告集』五六六号、平成十五年（二〇〇三）四月）

第五章　山田岳晴「仁治再造の厳島神社玉殿の復元」（『内海文化研究紀要』第三三号、平成十七年（二〇〇五）三月）

山田岳晴「厳島神社外宮の地御前神社の玉殿」（日本建築学会大会学術講演梗概集、平成十七年（二〇〇五）七月）

山田岳晴「厳島神社玉殿―内宮と外宮の玉殿―」（『国立歴史民俗博物館研究報告』第一三三集、平成十八年（二〇〇六）十二月）

第六章　山田岳晴「慶長度及び宝治度出雲大社内殿の復元考察」（日本建築学会大会学術講演梗概集、平成二十年（二〇〇八）七月）

終　章　山田岳晴「神社玉殿の起源と特質―安芸国の玉殿を中心として―」（『国立歴史民俗博物館研究報告』第一四八集、平成二十年（二〇〇八）十二月）

付　録　山田岳晴「神社建築用語の解説」（『廣島縣の神社建築』広島県青年神職会、平成十四年（二〇〇二）十二月）

索　引

キ

ク

ケ

コ

ス

セ

ソ

タ

山田岳晴（やまだ・たけはる）

昭和50年（1975）、広島県生まれ。
平成12年（2000）広島大学大学院工学研究科博士課程前期修了[日本建築史]、修士（工学）。平成17年（2005）広島大学大学院文学研究科博士課程後期修了[文化財学]、博士（文学）。
国立歴史民俗博物館研究員、國學院大學伝統文化リサーチセンター研究員、青山学院女子短期大学兼任講師、（社）日本文化財学研究所代表理事などを経て、
現在、福井大学大学院工学研究科建築建設工学専攻講師（専任）、河内神社（広島市佐伯区）禰宜、一級建築士。

[主な著書]
『廣島縣の神社建築』広島県青年神職会、平成14年（2002）（分担執筆）
『伊勢神宮と日本人―式年遷宮が伝える日本のこころ―』河出書房新社、平成25年（2013）（分担執筆）
『寺社の装飾彫刻―中国・四国・九州・沖縄編―』日貿出版社、平成26年（2014）（分担執筆）

神をまつる神社建築―玉殿の起源と発展―

2018（平成30）年6月30日　初版1刷発行

著　者　山田　岳晴
発行者　鯉渕　友南
発行所　株式会社　弘文堂　101-0062　東京都千代田区神田駿河台1の7
TEL 03(3294)4801　振替 00120-6-53909
http://www.koubundou.co.jp

装　丁　松村大輔
組　版　堀江制作
印　刷　港北出版印刷
製　本　井上製本所

ISBN 978-4-335-16091-2